Les relations extérieures franco-algériennes à l'épreuve de la reconnaissance

De 1962 à nos jours

Analyse de la coopération et de la réconciliation

Histoire et Perspectives méditerranéennes
Collection dirigée par Jean-Paul Chagnollaud

Dans le cadre de cette collection, créée en 1985, les Éditions L'Harmattan se proposent de publier un ensemble de travaux concernant le monde méditerranéen des origines à nos jours.

Déjà parus

Chadia CHAMBERS-SAMADI, *Répression de manifestants algériens*, 2015.
Mohammed Anouar MOGHIRA, *L'Égypte en marche ?. Les atouts, les espoirs et les défis (1952-2015)*, 2015
Mohamed HARAKAT, *Les paradoxes de la gouvernance de l'État dans les pays arabes*, 2015.
Mohammed GERMOUNI, *Le protectorat français au Maroc. Un nouveau regard*, 2015.
Guillaume DENGLOS, *La revue* Maghreb *(1932 - 1936). Une publication franco-marocaine engagée*, 2015.
Michel CORNATON, Nelly FORGET et François MARQUIS, *Guerre d'Algérie, ethnologues de l'ombre et de la lumière*, 2015.
Saïd MOURABIT, *L'économie politique de la production législative au Maroc*, 2015.
Raymond NART, *Histoire intérieure de la rébellion dans les Aurès, Adjoul-Adjoul*, 2015.
Fawzi ROUZEIK, *Le Groupe d'Oujda revisité par Chérif Belkacem*, 2015.
Geneviève GOUSSAUD-FALGAS, *Le Consulat de France à Tunis aux XVIIe et XVIIIe siècles*, 2014.
Frédéric HARYMBAT, *Les Européens d'Afrique du Nord dans les armées de la libération française (1942-1945)*, 2014.
Maurizio VALENZI, *J'avoue que je me suis amusé, Itinéraires de Tunis à Naples*, 2014.
Mustapha BESBES, Jamel CHAHED, Abdelkader HAMDANE (dir.), *Sécurité hydrique de la Tunisie. Gérer l'eau en conditions de pénurie*, 2014.
Abdelmajid BEDOUI, *Grandeurs et misères de la Révolution tunisienne*, 2014.
Kamal CHAOUACHI, *La culture orale commune à Malte et à la Tunisie*, 2014
Abdelaziz RIZIKI MOHAMED, *Sociologie de la diplomatie marocaine*, 2014.

Mustapha ARIHIR

Les relations extérieures franco-algériennes à l'épreuve de la reconnaissance

De 1962 à nos jours

Analyse de la coopération et de la réconciliation

Préface de Thomas LINDEMANN

© L'Harmattan, 2015
5-7, rue de l'École-Polytechnique, 75005 Paris

http://www.harmattan.fr
diffusion.harmattan@wanadoo.fr
harmattan1@wanadoo.fr

ISBN : 978-2-343-07669-0
EAN : 9782343076690

Dédicaces

À Amina,

À ma famille en Algérie et à Allas-Champagne.

Préface

Les relations entre les Etats sont puissamment conditionnées par des logiques psychosociologiques et le cadrage des expériences historiques. Une réalité parfaitement prise en compte par les acteurs, dans leurs comportements mais qui semble largement évacuée des horizons de l'analyse savante. L'étude originale et rigoureuse de Mustapha Arihir sur le rôle des « dénis de reconnaissance » dans les relations extérieures franco-algériennes de 1962 à nos jours nous rappelle le poids réel et très matériel de cette réalité « symbolique » dans l'émergence des antagonismes internationaux.

La démarche de M. Arihir consiste à comprendre ce qui conditionne le niveau de coopération/réconciliation et de « conflictualité » dans les relations franco-algériennes. Loin de fonder son analyse sur une littérature secondaire, M. Arihir a choisi des indices concrets pour identifier le niveau de coopération dans les relations franco-algériennes (par exemple la fréquence des contacts diplomatiques, des rencontres bilatérales au plus haut sommet de l'État, etc.). M. Arihir n'a pas seulement recueilli ces données. Il les a aussi synthétisées en comparant les périodes peu conflictuelles aux périodes marquées par de fortes tensions. Cette variation « chronologique » lui a permis d'établir ensuite des variations « concomitantes » avec les variables « explicatives ». Cette démarche, qui instaure une touche « positiviste » à cette étude, a pour mérite de dépassionner un sujet affectivement encore fortement investi. Par ailleurs, M. Arihir démontre toujours une étonnante capacité de décentrement par rapport à son sujet de recherche et n'hésite pas, par exemple, à dévoiler les intérêts politiques « domestiques » qui se camouflent derrière la posture victimaire des dirigeants algériens ou encore derrière la politique de « mépris » des dirigeants français.

L'explanandum du niveau de la coopération franco-algérienne est ce que l'auteur qualifie « de déni de reconnaissance ». Ces dénis sont principalement définis en relation avec la « mémoire » (la « reconnaissance des torts commis »). La question de la reconnaissance de l'autonomie et du « status-standing » des acteurs algériens est aussi abordée mais de manière secondaire. L'auteur fait le choix d'insister sur les dimensions symboliques et émotionnelles de la reconnaissance en relevant que le fait de perdre la face génère souvent plus d'effets – à travers les sentiments de honte notamment - que les pertes matérielles. En prenant ses distances par rapport aux approches utilitaristes, il s'oppose à une lecture purement stratégique de la mémoire. Toutefois, M. Arihir n'écarte pas totalement la dimension stratégique des enjeux mémoriels. Si cette lutte est émotionnellement chargée auprès des populations, elle tient aussi à des enjeux classiques de légitimation chez les dirigeants politiques. L'hypothèse principale énoncée par l'auteur résume clairement ses intentions.

Le matériel empirique exploité dans cette thèse est très riche et repose principalement sur des documents diplomatiques. L'examen empirique réserve certaines surprises comme quand l'auteur relève que les « accords d'Evian » ont suscité de l'enthousiasme en France et chez les pieds-noirs alors qu'ils furent perçus comme une mise sous tutelle, voire comme une humiliation, par les dirigeants algériens. En somme, l'étude de Mustapha Arihir combine heureusemement l'examen rigoureux de sources diplomatiques avec une perspective théorique originale centrée sur la notion de reconnaissance.

Pour toutes ces raisons, cette thèse constitue, une belle contribution à l'étude politiste des relations franco-algériennes. Elle ouvre aussi la voie à une meilleure prise en compte de la violence symbolique exercée intentionnellement ou non, associée ou non à une violence physique, et permet de comprendre les enchaînements séquentiels qui ont débouché, historiquement, sur l'apaisement ou la détérioration des relations franco-algériennes.

Thomas LINDEMANN

Professeur à l'université de

Versailles-Saint-Quentin-en-Yvelines

Introduction

Des années après la fin des hostilités, les images du passé continuent à façonner les relations entre anciens belligérants. Malgré les discours appelant à la réconciliation, les événements ne reflètent pas toujours cet appel et peuvent favoriser une atmosphère de méfiance et de distanciation.

En effet, en dépit d'une guerre d'indépendance violente, les dirigeants algériens et français ont eu la volonté de dépasser les questions relevant de la mémoire. Cependant, cette tentative reste prisonnière des vœux si nombreux depuis l'indépendance. Bien que la coopération ait été proclamée dès l'indépendance par la France et l'Algérie, cela n'a pas empêché l'apparition des conflits qui peuvent suggérer l'inverse.

Les études menées sur les relations franco-algériennes sont peu nombreuses[1]. Ces études bien qu'elles soulignent l'élément du passé comme l'un des facteurs importants dans l'évolution de ces relations depuis l'indépendance, elles n'identifient pas cependant son rôle en confrontation avec d'autres facteurs, ce qui ne permet pas de démontrer sa juste valeur. Ces études font apparaitre plusieurs éléments sans déterminer le(s) quel(s) a le plus influencé le processus de coopération et de réconciliation. Sans doute pas par omission de la part de leurs auteurs, car ces études visent à

---

[1] GRIMAUD Nicole, *La politique extérieure de l'Algérie*, Paris, Karthala, 1984 ; MOUHOUBI Salah, *La politique de coopération algéro-française, Bilan et perspectives*, Paris-Alger, Publisud-OPU, Octobre 1986 ; BERTRAND Benoît, *Le syndrome algérien, l'imaginaire de la politique algérienne de la France*, Paris, l'Harmattan, 1995 ; MORISSE-Schilbach, *L'Europe et la question algérienne*, Paris, PUF, Coll., Perspectives internationales, mars 1999 ; ROSOUX Valérie-Barbara, *Les usages de la mémoire dans les relations internationales, Le recours au passé dans la politique étrangère de la France à l'égard de l'Allemagne et de l'Algérie*, de 1962 à nos jours, Bruxelles, Bruylant, Coll., Organisation internationale et Relations internationales, 2001 ; DAGUZAN Jean-François, « Les relations franco-algériennes ou la poursuite des amicales incompréhensions », [En ligne] disponible sur URL : http://www.diplomatie.gouv.fr/fr/IMG/pdf/FD001381.pdf consulté juin 2011.

atteindre un autre objectif, exemple : certaines ont pour objectif de faire le bilan et d'analyser parfois les perspectives de la politique de coopération, et d'autres montrent la transformation du regard sur le passé depuis l'indépendance.

Cette présente thèse s'attache alors à répondre à cette problématique qui a un lien avec deux phénomènes controversés dans le domaine de la politique internationale, ceux de la coopération et du conflit et celui de la réconciliation.

En effet, la coopération et la réconciliation préoccupent autant les spécialistes[1] que les praticiens[2]. Si les spécialistes des relations internationales s'accordent sur le fait que la coopération et la réconciliation sont des axes majeurs des études internationales[3], les raisons qui incitent à l'une ou à l'autre représentent un débat et un enjeu controversés[4]. En effet, si sur le plan intérieur l'obligation de coexister est une condition nécessaire pour dépasser les blessures résultant du passé[5] – d'autant plus que chaque société est soumise à un gouvernement disposant de la contrainte légitime – elle ne constitue nullement une obligation dans le domaine international dont l'absence de gouvernement est l'une des caractéristiques principales. Ceci rend controversé le débat sur les raisons qui incitent les Etats à coopérer et à se réconcilier après des guerres brutales, car les conditions qui

---

[1] LONG William and BRECKE Peter, *War and reconciliation: reason and emotion in conflict* resolution, London, Mit press, 2003.
[2] « Promouvoir la réconciliation internationale, contribuera à stabiliser les régions en proie à un conflit et aidera la reconstruction après le conflit », Rapport établi par les co-rapporteurs M.René Valery Mongloé et M. Robert Del Picchia, lors de la Union interparlementaire, 110ème Assemblée et réunions connexes, première commission permanente, paix et sécurité. », p. 1-15, [En ligne] disponible sur URL : http://www.ipu.org/conf-f/110/1Cmt-rpt.pdf Accessed: 29/07/2010.
[3] DOUGHERTY James and PFLATZGRAFF Robert, *Contending theories of international relations, A comprehensive survey*, New York, Longman, 5ème edit., 2001,p.505.
[4] Pour la coopération nous nous reportons aux SMOUTS Marie-Claude, BATTISTELLA Dario et VENNSSON Pascal, *Dictionnaire des relations internationales, Approches, Concepts, Doctrines*, Paris, 2003, p.76. Quant à la réconciliation nous nous reportons aux LONG William and BRECKE Peter, *War and reconciliation: reason and emotion in conflict* resolution, *Op.cit.*
[5] ROSOUX Valérie-Barbara, *Les usages de la mémoire dans les relations internationales, Le recours au passé dans la politique étrangère de la France à l'égard de l'Allemagne et de l'Algérie*, de 1962 à nos jours, Bruxelles, Bruylant, Coll., Organisation internationale et Relations internationales,2001,p.1-2.

peuvent favoriser la coexistence et l'établissement de la justice dans le cas des conflits intérieurs (guerres civiles) sont plus ou moins manquantes dans l'espace international, à savoir, vivre sous le même territoire étatique régi par un seul gouvernement où les liens sociaux et identitaires sont parfois le ciment qui permet la coexistence et la réconciliation.

À la recherche des raisons qui incitent les anciens belligérants à se réconcilier, Long William et Brecke Peter confirment, par le biais d'un échantillon de conflits interétatiques qu'ils ont sélectionné, que le modèle du choix rationnel (*signaling model*) serait le plus pertinent pour expliquer la réconciliation entre Etats. Les événements conciliateurs, selon eux, peuvent contribuer au règlement des conflits internationaux quand ils font partie d'une négociation dont les signaux envoyés par les acteurs sont couteux, volontaires et irrévocables[1]. Ces trois éléments, selon les auteurs, rétablissent la confiance chez l'adversaire. Ce modèle explicatif fondé sur la rationalité n'est pas vue en tant que maximisation d'intérêts, mais en tant que coût consenti par les acteurs. Ce coût consenti est lui-même un signe qui prévoit la non révocabilité du choix.

Les deux modèles conçus par les auteurs sont normatifs, ils supposent que les acteurs suivent certaines étapes et se conforment ainsi à l'un des deux, notamment celui du « pardon ». Ce dernier n'est pas particulièrement adapté à un champ caractérisé par l'absence de gouvernement, ce qui rend toute pratique de justice au niveau international tributaire d'un certain rapport de force, ou suppose qu'il existe une contrainte légitime qui implique un gouvernement international. N'est-ce pas là une raison qui incite les théoriciens des relations internationalistes à défendre une épistémologie propre à la discipline des relations internationales et qui sépare ce domaine des autres disciplines comme le droit international et la philosophie, ainsi que ce qui est

---

[1] LONG William and BRECKE Peter, *Op.cit*.

(réel) et ce qui doit être (idéal)[1]. Néanmoins, cela n'exclue pas la production des normes par les acteurs et leur admission[2]

Nous ne reprochons pas à Long William et Brecke Peter de soutenir une certaine rationalité, dans la négociation de la coopération et de la réconciliation, propre au domaine politique, mais plutôt la qualification de cette rationalité comme universelle. Le coût consenti dans les exemples traités est aussi matériel que symbolique, alors que la théorie du choix rationnel d'origine économique, reprise dans le domaine politique, suppose une rationalité « *unidimensionnelle, matérielle, objective*[3] » et prévoit que l'acteur maximise ses intérêts « *maximum* » ou perd avec le moindre coût « *minimax* ».

Par ailleurs, le modèle du choix rationnel n'a fait qu'imposer des restrictions sur les raisons et les fins censées motiver l'action de l'homme politique. Ainsi, si l'expérience réfute le postulat, ce n'est pas la théorie qui a tort mais c'est l'Agent qui n'est pas un acteur rationnel. Ce modèle théorique est fondé sur des axiomes ne pouvant prendre qu'une seule dimension (matérielle), si bien que certains chercheurs n'hésitent pas à qualifier ces approches, basées sur la TCR (Théorie du Choix Rationnel), comme un ensemble de normes plutôt qu'une théorie cohérente[4]. Robert Simon, l'un de ceux qui se sont intéressés à la théorie du choix rationnel, explique à cet égard que : « *Si l'on postule une description objective du monde telle qu'elle est réellement, et si nous supposons que les pouvoirs de calcul du décideur sont illimités, cela implique alors deux conséquences importantes. Tout d'abord, nous n'aurons pas besoin de faire la distinction entre le monde réel et la perception qu'en a le décideur, parce qu'il perçoit le monde tel qu'il est vraiment. Deuxièmement, nous pouvons prédire les choix qui seront faits par un décideur rationnel entièrement à partir de notre connaissance du monde*

---

[1] GIESEN Klaus-Gerd, *L'Ethique des relations internationales, les théories anglo-américaines contemporaines*, Bruxelles, Bruylant, 1992, p.7-8
[2] GIESEN, Klaus-Gerd et Kees VAN DERPIJL (dir.), *Global Norms in the Twenty-First Century*, Newcastle, Cambridge Scholars Press, 2006.
[3] LINDEMANN Thomas, *Penser la guerre, L'approche constructiviste*, l'Harmattan, Coll., Logiques politiques, 2008, p.11.
[4] DOUGHERTY James and PFLATZGRAFF Robert, *Op.cit.* p. 651.

réel et sans connaissance de la perception du décideur ou des modes de calcul. [1] ».

À vrai dire, l'idée que les intérêts soient objectifs et dénués de toute subjectivité, n'est pas concrète, car cela suppose que les acteurs détiennent les informations sur toutes les alternatives possibles et que leurs perceptions soient identiques, c'est pourquoi Robert Simon défend une rationalité limitée « *bounded rationality* ». Une rationalité qui signifie que l'acteur examine les alternatives séquentiellement et élimine celles qui ne le satisfont pas jusqu'à ce qu'il en trouve une qui le satisfasse[2].

Malgré cette avancée réfutant une rationalité absolue et défendant une rationalité limitée, le problème réside encore dans la perception de ce qui est satisfaisant. On a adapté cette théorie à la capacité humaine. Mais l'assimilation de ce monde réel et les préférences exprimées par les Etats restent une question controversée. En effet, la théorie du choix rationnel TCR, d'origine économique, peine à convaincre les économistes qui tendent à son amélioration. C'est ainsi que Hardy-Vallee Benoit et Dubreuil Benoit affirment : « *Il ne s'agit plus de prédire le comportement des agents, mais bien de partir de ces comportements pour découvrir des biais cognitifs ou explorer des fonctions d'utilité*[3] ». De même dans le domaine international, depuis l'étude de Robert Jervis, *Perception and misperception,* nous savons que le monde objectif est au final la perception de l'acteur. Ceci est une piste d'analyse du comportement politique, explorée et défendue depuis la fin de la deuxième guerre mondiale[4].

---

[1] A. SIMON Herbert, ''Rationality in Psychology and Economics'', *The Journal of Business, Vol. 59, No. 4, Part 2: The Behavioral Foundations of Economic Theory* (Oct., 1986), p.210-211, The University of Chicago Press, Stable URL: http://www.jstor.org/stable/2352757, Accessed: 29/07/2011 03:53.
[2] DOUGHERTY James and PFLATZGRAFF Robert, *Op.cit.* p.561-562.
[3] HARDY-VALLEE Benoit et DUBREUIL Benoit, « Réconcilier le formel et le causal, le rôle de la neuroéconomie », *revue de philosophie économique*, 2009, vol., 10, n°2, p.34.
[4] HOLSTI OLE R, « The belif system and national images : Acase study » (le système de croyances et les images nationales : étude de cas), In. Rosenau James, International politics and foreign policy, a reader in search and theory, New York, The Free Press, London, 1969. Il parle du système de croyances et d'images nationales. Il se base sur d'autres études à savoir, ''image'' de (Rokeach, 1966, pp.18-9), (boulding, 1956, pp.5-

La perception du monde réel n'est pas identique à tous les acteurs. La source de cette divergence est corolaire d'une identité et d'une interaction intersubjective[1]. « *Un intérêt ou un calcul stratégique présuppose une confrontation préalable avec l'identité[2]* ». D'ailleurs, le concept de « *la rationalité des actions d'une personne se manifeste de façon définitive avec sa propre définition finale de son identité.[3]* ».

Le référentiel identitaire se distingue par sa disparité, c'est la situation qui définit le référentiel identitaire mobilisé. Ainsi l'univers symbolique, selon Braud, peut permettre : « *d'anticiper ce qui sera perçu comme légitime ou illégitime, légal ou illégal, rationnel ou irrationnel[4]* ». Cela permet d'éviter la perte de repère ou « l'incertitude identitaire[5] ».

Par notre travail de recherche, nous voulons identifier le rôle des torts infligés dans le processus de coopération et de réconciliation. Ce travail met l'accent sur la mémoire d'un point de vue vu social, c'est-à-dire la socialisation des torts dans les sociétés et son apport dans la constitution de l'identité de l'Etat et ce que cela génère comme influence sur les attitudes des décideurs.

---

6 et " frame of refrance" de (Snyder et al., 1954 p. 101)», il admet par contre la définition donnée par Miller et ses collègues, qui définissent le système de croyances par : « *un nombres d'images imposées du passé, du présent et du futur, incluant toute la connaissance accumulée et organisée que l'organisme a de lui-même et le monde.* ». De même, Robert Jervis, P*erception and misperception*, Princeton, NJ, Princeton University Press, 1976, confirme qu' « *il est souvent impossible d'expliquer les décisions fondamentales et les politiques sans se référer aux croyances des décideurs sur le monde et l'image qu'ils ont des autres* », p.28.
[1]WENDET Alexander, "Anarchy is what States Make of it: The Social Construction of Power Politics", International Organization, (Spring, 1992), Vol. 46, No. 2, The MIT Press, p.394.
[2]SMOUTS Marie-Claude, BATTISTELLA Dario et VENNSSON Pascal, 2ème Edi., 2006, *Op.cit.*, p.285.
[3]PIZZORNO Alessandro, «Rationalité et reconnaissance », In. BIDET Jacques, BLANCHARD Martin, CAILLÉ Alain, et.al.,dir. CAILLÉ Alain LAZZERI Christian, *La reconnaissance aujourd'hui,*, Paris, CNRS, 2009, p.233.
[4] BRAUD Philippe, *Violence politiques*, Paris, Seuil, mars 2004, p.177.
[5]LINDEMANN Thomas, LINDEMANN Thomas, *Sauver la face, sauver la paix : sociologie constructiviste des crises internationales*, Paris, l'Harmattan, 2010, p.25.

Notre hypothèse est que, la reconnaissance et le déni de reconnaissance des torts infligés pourraient influencer le processus de réconciliation et de coopération.

Beaucoup d'observateurs, selon Jennifer Lind, s'accordent sur le fait que faute de non excuse du Japon la peur a augmenté chez ses voisins, de même la contrition de l'Allemagne après la deuxième guerre était vitale pour la réconciliation et la réduction des menaces en Europe[1]. En effet, le cas franco-allemand en est la preuve : la mémoire n'y est évoquée que pour valoriser le progrès réalisé. Dans le cas franco-algérien, la mémoire coloniale continue à être au cœur des confrontations politiques, d'autant plus qu'au lendemain de la fin de la guerre, ce cas est bien différent par rapport à celui du franco-allemand : « *dans le cas franco-algérien il ne s'agit pas de créer des liens et de remplacer l'antagonisme par un rapprochement progressif. Il s'agit au contraire de gérer des liens et de remplacer un rapport de domination et d'ascendance par une relation plus équilibrée*[2] ». De même, Henry Jean-Robert explique cette relation comme suit : « *Dans le rapport à l'Algérie, on sort de la sphère des valeurs communes. La référence au modernisme persiste, mais change de signification. Elle vise à dégager, par comparaison chez le partenaire non européen, des antivaleurs ou des non-valeurs, des archaïsmes. Au nom du projet civilisateur, le colonisateur veut attribuer une finalité salvatrice à la violence de l'agression coloniale*[3] ».

Par ailleurs, cette colonisation est intégralement distincte de celles des autres territoires occupés par la France. L'Algérie a été considérée comme l'étendue naturelle de la France en Afrique du nord, elle a été une annexion juridique par la force, « *sur-légitimée et renforcée par une vision dévalorisante des sociétés différentes*[4] ». Ainsi les rapports régissant le colonisateur et le

---

[1] LIND Jennifer, « Apologies in International Politics », *Security Studies*, Vol., 18 n°1 janvier-mars 2009, Routledge, ISSN 0963 6412, p.518-519.
[2] ROSOUX Valérie-Barbara, *Op.cit*.p. 97.
[3] HENRY Jean-Robert, « La France au miroir de l'Algérie, dossier Algerie 20 ans, que savons-nous vraiment de cette terre, de ses révolutions aujourd'hui ? », *Autrement, n°38,* mars 1982, l'Association Autrement, Condé-sur-Noireau, ISBN 2-86260-038-5 ISSN 0336-5816, p.18.
[4] *Ibid.*, p.18.

colonisé fondés sur la dépréciation identitaire se sont distingué des rapports entre les puissances européennes caractérisées par une « *une âpre concurrence au sein d'une sphère commune de valeurs partagées : modernisme, progrès, nationalisme*[1] ». C'est cette représentation de dépréciation identitaire et de violence symbolique infligée par un colonisateur qui a trouvé face à lui un peuple non soumis et résistant, qui a été retenue et entretenue après l'indépendance en Algérie ; elle a été transmise à travers les documents constituant la République algérienne, les discours politiques, les médias, et à travers les manuels scolaires[2], si bien qu' : « *que beaucoup d'Algériens glorifient la révolution*[3] ». De même, en France, certains continuent à entretenir le discours de l'Algérie française, car « *la perte de l'Algérie française a été considérée et surtout vécue comme une sorte d'amputation*[4] ». Cela dit, les deux parties ont continué à entretenir les mêmes images construites durant la colonisation et pendant la guerre d'Algérie.

L'intériorisation de cette mémoire dans les deux sociétés a joué beaucoup. Le problème réel réside plutôt dans ce qui a été retenu comme mémoire officielle dans les deux pays, une mémoire divergente et parfois contradictoire[5]. Ces représentations vivifient cette mémoire et incitent Benjamin Stora, une autorité reconnue en histoire franco-algérienne, à affirmer que le « *refus de croisement des mémoires, de l'écoute de l'autre, est un indice d'une guerre qui se perpétue dans les têtes*[6] ».

---

[1] *Ibid.*, p.17.
[2] AÏT SAADI Lydia, *La nation algérienne à travers les manuels scolaires d'histoire algériens*, 1962-2008, Thèse de doctorat en langue, littérature et société, dir., Benjamin Stora, Institut national et de langues et des civilisations orientales de Paris, soutenue en janvier 2010, 515p.
[3] B. QUANDT William, *Between Ballots et Bullets, Algeria's transition from Authoritarianism*, The Brookings Institution, Washinton, D.C. USA, trad.fr, BENSEMMANE M'hamed, BENABDELAZIZE Mustapha, BENZENACHE Abdessahal, *Société et pouvoir en Algérie, la décennie des ruptures*, Alger, Casbah, 1999, p.128.
[4] STORA Benjamin, La guerre des mémoires, *Maghreb-Machrek*, revue trimestrielle, n°197, Automne 2008, Paris, Choiseul, p.14.
[5] ROSOUX Valerie-Barbara, *Op.cit.*, p.2.
[6] STORA Benjamin, *Imaginaires de guerre, Algérie-Viêt-Nam, en France et aux Etats-Unis*, Paris, la Découverte, 1997, p.247.

Certes, ces relations se définissent par un caractère « *apaisé entre les deux peuples algériens et français*[1] » et qui va à l'encontre des relations institutionnelles « *altérées par la question de mémoire*[2] ». En effet, bien que les deux parties algérienne et française aient plaidé pour une relation tournée vers l'avenir depuis l'indépendance, le processus de réconciliation avait connu plusieurs échecs.

La mémoire coloniale et celle de la guerre d'Algérie ont eu une relation directe avec le pouvoir. Elle constituait la source de laquelle découle la légitimité du pouvoir. Ainsi, les événements ne sont pas les seuls qui affectent la perception, mais aussi la représentation qu'en donnent les politiques[3]. En effet, la représentation du passé de ce rapport prend deux images en Algérie : un passé héroïque survalorisé et constituant une légitimité de pouvoir et un autre victimaire, issu de longues années d'asservissement, qui légitime la révolution socialiste. De même, pour la France cette mémoire coloniale et de la guerre d'Algérie, bien que longuement occultée, constitue une phase importante dans sa transition vers la cinquième République. Elle regagne désormais l'espace politique et crée un vif débat aboutissant à une loi votée en février 2005, qui insiste plutôt sur « *une présence positive notamment en Afrique du Nord* », cela s'est produit au cours même des négociations d'un traité d'amitié avec l'Algérie pour tourner définitivement une page d'histoire tumultueuse.

La violence symbolique dans le cas algérien s'est transformée en une recherche de reconnaissance. Ainsi, les raisons avancées par les déclencheurs de la guerre d'Algérie considèrent la reconnaissance de l'identité algérienne comme une condition à toute négociation avec l'ennemi. De plus, la construction identitaire en Algérie depuis l'indépendance basée sur l'altérité et la revendication des torts infligés à partir de 1999 en est une

---

[1] DAGUZAN Jean-François, « Algérie/France, France/Algérie, Questions de mémoire », In. *Maghreb-Machrek*, revue trimestrielle, n°197, Automne 2008, Paris, Choiseul, p.5.
[2] *Ibid.*, p.6.
[3] *Ibid.*

troisième raison ; le colonisateur est interpellé à reconnaitre leur souffrances.

En France, le sentiment de frustration résultant de la perte de l'Algérie s'est transformée dans un premier temps, en l'occultation de la guerre d'Algérie et l'insistance sur son attachement à son ancienne colonie et surtout sur « l'aspect français de l'Algérie ». Ensuite, l'irruption de cette mémoire dans l'espace public et médiatique voire international l'a amené au changement de position, par la reconnaissance de la guerre d'Algérie comme étant une guerre, en omettant la qualification « opération de maintien de l'ordre ». Les différentes révélations des acteurs de cette guerre incitent les politiques à en tenir compte, si bien que ce changement du regard ne tarde pas à revenir en marche arrière. Le fait d'insister sur un prétendu aspect positif de la colonisation et ce qui a ouvert le débat de nouveau sur la mémoire coloniale, sur la réalité du projet dit « civilisateur » en Afrique du Nord et sur la possibilité de réconciliation entre l'Algérie et la France.

Les approches classiques ont le mérite d'avoir souligné quelques éléments importants qui influencent l'action de l'Etat. Cependant, ces différents éléments ne sont pas dépourvus d'un aspect intersubjectif et constructiviste. Le constructivisme international insiste sur le rôle des idées, des normes et des identités partagées dans la détermination de la coopération[1] car, la représentation de rapport de force qu'ont les Etats vis-à-vis de leurs homologues est plus importante que les éléments objectifs du pouvoir dont ils disposent. De même l'idée que l'Etat est « un monstre froid » qui cherche à survivre dans un monde caractérisé par la paix précaire, n'est pas toujours vraie, car la préférence de « la mort violente » à l'hégélienne pour la reconnaissance à la survie n'est pas toujours exclue. La honte peut causer une grande perte, aussi importante que la destruction des capacités militaires et économiques. En outre, la place de l'Etat dans l'économie mondial, ne correspond pas toujours à son rôle dans les affaires internationales. Enfin, l'approche constructiviste donne à la

---

[1] WENDT Alexander, *Social theory of international politics*, New York, Cambridge University Press, 1999.

perception, à l'intersubjectivité et aux constructions sociales, une importance que les autres approches ignorent. Les intérêts économiques et de sécurité ne seront pas perçus de la même façon face à un ami ou un ennemi.

Dans le point suivant nous expliquerons plus précisément l'approche théorique ainsi que le cadre épistémologique de cette étude.

I. Approche théorique et clarifications épistémologiques :

Avant de présenter notre approche théorique, il nous parait nécessaire d'apporter quelques clarifications épistémologiques qui concernent le cadre d'analyse des relations extérieures franco-algériennes.

L'analyse de la politique étrangère et la politique internationale semble, de prime abord, similaire. Néanmoins, chaque terme renvoie à une conception distincte. Graham Evans et Jerrfy Newham définissent la politique étrangère comme « *l'activité par laquelle les acteurs étatiques agissent, réagissent et interagissent entre eux*[1] ». Selon Holsti, la politique étrangère concerne les objectifs et les actions (décisions et politiques) d'un ou plusieurs Etats, tandis que la politique internationale concerne les interactions entre deux ou plusieurs Etats[2]. Ainsi, la politique internationale n'est en aucun cas l'ensemble des politiques étrangères mais elle est plutôt leur interaction.

Quant aux relations internationales, elles représentent un champ un peu plus large depuis l'admission de plusieurs acteurs[3].

---

[1] Hatto Roland, *Les relations franco-américaines à l'épreuve de la guerre en ex-Yougoslavie (1991-1995)*, préface Hubert Védrine, avant propos de Bertrand Badie, Paris, Dalloz, 2006, p.20-21.
[2] *Ibid.*
[3] KEOHANE Robert Owen and NYE Joseph, *Transnational relations and world politics*, Cambridge, Mass, Harvard University Press, 1972; RISSE-KAPPEN Thomas,

En effet, l'évolution paradigmatique des études internationales est passée de l'Etat comme niveau d'analyse des relations interétatique et comme acteur principal − ce qui fait référence à la politique internationale « *International Politics* » − aux multi-acteurs (étatiques et non-étatiques) et qui touchent nombreux domaines (économie, social, ONG et O.I, multinationales), ceci fait référence aux relations internationales. Ces différents termes ne sont pas fortuits, mais ils répondent à une évolution paradigmatique.

De ce fait, notre étude, loin d'être concentrée sur les actions et les objectifs d'un seul Etat et sa relation avec l'environnement extérieur, met l'accent sur deux politiques extérieures qui interagissent dans un environnement international ; ce qui donne la politique internationale.

D'ailleurs, l'approche que nous utilisons (constructiviste) analyse la politique internationale plutôt que les relations internationales. Selon Wendt, l'un des précurseurs de l'introduction du constructivisme dans le champ des relations internationales, le rôle des Etats reste incontournable[1]. En effet, bien que l'évolution du champ paradigmatique ait conduit à l'introduction des nouveaux acteurs (étatiques et non-étatiques), cela n'a pas aboli le rôle primordial des Etats. En revanche, l'approche constructiviste ne nie pas l'influence des autres acteurs, mais elle privilégie les acteurs étatiques vu qu'ils sont des acteurs intermédiaires[2].

Cette représentation constructiviste ne réduit en aucun cas le rôle des autres acteurs qui diverge d'un pays à un autre[3]. Un

---

Bringing transnational relations back in; non-sate actors, domestic structures and international institutions, Cambridge, Cambridge University Press, 1995.
[1] WENDT Alexander, Social theory of international politics,*Op.cit.*
[2] BATTISTELLA Dario, *Théories des relations internationales*, *Op.cit.*, p.345.
[3]Doyle leur attribue même un rôle identitaire, car il voit que l'identité de l'Etat *« définie par l'identité des acteurs qui se voient comme les représentants des nations, citoyens libres, membres des classes, ou un ensemble de combinaison de tous les*

réaliste comme Raymond Aron, selon le professeur Dario Battstella, privilégie le chef du pouvoir exécutif de l'Etat car il « *se situe à la jonction de l'Etat et du système international, et bénéficiant d'une information privilégiée en provenance de l'appareil politico-militaire de l'Etat, est le mieux placé pour percevoir les contraintes systémiques et en déduire l'intérêt national*[1] », les constructivistes tendent aussi à privilégier les Etats qui disposent la contrainte légitime, favorisant la politique internationale ou plus précisément le champ politico-militaire. C'est pour cela que notre étude portera directement sur les représentations de(s) décideur(s) en politique étrangère. Les intérêts de l'Etat sont définis comme tels par une autorité supérieure. L'Etat se tient à une rationalité différente de la rationalité ordinaire (la rationalité politique) car cette dernière définit des exigences et des valeurs différentes de la première[2]. Ainsi, l'Etat se dote d'une réalité ou d'une « dignité » plus éminente que celles des particuliers qui le composent. L'absence de contrepoids représentatif du peuple, comme par exemple dans les régimes dictatoriaux, favorise beaucoup plus la manipulation et la propagande pour justifier les choix de l'Etat. Ainsi Fukuyama affirme que : « *Dans le monde historique, l'Etat nation continuera d'être le lieu central de l'identification politique*[3] ».

Les décideurs se trouvent, comme l'affirme Putnam, entre « *two-level game*[4] », dans la mesure où l'acteur est amené à jouer sur deux niveaux (intérieur et extérieur). Ainsi, la politique extérieure est en partie, le reflet de la politique intérieure. D'ailleurs certains voient que : « *c'est le régime social et économique interne qui détermine le type de positions que l'Etat*

---

trois », W.DOYLE Michael, *Ways of war and peace, Realism, liberalism, and socialism*, New York, London, Norton Company, p.24.
[1] BATTISTELLA Dario, *Théories des relations internationales*, Paris, Presses de science po, 4ème Edi., mise à jour et augmentée, 2012, p.172.
[2] YEVES Charles, Raison d'Etat, *Dictionnaire de philosophie politique*, dir. RAYNNAUD Philippe et RIALS Stéphane, Paris, PUF, 1996, pp.531-535
[3] FUKUYAMA, Francis, *The end of history and the last man*, (La fin de l'histoire et le dernier homme), trad.fr.Canal Denis-Armand, Paris, Flammarion, 1992, p.313-314.
[4] PUTNAM R, Diplomacy and domestic politics: The logic of two level games, *International Organization*, 42 1988, p.427-460.

va prendre et défendre au niveau international[1] ». Cette représentation n'est pas tout à fait complète car, l'influence entre l'intérieur et l'international est réciproque. L'existence de la personnalité internationale d'un Etat[2] n'est pas suffisante. En effet, cette personnalité ou identité est co-constituée selon l'approche constructiviste, elle l'est aussi par sa reconnaissance par les autres[3]. « *La reconnaissance est constitutive d'une identité qui n'accède véritablement pour elle-même à l'existence, à la majorité[4] qu'en étant reconnue par les autres, c'est-à-dire en obtenant leur estime et leur crédit.* [5] », affirme Franck Fischbach.

L'existence d'une identité distincte est importante, servant ainsi de guide pour déterminer les objectifs mais aussi, pour agir dans un monde complexe où les décideurs tendent à avoir une certaine stabilité de leur identité, de leur rôle et de l'histoire de leur nation[6]. Ainsi, l'identité est influente car, « *identité et pratique ne sont pas dissociables* [7] », c'est-à-dire que l'acteur agit en fonction des règles qui associent des identités particulières aux situations particulières et il essaie de faire le bon choix, « *the write thing*», comme le suggère le constructivisme international qui avance une approche basée sur la « *logic of appropriatenes*[8] », c'est-à-dire le comportement approprié qui guide le décideur. L'identité elle-même doit être préservée contre les menaces

---

[1] GHÉRARI Habib, *Relations internationales*, Paris, L.G.D.J, 2010, p. 62-63.
[2] SBIH Missoum, « Diplomatie et sécurité nationale ou l'influence de la défense nationale et de la sécurité internationale sur la politique étrangère », In. *Revue Algérienne des Relations Internationales*, n°13, premier trimestre 1989, Office des Publications Universitaires, Alger, p.74.
[3] LINDEMANN Thomas, *Penser la guerre, L'apport constructiviste, Op.cit.* p. 58.
[4] Le sens de la majorité ou la minorité, pour lui, ne consiste pas dans le nombre, mais plutôt elles expriment une situation de soumission et de domination. Ainsi, il définit la minorité en se référant au sens Kantien du terme où la minorité est définit comme « incapable de se servir de son entendement sans être dirigé par un autre ».
[5] FISCHBACH Franck, *Fichte et Hegel. La reconnaissance*, Paris, Presses Universitaires de France, Coll., Philosophies , 1999, p.7.
[6] LINDEMANN Thomas, Causes of war, *The struggle for recognition*, UK, ECPR Press, 2010, p.26.
[7] BADIE Bertrand, SMOUTS Marie-Claude, *Le retournement du Monde renversement du monde*, Sociologie de la scène internationale, Paris, FNDSP et Dalloz, 2ème ed., revue et mis à jour, p.24.
[8] RISSE Thomas ''Let's Argue!'': Communicative Action in World Politics. », *International Organization*, Volume 54,1, Winter 2000, p.1-39 Edited at the University of California, San Diego USA Published quarterly by the IO foundation and MIT (the Massachusetts Institute of Technology).

(préserver une image de soi, reconnaissance, etc.), en cela, l'acteur cherche la stabilité pour éviter la perte des repères mais aussi pour s'en enorgueillir.

L'approche constructiviste tend à expliquer le système et les intérêts comme des constructions sociales et non comme des données objectives. En cela, cette approche n'est pas indépendante de l'influence des autres disciplines, à savoir les écrits des traditionalistes, des idéalistes et des sociologiques. En effet, selon Claude Dubar, le terme constructiviste « *revient aux courants sociologiques abordant le social comme des « constructions » élaborées par des acteurs où « les actions sociales s'inscrivent donc dans un monde social construit dont la consistance résulte d'actions antérieures*[1] ». L'auteur cite notamment les travaux de Pierre Bourdieu (1930-2002), Norbert Elias (1897-1990), Anthony Giddens, Peter Berger et Thomas Luckmann et enfin George Herbert Mead (1863-1931)[2]. Tous ces auteurs ont contribué d'une manière ou d'une autre au développement de ce courant dont le professeur Ruggie Gerard, repère les origines dans les écrits d'Emile Durkheim et Max Weber. Il cite notamment le concept des réalités sociales de Durkheim qui attribue aux idées et aux croyances, une origine qui vient de la « *conscience collective*[3] ».

Les constructivistes définissent **le système** international comme le produit des interactions des acteurs. Ce sont les pratiques réitérées qui établissent des normes de comportements : « attentes partagées ». C'est ainsi que pour Wendt l'anarchie est simplement ce que les acteurs en font[4]. Ainsi, cette approche est par sa définition du système international, à la fois une approche structuraliste, normative, identitaire et structuraliste car, elle

---

[1] Claude DUBAR, « SOCIOLOGIE - Les grands courants », *Encyclopædia Universalis* [en ligne], disponible sur URL:
http://www.universalis-edu.com/encyclopedie/sociologie-les-grands-courants/
consulté le 27 mars 2013.
[2] *Ibid.*
[3] RUGGIE John Gerard, *Constructing the world polity, Essays on international institutionalization*, London and New York, Rutledge, 1st ed.1998, reprinted 2000, p.12-13.
[4] WENDET Alexander, "Anarchy is what States Make of it: The Social Construction of Power Politics", *Op.cit.*, p.395.

suppose que les structures de connaissances partagées et de compréhensions intersubjectives peuvent aussi motiver les acteurs[1]. L'ensemble de ces règles, croyances partagées, ce que Finnmore appelle structures sociales, peuvent fournir aux acteurs *« une compréhension de ce qui est important ou précieux, et une idée sur les moyens les plus efficaces ou légitimes pour obtenir ces biens[2] »*. Elles fournissent aussi aux Etats *« à la fois des préférences et des stratégies pour poursuivre ces préférences[3] »*.

L'approche est normative, parce qu'elle insiste sur le rôle des normes qui sont des règles établies soit par les pratiques réitérées soit par les valeurs communément acceptées par les acteurs, telle que la norme de la souveraineté de l'Etat. Enfin, elle est identitaire car elle donne une importance aux identités des Etats et leurs rôles dans la vie politique internationale. L'identité de l'Etat est l'origine **des intérêts** qui ne sont pas forcément, le produit de la distribution inégale de la puissance au sein d'un système international ou la course au profit matériel, mais qui sont plutôt des « aspirations » qui dépendent en partie, affirme Wendt, de la définition de « soi » par rapport à « autrui »[4]. Ces « ambitions », dit Yves Haine, *« peuvent être dictées par des nécessités matérielles, mais leur légitimité découle de notre représentation de cette matérialité.[5] »*. Ils sont au final une *« représentation de ce que les Etats se font d'eux-mêmes et d'autrui, du système international, et de leur propre place, ainsi que celle des autres, au sein du système international.[6] »*.

Quant aux **acteurs,** qui sont principalement les Etats selon Wendt[7], leur comportement est en fonction de cette

---

[1]FINNEMORE Martha, *National interests in international society*, Ithaca and London, Cornell University Press, 1996, p.15.
[2] *Ibid.*
[3] *Ibid.*
[4]WENDT Alexander, "Identity and structural change in world politics", In. LAPID Yosef KRATOCHWIL, *The return of culture and identity in IR theory*, Boulder-London, Lynne-Rienner, Coll., Critical perspectives on world politics, 1996, p.47-64.
[5]JEAN-YEVES Haine, « Kennedy, Kroutchev et les missiles du Cuba », *culture et conflits*, n°36, vol.1, Paris, Harmattan, 2000, p. 106-120.
[6]BATTISTELLA Dario, « L'intérêt national, Une notion trois discours », In. CHARILLON Frederic,dir., *Politique étrangère, nouveaux regards*, Paris, PFNSP,2002,p.152.
[7] WENDT Alexander, "Identity and structural change in world politics", *Op.cit.*, p.48.

représentation. Selon lui, l'identité elle-même est constituée en partie, par les autres acteurs, mais elle n'est pas réductible à eux, ce qu'il appelle une « *supervinience* », elle est autant « endogène » qu'« exogène »[1]. Les auteurs qui s'adonnent à analyser ce côté intersubjectif, révèlent l'importance de l'autrui dans la constitution de soi (reconnaissance). Une identité co-constituée par l'acteur lui-même et par les autres acteurs dans une relation intersubjective où la reconnaissance devient un moyen de validation de cette identité.

Nous mobilisons dans notre étude plusieurs concepts, ce qui demande la définition et la précision la plus parfaite possible. D'abord ceux de l'identité, de la reconnaissance et de la mémoire qui se rapportent l'un à l'autre. Ensuite, ceux de la coopération et de la réconciliation qui se croisent aussi puisque la réconciliation est avant tout une coopération bien qu'elle soit un phénomène différent de cette dernière comme nous le verrons dans notre développement suivant.

II. Cadre opératoire : définition des concepts :

A. L'identité, la mémoire et la reconnaissance

La mémoire occupe une fonction sociale, elle n'est en aucun cas uniquement des souvenirs individuels, contrairement à ce que suggère Peter Rosen Stephen qui traite la mémoire dans sa composante biologique et conclut qu'elle sert comme intermédiaire pour prendre des décisions. Pour lui des souvenirs enregistrés avec émotion deviennent le repère que le décideur extrapole sur des cas similaires (par analogie) en temps de guerre ou de crise ou ce qu'appelle Peter Rosen, *emotion-driven pattern recognition*[2].

Cette étude est critiquée par le Professeur Thomas Lindemann. Il reproche à Peter Rosen de ne pas prendre en considération les facteurs sociopolitiques dans le déclenchement des réactions

---

[1] *Ibid*.49.
[2] PETER ROSEN Stephen, *War and human nature,* Princeton and Oxford, Princeton University Press, 2005, intr.

violentes[1]. Peter Rosen ignore ce que cette mémoire peut représenter comme image positive à savoir, la réputation, l'honneur, ou comme image négative notamment le mépris[2]. D'une part, la mémoire de guerre ne se limite pas uniquement dans les souvenirs traumatisants mais relève aussi de ce que les acteurs en font, et d'autre part la guerre n'a pas été en amont des comportements des décideurs mais en aval comme énonce Clausewitz dans sa fameuse expression métaphorique : « *la guerre est la continuation de la diplomatie par d'autres moyens* ».

L'auteur ignore aussi le rôle de la mémoire dans la construction d'un lien collectif, ou si l'on peut dire, une mémoire collective. Les décideurs se trouvent souvent façonnés par la « dernière guerre »[3]. Cette mémoire n'est pas un objet simple et unique mais un sujet complexe et pluriel. Ce ne sont pas uniquement les souvenirs en soi qui peuvent être importants mais ce qu'on en fait, c'est-à-dire la représentation que les décideurs ont de ces événements. Ces souvenirs ne sont pas dépourvus d'une relation intersubjective.

En effet, la mémoire n'est pas uniquement individuelle mais aussi commune à un groupe ou à une société[4]. Elle a une fonction sociale et contribue au renforcement d'une identité au sein des groupes qui partagent les mêmes souvenirs « mémoire collective »[5]. Pierre Nora définit cette dernière ainsi : « *ce qui reste du passé dans le vécu des groupes, ou mieux ce que ces groupes font du passé*[6] ». Les politiques ont toujours eu un intérêt particulier pour la mémoire collective[7]. Elle était aussi un objet d'intérêt pour les groupes humains qui cherchaient à en codifier

---

[1] LINDEMANN Thomas « STEPHEN PETER ROSEN War and Human Nature Princeton, Princeton University Press, 2005, 216 pages. », *Critique internationale* 2/2006 (n° 31), p. 203-207, [En ligne] disponible sur :URL: http://www.cairn.info/revue-critique-internationale-2006-2-page-203.htm
[2] *Ibid.*
[3] JERVIS Robert, *Perception and misperception*, *Op.cit.*, p.266-270.
[4] HALBWACHS Maurice, *La mémoire collective*, Paris, Albin Michel, 1997, p.52.
[5] ROSOUX Valérie-Barbara, Op.cit., p.9-10.
[6] NORA Pierre, « Mémoire collective », In. LE GOFF Jacques, CHARLIER Roger, REVEL Jacques (dir), La nouvelle histoire, Paris, C.E.P.L, 1978, p.398-401, cité par ROSOUX Valérie-Barbara, Op.cit., p.10.
[7] MICHEL Johann, *Gouverner les mémoires, Les politiques mémorielles en France*, Paris, PUF, février 2010, p.2.

les représentations et la transmission, avant même la constitution des entités macro-politiques comme l'Etat ou les empires[1]. Elle peut-être victimaire comme elle peut-être celle du vainqueur. La première représente les torts infligés et la seconde représente les gloires acquises et le succès. De ce fait, la socialisation rend difficile l'ignorance de la mémoire au sein d'une société ou à l'international. Alors, la probabilité de réagir aux dénis est plus élevée dans le cas où les souvenirs sont largement partagés et font la fierté ou au contraire la victimisation collective.

C'est donc la notion de mémoire officielle qui nous intéresse, car les politiques la socialisent au sein d'une société, bien que le terme « mémoire officielle » ne soit pas courant dans le cercle politique. En effet, selon Rosoux Valérie Barbara, la notion de mémoire officielle « *n'étant véritablement utilisée que depuis la fin des années 1970, il aurait été difficile pour les dirigeants d'y faire référence auparavant.*[2] ». D'ailleurs, les politiques confondent souvent mémoire et Histoire, ce qui est présenté comme histoire n'est autre que la mémoire sélective (mémoire officielle) servant à renforcer une identité mais aussi à se donner un rôle et une image positive.

L'expérience du passé fait ainsi partie de l'identité de l'Etat, elle est souvent appelée « mémoire officielle ». Mais elle est différente de l'histoire malgré que les praticiens confondent entre les termes car, bien que l'histoire contribue au développement de la mémoire, elle « *cherche à comprendre le passé pour en libérer le présent, alors que la mémoire entretient le poids du passé sur le présent*[3] ». Elle contribue dans « *la construction et le renforcement d'une identité partagée*[4] ». C'est dans ce sens aussi que le premier ministre français, Lionel Jospin, dans un colloque franco-allemand déclare que : « *La mémoire n'est pas l'histoire : elle est subjective, sélective, affective. La mémoire oublie autant qu'elle conserve. C'est là une de ses vertus, comme l'un de ses*

---

[1] *Ibid.*
[2] ROSOUX Valérie-Barbara, *Op.cit.* p.162.
[3] PEYLET Gerard, *Le temps de la mémoire : soi et les autres*, Pessac, Presse Universitaire de Bordeaux, Université Michel de Montagne Bordeaux3, coll. Eidôlon, 2007, p.98.
[4] ROSOUX Valérie-Barbara, *Op.cit.*, p.159.

risques. Au fil des siècles, l'identité d'un peuple se forge des souvenirs qu'il assume, qu'il entretient ou qu'il perd, voire qu'il refoule.[1] ».

Cette mémoire est souvent socialisée par divers moyens et sur différentes échelles, à travers le discours politique, les manuels scolaires, etc. Son intériorisation rend difficile de l'ignorer. Plus le travail de socialisation est intensif plus la mémoire « *devient l'échelle de référence de la fierté collective*[2] » ou au contraire celle de la souffrance collective.

L'Etat nation ne représente pas uniquement le monopole de la violence physique légitime mais elle est aussi « *la socialisation des individus par la construction d'une identité collective nationale*[3] ».

La mémoire n'est pas figée mais elle est ce qu'on en fait[4], de même que le sens de l'honneur, du mépris, de la gloire est le produit d'une réalité sociale et d'une relation intersubjective changeant suivant les époques. De ce fait, notre travail d'étude s'intéresse beaucoup plus à la mémoire officielle, entretenue par les acteurs de la politique étrangère. Ceci dit nous n'ignorerons pas la mémoire collective, car elle n'est pas dépourvue d'enjeux politiques. Les deux concepts, mémoire officielle et celle collective, comme nous l'avons expliqué, bien qu'elles évoquent deux notions différentes, elles s'entrecroisent puisque chacune renvoie au sens de la collectivité. Les politiques savent mobiliser la mémoire collective et en codifier la représentation afin de mieux servir leurs desseins, objectifs et intérêts nationaux. La mémoire officielle change à travers le temps. Le sens du partage en fait un instrument efficace et pratique pour la légitimation politique ; on attribue souvent à cela des dénominations telle que

---

[1] JOSPIN Lionel, Premier Ministre, « Allocution, colloque « mémoire et identité », Genshegen, 25 septembre 1999, disponible sur *Bases documentaires du ministère des Affaires étrangères et européennes*, en ligne, [En ligne] http://basedoc.diplomatie.gouv.fr/exl-php/util/documents/accede_document.php Accessed: 20/06/2010.
[2] BRAUD Philippe, *Violence politiques*, Paris, Seuil, mars 2004, p.171.
[3] ALCAUD David, BOUVET Laurent, CONTAMIN Jean-Gabriel, et al., *Dictionnaire de sciences politiques, notions essentielles, enjeux et débats, grands auteurs*, coll., IEP Licence concours administratif, Paris, edi. SIREY, 2nd édi., 2010,p.145.
[4] ROUSOUX Valérie-Barbara, *Op.cit.*, p.3.

la « gloire de la nation », l' « histoire », les « sacrifices consentis », les « honneurs » et les « souffrances communes ». Les gloires autant que les souffrances incitent les Etats à s'y identifier et à défendre certaines valeurs et finissent par être reconnus comme telles de manière à ce que tout déni de cette identité véhiculée et reconnue puisse générer des conflits. Nous résumons ceci dans le schéma ci-dessous.

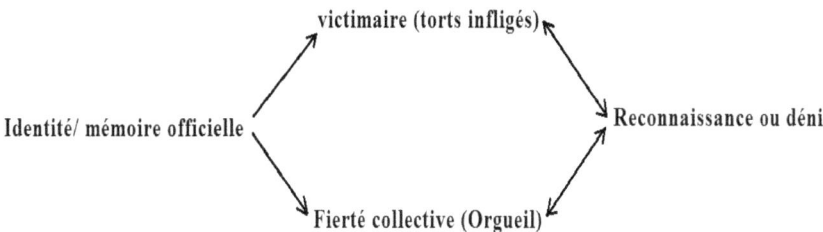

Nous partons de l'idée que les décideurs sont aussi motivés par la reconnaissance d'une identité ou d'une image valorisée de soi. En effet, la reconnaissance comme motivation pour l'action politique est incontournable. Ce côté affectif, selon Fukuyama n'est pas aussi récent que nous le pensons, mais date du temps Grec. L'auteur de *la fin de l'histoire et le dernier homme*, affirme que les penseurs en ont fait référence, ainsi dit-il : « *au cours des millénaires aucun mot consacré n'a été employé avec constance pour désigner le phénomène psychologique « désir de reconnaissance » : Platon parlait du Tymos ; Machiavel, du désir de la gloire de l'homme ; Hobbes, de sa fierté ou de son orgueil ; Rousseau, de son amour propre ; Alexander Hamilton, de son amour de la renommée ; Hegel, de reconnaissance ; Nietzsche, enfin, de l'homme comme de « la bête aux joues rouge.».* Toutes *ces expressions renvoient à cette partie de l'homme qui éprouve le besoin d'accorder une valeur à tout : à lui-même en premier lieu, mais aussi bien aux gens, aux actions, ou aux choses qui l'entourent*[1] ». De même les textes sacrés, ont fait référence à ce phénomène. Le coran par exemple, décrit la vie humaine comme une rivalité pour « *l'acquisition des richesses* » mais aussi

---

[1] FUKUYAMA, Francis, *Op.cit.*, p.194-195.

comme « *une course à l'orgueil* »[1]. L'orgueil ici exprime un sens de vanité, une image valorisée de soi.

La quête de reconnaisse peut être ontologique, car « *C'est par des expériences négatives de mépris, « Missachtung », que nous découvrons notre propre désir de reconnaissance ; notre désir de reconnaissance est né de la dis-satisfaction ou du malheur du mépris*[2] », affirme Paul Ricoeur. En revanche, cette quête n'est pas uniquement émotionnelle mais elle est aussi instrumentale[3].

Pour de nombreuses raisons, les dirigeants d'un pays sont amenés à entretenir la politique de l'image « positive » ou « négative » si bien que, les conséquences de la reconnaissance sont autant symboliques que matérielles et l'expression de l'altérité et l'inimité sont autant ontologique qu'instrumentale. Axel Honneth, mentionne que l'idée de l'intersubjectivité hégélienne rejoint aussi l'idée de la constitution de soi à travers l'autrui, où l'individu acquiert une identité à travers l'expérience de la reconnaissance mais cette identité elle-même le conditionnera et le poussera à jouer un rôle, ou ce qu'il appelle « *l'autrui généralisé*[4] ».

Pour expliquer ce phénomène d'intersubjectivité et de reconnaissance, Wendt utilise le terme « *mirroring*[5] » l'effet miroir pour décrire ce phénomène où l'influence de l'autrui dans la définition de l'identité des acteurs est primordiale. L'identification des autres aura un impact sur le comportement d'un acteur et sur la constitution de son identité car, « *la possibilité d'avoir une identité est conditionnée par sa reconnaissance par les autres*[6] », affirme Lindemann.

---

[1] Le *Coran et traduction de ses sens en langue française*, HAMIDALLH Mouhammad, Ryad, Arabie-Saoudite, Complexe Roi Fahd Pour l'Impression du Noble Coran, 57-20, Al-Hadid, (le fer) p.540.
[2] RICOEUR Paul, *La lutte pour la reconnaissance et l'économie du pardon*, UNESCO (Organisation des Nations Unis pour l'Education, la Science et la Culture, Secteur des sociales et humaines Paris, 2004, p.17.
[3] LINDEMANN Thomas, *Causes of war, The struggle for recognition*, Op.cit. p.1.
[4] HONNETH Axel, *Kampf um Anerkennung, La lutte pour la reconnaissance*, trad.fr par RUSCH Pierre, Paris, CERF, 2008, p.94.
[5] WENDT Alexander, *Social theory of international politics*, Op.cit, p.327.
[6] LINDEMANN Thomas, *Penser la guerre, L'apport constructiviste*, Op.cit., p. 58.

Le concept de la reconnaissance est un concept polysémique à travers lequel nous pouvons repérer plusieurs phénomènes qui ont directement ou indirectement un lien avec ce concept clé. Cette polysémie fait à la fois sa force mais aussi sa complexité, car le concept « *n'est fixé en aucune manière, ni dans la langue quotidienne, ni dans son acception philosophique[1]* ».

Etant donné que le terme est équivoque dans ses significations, nous avons vu qu'il est nécessaire de définir ce terme. Ce travail définitoire consiste à comprendre le terme de « reconnaissance ». Tout d'abord, par la démonstration de ses différentes utilisations, ensuite, par la mise en évidence du lien qui existe entre terme, concept et formes de reconnaissance. Cela nous permet de situer notre travail par rapport à notre hypothèse et de délimiter ainsi l'objet de notre recherche.

En nous référons aux différents dictionnaires de la langue française, nous avons pu voir les différents sens que peut donner le terme « reconnaissance ». Nous les avons regroupés en deux axes qui vont nous aider éventuellement à construire un cadre opératoire :

1. Action d'identifier par la mémoire, le jugement

La reconnaissance est un véritable travail de mémorisation et d'évocation de ce qui a été mémorisé. Elle peut signifier l'« *Acte de juger qu'un objet a été déjà connu[2]* », ce qui donne le sens de l'« identification ». Elle se définit alors comme « *un processus mental par lequel une représentation mentale actuelle est reconnue comme trace du passé[3]* ». La définition distingue aussi entre « l'évocation », la « reconnaissance », et la « localisation des souvenirs » cette dernière est considérée comme une fausse reconnaissance et appelée « paramnésie »[4] : elle ne dépasse pas la

---

[1] HONNETH Axel, « Reconnaissance »,In., *Dictionnaire d'éthique de philosophie morale*, tome2, CANTO-SPERBER Monique, dir.,Paris, PUF(Quardrige), 2004, 1ère édit 1996,pp.1640-1647.
[2] *Le nouveau petit Robert, dictionnaire alphabétique et analogique de la langue française*, texte remanié et amplifié, sous la direction de REY-DEBOVE Josette et REY Alain, Paris, Paul Robert, 1er éd. 1967, nvll.edi. 2007, pp.2145-2146.
[3] *Ibid.*
[4] *Ibid.*

reconnaissance simple des choses ou des êtres vivants, on dit reconnaissance de l'écriture, reconnaissance vocale, reconnaissance optique des caractères. L'idée qui nous intéresse dans cet axe est que la reconnaissance a un lien avec la mémoire. Paul Ricœur, en se fondant sur les apports de Bergson affirme que : « *la reconnaissance du souvenir s'égalera à la reconnaissance de soi[1]* ». D'ailleurs, il distingue trois traces : les traces corticales que traitent les sciences neuronales, les traces psychiques résultant des impressions affectives et traumatiques (événements frappants), mais aussi les traces documentaires conservées dans les archives privées ou publiques[2].

C'est grâce à ce travail de mémorisation que le phénomène de reconnaissance devient possible. C'est pour cette raison que quelqu'un qui n'a pas de mémoire ne peut ni reconnaitre ni demander la reconnaissance. Ainsi, la reconnaissance est un acte via lequel un objet est saisi par l'esprit, par la pensée, en reliant entre ce qui a été connu (le passé) et ce qui est saisi dans le présent, un lien entre images qui consiste à identifier mais aussi à distinguer, un processus au cours duquel un travail de mémoire est nécessaire. En effet, la mémoire est une condition pour reconnaitre et être reconnu, les images du passé constituent un processus de va et vient, une relation dialectique entre le passé et le présent. Les autres définitions du terme reconnaissance représentent plutôt de la description des formes sous lesquelles la reconnaissance peut être émise :

2. Admission et acceptation :

Le « terme reconnaissance » signifie aussi l'admission et l'acceptation de quelqu'un ou de quelque chose. Ainsi, le dictionnaire *le Petit Robert*[3] nous donne quelques exemples :

a. « Aveu, confession (d'une faute). La reconnaissance de ses fautes, est une action par laquelle on reconnait ou on admet qu'on est auteur ou responsable d'un acte ;

---

[1] RICOEUR Paul, *Parcours de la reconnaissance, trois études*, France, Stock, 2004, p.167.
[2] *Ibid.*, p.167-168.
[3] *Le nouveau petit Robert, dictionnaire alphabétique et analogique de la langue française*, *Op.cit.*, pp.2145-2146.

b. « Fait de reconnaitre (quelqu'un) pour chef, pour maître. Reconnaissance d'un souverain » ;
c. Fait d'admettre (une chose) après l'avoir niée ou en avoir douté, la reconnaissance d'une qualité chez quelqu'un ;
d. Au sens juridique : reconnaissance d'un gouvernement, d'un Etat.

En résumé, la reconnaissance peut se manifester dans un aveu explicite ou implicite des torts infligés par l'auteur, ce qui exprime le sens de l'**aveu,** et de la **responsabilité.** La reconnaissance peut s'agir aussi de l'admission de l'existence d'une qualité chez autrui après l'avoir niée, ce qui exprime l'**estime.** Comme il peut s'agir de l'admission d'un Etat, d'un gouvernement ou d'acteur dans la vie internationale ou simplement l'admission de son existence, ce qui exprime l'accès à un **statut.**

Ces trois formes (aveu et responsabilité, Estime, Statut) correspondent au réel à des formes de reconnaissance et des formes de déni de reconnaissance :

Les formes de reconnaissance : Ces formes sont démêlées des pratiques qui existent entre Etats plutôt qu'elles représentent un cadre normatif.

Reconnaissance des torts ou déni des torts :

1. Aveu et responsabilité :

Il exprime l'aveu d'un tort ou la responsabilité des torts. Le mode d'expression de ce tort change suivant les cas. Il peut aller d'une simple forme d'Empathie (prise en compte des souffrances d'autrui, solidarité) ou un aveu des faits et des souffrances d'autrui à une forme plus importante incluant l'excuse et la demande du pardon, soit une forme de repentance. Dans les deux cas, il y a une reconnaissance des torts, ce qui correspond dans le cas du déni à l'absence de l'aveu ou de l'empathie, la négation d'une responsabilité ou d'une souffrance.

2. Confirmation d'une identité particulière :

Il s'agit du cas où la victime cherche l'obtention d'une revalorisation d'une image de soi.

3. Acceptation ou intégration d'un acteur :

Dans ce cas, la reconnaissance vise à accepter l'existence d'un acteur (Etat ou gouvernement). Le tort consiste alors en la négation de l'existence ou la non-intégration d'un acteur (Etat, gouvernement, ou représentant) dans une organisation ou dans une communauté, ce qui correspond dans le cas du déni à la négation de l'existence d'un acteur ou à sa non-acceptation comme représentant (Etat, gouvernement, chef).

Ces formes de reconnaissance mentionnées peuvent nous guider dans notre travail de recherche. Tous les torts infligés ne génèrent pas les mêmes quêtes de reconnaissances. Le type de quête de reconnaissance renseigne sur la forme de reconnaissance recherchée par l'acteur. Le travail de sélection pratiqué par les politiques envers le passé (mémoire officielle) ne tient pas compte uniquement de la définition identitaire négative (victimaire) mais aussi positive (orgueil), de manière à chercher la confirmation d'une identité (orgueil) et de s'opposer à son déni (victimisation). Ainsi le déni porte autant sur la négation de l'identité que sur la négation des torts, et cela rejoint la thèse constructiviste qui postule que nous ne pouvons pas connaitre les intérêts des acteurs sans connaitre leur identité. C'est en fonction de cette dernière que les intérêts matériels et symboliques sont exprimés. C'est avec la perception de soi, d'autrui et du système international avec ses composantes que l'acteur exprime des préférences car, les intérêts sont une «*représentation de ce que les Etats se font d'eux-mêmes et d'autrui, du système international, et de leur propre place, ainsi que celle des autres, au sein du système international*[1] ».

B. Définition de la coopération et de la réconciliation

La coopération comme la réconciliation représentent deux phénomènes et deux situations différentes. La coopération

---

[1] BATTISTELLA Dario, L'intérêt national, Une notion trois discours, *Op.cit.*, p.152.

représente la convergence des intérêts et éventuellement leur ajustement[1]. Elle est le contraire du conflit qui est la divergence des intérêts qui peut aller jusqu'à la confrontation symbolique (opposition) ou matérielle (déclaration de guerre).

Concernant la réconciliation, bien qu'elle passe par le même processus que la coopération, elle n'est pas uniquement un « ajustement des comportements des acteurs » naissant de divergence, amenant ainsi les Etats à concilier leurs intérêts (conciliation) mais, elle exprime une situation caractérisée par l'oubli des querelles, et la résolution des conflits liés au passé[2]. Elle vise même à leur dépassement[3]. Donc, nous dirons que nous sommes en processus de réconciliation quand les acteurs commencent à traiter les problèmes liés au passé pour les résoudre ou quand le passé n'est nullement un problème, soit il est oublié soit il est mobilisé en faveur de la réconciliation). Nous avons utilisé le terme processus pour montrer que la réconciliation et la coopération ne se déroulent pas en une seule fois mais elles revoient plutôt à un jeu de *multiple shoot* c'est-à-dire les acteurs auront la chance de jouer plusieurs fois au cours desquels ils peuvent rattraper ce qu'ils ont perdu ou ce qu'ils ont concédé pour atteindre un intérêt ou un objectif plus éminents, que ce soit sur le moment ou dans le futur, de ce qu'ils perçoivent comme perspective.

De ce fait, nous parlons plutôt d'une coopération et d'une réconciliation stables plutôt que définitives. Les engagements internationaux comme les traités de paix ou d'amitié sont généralement un bon signe de cette stabilité. Autrement dit, il sera difficile de revenir sur un traité. Ces engagements aussi présagent un signe de confiance et de crédibilité.

---

[1] DOUGHERTY James and PFLATZGRAFF Robert, *Op.cit.* p.505.
[2] LONG William and BRECKE Peter,*Op.cit.*, p.1-3.
[3] « Promouvoir la réconciliation internationale, contribuera à stabiliser les régions en proie à un conflit et aidera la reconstruction après le conflit », Rapport établi par les co-rapporteurs M.René Valery Mongloé et M. Robert Del Picchia, lors de la Union interparlementaire, 110ème Assemblée et réunions connexes, première commission permanente, paix et sécurité. », *Op.cit.* p.3.

Souvent les acteurs qui se trouvent en situation de conflit d'intérêts sont en situation de négociation tacite ou explicite[1]. Lionel Bellenger, spécialiste des négociations et négociateur affirme que : « *les protagonistes n'auront recours à la négociation que si le « conflit d'intérêts » est activé au point de devenir un « conflit social*[2]*»*. En revanche, il voit que les protagonistes se trouvent devant un « conflit d'intérêts» lorsque « *tout protagoniste s'efforce de maximiser ses propres intérêts égoïstes, de telle manière que les conséquences des actions et des comportements soient bénéficiaires pour une partie mais dommageables pour l'autre*[3] ».

Ce qui nous renseigne sur le conflit d'intérêt ce sont les préférences, tant qu'on ne connait pas les préférences d'un Etat nous ne pouvons pas juger que tels ou tels acteurs sont en conflit d'intérêt. De ce fait, la connaissance des préférences nous renseigne sur les intérêts des acteurs provenant de leurs préférences identitaires.

La coopération comme la réconciliation dépend des choix des acteurs dans la mesure où la perception des intentions et des menaces ne se résument pas uniquement dans la peur d'autrui (sécurité stratégique) mais aussi elle est motivée par la vanité et la peur ontologique (« sécurité ontologique »). C'est d'ailleurs cette dernière qui détermine la première, car la constitution de la menace est avant tout intersubjective. Les Etats peuvent avoir une convergence identitaire, l'un voit l'autre comme extension de soi[4].

---

[1] Thomas Schelling explique la différence entre les deux formes de négociations, confirme que dans la négociation « explicite » les protagonistes peuvent communiquer librement et échanger les informations, tandis que dans le cas de la négociation « tacite » les indices mineurs peuvent mener à la coordination. On se reporte au SCHELLING.C Thomas, *The strategy of conflict*, USA, The president and fellows of harvard college, 1960,1980, traduit de l'anglais par MANICACCI, Paris, PUF, Coll. Perspectives internationales,1986, p.92. Quant à nous, nous utilisons ces deux termes pour distinguer la négociation directe « face-face », à celle tacite, à l'instar de *signaling model* LONG William and BRECKE Peter qui consiste d'envoyer des signaux à son adversaire pour lui amener à coopérer. On se reporte à LONG William and BRECKE Peter, *Op.cit.*
[2] BELLENGER Lionel, *La négociation*, Paris, 7ème Edi., 1ère edi,1984, PUF, coll. Que sais-je ?, 2009, p.19.
[3] *Ibid.*
[4] WENDET Alexander, « Identity and Structural Change in International Politics », *Op.cit.* p.53.

La coopération devient alors une question de convergence identitaire (acquiescence) ou divergence identitaire. La divergence implique soit la confrontation soit la coopération qui est « *l'ajustement des comportements des acteurs en réponse à, ou en prévision des préférences des autres acteurs*[1] ». Cependant, c'est l'interaction qui définit l'aboutissement ou non de ces préférences. S'intéresser donc à l'identité que véhiculent les acteurs, c'est comprendre l'origine du conflit et comprendre pourquoi la coopération et la réconciliation sera plutôt une reconnaissance d'une image valorisée de soi qu'une réponse à la perception d'entrelacement des intérêts matériels ou de la peur de la mort violente (Survie).

III. Stratégie de vérification et Méthode de collecte de données

A. Stratégie de vérification

Nous utilisons la méthode de la congruence, c'est-à-dire la démonstration de la corrélation de notre hypothèse avec la réalité, cherchant une éventuelle relation entre le déni de reconnaissance et un changement de la perception. Notre travail va au-delà, nous vérifierons l'impact de cette perception sur les décisions mais aussi nous mesurons la juste valeur de notre hypothèse en la mettant en concurrence avec les autres hypothèses rivales, à savoir celle libérale, néo-marxistes et réaliste.

En effet, la corrélation entre notre variable indépendante qui est la reconnaissance et deux autres variables dépendantes qui sont la coopération et réconciliation, ne suffit pas à elle seule pour s'assurer de la validité de notre hypothèse. C'est pourquoi nous mobilisons à coté de cette méthode de vérification (la congruence) une autre méthode. Il s'agit de la méthode de *process-tracing*. Cette méthode tente d'identifier les chaines de causes pouvant intervenir ou engendrer *the outcome* de variables dépendantes et de prendre en compte d'autres voies qui pourront mener à ce

---

[1] DOUGHERTY James and PFLATZGRAFF Robert, *Op.cit.* p.505.

résultat[1]. Ainsi, nous pourrons suivre le processus en identifiant les autres éléments ou mécanismes qui peuvent affecter la perception des acteurs entre le stimulus et la réponse, comme indiqué à la figure1. Alors, nous vérifierons s'il n'y a pas d'autres facteurs qui ont changé la perception des intentions et des menaces, nous éliminerons ainsi les hypothèses rivales pour confirmer notre hypothèse.[2] De même, nous suivrons le processus décisionnel d'abord comme perception et puis comme expression et actes, en observant comment les acteurs perçoivent le phénomène de la coopération et de la réconciliation ; choisissent-ils d'y répondre d'une manière systématique ou naturelle (interdépendance, dépendance, dissuasion) ou prennent-ils en compte leur estime de soi et leur image auprès du peuple qu'ils représentent, tant à l'intérieur qu'à l'extérieur ? Dans ce dernier cas, l'acteur tient-il compte de l'identification d'autrui (reconnaissance ou déni de reconnaissance), en exprimant alors ses intérêts et ses menaces en fonction de cette identification ?

Ce sont ces questions qui dirigent notre investigation en usant de la méthode de *processus-tracing* qui peut être concentrée sur un seul événement comme sur des événements récurrents[3]. Au-delà de la multiplication des observations, cette méthode nous aide à retracer l'évolution de notre problématique. En effet, généralement les chercheurs qui ont abordé ce genre de problématique (questions de la mémoire) n'ont pas hésité à faire *flash-back* pour comprendre mieux l'évolution des relations.

De ce fait, nous voyons qu'en multipliant les observations et en retraçant l'évolution des rapports franco-algériens avant et après l'indépendance, cela nous permettra de mieux comprendre le rôle de la reconnaissance et l'évolution de cette question dans les relations franco-algérienne. Retracer l'évolution ne signifie pas relater toute l'histoire, mais nous avons choisi les périodes et les événements que les différents spécialistes ont identifiés comme des étapes au cours desquels les deux parties ont connu une

---

[1] BENNETT Andrew and ALEXANDER George, Case *Studies and Theory Development in the Social Sciences*, Cambridge, MIT Press, 2005, p.206-207.
[2] COLLIER David, "Understanding process tracing", *Political science and politics*, vol.44,n°.4, Octobre 2011, p. 825.
[3] *Ibid.*, p.825.

tentative de réconciliation. Cela nous aide à comprendre et à comparer les effets récurrents. Ces périodes et événements sont les suivants :

- Les Accords d'Evian et la réconciliation 1962-1970,

- Première visite d'un président français (Valérie Giscard-d'Estaing) en Algérie,

- Tentative de réconciliation, 1985, François Mitterrand – Chadli Benjdid,

- Tentative de réconciliation, de 1999-2014.

Notre choix de période relativement longue nous permettra de juger de l'efficacité d'une telle approche et d'expliquer le phénomène de coopération et de réconciliation. De plus, en multipliant les observations sur différentes périodes, cela donne plus de crédibilité à nos résultats en termes de régularité.

Figure 1. La Méthode de vérification

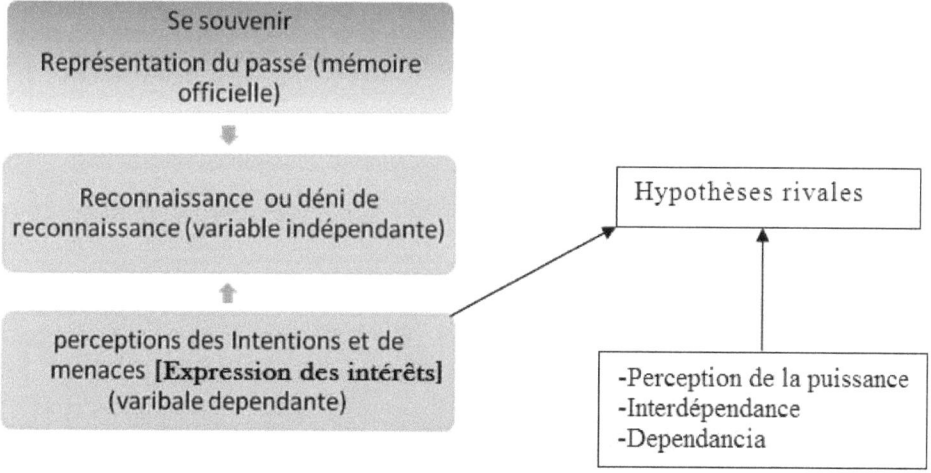

B. Méthode de traitement de données

Notre démarche est basée sur les représentations du passé des décideurs. Il ne s'agit en aucun cas de se livrer aux cognitions des acteurs, vue que celle-ci sont loin d'être entièrement assimilées mais plutôt, à leurs discours et à leurs déclarations (expressions et actes). En effet, nous avons mis en place une classification des sources selon leur valeurs et leur authenticité afin d'analyser les attitudes et les représentations des décideurs. Pour cela, nous avons assemblé un corpus constitué de documents officiels, c'est-à-dire de déclarations, de documents diplomatiques confidentiels et non confidentiels, de communiqués, de discours et de conférences de presse des principaux acteurs dans la politique étrangère. Ces documents contiennent les positions et les attitudes des décideurs.

Nous mobilisons aussi d'autres données qui nous proviennent des spécialistes de la politique étrangère, mais aussi des révélations secrètes et des données statistiques, conçues parfois par nous-mêmes, à partir des données tirés des sites officiels des deux gouvernements notamment celui des affaires étrangères des deux pays et qui nous renseignent sur les échanges entre eux, comme les Accords de coopération et les échanges de visites.

Le discours diplomatique est un moyen important, informatif et performatif. D'ailleurs, des constructivistes comme Nicolas Onuf et Alexander Wendt, soutiennent l'idée que le langage est performatif et factitif et contribue à l'actualisation des modes d'interaction constitutive et des croyances partagées[1]. Selon Vencent Legrand, les expressions peuvent être conçues elles-mêmes comme des actes, « *des actes de langage dans leur dimension performative*[2] ». Nous avons à vérifier la perception et l'impact des Expressions et des actions entre les deux Etats dans les deux sens.

---

[1] LINDEMANN Thomas, Penser la guerre, *Op.cit*.p.
[2] LEGRAND Vincent, « La prise de décision en politique étrangère », In., ROOSENS Claude, ROSOUX Valerie et WILDE d'ESMAEL, (dir.), *La politique étrangère, Le modèle classique à l'épreuve*, Bruxelles, P.I.E-PETER Lang (Presses Interuniversitaires Européennes, 2004, p.101.

Le langage diplomatique peut être un langage clair au sens bien établi, accessible à tous et compris par un grand nombre de personnes, comme il peut, à l'image de celui du langage des signes, nécessiter un décodage[1]. Le langage est parfois important dans la recherche de compromis voire une bataille pour imposer son choix des mots, notamment quand il s'agit du droit[2].

Notre traitement des différents documents repose sur une méthode qualitative. Développée dans le domaine historique ainsi que celui de la communication, la méthode d'analyse des documents tend à analyser les documents en tant que messages provenant d'un émetteur et adressés à un récepteur, en apportant des réponses à un certain nombre de questions, établies par le politiste américain Harold Lasswell, à savoir : l'auteur du document ? Le contenu du message ? Moyen employé par le document ? A qui s'adresse le document (destinataire) ? La conséquence du message et le contexte dans lequel il intervient ?[3]

IV. Plan :

Nous avons choisi de commencer notre développement par un rappel historique. Ce n'est pas pour autant que nous nous érigeons en historien mais, simplement nous relatons les étapes et les points clés qui nous aident ainsi que nos lecteurs à comprendre l'équation franco-algérienne. Rappelons que nous n'en avons pris que les faits sur lesquels il y a un certain consensus entre historiens et observateurs.

D'ailleurs, ces phases historiques seront reprises par les acteurs politiques dans leurs représentations du passé et de leur conception de ce qui doit être la nation dans chaque Etat, notamment en Algérie. Ceci n'est pas exclusif à nous, mais la plus part des spécialistes qui ont abordé le sujet n'ont pas hésité à faire ce travail de *flash- back,* ce qui nous aide non seulement à situer

---

[1]VILLAR CONSTANZE, *Le discours diplomatique*, Thèse de doctorat, bordeaux4, 2003, texte remanie, Paris, l'Harmattan, 2006.
[2]VILLAR CONSTANZE, « Pour une théorie du discours diplomatique », [En ligne], consulté le 21 juillet 2010, disponible sur : URL :
http://www.diplomatie.gouv.fr/fr/IMG/pdf/345-61.pdf
[3]DIEU François, *Introduction à la méthode de la science politique*, Paris, l'Harmattan, 2008, p.96-97.

les conjonctures historiques sur lesquelles les relations franco-algériennes ont été établies, mais aussi à donner l'occasion de comprendre la construction identitaire dans les deux pays et son évolution. Il nous semble donc, que ce chapitre est indispensable et incontournable.

En effet, ceux qui considèrent les intérêts comme préétablis, trouvent de l'incohérence et de la difficulté à expliquer le processus de coopération et de réconciliation dans les rapports franco-algériens. L'interaction précédente a généré une quête de reconnaissance. Le déni de reconnaissance, dans le passé, a incité l'Algérie à chercher la reconnaissance d'égalité. Son image de marque après le succès de sa révolution à l'international lui a accordé une identité de rôle. Ces deux éléments (la quête de l'égalité ainsi que l'affirmation de son identité de rôle) ont influencé le processus de coopération et de réconciliations franco-algériennes.

L'influence de cette phase historique sur l'identification de l'Algérie indépendante mais aussi sur la perception de l'ennemi héréditaire a été concluante. Lors des deux première décennies, les décideurs en Algérie ont prévalu notamment l'identité de rôle de leur pays mais aussi la quête d'égalité (tenir tête à l'ancien colonisateur) dès lors, les torts infligés se sont transformés en deux motifs d'action : la quête d'égalité et la protection d'une image positive de soi. Ainsi, l'Algérie s'est vue préoccupée par beaucoup de questions intéressant de près ou de loin le Tiers-Monde, comme la recherche d'établir un N.O.E plus équitable à l'égard du pays du Sud. Elle se voit comme étant le porte-parole du Tiers Monde dans la lutte contre l'impérialisme, la colonisation et le néo-colonialisme.

Cette identité véhiculée a eu un impact sur la coopération franco-algérienne et la politique de distanciation affichée depuis l'indépendance à l'égard de la France, ce qui a reporté la réconciliation entre les deux pays. Nous verrons que le rythme de coopération pendant la première décennie varie en fonction de la reconnaissance du droit des Algériens à l'émancipation et la constitution d'un Etat Algérien. Le Général de Gaulle a veillé à ne pas compromettre le rôle du jeune Etat comme porte-parole du Tiers Monde notamment que ce rôle a paru bénéfique aussi pour la

France. Dès lors, les concessions provenaient des deux parties (conciliation) mais, cette entente n'a pas duré, elle s'est détériorée lors des nationalisations d'envergures (des hydrocarbures) qui coïncident aussi avec le départ du Général de Gaulle et son remplacement successivement par Pompidou et Valérie Giscard d'Estaing, cela a même empêché la tentative de réconciliation en 1975 lors de la première visite d'un président français en Algérie et qui s'est transformée en une longue crise.

Bien que la coopération ait été progressivement institutionnalisée grâce aux pratiques précédentes et au nombre d'accords conclus depuis l'indépendance, ce qui avait intensifié les liens entre les deux pays, cela n'a pas mené à une réconciliation entre les deux parties même avec la présence de la coopération étroite pendant la tentative du régime algérien de s'ouvrir sur la société civile, de sortir de son monopartisme et d'entrer dans une politique de démocratisation. Au contraire, le déclenchement d'une guerre civile en Algérie impliquant la France a reporté la réconciliation franco-algérienne et engendré de nouveaux enjeux.

La coopération est devenue presque systématique, d'autant plus que « la légitimité de pouvoir » a été remise en question, après l'entrée de l'Algérie dans une guerre civile. En effet, la position de la France aux cotés des militaires algériens, fait de la coopération avec la France un atout pour le pouvoir algérien tandis que l'opposition en Algérie commence à faire pression sur le pouvoir en place qu'elle qualifie d'ennemi de la nation qui n'a jamais revendiqué la reconnaissance des torts infligés de l'ancien colonisateur. Les souffrances collectives qui ont été socialisées depuis l'indépendance en Algérie, au même titre que l'orgueil (succès de la révolution) et qui n'ont pas été un axe central dans les relations durant les deux premières décennies en Algérie, puisque les politiques algériens se sont livrés plutôt à la recherche d'égalité et du prestige qu'apportait leur révolution (identité de rôle), vont être mises en valeur. Tandis qu'en France, du fait de l'entrée de l'Algérie en guerre civile (1991-1999), la thèse de la colonisation positive commence à se développer progressivement chez les nostalgiques de l'Algérie française.

Le pouvoir algérien représenté par le président Abdelaziz Bouteflika, élu au suffrage universel en avril 1999 bien que contesté, a poussé la France à faire pression sur le président algérien pour qu'il coopère. De même, le président algérien a usé de cette relation de connivence qui lie le régime militaire avec le pouvoir en France pour amener cette dernière à changer son attitude. Ainsi, la coopération a été relancée et le rapprochement entamé, en revanche, le président algérien a un autre dilemme : réaliser son objectif de réhabiliter l'image de l'Algérie et rattraper le retard économique par rapport aux voisins en coopérant avec la France et cela sans compromettre son image à l'intérieur. Ainsi dès son voyage en France, il incite la France à reconnaitre les torts infligés au peuple algérien dans le passé, notamment que les Etats commencent à recourir à cette pratique comme moyen diplomatique.

Le rapprochement avec la France a rendu la coopération inéluctable tandis que le processus de réconciliation va de nouveau connaître un échec. En raison de plusieurs dénis de reconnaissance, tel que le vote d'une loi le 23 février 2005 au niveau de l'Assemblée française qui insiste sur un certain rôle « positif » à la colonisation, suivi par d'autres, lors de la présidence de Nicolas Sarkozy. Tous ces dénis ont bloqué le processus de réconciliation et ont réduit la coopération.

Cependant, avec l'arrivée de l'élu socialiste sur la tête de l'Etat français, les choses ont changé progressivement vers l'établissement d'une réconciliation et de relations solides et durables. En concédant sur le plan de la mémoire, en faisant une reconnaissance des souffrances, d'injustice et de torts, François Hollande a voulu donner aux relations franco-algériennes une nouvelle tournure : l'apaisement et la réconciliation. Nous avons observé que la politique algérienne de la France ne varie pas conséquemment en fonction des partis politiques au pouvoir (droite ou gauche). En revanche, les concessions sur la question de la mémoire qui a permis la réconciliation entre les deux pays est plutôt un succès de la Gauche que celui de la Droite. En comparant les tentatives de réconciliation avec l'Algérie, d'une part celle de Valérie Giscard d'Estaing, Jacques Chirac, de droite et d'autre part celle de François Mitterrand, François hollande, de gauche, nous trouverons que les socialistes sont plus enclins à traiter la problématique du passé avec souplesse et plus enclins à reconnaitre les torts que ceux de la Droite.

Première partie

Les origines identitaires du conflit franco-algérien et processus de coopération et de réconciliation, de 1962 à 1988

CHAPITRE 1. LES ORIGINES IDENTITAIRES DU CONFLIT

Nous avons choisi de commencer notre développement par un rappel historique. Ce n'est pas pour autant que nous nous érigeons en historien mais nous relatons simplement les étapes et les points clés qui nous aident à déchiffrer l'aspect identitaire dans les relations franco-algériennes. En se basant sur les écrits des historiens et en retraçant les faits historiques, nous avons pu repérer la présence d'un déni de reconnaissance qui est à l'origine du conflit identitaire. L'intérêt de faire un travail de *flash-back* est double : d'une part, il contribue à élucider la relation établie entre la France et l'Algérie et d'autre part il nous sert comme outil à comprendre et à déchiffrer l'équation franco-algérienne.

Rappelant que nous n'avons pris que des faits historiques sur lesquels il y a un certain consensus entre historiens et observateurs et qui ont une relation de près ou de loin avec notre hypothèse. De plus, ces événements et phases historiques sont repris par les acteurs politiques eux-mêmes dans leurs représentations de leur conception du passé commun, ce qui s'ajoute comme une autre raison de s'y livrer.

1. Evolution historique et jalons d'une relation

1.1. De l'occupation, juillet 1830 à la guerre d'Algérie, 01 novembre 1954

Les relations franco-algériennes, avant l'occupation de l'Algérie le 5 juillet 1830, ont été liées par une alliance de coopération[1]. Elles ont été aussi liées par une relation privilégiée[2]. Elles se sont consolidées notamment pendant la Révolution française en 1789 quand les régimes européens ont voulu endiguer

---

[1] PERVILLÉ Guy et al, *La guère d'Algérie, Histoire et Mémoires*, Bordeaux, Centre Régional de documentation pédagogique d'Aquitaine, 2008, p.21.
[2] STORA Benjamin, *Histoire de l'Algérie coloniale (1830-1954)*, Paris, la Découverte, Repères, 2004, p. 12.

le gouvernement français qui avait alors trouvé secours chez la régence d'Alger[1]. Selon Benjamin Stora, qui est une autorité reconnue dans l'étude de l'Histoire du Maghreb, la régence d'Alger répondait à tous les critères d'un État souverain[2]. Souveraineté qui a été reconnue par la majorité des États européens et les États-Unis, d'ailleurs ces Etats avaient des agents diplomatiques permanents.[3]

La régence d'Alger a été pour de nombreuses raisons la proie de la puissance coloniale française. En effet, nombreuses sont les raisons qui ont poussé la France à préparer un plan de conquête longuement réfléchi[4]. D'abord, la concurrence existant entre les puissances européennes et l'ambition de s'agrandir pour ne pas dépérir, a poussé la France à ne plus fermer les yeux sur une régence de plus en plus forte, à savoir, une puissance maritime qui dérange[5]. De plus, le roi Charles X a eu besoin de fortifier son pouvoir en France, pour cette raison, selon l'enquête de Péan Pierre, il a mené une expédition en Algérie et s'est accaparé des trésors accumulés dans le château du dey d'Alger[6]. Enfin, la colonisation a été un phénomène normalisée, ce qui a encouragé l'expédition.

Par ailleurs, la question de la dette de la France envers l'Algérie a été soulignée par les historiens comme étant la raison directe de cette expédition. Le fait que la France ait refusé de s'acquitter de ses dettes qui consistaient au remboursement de ses emprunts sans intérêts et son approvisionnement en blé, a déclenché une grave crise entre les deux pays aboutissant à l'incident diplomatique de l'éventail : « *il me porta avec le manche de chasse-mouches, trois coups violents sur le corps et me dit de me retirer[7]* », dit le consul Deval dans son rapport. Une

---

[1] *Ibid.*,
[2] STORA Benjamin, *Histoire de l'Algérie coloniale (1830-1954)*, *Op.cit.*, p.12.
[3] *Ibid.*
[4] HADAD Samy, *L'Algérie, Autopsie d'une crise*, Paris, l'Harmattan, Coll. Histoire et perspectives méditerranéennes, 1998, p.137.
[5] PERVILLÉ Guy, Op.cit., p.14.
[6] PÉAN Pierre, *Main basse sur Alger, enquête sur un pillage, juillet 1830*, Paris, Plon, 2004.
[7] Rapporté par COURTINAT Roland, *La piraterie barbaresque en Méditerranée*, Nice, France, Jaques Gandini, 2003, p.116-117.

réaction qui a été poussée par l'insolence du consul, insistait le Dey[1]. Cette humiliation du consul de France par le dey d'Alger, répandue auprès des historiens sous le fameux « coup d'éventail », a été avancée comme la raison directe de l'agression et de l'occupation d'Alger[2].

Ainsi, la relation privilégiée entre la France et l'Algérie avant l'occupation s'est transformée en une crise diplomatique incitant la France à se lancer dans une expédition militaire en colonisant l'Algérie pendant cent trente-deux ans, ce qui a laissé des séquelles qui affecteront les relations franco-algériennes plus tard.

En effet, la plupart des auteurs s'accordent sur le fait que cette colonisation a été différente de celles des autres territoires occupés par la France car, elle a été une colonisation de peuplement[3]. Ceci a suscité et encouragé l'exode des européens d'une manière générale et les français en particulier à s'installer en Algérie. Cette situation a progressivement amené les autorités françaises à parler d'une « Algérie française » ou de « *l'étendue naturelle de la France en Afrique du nord.*[4] ». Annexion qui ne s'est pas limité au rattachement territorial mais, elle s'est étendu aussi à la domination de ses habitants dont le statut d'indigènes qui leur été octroyé, le prouve[5]. La politique française en Algérie créa des statuts juridiques différents, marquant l'incohérence entre une politique réelle envers les peuples non européens et une politique d'assimilation affichée, caractérisant l'évolution de

---

[1] *Ibid.*,
[2] *Ibid.*, p.19-22.
[3] ELSENHANS Hartmut, *La guerre d'Algérie 1954-1962, La transition d'une France à une autre, Le passage de la IVe à la Ve Republique*, préface Gilbert Meynier, Paris, Publisud, 1999, p.64
[4] ROSOUX Valérie Barbara, *Les usages de la mémoire dans les relations internationales*, *Op.cit.*, p.92.
[5] *« Code établit en 1881, qui fut un moyen juridique déterminant le statut du peuple asservie par la France. Ce statut, est l'une des résultantes de l'incohérence entre la politique choisie par gouvernement français et l'application de cette politique entre l'assimilation et l'assertivement il y a un grand écart »*. Pour plus d'informations voir : « Français, Empire colonial. », *Microsoft® Encarta®* 2006 [CD] Microsoft corporation 2005. Ainsi que HADAD Samy, *Algérie, Autopsie d'une crise*, *Op.cit.*; GALLISSOT René, *La république française et les indigènes, Algérie colonisée, Algérie algérienne (1870-1962)*, Paris, Ouvrières, 2006.

l'Etat français après la révolution française, à savoir l'Egalité entre citoyens.

En effet, la politique d'assimilation, affirme, Guy Perville « *restait un simple vœu.[1]* ». Le gouvernement français a enraciné l'idée que la civilisation française est supérieure à celle algérienne « *jugée inférieure et attardée[2]* ». D'ailleurs, la citoyenneté française a été accordée aux individus qui reconnaissent la supériorité culturelle française[3].

Cette époque est jugée par certains comme une véritable destruction et aliénation coloniales[4]. Pour d'autres, la « mission civilisatrice » n'est autre qu'un prétexte dissimulant des atrocités qui ont aidé à la constitution de l'empire français[5]. Un Système colonial qui s'est fondé sur une idéologie raciale théorisée par des penseurs comme Jules Ferry qui défend l'idée qu'il « *y a pour les races supérieures un droit parce qu'il y a un devoir pour elle[6]* » mais aussi Alexis Tocqueville qui pour lui la colonisation n'est qu'une nécessité fâcheuse pour dominer les arabes[7].

Pour certains, ce système « *étant un système organisé pour servir à des fins de domination et d'exploitation, ne pouvait se suicider en abolissant la « barrière colonial » séparant les maitres et les sujets.[8]* ». Ainsi, l'annexion du territoire algérien par la force a été « *sur-légitimée et renforcée par une vision dévalorisante des sociétés différentes[9]* ».

---

[1] PERVILLÉ Guy, *Pour une histoire de la guerre d'Algérie*, 1830-1930, Paris, Picard, 2002, p.25.
[2] *Ibid.*, p43.
[3] *Ibid.*
[4] HADAD Samy, *Op.cit.*
[5] GÈZE François, « L'héritage colonial au cœur de la politique étrangère française », In., BLANCHARD Pascal, BANCEL Nicolas et LEMAIRE Sandrine, *La fracture coloniale, la société française au prisme de l'héritage colonial*, Paris, la Découverte, pp.160-161.
[6] THIAW-PO-UNE Ludivine, « Colonialisme », In. *Culture politique contemporaine, Théories*, dir., RENAUT Alain, Paris, Hermann, 2008, p.521.
[7] *Ibid.*, p.522.
[8] PERVILLÉ Guy, *Pour une histoire de la guerre d'Algérie*, 1830-1930, *Op.cit.*, p.58.
[9] HENRY Jean-Robert, HENRY, *Op.cit.*, p.18.

En revanche, la population algérienne n'a accepté ni cette soumission ni la reconnaissance de l'idée d'une supériorité des valeurs françaises, pour des raisons d'ordre religieux et social[1]. Ce qui explique aussi l'existence de différentes résistances populaires armées. Le dénominateur commun entre ces différents soulèvements est le fait qu'elles se sont déclenchées tour à tour, d'une région à une autre, si bien qu'elles ont été réprimées et leurs chefs traditionnels, comme l'Emir Abdelkader, ont été exilés ou arrêtés et humiliés.[2] De plus, ces soulèvements ne s'est jamais jouis d'un soutien mondial.[3]

Néanmoins, l'existence d'un mouvement national algérien représenté dans différents partis et associations, va changer la donne. Le P.P.A (Parti Populaire Algérien) créé en 1937 et l'association des Ouléma, ont insisté sur certains attributs identitaires du peuple algérien à savoir l'arabe et l'Islam[4]. Ces derniers sont deux fondements identitaires, utilisés comme un rempart au projet colonial qui a visé la division des algériens pour faire perdurer son règne[5].

De ce fait, deux positions se sont opposées : l'algérienne qui a insisté sur les origines arabo-musulmanes de la nation algérienne et la française qui a prétendu que l'Algérie est française, en niant en même temps l'existence d'un Etat algérien ou une nation algérienne et en insistant sur la francité de l'Algérie au lieu de la reconnaissance de deux sociétés culturellement distinctes. Pour la France, l'Algérie fait partie intégrante de l'Empire français.

Cependant, ce mythe de l'Algérie française s'est estompé progressivement. En effet, les dites formations politiques et réformatrices algériennes, bien qu'elles revendiquent au départ l'égalité entre l'« indigène » et les européens, comme le parti des Amis du Manifeste de la Liberté (A.M.L), dirigé par Farhet

---

[1] *Ibid.* nous nous reportons aussi à HADAD Samy, *Op.cit.*
[2] B. QUANDT William, *Op.cit.*,p.24.
[3] ELSENHANS Hartmut, *La guerre d'Algérie 1954-1962*, *Op.cit.*, p.66.
[4] سعد الله ابو القاسم،الحركة الوطنية 1900-1930، بيروت،الجزء الثاني،دار الغرب الإسلامي،الطبعة الرابعة،1992،ص.409.
[5] BENRABEH Mohammed, La langue perdue, In. BENRABAH Mohammed, FARÈS Nabile, MEDDEB Abdelwahab, et al., *Les violences en Algérie*, Paris, Odile Jacob,1998, p.65 ; 78-76 ص ص،2001،منشورات ثالة،الجزائر و العالم،الجزائر، محمد العربي خليفة Jacob,1998, p.65

Abbas, elles se sont vues convaincues au fil du temps que leur revendication était loin d'être satisfaite. En effet, cela commence avec la fameuse répression par l'armée française des manifestants algériens, le 8 mai 1945, date qui a marqué aussi la victoire de la France et la défaite de l'Allemagne nazi. Une répression qui est restée controversée jusqu'aujourd'hui dans ses instigateurs, ses raisons et le nombre des victimes[1].

D'ailleurs, cet événement majeur a poussé le mouvement nationaliste à la préparation de la voie à la lutte armée et à la revendication de l'indépendance. Le Parti du Peuple Algérien (P.P.A) s'est relancé de nouveau sous la nomination du Mouvement pour le Triomphe des Libertés Démocratiques (M.T.L.D) duquel est issue l'Organisation spéciale[2] (O.S), une organisation secrète. Les membres de l'OS, convaincus que ce qui est arraché par la force ne peut-être reconquis que par la force, ils ont commencé à préparer secrètement une lutte armée et sont parvenus à déclencher la guerre le premier novembre 1954, sous une nouvelle organisation politique se nommant Front de Libération Nationale (F.L.N) et sa branche armée, Armée de Libération Nationale (A.L.N)[3].

Cette guerre a été un revirement contre la politique coloniale. Les dirigeants français n'ont pas vu l'intérêt de négocier avec le F.L.N qu'ils ont considéré comme un groupement de rebelles « fellaga », en insistant sur le caractère inaliénable de l'Algérie et en excluant toute négociation : « *l'Algérie, c'est la France. Et la France ne reconnaitra chez elle d'autre autorité que la sienne[4]* », disait François Mitterrand, alors ministre de l'intérieur. Une attitude qui a régné d'ailleurs depuis l'occupation : tous les gouvernements qui se sont succédé depuis l'occupation de l'Algérie ont insisté sur l'importance et l'indispensabilité de l'Algérie à la France et ont même refusé d'admettre la réalité du

---

[1] PERVILLÉ Guy et al, *La guère d'Algérie, Histoire et Mémoires, Op.cit.,* p.44-45.
[2] MEYNIER Gilbert, « Le PPA-MTLD et le FLN-ALN, étude comparé », In. HARBI Mohammed, Stora Benjamin, et al., *La guerre d'Algérie, 1954-2004, La fin de l'amnésie*, Paris, Robert Laffront, 2004, p.420.
[3] STORA Benjamin, *Le nationalisme algérien, avant 1954*, Paris, CNRS, 2010, p.10.
[4] MITTERAND François, *Politique*, Paris, Fayard, 1977, p.103-106.

conflit pendant toute la période coloniale, en essayant de répondre à la guerre par la guerre[1].

Cependant, la lutte acharnée et sanglante entre les deux parties qui a duré 7 ans, a mené à l'écroulement de la IV République et au retour au pouvoir du General de Gaulle en 1958 qui a établi le régime présidentiel de la V République[2]. Dès lors la situation a commencé à changer progressivement. Le Général, à son arrivée au pouvoir, a pensé plutôt à l'intégration de l'Algérie. Néanmoins, avec la pression du F.L.N d'une part et le coût symbolique et matériel de la guerre d'autre part, le Général s'est vu contraint d'abandonner son slogan « *vive l'Algérie française* » et de dénouer la question algérienne[3]. Il a commencé au départ par proposer des solutions économiques (Plan de Constantine) mais aussi une politique de paix à l'instar de la « paix des braves ».

Le F.L.N n'a pas répondu pas à cette paix de braves et a continué à faire pression sur le General au niveau intérieur et extérieur, afin de montrer que l'insurrection du F.L.N n'a été nullement pour des fins économiques, ni pour les propres intérêts du parti F.L.N, mais plutôt la cause d'un peuple qui a cherché une reconnaissance. C'est ainsi que les déclencheurs de la révolution algérienne ont exposé dans leur proclamation du 1er Novembre 1954, que le premier objectif de leur lutte a été bien « *la reconnaissance de la nationalité algérienne par une déclaration officielle abrogeant les édits, décrets et lois faisant de l'Algérie une terre française en déni de l'histoire, de la géographie, de la langue, de la religion et des mœurs du peuple algérien.*[4] ».

D'ailleurs, la reconnaissance de l'identité algérienne et du F.L.N comme seul représentant du peuple algérien a été présentée dans le manifeste du F.L.N comme condition préalable à toute

---

[1] ROSOUX Valérie Barbara, *Op.cit.*, p.92-93.
[2] *Ibid.* p., 93.
[3] MORISSE-Schilbach Mélanie, *Op.cit.*, p.1999, p.39.
[4] *1954 بيان أول نوفمبر* (Proclamation du premier Novembre) disponible online, site de la présidence de la République algérienne, [Enligne] http://www.el-mouradia.dz/arabe/symbole/textes/symbolear.htm

négociation et la contrepartie du maintien des intérêts français en Algérie[1].

Il faut noter que la présence française en Algérie pendant un siècle et demi et la conception française de l'Algérie (l'Algérie française) ont rendu, au début, le départ des français de l'Algérie difficile et inconcevable. En revanche, la pression du F.L.N mais aussi d'autres raisons que nous citerons plus tard, ont mené à l'ouverture des négociations débouchant sur la conclusion des Accords d'Evian.

1.2. La conclusion des Accords d'Evian et proclamation de l'indépendance

> « ...*Des révoltés qui, dans un proche avenir, seront, grâce à leur maquis, des hommes libres. Des justes qui, sur les ruines et les décombres, se mettront alors à la tâche, modestement mais vaillamment pour bâtir une Algérie nouvelle où ils s'efforceront de bannir à jamais l'humiliation.*[2] »

Les pourparlers entre la France et le gouvernement provisoire algérien ont commencé après la reconnaissance du F.L.N comme représentant du peuple algérien[3]. Cette reconnaissance a été avant tout celle du G.P.R.A, Gouvernement Provisoire Algérien, créé le 19 septembre 1958 par la C.N.R.A[4] et qui a réussi à porter la

---

[1] *Ibid.*
[2] « Lettre ouverte à Albert Camus » d'Ahmed TALEB-IBRAHIMI à Albert Camus, Fresnes, le 26 août 1959, In. TALEB-IBRAHIMI Ahmed, *Mémoire d'un algérien*, tome1 : rêves et épreuves(1932-1965), Alger, Casbah, 2006, p.245.
[3] FREUND Julien, *Sociologie du conflit*, Paris, PUF, Coll., la Politique Éclatée, 1ère édit. mars 1983,p.277-278.
[4] C.N.R.A, Conseil National de la Révolution Algérienne, est l'organe suprême du F.L.N (Front de Libération Nationale). Une sorte de parlement qui représente les différentes régions et tendances de nationalisme algérien. Il a été constitué lors du congrès du Soummam 20 Aout 1956. En suite, devenue l'assise centrale où se débattent les questions et se forment les décisions après l'indépendance en juillet 1962. On se reporte à BENYOUCEF Ben Khadda, Les Accords d'Evian, Office de Publication Universitaire, Ben-Aknoun-Alger, 2002.

question algérienne dans les arènes internationales, à savoir l'ONU[1]. La quête du F.L.N d'une qualité juridique (personne internationale) a été pour certains, à l'origine de la création de ce gouvernement[2]. Ce dernier n'a cessé de nouer des contacts et d'intensifier son activité. En effet, en août 1959, les Nations Unis ont enregistré une proposition de résolution, portée par un groupe afro-asiatique, favorable à la position algérienne[3]. Une Proposition qui a recommandé « *la reconnaissance du droit du peuple algérien à l'autodétermination et à l'indépendance* [4]».

La pression des indépendantistes algériens à l'intérieur (résistance aux opérations militaires) et à l'extérieur par l'internationalisation de la question algérienne dans les instances internationales, a poussé le Général de Gaulle à se mettre à la table de négociation. D'ailleurs, il « *n'a consenti à s'assoir à la table de négociation qu'après s'être minutieusement dépouillé de toutes ses cartes, rien dans les mains, rien dans les poches*[5] », confirme Raymond Aron. Les indépendantistes algériens « *ont peut-être perdu toutes les batailles sur le terrain, ils ont gagné la guerre, puisque le gouvernement français a reconnu que leur revendication était juste, s'est déclaré prêt à la satisfaire et souhaite le ''dégagement''* [6]», ajoute-il.

Le 30 mars 1961, la France a annoncé officiellement l'ouverture des pourparlers entre les délégations française et algérienne[7].

---

[1] FLORY Maurice, « Algérie algérienne et Droit international ». In: *Annuaire français de droit international* , volume 6, 1960. p. 973-998.
[2] CHARPENTIER Jean, « La reconnaissance du G.P.R.A. », In: *Annuaire français de droit international*, volume 5, 1959. p.800.
[3] DOMBA Jean-Marc Palm, "Le Gouvernement provisoire de la République algérienne (GPRA) L'oublié de L'Histoire ?", In. L'Evenement, bimensuel Burkinabé, 5 septembre 2012, [En ligne],disponible sur :URL :
http://www.evenement-bf.net/spip.php?article316
[4] *Ibid.*
[5] ARON Raymond, *50 ans de réflexions politiques, Mémoires*, Paris, Julliard, 1983, p.385 ; KISSINGER Henry, *Diplomacy*, New York, Simon & Schuster, 1994, trd.fr par de PALOMÉRA Marie-France, Fayard, 1996, p.543.
[6] ARON Raymond, *50 ans de réflexions politiques, Mémoires,Op.cit.,* p.385.
[7] AZIRI Mohand, "Conférence-débat au Centre culturel français, Benjamin Stora parle du «choix» du général de Gaulle... pour l'Algérie", In. *Elwatan*, 09 juin 2010, n°5965, p.12.

Le Général de Gaulle était au départ un farouche défenseur de l'Algérie française, en proposant d'une part, l'association franco-algérienne comme projet de réforme politique espérant par ceci le maintien de l'Algérie française et d'autre part, en intensifiant les opérations militaires en même temps pour battre le FLN[1]. En revanche, il n'a cessé de progresser vers un renoncement à l'idée que l'Algérie doit rester française et finit par être convaincu que l'Algérie peut être indépendante et en coopération étroite avec la France. Néanmoins, le Général n'a pas hésité à nommer parmi les négociateurs certains de ceux qui ont défendu l'Algérie française[2]. La France de De Gaulle pens garder l'Algérie dans son giron et maintenir ainsi ses intérêts, notamment au Sahara, si bien que les sujets de discorde portent sur la nationalité des français d'Algérie, sur la nature de la nation algérienne et du peuple algérien, à savoir la possibilité de diviser l'Algérie en deux parties, une dépendante d'une souveraineté algérienne au nord et une autre dépendante de la souveraineté de la France au sud, le désert où se trouve les ressources naturelles[3]. D'ailleurs, les négociateurs français ont continué à prétendre qu'il n'y a pas un peuple algérien mais plutôt une myriade d'ethnies[4]. Cela, revient, semble-il, à une stratégie pour accepter la séparation du Sahara du reste du territoire algérien.

En effet, le désert est vu par la France comme territoire stratégique, non seulement pour la poursuite de ses expériences nucléaires qu'elle a commencées mais aussi parce qu'il est une pierre angulaire pour la France dans le continent africain, soit, sa porte d'entrée en Afrique[5]. Ainsi, au début des négociations, de Gaulle a voulu séparer le Sahara du reste du territoire, mais aussi créer une sorte d'Etat fédéral formé de plusieurs ethnies[6].

---

[1] AZIRI Mohand, *Op.cit.*,
[2] حميد عبد القادر "موريس فايس يقدم كتابه بالصالون الدولي للكتاب، فتح مفاوضات أرشيف إ يفيان لاول مرة"،الخبر، عدد.6845،ص23.
[3] VAÏSSE Maurice, *Vers la paix en Algérie, les négociations d'Évian dans les archives diplomatiques françaises*, Bruxelles, Bruylant, 2002, intr.
[4] *Ibid.*
[5] HÉLIE Jérome, *Les Accords d'Evians, Histoire de la paix ratée en Algérie*, France, Olivier Orban, 1992, p.117.
[6] *Ibid.*

Ces désaccords, dont interfèrent les revendications territoriales avec celles identitaires, sont dépassés au cours des négociations ardues lors desquelles des concessions graduelles ont été possibles des deux côtés pour arriver à un compromis. Le Général de Gaulle a reconnu l'indivisibilité du territoire algérien, l'unité nationale, la souveraineté de l'Algérie et la nationalité algérienne. Ces dernières sont des positions clés pour la partie algérienne, selon le représentant du Gouvernement Provisoire Algérien (G.P.R.A)[1], ce qui a facilité la marche vers la paix. De même le Général de Gaulle est arrivé à la conviction que l'indépendance est un moyen pour, à la fois, se débarrasser du fardeau algérien et éviter la rupture avec un territoire et un peuple qui selon lui, beaucoup d'attachements le lie à la France[2].

En effet, l'espérance de pérenniser l'état de guerre ne peut que nuire à l'image de la France et ne pouvait être supporté ni du point de vue morale ni point de vue politique[3]. D'ailleurs, bien que le général de Gaulle ait voulu garder encore la dernière colonie de l'Empire français en Afrique après l'indépendance des autres pays africains, il a fini par admettre cette réalité en insistant sur ce nouveau climat que la réalité internationale impose. Dans sa conférence du 14 juin 1960, De Gaulle affirme qu'« *il n'y a pas une politique qui vaille en dehors de la réalité[4]* »

Les conjonctures internationales ont joué en faveur de la décolonisation, car si la colonisation est, à un moment de l'histoire, normalisée, le contexte de l'époque favorise la décolonisation. On a commencé à avoir conscience, de manière ostensible, que la colonisation est répréhensible. Dès lors, on parle de décolonisation.

Cette réalité internationale conjuguée aux efforts du F.L.N pour résister à la puissance coloniale (sept ans de lutte armée), auront conduit les deux parties à négocier un accord de paix. Les

---

[1] BENYOUCEF Ben Khadda, *Op.cit*. p.39.
[2] Les Accords d'Evian prévoient trois axes : Accord de cessez-le feu le 19 mars 1962 ; Les garanties qui peuvent avoir les français d'Algérie ; Le transfert de la souveraineté aux Algériens et l'organisation de la coopération entre les deux Etats.
[3] KISSINGER Henry, *Diplomacy*, *Op.cit.*, p.543.
[4] DE GAULLE Charles, *Discours et messages politiques*, 1958-1962, Paris, Plon, 1970, p.392.

deux années de négociations ardues qui se déroulent sur différents rounds et qui débutent à Melun en mai 1960, auront abouti à Evian par la conclusion des fameux Accords, signés le 18 mars 1962[1]. Ces derniers semblent être enfin une solution plausible, « un compromis révolutionnaire ». Ce changement de stratégie a accéléré les négociations et la solution de l'indépendance s'est parachevée avec la signature de ces accords, par le gouvernement français et le gouvernement provisoire de la République algérienne (GPRA)[2].

Par ce biais, la France a tenté de solder l'affaire algérienne une fois pour toute, en prévoyant une amnistie pour tous les actes commis, stipulant qu'aucune poursuite n'est possible pour tout acte commis en relation avec les événements politiques ayant eu lieu avant le cessez-le-feu et l'immunité pour toutes les opinions émises jusqu'à l'autodétermination[3].

De plus, les Accords ont permis d'organiser la transmission des pouvoirs au jeune Etat et ont défini la coopération étroite comme fondement des futures relations. Des clauses relatives à la minorité européenne y sont aussi incluses[4].

Cependant, ces Accords n'ont pas été suivis à la lettre. Ils semble être un compromis révolutionnaire où les deux parties ont manœuvré pour signer un accord de cessez-le-feu avec le moindre coût sans pour autant réaliser la réconciliation et la coopération espérée bien que cette dernière ait été proclamée. Cette question est le sujet de notre développement suivant.

---

[1] BENYOUCEF Ben Khadda, *Op.cit.*, p.17-36.
[2] *Ibid.*
[3] Texte authentique est paraphé, à la fin du dernier feuillet, par trois représentants du gouvernement français, Louis Joxe, Robert buron, Jean de Broglie et par Krim Belkacem vice président du Gouvernement Provisoire de la République Algérienne (G.P.R.A), disponible sur le site web de ministère des affaires étrangères de la France, « Conclusion des pourparlers d'Evian », [Enligne] disponible sur : URL : http://www.diplomatie.gouv.fr/traites/affichetraite.do?accord=TRA19620009
[4] *Ibid.*

2. Les Accords d'Evian, échec de la réconciliation et proclamation de la coopération

La déclaration générale commune nous donne un aperçu de ce que sont les Accords d'Evian. D'ailleurs, c'est cette déclaration qui est régulièrement publiée par nombreux journaux algériens et français et sites internet, y compris celui de la présidence de la République algérienne[1].

Les accords d'Evian font l'objet d'un cessez-le-feu après une guerre qui a duré sept ans, ensuite ils représentent une première ébauche des relations entre deux Etats indépendants et enfin ils organisent la transmission des pouvoirs à la partie algérienne et donnent une conception de ce que doivent être les futures relations entre les deux pays désormais séparés. Il s'agit de la proclamation de la coopération comme solution intermédiaire entre la rupture et l'intégration.

En revanche, l'environnement insécurisé qui suit l'indépendance de l'Algérie, mais aussi d'autres raisons que nous citerons plus loin, aura poussé la minorité européenne à quitter L'Algérie. Dès lors, les clauses relatives au statut de cette minorité ont été vidées de leur sens, la réconciliation espérée s'est vue entravée et la coopération proclamée entre les deux pays va prendre une nouvelle allure.

2.1. Réconciliation entravée

Les Accords d'Evian, bien qu'ils mettent fin à la guerre d'Algérie, se heurtent à l'opposition des généraux, connus sous le nom de l'Organisation Armée Secrète (O.A.S) ou « les putschistes de l'armée française d'avril 1961», ce qui a influencé

---

[1] « Conclusion des pourparlers d'Evian », *Op.cit.* Les Accords sont publiés aussi dans d'autres sites comme celui de la présidence algérienne, « Les Accords d'Evian, Déclaration Générale des deux délégations (18 Mars 1962) », [Enligne] URL : http://www.el-mouradia.dz/francais/algerie/histoire/Dossier/accordevian.htm, qui se contente uniquement de la déclaration générale. Mais aussi dans la documentation française, qui ne
suit pas forcément le même plan adopté par le texte authentique. Le texte publié sous le titre, « Les Accords d'Evian Textes et commentaires, *Documentation française*, 1962, Ministère d'Etat chargé des Affaires Algériennes.

le cours des événements et a entravé l'application de ces Accords. Les clauses qui règlent le cessez-le-feu et les garanties données à la minorité européenne n'ont pas pu être appliquées faute de cette opposition et de l'insécurité qui s'en est suivi. En effet, l'organisation secrète, O.A.S, a tenté d'empêcher l'application du cessez-le-feu en provocant la population européenne et musulmane par des attentats terroristes. Ce qui a mené d'abord au non-respect de l'accord mais aussi au déchaînement de la violence provoquant le départ massif des européens, ou ce qu'on a appelé les français d'Algérie, vers la métropole.

Les français d'Algérie, auxquels été attribué le « *statut civil de droit commun*[1] », ont été au nombre de 1007311 en 1960[2], dont certains ont disparus entre la période du 18 mars (proclamation de cessez-le-feu) au 2 juillet (proclamation de l'indépendance de l'Algérie) durant laquelle une recrudescence de la violence sans précédent a provoqué l'exode massif des français d'Algérie vers la métropole alors que les négociateurs pensent qu'ils vont rester[3]. Ce départ a été provoqué pour des raisons psychologiques mais aussi par peur des représailles du FLN suite aux actes terroristes de l'O.A.S, et par l'absence de garanties solides, d'autant plus que le FLN avait déjà annoncé qu'il allait ériger un Etat arabo-musulman : Il leur aurait été difficile d'être, en tant que minorité qui se pensait supérieure, sous l'autorité d'une majorité qui était jadis dominée et réduite à un statut inférieur[4]. C'est l'idée même qu'avance le général de Gaulle, dans ses mémoires, ainsi dit-il : « *les consignes données par l'O.A.S et appuyées par la terreur avaient généralisé et précipité le mouvement. Peut-être aussi l'état d'esprit des « pieds-Noirs » à l'égard des Arabes excluait-il le maintien d'une notable minorité française sous le*

---

[1] Cette terminologie explique Daniel Lefeuvre « servait à distinguer Les français d'origine européenne, auxquels les juifs étaient assimilés, des français de souche nord-africaine, ou français musulmans. ».
[2] LEFEUVRE Daniel, « Les pieds- noirs », In. HARBI Mohammed, Stora Benjamin, et al., *La guerre d'Algérie, 1954-2004, La fin de l'amnésie*, *Op.cit.*, p.267.
[3] THENAUT Sylvie, entretien avec Walid Mebarek, « Après le 19 mars on a eu une des période les plus violente », In. *El-Watan*, 19 mars 2012, numéro spécial à l'occasion de la commémoration du 19 mars 1962, p.13
[4] LEFEUVRE Daniel, *Op.cit.* pp.278-282.

gouvernement algérien¹ ». C'est ce qui est arrivé aux les Harkis², exécutés et massacrés après le cessez-le-feu et à ceux qui se sont échappés pour prendre refuge en France, où de plus, leur intégration a été entravée³.

Les garanties consacrées à cette communauté pourtant minoritaire auraient pu créer une Algérie multiculturelle. L'un des négociateurs, qui a été président du G.P.R.A, explique que ce qu'aurait pu être un danger a été évité (la minorité européenne), où un million d'européens auraient pu menacer l'unité de la nation algérienne et constituer une Algérie « bicéphale » comme au Liban⁴. En effet, cette communauté aurait pu constituer un lobby ayant la possibilité de façonner non seulement la vie politique en Algérie mais aussi les relations franco-algériennes et les choix de l'Algérie indépendante.

Cette période, a donc pu menacer la poursuite du processus de l'indépendance de l'Algérie, mais a aussi failli faire entrer la France dans une guerre civile⁵. Les temps n'ont pas été pour la réconciliation mais pour la coopération et la conciliation entre les deux gouvernements. Le général a sacrifié les intérêts des français d'Algérie pour sauver ceux énergétiques et stratégiques de la métropole⁶. La désunion au sein de la société guettait autant les politiques français qu'algériens. Ce que de Gaulle avait épargné à la France, c'est la division au sein de son armée. De même, les futurs dirigeants algériens voyaient dans le départ des pieds noirs, comme un soulagement pour leur unité nationale. D'ailleurs, les français d'Algérie étaient contre la constitution d'un Etat algérien

---

¹ De GAULLE Charles, *Mémoires d'espoir, L'effort 1962*, France, Plon, 1970, p.149.
² Considérés comme des traitres par le FLN.
³ HAMOUMOU Mohand avec la collaboration de Moumen d'Abderahmen, L'Histoire des Harkis et français musulmans : La fin d'un tabou ?, In., In. HARBI Mohammed, Stora Benjamin, et al., *La guerre d'Algérie, 1954-2004, La fin de l'amnésie, Op.cit.*, p.317.
⁴ BENYOUCEF Ben khadda, *Op.cit.* p.132.
⁵ KAUFFER Rémi, « OAS : La guerre franco-française d'Algérie », In. HARBI Mohammed, Stora Benjamin, et al., *La guerre d'Algérie, 1954-2004, La fin de l'amnésie*, Op.cit., p-451-476
⁶ PERVILLÈ Guy, « Les Accords d'Evian et les relations franco-algérienne (1988) », In., RIOUX Jean-Pierre, *La guerre d'Algérie et les Français*, actes du colloque de l'Institut d'histoire du temps présent intitulé « La France en guerre d'Algérie » qui s'est tenu à Paris du 15 au 17 décembre 1988, Paris, Fayard, 1990, p. 484-493.

et l'évolution de l'Algérie française vers « une Algérie algérienne »[1].

Cette fin tragique a contribué à façonner les acteurs meneurs de la politique étrangère mais aussi ceux de la société civile. Dans la société française cela a créé une sorte de mémoires diverses entre les différentes communautés, pieds-noirs, Harkis et anciens O.A.S. Ceci avait façonné l'espace politique français. L'ensemble de ces différentes communautés mémorielles continuent à se développer dans la société civile française et leurs rôles deviennent plus tard importants dans le jeu politique français.

De l'autre côté de la méditerranée, le F.L.N trouvait là l'occasion de continuer à prétendre à une société unique et un peuple uni derrière lui, puisque une société multiculturelles a été évitée et donc les communautés mémorielles qui se sont développées feront partie de la même ossature du parti F.L.N qui s'est transformée en un parti politique dans un modèle socialiste algérien et qui a fait de la mémoire de colonisation et de guerre sa marque et sa légitimité de pouvoir.

De ce fait, les dirigeants français pratiquaient une politique d'occultation de la mémoire de la guerre d'Algérie alors qu'en Algérie les dirigeants algériens ont fondé leur légitimité de pouvoir sur cette même mémoire de guerre. L'objectif des deux gouvernements, français et algériens, était l'unité nationale. Cela n'a pas aidé à réaliser la réconciliation après l'indépendance entre les deux pays. En revanche, cela a favorisé une sorte d'entente cordiale entre les deux gouvernements qui avaient proclamé la coopération aux accords d'Evian.

2.2. Coopération proclamée

La coopération entre la France et l'Algérie répond, selon les deux parties, aux intérêts des deux pays. D'après le texte des Accords, « *le gouvernement français estime avec le F.L.N. que la solution de l'indépendance de l'Algérie en coopération avec la*

---

[1] THIAW-PO-UNE Ludivine, « Chocs culturels et changement de paradigme, Décolonisation », In. *Culture politique contemporaine, Théories*, sous la direction RENAUT Alain, *Op.cit*. p.193-194.

France est celle qui correspond à cette situation.[1] », soit une coopération qui devait caractériser les nouvelles relations entre l'ancienne métropole et son ancienne colonie.

La réconciliation franco-algérienne a échoué pour les raisons que nous avons évoquées auparavant, malgré qu'elle ait été prévue par ces Accords en instaurant des clauses qui maintiennent la minorité européenne en Algérie et en privilégiant une politique de réconciliation et d'amnistie générale pour tous les crimes et les torts commis avant le 18 mars 1962, date de cessez-le-feu. Il nous reste à étudier l'issue de ces Accords en matière de coopération. Nous suivrons son évolution et celle de la réconciliation entre l'Algérie et la France après l'indépendance, dans ce même cadre, au cours de notre deuxième chapitre.

3. Conclusion

Une relation privilégiée et une alliance de coopération se sont entretenues entre la France et l'Algérie d'avant l'occupation, altérée par une période coloniale amenant la France à prétendre que l'Algérie est française, en insistant sur la francité de l'Algérie au lieu de la reconnaissance de deux sociétés culturellement distinctes et niant en même temps l'existence d'un Etat algérien. Ce qui a provoqué différentes résistances depuis l'occupation aboutissant à une révolution pour l'indépendance, le premier novembre 1954, dont l'un des objectifs est de faire reconnaître une nation algérienne. Les dirigeants français ne voyaient pas l'intérêt de négocier avec le F.L.N qu'ils considèrent comme un groupement de rebelles « fellaga », mais avec la résistance et l'internationalisation de la cause algérienne, la France a fini par reconnaitre l'autodétermination au peuple algérien.

Le 30 mars 1961, les pourparlers entre les délégations française et algérienne sont annoncées. Le gouvernement français a reconnu la souveraineté de l'Algérie et la nationalité algérienne, facilitant ainsi le cheminement vers la paix. La pérennisation de l'état de guerre aurait nuit à l'image de la France et ne pouvait

---

[1] « Conclusion des pourparlers d'Evian », texte authentique, *Op.cit.*

être admise ni moralement ni politiquement. Ceci a abouti à la signature des accords d'Evian, le 18 mars 1962.

Des organisations armées s'opposaient aux négociations, en provoquant des attentats terroristes à l'encontre des populations européennes et locales, instaurant ainsi un climat d'insécurité. Les clauses visant la minorité européenne et les garanties qui leur avaient été données ne pouvaient être respectées. Ceci a compliqué la réalisation de la réconciliation après l'indépendance et a changé les relations entre les deux pays et entre les deux peuples : De nouvelles cartes politiques se dessinent au niveau des deux sociétés ce qui a amené au développement de différentes mémoires « divergentes et parfois contradictoires » dans chacune des deux sociétés. Ainsi, la réconciliation n'a pas été achevée, elle est reportée.

Quant à la politique de coopération proclamée, elle nécessite un examen approfondi pour connaitre sa portée et les mécanismes qui la commandent. Ceci sera le développement de notre deuxième chapitre où nous aborderons les implications d'un cadre juridique stricte et la perception de ces accords par les décideurs de deux parties qui reflète avant tout une identité.

CHAPITRE 2. PERCEPTION DES ACCORDS D'EVIAN ET PROCESSUS DE COOPÉRATION

Nous abordons dans ce chapitre la perception des Accords d'Evian par les deux parties (française et algérienne) et l'éventuelle répercussion de cette perception sur le processus de coopération. La question tourne autour de la représentation des acteurs de ces Accords et leur perception des intentions, des menaces et éventuellement des décisions qui en proviennent.

Rappelant que notre hypothèse met le lien entre, d'une part le déni de reconnaissance des torts infligés et d'autre part, la non coopération et l'absence d'une réconciliation. Ainsi notre observation se livre, comme indiqué auparavant dans notre modèle théorique, à l'étude des représentations qui peuvent elles-mêmes être des décisions dans leur aspect performatif et éventuellement des décisions effectives qui confirment ou réfutent ces représentations.

1. Perception des intentions et des menaces

Les Accords d'Evian, comme les a décrits Saleh Mouhoub, suffisent eux-mêmes à révéler les intentions. Selon lui les Accords sont : « *un document complexe, global, et donc assez lourd dans la mesure où ils s'apparentent à un catalogue de stipulations, vagues par moments, précises selon les cas, ce qui donne une indication de leur caractère insidieux et donc des intentions réelles des deux parties*[1] ».

Bien que les Accords aient été le résultat d'un commun accord, les deux parties n'en avaient pas la même conception.

---

[1] MOUHOUBI Salah, *Op.cit.*

1.1. Perception de la partie française

Le général de Gaulle décrit les Accords comme « *un nouveau chapitre de l'histoire franco-algérienne*[1] ». Le président français conclut le 18 mars 1962, date de cessez-le-feu, qu'une « *perspective qui s'ouvre sur l'avènement d'une Algérie indépendante coopérant étroitement avec nous*[2] » répond à l'intérêt national de la France. Il conclut que l'Algérie avait besoin de l'aide de la France pour son développement et son progrès, une aide qu'il voit comme un motif suffisant incitant l'Algérie à coopérer avec la France[3]. Ainsi déclare-t-il en juillet 1960 à Caen : « *je suis convaincu que l'Algérie sera étroitement liée à la France, c'est la logique des choses, c'est une nécessité pour l'Algérie, utile à la France, c'est indispensable pour le monde* [4] ». De Gaule pensait que l'Algérie « *allait rester française comme la Gaulle était restée romaine*[5] ». C'est d'ailleurs l'espérance nourrie pendant la colonisation où la thèse « l'Algérie est française » constitue un fondement pour pérenniser la domination française et la préservation du territoire algérien.

Le cadre juridique (Accords d'Evian) constitue pour la France un fondement pour une coopération fructueuse où les deux parties algérienne et française sont amenées à coopérer. La France assure une assistance technique à l'Algérie, en contrepartie cette dernière maintient les intérêts français. Le General y voyait un moyen pour aliéner l'Algérie et la garder dans la mouvance française, « *en fournissant assez d'enseignants à chaque échelon dans l'éducation nationale pour que l'élite algérienne soit formée à la culture française et que le peuple soit instruit en français* [6] », affirme-t-il.

---

[1] ROSEOUX Valerie-Barabara, *Op.cit.* p.96.
[2] Transcription de la déclaration du Général de Gaulle, JT 20H - 18/03/1962 - 07min59s, disponible [En ligne],
http://www.ina.fr/histoire-et-conflits/decolonisation/video/CAF94059577/declaration-general-de-gaulle.fr.html
[3] Transcription de la déclaration Général de Gaulle, *Op.cit.*
[4] CHÉRIGUI Hayète, *La politique méditerranéenne de la France, Entre diplomatie collective et leadership*, Paris, l'Harmattan, Coll., Histoire et perspectives méditerranéenne, Paris, 1997.
[5] Bertrand benoit, *Op.cit.*, p.128.
[6] Cité par MOUHOUBI Salah, *Op.cit.* p.50.

L'Algérie est pour lui indispensable à la réalisation de ses objectifs de politique de défense nationale, « *c'est dans le désert algérien que se fera la grandeur de la France*[1] ». Car, les Accords accordent à la France des privilèges aux Sahara, comme la co-souveraineté sur le pétrole, mais surtout la poursuite des essais chimiques et nucléaires que la France avait entamés avant l'indépendance de l'Algérie.

Le Général ne retient du passé que les phases lesquelles pour lui, constituent un lien commun ; il évoque de la période coloniale et celle de la guerre d'Algérie uniquement les épisodes qui représentent pour lui des liens tissés entre les français et les Algériens pendant les 132 ans, en s'évertuant de la conclusion des Accords d'Evian dont le mérite revient, selon lui, à la République qui s'est adaptée à la situation nouvelle que connaissait le Monde[2]. Il évoque notamment les souvenirs des grandes batailles où les Algériens et les Français luttent cote à cote pour la libération de la France, bien que les algériens étaient contraints de participer aux batailles auxquelles le général faisait allusion[3]. Pour lui « *seuls les actes héroïque et les manifestations de l'unité nationale sont susceptibles de grandir la France*[4] ». Cette politique Gaullienne est motivée, d'une part, par le souci d'unir les français et éviter ainsi la division au sein de son armée, ce qui aurait pu faire entrer la France en guerre civile, d'autre part par le choix d'arrimer et maintenir les intérêts français et défendre un futur commun permettant aux deux peuples, selon lui, de «*marcher ensemble sur la route de la civilisation*[5] ». Ce qui exprime clairement cette perception de l'Algérie de demain.

Cette perception de la politique algérienne de la France se précise dans les correspondances entre les fonctionnaires de

---

[1] Jusqu'en 1978, Seize ans après l'indépendance, les essais ont continué sur une base secrète dans le Sahara, on se reporte à JAUVERT Vincent « Quand la France testait des armes chimiques en Algérie », dossier exclusif, *Nouvel Observateur*, n°1720, 23-29 octobre1997, p12.
[2] *Ibid*.,
[3] RIVET Daniel, « La France et l'Algérie, Le présent du passé colonial », In., *Maghreb-Machrek*, n°197, automne 2008, p.27.
[4] De GAULLE Charles, *Discours et messages*, 1962-1965, T.4, Pour l'effort, Paris, Plon, 1970, p. 238-239
[5] Transcription de la déclaration Général de Gaulle, JT 20H - 18/03/1962, *Op.cit*.

ministère des affaires étrangères. Ainsi, son ministre chargé des affaires algériennes continuait à prévaloir, dans ses correspondances avec l'ambassadeur français à Alger, l'idée que la révolution algérienne aurait été celle des « Fellagas » et des « maquisards » et plutôt contre le système colonial que contre la France ; ainsi dit-il : « *L'insurrection du 1ᵉʳ novembre 1954 est une guerre du pauvre, guerre du maquisard des montagnes et du terroriste des villes ; guerre au système bien plus qu'aux individus.*[1] ».

D'ailleurs, le secrétaire d'Etat chargé des affaires algérienne affiche clairement cette volonté de la France de limiter l'indépendance de l'Algérie et d'y faire perdurer une influence française, ainsi dit-il : « *Nouer des liens nouveaux entre l'Algérie et la France est le meilleur moyen à la fois de protéger nos nationaux et de limiter les risques de l'indépendance algérienne sur le plan de l'équilibre politique internationale. Pour atteindre ces deux objectifs, il faut à la fois écarter scrupuleusement tout soupçon de vouloir restaurer le « colonialisme » sous la forme d'une influence politique et utiliser toutes les possibilités qu'offre la coopération.*[2] ».

De plus, le conseiller français des affaires étrangères explique clairement l'intérêt de cette aide par l'intention de la France d'éviter que l'Algérie bascule vers le Bloc de l'Est, il n'etait pas de son intérêt de voir se constituer une puissance hostile dans la rive sud de la méditerranée[3]. Il considère que le rayonnement de la langue française et la diffusion de la culture française, incite la France à maintenir des relations préférentielles à long terme avec

---

[1] Secrétaire d'Etat aux affaires algérienne, « Instructions pour l'Ambassadeur de France à Alger », In. *Documents diplomatiques français, 1ᵉʳ juillet-31 décembre, 1962, T.2*, doc. n°42, Paris, Ministères des affaires étrangères, commission de publication des documents diplomatiques français 1999, p.123.
[2] Secrétaire d'Etat aux affaires algérienne,« Instructions pour l'Ambassadeurde France à Alger », doc. n°42,*Op.cit.*,p.123-124.
[3] « Note rédigée par M. Luis DAUGE, conseiller des affaires étrangères, chef des affaires générales au secrétariat d'Etat auprès du premier Ministre et chargé des affaires algériennes, à M. de Limairac, chargé des affaires d'Afrique du Nord au département, alors que se tiennent à Alger, du 12 au 15 Novembre, les négociations commerciales franco-algériennes », In. *Documents diplomatiques français, 1ᵉʳ juillet-31décembre 1963, T.1*, doc. n°195, Paris, Ministères des affaires étrangères, commission de publication des documents diplomatiques français, 2001,p. 504-507.

l'Algérie, c'est pourquoi une aide est accordée pour favoriser l'enseignement du français et la diffusion de la culture française[1].

En outre, les expériences militaires au Sahara et l'avantage énergétique qui consiste à fournir à la France du pétrole à un prix avantageux, explique le conseiller, sont d'autres privilèges octroyés à la France grâce aux accords d'Evian en contrepartie de l'aide financière[2]. Il ajoute que le fait que l'Algérie fasse partie de la zone franc permet à la France d'économiser trois cents millions de dollars pour la balance des comptes[3]. Selon lui, l'aide favorise aussi les courants commerciaux entre les deux Etats puisque l'Algérie était le quatrième client pour la France, ainsi il note que « *...tous les marchés d'études, des travaux, de fournitures nécessaires à la mise en place de l'infrastructure économique de l'Algérie ont été conclus au profit des entreprises françaises par un établissement public français, la Caisse d'équipement chargée de promouvoir le programme d'équipement de l'Algérie.*[4] ».

Enfin, il croit que l'aide fait face à la concurrence des autres pays créditeurs de l'Algérie mais peut aussi assurer qu'une part des commandes de nouveaux équipements sera faite en France, préservant ainsi une position commerciale en Algérie pour l'avenir[5].

Ainsi la perception des Accords d'Evian ainsi que la position des décideurs français en ce qui concerne le passé commun, concordent pour exprimer une poursuite claire des intérêts français par d'autres moyens et pérenniser ainsi l'aspect français et francophone en Algérie. Qu'en est-il alors pour la perception algérienne de cette politique et plus particulièrement des Accords d'Evian, fondement de la coopération entre les deux pays ?

---

[1] *Ibid.*
[2] *Ibid.*
[3] *Ibid.*
[4] *Ibid.*
[5] *Ibid.*

1.2. Perception de la partie algérienne

Pour la partie algérienne, il y avait un certain consensus entre les différentes représentations politiques du peuple algérien : du Gouvernement provisoire (G.P.R.A) qui représente le gouvernement du F.L.N, au C.N.R.A qui représente le parlement. Le président du G.P.R.A explique que les négociateurs algériens, à Evian, tentaient de sauver les positions clés de la révolution, comme l'unité territoriale indivisible, l'unité du peuple algérien et la reconnaissance de la personnalité algérienne[1]. C'est ainsi que le ministre des affaires étrangères du G.P.R.A, a fait allusion aux éventuelles révisions et redressements de ces Accords : « *Il faut que l'Etat algérien se substitue à l'Etat français[2]* », il faut que « l'économie devienne une économie algérienne[3] ».

De son coté, dans sa fameuse déclaration de tripoli[4], un résumé et un constat de la période coloniale mais aussi un programme de ce que doit être la politique générale de l'Algérie, le C.N.R.A aborde les Accords d'Evian et affirme qu'ils « *constituent, pour le peuple algérien, une victoire politique irréversible qui met fin au régime colonial et à la domination séculaire de l'étranger.[5]* », tandis que la politique de coopération consacrée par ces mêmes Accords est abordée avec méfiance. Ainsi les auteurs de ce programme affirment que : « *la coopération, telle qu'elle ressort des accords, implique le maintien de liens de dépendance dans les domaines économique et culturel. Elle donne aussi, entre autres, des garanties précises aux Français d'Algérie pour lesquels elle ménage une place avantageuse dans notre pays [...] Il est évident que le concept de coopération, ainsi établi, constitue l'expression la plus typique de la politique néo-colonialiste de la France. Il*

---

[1] BENYOUCEF Ben Khada, *Op.cit.*, p.40.
[2] « Entretien avec M.SAAD Dahlab, ministre des affaires étrangères du GPRA, Afrique-Action) », In. BENYOUCEF Ben Khada, *Op.cit.*, p.73.
[3] *Ibid.*
[4] PRESIDENCE DE LA REPUBLIQUE ALGERIENNE, « Projet de programme, aborde comment l'Etat algérien doit être édifié, pour la réalisation de la révolution démocratique populaire, adopté à l'unanimité par le C.N.R.A à Tripoli en juin 1962 », [En ligne], Site de la présidence de la République algérienne, disponible sur URL : http://www.el-mouradia.dz/francais/symbole/textes/symbolefr.htm
[5] *Ibid.*

relève, en effet, du phénomène de reconversion par lequel le néo-colonialisme tente de se substituer au colonialisme classique[1] ».

Certes, par le biais de la coopération culturelle mais aussi économique et financière (l'Algérie aurait pu faire partie de la zone franc), en suivant les Accords à la lettre, son économie aurait pu être complètement dépendante de celle de la France. Car par le biais des Accords d'Evian, la France souhaitait que l'Algérie soit un pays francophone, dénué de ses valeurs, avec l'objectif ultime d'en faire un état « occidentalisé[2] ». Dans une correspondance avec le ministre chargé des affaires algériennes, l'ambassadeur français en Algérie explique que Ben Bella, le premier président de l'Algérie indépendante, est contre cette situation particulière née des Accords d'Evian, une situation qui selon lui ne doit pas persister ; il demande alors un réajustement, en négociant avec la France une nouvelle perspective[3]. Ben Bella estime que les accords d'Evian étaient conçus dans des circonstances particulières et n'étaient pas adaptés à la nouvelle situation que connaissait l'Algérie, c'est pour cette raison qu'il a invité les français à établir des rapports valables de coopération[4].

En effet, pour les politiques algériens, les Accords ont une double fonction, bien qu'ils représentent une victoire politique, puisque c'est via ces accords que l'Algérie a obtenu son indépendance, la coopération étroite, incarnée dans les textes des Accords, voulue par le Général de Gaulle, ne visait néanmoins qu'une recolonisation. Les deux parties étaient beaucoup plus disposées à terminer une guerre aussi couteuse pour l'une que pour l'autre, qu'à suivre à la lettre des clauses juridiques préparées par la France et négociées avec le FLN. Les négociations étaient ardues d'autant plus que les sujets sur lesquelles divergent les deux parties touchent aussi bien les points

---

[1] *Ibid.*
[2] MOUHOUB Salah, *Op.cit.*, p.47.
[3] « M. Corse, Ambassadeur français à Alger à M. De Broglie, Secrétaire d'Etat auprès du Premier Ministre, chargé des affaires algériennes, T. n° 8148 à 8150, Alger 2 décembre 1963 », In. *Documents diplomatiques français, 1er juillet-31 décembre, 1963*, T.2, doc. N°. 223, Paris, Ministères des affaires étrangères, commission de publication des documents diplomatiques français, 2001, p. 578.
[4] MOUHOUBI Saleh, Op.cit., p.52.

stratégiques comme la question du Sahara¹ que les côtés symboliques comme la reconnaissance du peuple algérien considéré par la France comme des ethnies différentes et qui ne constituent pas un peuple uni².

D'ailleurs, ces accords ont été l'aboutissement d'un compromis révolutionnaire³. Bien qu'ils soient la seul issue possible au conflit armé, les Algériens ne les ont acceptés que « *contraints et forcés*⁴ », car les liens noués pendant 132 ans de colonisation entre la métropole et l'Algérie, n'auraient pas été soldés sans faire échouer la stratégie gaullienne à long terme. En effet, l'image de la France à l'international, la pression du F.L.N auxquelles s'ajoute le coût de la guerre, a incité de Gaulle à marchander l'indépendance contre le maintien des intérêts français en Algérie. De plus, du côté algérien, le chef d'état-major qui était à l'époque Houari Boumediene et qui jouera un grand rôle dans la nouvelle République algérienne, n'était pas favorable à de tels accords. En effet, au moment de la signature des dits Accords, il voyait qu'ils ne répondaient pas aux aspirations des Algériens⁵. De même, le Conseil National de la Révolution Algérienne (C.N.R.A) les avait farouchement critiqués pendant la plateforme de Tripoli, accusant le G.P.R.A⁶ de ne pas avoir assez défendu les intérêts de l'Algérie⁷. En effet, la position de Ben Bella autant que celle de Boumediene, incarne la politique générale exprimée déjà dans les documents constituants la République algérienne au moment de l'indépendance, à savoir « la plateforme de Tripoli », supposée être une sorte de compromis entre les représentants de différents courants politiques.

---

¹Le gouvernement français ne voulait pas au départ que le Sahara fasse partie du territoire sur lequel les deux parties négocient l'indépendance de l'Algérie. Néanmoins, la modification progressive de la position de la France vers une sorte de co-souveraineté sur la richesse du Sahara, a accéléré la fin des hostilités.
² VAISSE Maurice, Vers la paix en Algérie, Les négociations des Accords d'Evian dan l'archive diplomatique française (15 janvier 1961-29 juin 1962), Bruxelles, Bruylant, 2003.
³ BENYOUCEF Ben khadda, *Op.cit*.p.35.
⁴ GRIMAUD Nicole, *La politique extérieure de l'Algérie*, *Op.cit*., p.36.
⁵ BENYOUCEF Ben Khadda, *Op.cit*., p.34.
⁶ G.P.R.A est le Gouvernement Provisoire de la République Algérienne.
⁷ رابح لونيسي،الجزائر في دوامة الصراع بين العسكريين والسياسيين،باب الواد،الجزائر،2000،ص،54.
« L'Algérie dans une spirale de conflits entre les militaires et les politiques »

De ce fait, la démarche qu'entreprendront les deux présidents ne fera qu'affirmer leur volonté de remettre en question ces Accords et de bâtir un modèle de développement n'allant pas forcément dans le sens de ce que la France sous-entendait par les accords d'Evian, car ces derniers n'étaient à leur yeux qu'un moyen lui permettant une continuité de sa politique coloniale et une persistance dans le déni de reconnaitre l'indépendance effective de l'Algérie telle que ses dirigeants la concevaient. Ainsi Ben Bella, premier président de l'Algérie indépendante, avait invité les français à établir des rapports valables de coopération : « *Encore nous-faut-il préciser, ajoute Ben Bella, que, pour ne pas briser l'élan de notre République démocratique et populaire, ces accords doivent dégager concrètement des formules de coopération d'égal à égal, entre deux pays majeurs et indépendants.*[1] », confie-t-il à l'ambassadeur français à Alger. Ben Bella, réaffirme cette position dans un entretien télévisé récent en expliquant qu'à l'époque, les Accords d'Evian n'ont pas constitué un cadre de coopération convenable entre deux Etats indépendants. Selon lui, la France a tenté de faire pression lors de sa rupture avec l'Algérie, d'abord par le chantage en marchandant l'indépendance contre l'acceptation des accords d'Evian mais aussi lors de l'indépendance par le retrait des coopérants français et cela n'est à son sens, que l'expression de l'obstination de la France de voir l'Algérie s'effondrer[2].

Bien que les deux parties voient dans leur intérêt le fait d'en finir avec une guerre d'usure couteuse et opter pour la coopération, elles n'ont pas cependant pas la même perception de ces Accords, fondement de cette coopération. L'une les estime comme un moyen de se débarrasser du fardeau algérien sans pour autant faire la rupture définitive avec son ancienne colonie, mais plutôt reconvertir ses intérêts pour son attachement à l'Algérie et à son influence en Afrique. Alors que l'autre les qualifie

---

[1] « M. Jeanneney, Ambassadeur, Haut Représentant de la France en Algérie, à M. Joxe, Ministre d'Etat chargé des affaires algériennes, T. n^{os}1074 à 1082, Alger, 29 septembre 1962. reçu 24h », In. *Documents diplomatiques français, 1er juillet-31 décembre 1962, T.2*, Paris, Ministères des affaires étrangères, commission de publication des documents diplomatiques français, 1999,p.264.
[2] « 11.ج ،بيلا بن أحمد يراه كما الجزائر استقلال », *Aljazeera* [En ligne] mis en ligne le 15/12/2002, consulté fevrier 2008, disponible sur URL : http://www.aljazeera.net/programs/pages/b351dfc7-af21-4a77-8f90-552a01445458

d'aliénation et y voit une poursuite de la colonisation par d'autres moyens. Elle est une poursuite de la politique française par d'autre moyens mais non pas une reconnaissance des torts infligés. Cette politique envisagée par la France, ne convient pas à la partie algérienne pour qui l'Algérie doit être un état arabo-musulmane et qui de plus, n'a perçu aucun changement du regard de la France envers le passé commun et aucune reconnaissance des torts infligés. Ce qui incite les dirigeants algériens d'abord à se définir et s'identifier comme l'altérité de la France ensuite à faire disparaître tout ce qui nuit à l'émancipation du jeune Etat et se contredit avec son identité. La France n'a pas avoué les torts infligés si nous tenons compte de différentes déclarations.

Les accords d'Evian, selon les dirigeants algériens constituent l'expression « typique de la politique néocoloniale ». Les dirigeants algériens, certes, n'ont pas revendiqué la reconnaissance des torts infligés car ni cette pratique qui règne à l'époque ni le contexte ne le permet. En effet, ils percevaient déjà en les accords d'Evian une expression franche du déni de reconnaissance et du refus de la France d'adhérer à la nouvelle donne qui a abouti à la naissance du jeune Etat qui cherche après son indépendance politique, une indépendance économique et une confirmation de son identité particulière.

En effet, au cours de notre développement, nous avons observé que la France n'a pas cédé au niveau de ces intentions de maintenir l'œuvre français en Algérie. Cela se précise dans les clauses des Accords d'Evian, dans le choix de ses négociateurs dont certains étaient parmi les défenseurs d'une Algérie française, mais aussi dans la persistance de la France à défendre une conception d'une Algérie qui soit le prolongement naturel de la France. De même, il n'y a aucune reconnaissance des torts, le regard des dirigeants envers le passé commun avec l'Algérie ne portait que sur les événements historiques ayant permis la libération de la France du Nazisme. Une perception et une ambition allant à l'encontre de celles des dirigeants algériens, qui eux concevaient une Algérie plutôt algérienne, arabo-musulmane et anticoloniale. Cela explique le fait que les dirigeants algériens définissent l'identité de leur pays sur la base de l'altérité avec la France et ce pourquoi ils appellent à établir de nouveaux rapports.

2. L'affirmation identitaire de l'Algérie

La lecture des différents documents officiels « fondateurs de la république algérienne», dévoile que la référence à la lutte menée contre l'« envahisseur » est constamment rappelée[1]. Ils insistent sur plusieurs points, comme à titre d'exemple, le sacrifice d'un million et demi de martyrs qui aurait permis la restauration de l'Etat et la nation algériens, non reconnus par colonisateur et la destruction du mythe faisant de l'Algérie une terre française et qui attribue au peuple algérien des racines Gaulois[2]. Ils affirment de même que l'identité algérienne s'est forgée à travers la lutte pour l'indépendance[3].

L'Algérie ne voit pas ses relations avec la France comme extension identitaire. Au contraire, différentes raisons profondes poussant les Algériens à revendiquer l'indépendance et le succès politique de leur révolution auraient incité les politiques algériens à montrer une image affirmée de soi, en insistant sur son altérité avec la France[4]. Cela a eu une répercussion sur l'orientation de la politique algérienne après l'indépendance, politique orientée vers la reconstruction de l'Etat qui selon les politiques algériens existait bien avant l'occupation[5]. Ceci fait que dès l'indépendance, les hommes politiques algériens ont nourri l'idée que l'Algérie a été arrachée à la France, selon l'expression de benjamin Stora. Ce qui fait de la guerre d'indépendance une légitimité de pouvoir pour les politiques algériens, mais aussi son image de marque dans sa relation avec l'extérieure et en particulier avec l'ancienne métropole. Même dans le cas où cette image avait été fictive les décideurs auraient été contraints à y être fidèles quitte à se voir

---

[1] Les Textes Fondateurs de la République : La proclamation du 1er Novembre 1954 ; « La Déclaration du Congrès de la Soummam (1956) » ; « La Déclaration du Congrès de Tripoli (Juin 1962) » ; « *La Charte d'Alger* (Avril 1964) » ; Constitutions de 1963, [En ligne] Présidence de la République algérienne, disponible sur URL : http://www.el-mouradia.dz/francais/symbole/textes/symbolefr.htm
[2] « *La Charte Nationale* », Alger, Ministère de l'information et de la culture, 1976, p.7-18.
[3] *Ibid.*
[4] *Ibid.*
[5] *Ibid.*

discrédités par l'opposition ou l'opinion publique¹. D'ailleurs, le régime algérien a fait une certaine image de sa politique et a pratiqué l'image de sa politique². Les surenchères nationalistes ont joué un rôle particulier au renforcement et au maintien du pouvoir. En effet, il serait difficile, pour un dirigeant qui ne tient pas compte de cette légitimité de résister devant ses concurrents et devant le peuple qui le représente. Ce qui se refle dans les orientations et comportements politiques de l'Algérie après l'indépendance.

Le jeu politique ne se fait pas sur la base de la concurrence des projets comme c'est le cas dans les pays démocratiques mais sur les enchères nationalistes et « le jeu d'éliminations ³». Ce jeu suppose l'utilisation de tout ce qui peut aider le dirigeant à se maintenir au pouvoir, notamment les attributs historiques de la nation. La notion de *Hizb frança*⁴ (Parti de la France) une poignée de gens supposés avoir gardé une allégeance à la France après l'indépendance de l'Algérie et y auraient joué le rôle du gardien des intérêts français, a permis aux dirigeants algériens, à savoir Boumediene, « *de conserver la topique de l'ennemi héréditaire sous la forme ennemi intérieur*⁵ » et cela est apparent dans leur discours. De même que, les attributs historiques de la nation comme la langue arabe, la religion et la mémoire de la guerre d'indépendance ont été survalorisés par le régime algérien.

Dès lors, dès la proclamation de l'indépendance, le souci de recouvrir les attributs de la nation s'impose comme objectif. Cette politique porte sur des axes comme l'Arabisation et l'Algérianisation, une politique visant tous les domaines

---

¹LINDEMANN Thomas, « Les images dans la politique internationale, l'Image de l'autre », disponible en ligne [En ligne] UR : http://www.institut-strategie.fr/strat72_Lindemann.html Accessed: 09/12/2008.
² CARLIER Omar, *Entre nation et jihad, histoire sociale des radicalismes algériens*, Paris, Presses de la Fondation Nationale de sciences politiques, PFNSP, juin 1995,p.312.
³ رابح لونيسي، المرجع السابق.
⁴ Pour plus d'information sur ce sujet, EVENO Patrick, *Le monde, l'Algérie, de la conquête à l'indépendance, le socialisme algérien, du tout industrie à la privatisation, le blé et la dette, une société désorienté l'Islam triomphant l'Algérie et la France*, Le Monde, 1994, p.105-106 ; POVOST Lucie, *La seconde guerre d'Algérie, Le quiproquo franco-algérien*, France, Flammarion, Mars 1996, p.31-34.
⁵ CARLIER Omar, *Op.cit.*, p.19.

(éducatives, sociaux, économiques)[1]. Le but en est de produire un modèle algérien et remplacer tout ce qui fait référence au colonisateur. Puisque « *La langue est le signe principal d'une nationalité.*[2] », dès l'indépendance, l'arabe est proclamée langue officielle de l'Algérie. Mais cela dépasse le cadre du signe national d'appartenance. En effet, l'arabisation est vue par certains plus comme une politique revancharde contre la France qu'une recherche d'une identité algérienne, permettant à cette proclamation anti-française, qui a marqué le régime algérien depuis l'indépendance, d'être un geste libérateur qui pousse même à se demander si le régime algérien ne pouvait exister sans cette action anti-française[3]. Ainsi, le président d'Algérie, Houari Boumediene, explique l'arabisation comme suit : « *L'arabisation demeure un objectif stratégique de la Révolution à l'instar de l'industrialisation parce qu'elle vise la liquidation des séquelles du colonialisme.*[4] ». Il s'agit alors de la ré-approbation de l'Algérie, soit le « recouvrement des attributs historiques de la nation algérienne et la construction d'un Etat sur l'altérité avec la France, autrement dit, substituer à l'Algérie française une Algérie algérienne. De ce fait, l'Algérie refusait d'intégrer l'Organisation Internationale de la Francophonie (OIF) jugée comme néocoloniale.

L'arabe et l'islam étaient un rempart pendant la colonisation et allaient constituer le fondement de l'identité de l'Etat algérien et l'altérité dans ses relations avec la France. L'Islam est proclamé religion de l'Etat dans la constitution[5]. Ajoutant à cela l'établissement de l'arabe comme une langue officielle, les politiques algériens menaient alors une politique de diversification de partenaires en matière de coopération culturelle et d'éducation, en signant des Accords de coopération avec de nombreux pays de

---

[1] TALEB-IBRAHIMI Ahmed, Mémoires d'un algérien, T.2., La passion de bâtir (1965-1978), *Op.cit.*, p. 36-47.
[2] DECKER Thomas, *Dictionnaire des citations maximes, dictons et proverbes français*, France, Editions de Lodi, mars 1999, p.239.
[3] POVOST Lucie, *Op.cit.*, p. 30-31.
[4] HAOUARI Boumediene, « Interview accordée à la revue libanaise El-Doustour », paru dans El-Moujahid le 7/10/1970, In. *Discours du président Houari Boumediene, 2 juillet 1970-1 mai 1972*, ministère de l'information et de la culture (Direction de la Documentation et des Publication), Alger, 1972, p.272.
[5] Art 4 de la constitution 1963, « constitution 1963 », Op.cit.,

différentes régions du monde, notamment avec les pays arabes, le camp socialiste comme l'ex-URSS, la Chine et Cuba[1]. Cette diversification, selon l'ex-ministre de l'éducation, vise à sortir de l'emprise de la France qui était le premier partenaire pour l'Algérie dans le domaine éducatif. En signant des Accords avec d'autres pays, cela « *a permis de sortir du tête-à-tête exclusif avec les français, qui devenaient préjudiciable, voire quelquefois humiliant. Ce rééquilibrage a eu pour effet positif de placer cette coopération à l'abri des aléas de la politique et de se débarrasser de toute forme de paternalisme*[2] », explique le ministre. En outre, le président algérien se plaignait des attitudes néo-colonialistes de certains cadres français employés aux Entreprises qui opèrent au Sahara algérien, selon une correspondance du conseiller de l'Ambassadeur français à Alger[3].

La relation qui existe entre l'Algérie et la France était soumise à une sorte d'aliénation et d'arrimage. C'est la raison, pour laquelle, la question de la langue était parmi les éléments auxquels les deux centres de pouvoir ont donné de l'importance. Les politiques algériens ont suivi une politique anti-française sans être capables de rompre avec leur attachement à la langue et aux valeurs françaises, mais c'est certainement pour des raisons de politique intérieure qu'ils choisissent d'être anti-français. En effet, il devient alors évident que la langue est parmi les codes qui peuvent avoir un poids dans la légitimation de leur pouvoir mais aussi le point faible que l'opposition peut l'utiliser contre eux. Ainsi, la défense de la langue arabe ne dépasse pas la logique identitaire arabo-musulmane anti-française pour beaucoup de raisons que nous avons expliquées et qui se résume dans l'histoire et la politique envisagée depuis l'indépendance. D'une part, la nature de colonisation (effacement identitaire) et d'autre part le

---

[1] TALEB-IBRAHIMI Ahmed, *Mémoires d'un algérien*, La passion de bâtir (1965-1978), T.2., Alger, Casbah, 2008, p.63 ; GRIMAUD Nicole, *Op.cit.*
[2] TALEB-IBRAHIMI Ahmed, *Op.cit.*p.63.
[3] « M. Fernand Laurent, Premier conseiller près l'Ambassadeur de France à Alger à M. De Broglie, Secrétaire d'Etat auprès du Premier Ministre, chargé des affaires algériennes, T. n° 8310 à 8313, Alger 10 décembre 1963, n° doc.236, In. *Documents diplomatiques français, 1er juillet-31 décembre, T.2, Op.cit.*, p.606.607.

choix des dirigeants algériens d'inscrire leur pays dans une logique anti-français sur laquelle, ont fondé leur légitimité[1].

Dès lors le jeu politique se fait entre un Etat français qui a voulait perdurer insidieusement sa domination et un Etat qui s'affichait notamment anti-français et qui recherche à balayer les insuffisances de son indépendance et l'insistance sur son identité, notamment dans ses aspects ostensibles comme la francophonie, la zone franc, les hydrocarbures, les bases militaires en Algérie, etc.

De ce fait, les décideurs algériens devaient se positionner entre la nécessité de la coopération et le déchirement qu'ont laissé la guerre et le long passé colonial. Ce qui se reflète alors dans l'identification de l'Algérie comme l'altérité de la France, en suite, par l'érosion des accords d'Evian, accords que les dirigeants algériens n'ont pas respectés et ont interprété comme un déni de reconnaissance. Ils ont donc accusé la France de pratiquer une politique néocoloniale, ils ont révisé les accords progressivement clause par clause et ont invité la France à établir des accords valables. Cela passe forcément par la révision des intérêts français en Algérie, ce qui avait une répercussion directe sur le processus de coopération et de réconciliation. La réussite de la coopération dépendait de la capacité des deux Etats à ajuster leurs intérêts en tenant en compte de l'avantage de la coopération.

3. Evolution de processus de coopération

La coopération va connaitre des périodes différentes durant lesquels la position de la France était déterminante. Les facteurs primordiaux qui ont façonné cette coopération sont d'une part la perception des Accords d'Evian et d'autre part l'identification de la France vis-à-vis de l'émancipation de l'Algérie indépendante et sa volonté de sortir du carcan qu'exigent ces accords. Dès lors, la coopération va connaitre du flux et du reflux, sans qu'elle soit interrompue ou remise en cause.

---

[1]ROUADJIA Ahmed, *Grandeur et décadence de l'Etat algérien*, Paris, Karthala, 1994.

3.1. Ajustement des intérêts et coopération exemplaire

Les intérêts matériels ne sont que le reflet des préférences identitaires. Cependant, c'est l'interaction qui définit l'aboutissement ou non de ces préférences. Cela signifie que l'acteur s'impose, impose, subit ou concilie. La divergence des intérêts rend la coordination à la fois nécessaire et difficile, alors que la coopération est un choix qui nécessite la coordination[1], elle est : « *l'ajustement des comportements des acteurs en réponse ou en prévision des préférences des autres acteurs*[2] ».

Dès l'indépendance les dirigeants algériens, comme nous l'avons vu précédemment, ont contesté les Accords d'Evian qu'eux même avaient signés. Il se trouve que lors de la négociation, les deux parties française et algérienne ont vu l'utilité de mettre fin à une guerre couteuse sans pour autant avoir la même perception des accords qui définissent la politique de coopération entre les deux parties, car après une guerre meurtrière, les dirigeants algériens estimaient que ces accords s'opposaient à sa politique d'émancipation. Pour eux, l'indépendance de l'Algérie reste formelle et ils ont dévoilé dès l'indépendance leurs intentions de reconvertir l'économie coloniale en une économie nationale (algérienne). A cette fin, une politique juxtaposant la nationalisation des richesses nationale et la récupération des attributs de la nation a été entamée dès l'indépendance, si bien qu'à différentes occasions, les politiques algériens ont rappelé au gouvernement français l'invalidité de ces Accords, en tenant compte du fait que leur pays était désormais érigé sur la base d'une force contre l'oppression, le mépris et l'humiliation naissant de son expérience lors de la colonisation et du succès de sa révolution.

Le gouvernement français n'a pas cédé immédiatement aux réclamations du gouvernement algérien, en essayant de jouer la carte de l'aide financière[3]. Ainsi le ministre français, en donnant

---

[1] DOYLE.W Michael, *Ways of war and peace*, New York/ London, W.W.Norton and Company, 1997, p.118.
[2] DOUGHERTY James and PFLATZGRAFF Robert, *Op.cit.*, p.505.
[3] L'aide financière à l'Algérie conformément aux accords d'Evian, elle est la contre partie qu'offre la France pour préserver ses intérêts en Algérie. C'est bien que l'Algérie reste le pays le plus favorisé de l'aide français au Tiers monde, « Elle reçoit

des instructions à son ambassadeur à Alger, dit : « *La France a promis à l'Algérie une aide économique et financière substantielle [...] Vous rappellerez, le cas échéant, que cette contribution est la contrepartie de la garantie des intérêts français et des droits acquis et porterez une attention spéciale au respect des clauses concernant les transferts, les biens fonciers, les sociétés.*[1] ».

De même le secrétaire d'Etat français, chargé des affaires algériennes, après un long recensement des violations des accords d'Evian par l'Algérie, affirme à son ambassadeur : « *[...] l'esprit des futures demandes de révision que M. Ben Bella laisse prévoir à qui veut l'entendre : ce sera une synthèse originale de l'indépendance dans la coopération, consistant à réclamer l'aide de la France au nom de la coopération et à renier ses engagements au nom de l'indépendance [...] Le gouvernement français, pour sa part, ferait acte de coopération technique en enseignant aux dirigeants algériens que le pouvoir de s'engager est l'un des attributs de la souveraineté internationale*[2] ».

Dans un autre télégramme, le secrétaire d'Etat français réaffirme la position de la France concernant les intérêts français en Algérie, ainsi instruit-il à son ambassadeur : « *[...] il est indispensable que le gouvernement algérien soit conscient à la fois de notre ferme intention de coopérer avec l'Algérie, quelque que soit son régime, et de l'impossibilité de construire cette coopération sur la ruine complète des intérêts français dans ce pays.*[3] ». Il parlait aussi « *d'indemnisation pour les nationalisations*[4] ».

22% de l'aide de la France accordée au Tiers monde, entre 1963 à 1969. », on se reporte au, FRÉMEAUX Jacques, *Le monde arabe et la Sécurité de la France depuis 1958*, Paris, PUF, Coll., Politique d'aujourd'hui, 1995.p.48.

[1] « Secrétaire d'Etat aux affaires algérienne, « Instructions pour l'Ambassadeur de France à Alger », In. *Documents diplomatiques français, 1er juillet-31 décembre1962*, T.2, doc. N°42, *Op.cit.*, p.124.

[2] « Note du ministère d'Etat chargé des affaires algériennes, politique française, Paris, 13 novembre 1962 », In. *Documents diplomatiques français, 1er juillet-31 décembre1962, T.2*, doc. n° 106, *Op.cit.*, p.411-415.

[3] *Ibid.*

[4] M. de BROGLIE, secrétaire d'Etat auprès du premier Ministre chargé des affaires algériennes, à M. GORSE, Ambassadeur, Haut-Représentant de la République

L'Algérie aussi n'est pas revenu sur sa politique, le lancement du projet de l'algérianisation et la nécessité de garder un certain équilibre entre le développement national et le rôle de l'Algérie à l'extérieur, l'ont incité à mettre en œuvre la politique de nationalisation. Cela a débuté par la nationalisation des propriétés agricoles des colons en octobre 1963 et du secteur industriel comme les mines, ensuite celui bancaire et celui du commerce extérieur en 1966[1]. Le ministre algérien des affaires étrangères, après avoir été interrogé sur la compatibilité de ces mesures de nationalisations avec la politique de coopération exprimée dans les Accords d'Evian et si elles auraient été entamées pour des raisons politiques, répond ainsi : « *L'Algérie entend coopérer très franchement, très loyalement. Les mesures que nous prenons en Algérie sont dictées par une conjoncture politique et nous croyons qu'il n'y a nullement une incompatibilité entre cette expérience précisément algérienne et la coopération telle qu'elle a été définit par les Accords d'Evian.*[2] ». Cette action du gouvernement algérien d'émancipation n'est en revanche pas limitée aux nationalisations mais elle a touché aussi le domaine militaire tel que les bases militaires et les expériences nucléaires françaises en Algérie.

Les dirigeants algériens, ont souhaité à la fois l'évacuation des bases françaises en Algérie et ont dénoncé les expériences nucléaires. En effet, l'Ambassadeur français, dans une rencontre secrète avec le président algérien à la Villa Joly, explique que selon les propos de Ben BELLA, l'Algérie venait de perdre sa crédibilité et son image suite aux premiers essais nucléaires français, il aurait voulu obtenir la révision des clauses militaires et une promesse, de la part de France, que cette expérience nucléaire

---

française à Alger, T. n^{OS} 3232 à 3236, prioritaire, Alger, 23 septembre 1963, (reçu :16h40),In. *Documents diplomatiques français, 1963, T.1,n°109 (1er juillet-31 décembre)*, p.307-308.
[1] RUZIÈ David, « La coopération franco-algérienne », *Annuaire français du droit international*, vol.9, 1963, p.906-933.
[2] Transcription d'interview avec le président algérien M. Abdelaziz Bouteflika, disponible en ligne », [En ligne] consulté février 2009, disponible sur URL : http://www.ina.fr/video/CAF94073541/negociateurs-algeriens-interview-bouteflika-le-petrole-non-diffuse-video.html

allait être la dernière[1]. Les dirigeants algériens voyaient que les clauses de ces accords, notamment militaires, portaient atteinte à l'image de l'Algérie, ce qui pouvait mettre un bémol au rôle sans cesse accru à l'époque, du jeune Etat algérien qui se voulait être un état progressiste, porte-parole de Tiers-Monde et des peuples opprimés[2]. Ils étaient de ce fait, incompatibles avec l'orientation de la politique étrangère souhaitée.

Dans un télégramme, l'ambassadeur français rapporte les paroles de Ben Bella : *« Il souhaite, m'a-t-il dit finalement, en nuançant son propos, pouvoir « annoncer quelque chose » au lendemain du référendum.[3] »*. Ce qui fait référence à la politique populiste que les dirigeants algériens pratiquent depuis l'indépendance, notamment lors des dates anniversaires des événements historiques relevant de la guerre d'indépendance. En effet, la politique intérieure ne peut être séparée de celle extérieure, les politiques algériens sont aussi soucieux de l'image du pays qu'ils dirigent à l'intérieur qu'à l'extérieur, car cela a aussi bien un lien avec la légitimité sur laquelle s'appuie le régime algérien qu'avec les avantages qu'ils en tirent. D'ailleurs, le président algérien avait demandé la révision des clauses militaires, notamment que les essais nucléaires commencent à faire bruit[4]. Il n'était pas facile pour un Etat, qui se définit anticolonial et qui soulève les horreurs de la colonisation, de ne pas être discrédité par ce genre de manœuvre.

---

[1] « M. GORSE, Ambassadeur, Haut-Représentant de la République française à Alger, à M. de BROGLIE, secrétaire d'Etat auprès du premier Ministre chargé des affaires algériennes. T.n^{os}1460, immédiat. Réservé. Diffusion restreinte. Alger, 18 mars 1963 (reçu à 20h20) », In. *Documents diplomatiques français, 1er janvier-30 juin 1963*, T.1, doc. n°103, Paris, Ministères des affaires étrangères, commission de publication des documents diplomatiques français, 2000, p.290.
[2] MOUHOUBI Salah, *Op.cit.*, p.53.
[3] « M. GORSE, Ambassadeur, Haut-Représentant de la République française à Alger, à M. de BROGLIE, secrétaire d'Etat auprès du premier Ministre chargé des affaires algériennes, T. n^{OS} 5083 à 5087, réservé, Alger, 23 aout 1963, (reçu :15h30) »,In. *Documents diplomatiques français, 1er juillet-31décembre* 1963,T.1, N°66 *Paris*, Ministères des affaires étrangères, commission de publication des documents diplomatiques français, 2001, p.191.
[4] استقلال الجزائر كما يراه أحمد بن بيلا ح.11,2000
قناة الجزيرة، [En ligne] :http://www.aljazeera.net/programs/pages/b351dfc7-af21-4a77-8f90-552a01445458

La France soucieuse de maintenir la coopération et cela bien entendu dans le but de conserver ses intérêts sur le territoire algérien, se montre compréhensive et souple à l'égard des craintes de l'Etat algérien, particulièrement concernant son image. Le général voit qu'il faut user de souplesse. Il dit à ce sujet : « *Nous sommes d'accord pour faire la part du feu, dans l'esprit de coopération. Nous reconnaissons qu'il appartient au gouvernement algérien de donner à son pays le régime économique et social de son choix. Il faut bien voir, pourtant, que ce choix s'effectue au détriment des intérêts français. Nous demandons qu'on ait des égards pour la France et les français.[1]* ».

De même, son ambassadeur en Algérie voit que la politique française relative aux clauses militaires sera souple de manière à les alléger et même à les abréger. Il conclut dans un télégramme adressé au secrétaire d'Etat des affaires algériennes que dans : « *[...] aucun de ces domaines [clauses militaires et bases sahariennes], nous ne cherchions donc à faire pression sur le gouvernement algérien ni l'humilier.*[2] », et il prévoit des mesures pour l'évacuation de ces bases[3].

De même, le gouvernement algérien, selon l'ambassadeur français, voit que la coopération avec la France est utile. Dans un télégramme adressé par l'ambassadeur français au secrétaire d'Etat des affaires étrangères, il affirme que le président Ben Bella souhaite maintenir la coopération avec la France tant que celle-ci ne s'oppose pas à l'orientation nouvelle de l'économie algérienne, ainsi dit-il : « *Pour ce qui concerne la coopération avec la France, M. Ben Bella répète volontiers qu'il souhaite la*

---

[1] PEYREFITTE Alain, *C'était de Gaulle*, La france redevient la france, Paris, Fallois/Fayard, tom. 1, 1995, 1ère éd. 1994, p.405.
[2] « M. GORSE, Ambassadeur, Haut-Représentant de la République française à Alger, à M. de BROGLIE, secrétaire d'Etat auprès du premier Ministre chargé des affaires algériennes, T.n°s 2105 à 2120 », In. *Documents diplomatiques français, 1er janvier-30 juin 1963*, T.1, doc. n° 121, Paris, Ministères des affaires étrangères, commission de publication des documents diplomatiques français, 2000, p.399.
[3] *Ibid.*

maintenir si elle ne fait pas obstacle à l'orientation nouvelle de l'économie algérienne. ¹».

Sans l'acceptation de la France de tenir compte de l'identité particulière de l'Algérie, naissant de son expérience du passé et des valeurs qu'elle défend, la coopération aura connu une impasse, notamment que les deux pays étaient interdépendants et que la coopération de l'un avait permis la réalisation des objectifs de l'autre. L'interdépendance s'ajoute comme une situation qui aide chaque Etat à tenir compte de l'expression des intérêts de l'autre. De Gaulle estimait que l'économie est un fondement matériel permettant d'atteindre ces objectifs et que la modernisation est une pièce maitresse pour sa stratégie globale². Cela était lié aussi au degré de la maitrise de son économie. La modernisation de la France exigeait que celle-ci dispose de matières premières mais aussi de ressources humaines (travailleurs), voire d'un marché pour ses produits. De même que l'indépendance en matière de sécurité nécessite la disposition de l'arme nucléaire.

Ces éléments sont disponibles en Algérie : Les ressources pétrolières ; la main d'œuvre algérienne qui devait se rendre périodiquement en France pour contribuer au développement de l'économie française, et les essais nucléaires et chimiques qui devaient être poursuivies au Sahara algérien. Pour De Gaulle, il fallait à tout prix que les essais continuent, car il voulait avoir une indépendance nationale en matière de sécurité, en sortant de l'O.T.A.N³, « *C'est dans le désert algérien que se fera la grandeur de la France*¹ » dit-il.

---

[1] « M. GORSE, Ambassadeur, Haut-Représentant de la République française à Alger, à M. de BROGLIE, secrétaire d'Etat auprès du premier Ministre chargé des affaires algériennes, T.nᵒˢ 2406à 2425 », In. *Documents diplomatiques français, 1ᵉʳ janvier-30 juin 1963*, T.1, doc. n° 145, Paris, Ministères des affaires étrangères, commission de publication des documents diplomatiques français, 2000,p.433.
[2] VESPERINI Jean-Pierre , « Les débuts de la Cinquième République ou le triomphe de l'expansion dans la stabilité », *Espoir*, N°118, 1999, [En ligne] disponible sur : UR: http://www.charles-de-gaulle.org/pages/l-homme/dossiers-thematiques/1958-1970-la-ve-republique/la-modernisation-de-l-economie/analyses/le-triomphe-de-lrsquoexpansion-dans-la-stabilite.php consulté juin 2008.
[3] DARGENT Raphaël, « Le 7 mars 1966, de Gaulle sort de l'OTAN », *Espoir*, n°146, mars 2006, [En ligne] disponible sur : URL : http://www.charles-de-gaulle.org/pages/revue-espoir/articles-comptes-rendus-et-chroniques/le-7-mars-1966-

De même, l'Algérie était aussi convaincue que son affirmation passe par la maitrise de son économie, la maitrise de ses richesses nationales et le départ des troupes françaises. Ainsi, les enjeux sont symboliques et les moyens sont matériels.

La coopération a été le résultat de l'acceptation de la France d'adhérer progressivement à des nouveaux rapports qui impliquent la prise en compte de l'émancipation du jeune Etat aspirant à des rapports plus équilibrés et à la confirmation de son identité particulière. La réalisation de la coopération a nécessité la conciliation des intérêts parfois opposés. Les deux parties ont tenu compte de leur situation et de l'avantage qu'elles tirent de la coopération. Les deux pays ont tenu compte de leur indépendance nationale, de leur image à l'international et de leur rôle. Un consentement tacite a eu lieu, ce qui a rendu la coopération possible. Ainsi, la coopération a été négociée et privilégiée par les deux parties.

3.1.1. Coopération militaire et arrangement symbolique

De Gaulle soucieux de la modernisation de la France, de son indépendance en matière de sécurité et de son rayonnement à l'international, aurait privilégié l'entente entre les deux pays qui visaient le même objectif (l'indépendance nationale). L'un dispose ce que l'autre recherche, l'image et l'indépendance nationale de l'un dépend de la coopération de l'autre.

De Gaulle estimait que l'Algérie constitue un enjeu important dans la politique étrangère de la France pour réaliser son objectif ultime, l'indépendance nationale, et réhabiliter son image à l'international[2]. En effet, la coopération de l'Algérie permet de poursuivre des expériences nucléaires, entamées avant l'indépendance, dans le désert algérien afin que la France dispose

---

de-gaulle-sort-de-l-otan-par-raphael-dargent.php, consulté juin 2008. Voir aussi, JAUVERT Vincent, *L'Amérique contre de Gaulle : histoire secrète (1961-1969)*, Paris, Éd. du Seuil, coll., L'Histoire immédiate, 2000.
[1] « Quand la France testait des armes chimiques en Algérie »,*Op.cit.*, p12.
[2] MOUHOUBI Salah, *Op.cit.*, p.131.

de l'arme stratégique et réalise ainsi son indépendance en matière de sécurité à l'égard de l'OTAN[1]

Conformément aux Accords d'Evian, l'Algérie a concédé à la France les sites comprenant les installations d'In Ekker, Reggane et l'ensemble de Colomb-Béchar-Hamaguir (Art.4)[2], sites construits, d'ailleurs, avant l'indépendance pour mettre en œuvre les essais nucléaires dans le désert algérien[3]. Ces expériences ont mené à la conception d'une première bombe atomique française (de type A), elle a été testée le 13 février 1960[4]. Le premier essai a été suivi par trois autres (en avril et décembre 1961, puis en avril 1962) qui ont achevé le cycle des essais en atmosphère et qui ont soulevé des critiques de la part des puissances nucléaires mais aussi de la part de certains pays africains qui craignaient la contamination du continent[5].

Les expériences nucléaires avaient été déjà entreprises, il fallait donc à tout prix les parachever, l'Algérie trouvait en cela une carte à jouer. D'ailleurs, de Gaulle savait bien que les bases qui se trouvaient au Sahara étaient la seule carte que les dirigeants algériens peuvent utiliser comme moyen de pression sur la France[6]. Mais, le développement de l'Algérie est en partie lié aux aides techniques et financière de la France, un partenaire qui connait tout sur l'Algérie et qui peine à accepter l'indépendance économique de celle-ci. Bien que le président algérien se soit montré hostile à l'égard des essais nucléaires français et a

---

[1] VIDAL Dominique, « L'Alliance atlantique à la recherche de nouvelles missions, Ce que voulait de Gaulle en 1966 », *Le Monde diplomatique*, avril 2008, N°649, 55ème année, p.16-19.
[2] (Annexes XII, Les Accords d'Evian, texte complet », In. BENYOUCEF Ben Khadda,), *Op.cit.*,p.39,
[3] DARD Jacques, « Le déroulement opérationnel des essais nucléaires au Sahara, leur logistique, les essais militaires », In., CARISTANT Yves, DARD Jacques, DE LABROUCHE Jean, et al., *Les essais nucléaires français*,1996, Bruxelles, Bruylant, 1996, p.55-65.
[4] « Histoire des essais nucléaires français : du désert de la soif à l'île du grand secret, L'établissement de communication et de production audiovisuelle de la défense (ECPAD), juillet 1998, Ministère de défense de la France, [En ligne] disponible sur : URL :http://www.ecpad.fr/histoire-des-essais-nucleaires-francais-du-desert-de-la-soif-a-lile-du-grand-secret-34
[5] *Ibid.*
[6] PEYREFITTE Alain, *C'était de Gaulle* La France reprend sa place dans le monde, tom. 2, *Paris, Fallois/Fayard, 1997*, p.441.

demandé la renégociation des clauses militaires, cela n'a pas réduit sa volonté à poursuivre la coopération, ou si l'on peut dire, la préserver. C'est ainsi que l'ambassadeur français expliquait la position de Ben Bella à son ministre des affaires algériennes, il dit : « *M. Ben Bella s'abstient actuellement de tout geste qui pourrait faire apparaitre explicitement la contradiction qui existe entre ses positions de principe et notre volonté de poursuivre nos programme nucléaires.*[1] ». Il ajoute que : « *si une reprise éventuelle de nos essais était entourée d'un silence rigoureux, le gouvernement algérien s'efforcerait encore une fois de maintenir ses réactions et celles du pays dans les limites conciliables avec la poursuite d'une coopération franco-algérienne.*[2] ». L'Algérie a conditionné la continuation des expériences par la discrétion, « *Ben Bella n'est hostile à nos essais atomiques que doctrinalement. Sa seule demande, c'est le secret. ''Faites-les en l'air si vous voulez, mais qu'on n'en parle pas !*[3] ».

En effet, si les expériences avaient été continuées sans discrétion, cela aurait pu discréditer la politique pratiquée par ce pays (porte-parole du tiers monde et les peuples opprimé, suite à son rayonnement du fait de sa révolution). C'est en effet cette politique qui a été suivie au fil des années. Ainsi, la poursuite des expériences chimiques que la France avait commencées depuis 1935[4] sur une base qui s'appelait B2-Namous était entourée aussi de secret. C'est en 1997 qu'un dépêche, le *Novell Observateur,* révèle dans un dossier exclusif, que la France avait poursuivi des essais chimiques jusqu'en 1977 dans la base qui s'appelle B2-Namous, base accordée pour un délai de cinq ans lors de la discussion des Accords d'Evian[5]. Le but de ces expériences, pour la France, était de concourir les grandes puissances (Etats-Unis et

---

[1] « M. GORSE, Ambassadeur, Haut-Représentant de la République française à Alger, à M. de BROGLIE, secrétaire d'Etat auprès du premier Ministre chargé des affaires algériennes, T.n°s 2406à 2425 », *Op.cit.*, p.434.
[2] *Ibid.*
[3] Cité par PEYREFITTE Alain, *C'était de Gaulle*, La France reprend sa place dans le monde, tom. 2, *Paris, Fallois/Fayard, 1997, Op.cit.*, p.436.
[4] « Quand la France testait des armes chimiques en Algérie », *Op.cit.*, p.12.
[5] *Ibid.*, p.22.

l'Union soviétique) et éviter ainsi d'être distanciée par une percée technologique[1].

Selon l'ancien ministre de la défense français, Pierre Messmer[2], ces essais ont fait l'objet d'une annexe secrète aux Accords d'Evian[3], alors que le président du Gouvernement Provisoire Algérien, Youcef Ben Khada, qui était l'un de ceux qui ont participé aux négociations des Accords d'Evian au nom de son gouvernement, réfute l'existence de tels accords secrets[4]. Selon un autre négociateur, des Accords d'Evian, Redha Malek[5], « *Boumediene avait négocié secrètement avec la France pour permettre à l'Algérie d'avoir l'arme chimique*[6] ». Reste notable le fait que ces négociations aient été l'objet d'un accord particulier et secret conduisant les deux parties à une entente pour la poursuite des essais, chacune y trouvait son intérêt, l'une voulant éviter d'être distancier par les grandes puissances dans ce domaine et l'autre voulant en tirer un avantage militaire, secrètement et sans que cela ne fasse de bruit.

De ce fait, la coopération franco-algérienne se manifeste et se conduit suivant la logique de la conciliation des intérêts et des arrangements. En effet, l'objectif de la France de faire de l'Algérie sa chasse gardée (francophile et francophone), un atout pour son rayonnement, l'a incité à faire des concessions. De même pour l'Algérie, les dirigeants algériens ont dû faire des concessions à la France tant que cela ne portait pas atteinte à l'image de leur pays à l'intérieur et à l'extérieur. Nous détaillerons cette politique d'image dans notre point suivant.

---

[1] *Ibid*.
[2] Ministre des armées de 1960 à 1069 et premier Ministre de 1972 à 1974.
[3] Quand la France testait des armes chimiques en Algérie », *Op.cit.*, p.22.
[4] BENYOUCEF Ben Khada, *Op.cit*.
[5] Ambassadeur d'Algérie de 1965 au 1970 et puis premier Ministre du 21 aout au 11 avril 1994.
[6] MALEK Redha, « De gaulle voulait l'arrêt des combats et non l'indépendance », Entretien avec le porte parole du G.P.R.A, et l'un des négociateurs des Accords d'Evain, Redha Malek », *El-Watan,* 19 mars 2012, numéro spécial, p.5.

3.1.2. La coopération et l'image des deux pays

L'image des deux pays à l'international préoccupait les décideurs aussi bien en France qu'en Algérie. L'Algérie se voulant Etat progressiste, il lui aurait été difficile d'accepter la présence militaire encore visible sur son territoire alors qu'elle se présente comme le défenseur des peuples émancipés de la colonisation. En effet, l'image de l'Algérie émancipée, entretenue par les décideurs algériens, largement intériorisée et qui devenue la façade par laquelle l'Algérie est connue, continuait à être un paramètre dans sa politique intérieure et sa relation avec la France. C'est ainsi que l'ambassadeur français confie au secrétaire d'Etat chargé des affaires algérienne : « *M. Ben Bella souhaitait, « pour des raisons politiques », que nous hâtions encore l'évacuation de l'Est algérien et que nous essayons encore de gagner quelques semaines sur notre calendrier, de telle manière que toute cette zone puisse être évacuée pour le 1er novembre : le président Ben Bella pourrait alors annoncer cette nouvelle au cours d'un grand rassemblement « d'un million de personnes » qu'il se propose d'organiser à Alger à l'occasion des fêtes nationales.* [1] ». Il ajoute que M. Boutéflika[2] lui déclarait que *« le gouvernement algérien souhaiterait étendre notre coopération aux questions militaires. Le gouvernement algérien voudrait savoir si la France était disposée à donner à l'Algérie une aide importante pour la formation d'unités spécialisées, et en particulier pour son aviation.*[3] ». La coopération militaire existe bel et bien et ne pose pas problème mais c'est les bases militaires ostensibles qui peuvent altérer l'image d'un pays qui se voulait anticolonial. Ainsi, les bases militaires sont évacuées avant le délai mentionné aux accords d'Evian ; l'évacuation des bases militaires de Mers-el-Kébir, en 1968, au lieu de 1977 mais aussi la sortie des troupes françaises qui devaient se retirer au 1er juillet 1965 seront toutes

---

[1] « M. GORSE, Ambassadeur, Haut-Représentant de la République française à Alger, à M. de BROGLIE, secrétaire d'Etat auprès du premier Ministre chargé des affaires algériennes, T. n°s 6440 à 6452,diffusion réservé, Alger, 08 octobre 1963, (réçu :15h30) »,In. *Documents diplomatiques français, 1er juillet-31décembre 1963,* , T.1, doc. n°108, Paris, Ministères des affaires étrangères, commission de publication des documents diplomatiques français,2001, p.376.
[2] Ministre des affaires étrangères
[3] *Ibid.*

achevées fin 1964 ; les bases sahariennes seront évacuées en 1967[1].

La France de De Gaulle voulait montrer qu'elle était « *capable de coopération exigeante, sur un pied d'égalité, avec un Etat qui ne peut être suspecté d'être dirigé par des fantoches de la France ou des affidés de l'occident*[2] ». En effet, la souplesse du Général de Gaulle, mais aussi la perception qu'il faisait des relations franco-algériennes, notamment l'image de la France à l'extérieure et le prestige qu'elle pourrait avoir en se dotant de l'arme nucléaire, l'a incité à répondre aux demandes algériennes relatives à l'évacuation des bases militaires et le départ des troupes françaises. Ainsi, la coopération militaire a pu être continuée, comme le prouve les expériences nucléaires et chimiques en Algérie mais aussi l'envoi récurent des officiers algériens pour recevoir des formations dans différentes écoles de guerres françaises.

Ces bases militaires n'ont pas été évacuées pour des raisons sécuritaires, car comme nous l'avons expliqué, la France ne constitue pas une menace à la sécurité de l'Algérie, mais plutôt une contrainte à son émancipation. La plus forte raison est que la coopération dans le domaine militaire a été consolidée entre les deux parties. Cette coopération se fait même dans la cadre sensible comme nous l'avons vu, expériences chimiques et formation des officiers algériens.

En effet, la France voulait éviter toute friction avec l'Algérie, pays avec lequel elle entretient des relations privilégiées, à titre exemple le Général faisait appel au président Algérien Ahmed Ben Bella pour rétablir les relations franco-arabes notamment franco-égyptiennes, rompues à cause la nationalisation du canal de Suez par l'Egypte, ce qui a provoqué une expédition en 1956 par Israël, le Royaume-Uni et la France ; mais aussi, une demande qui lui a été formulé de la part de Tito pour rétablir les relations franco-Yougoslaves[3]. Ces deux exemples ne sont que quelques-uns qui mentionnent que les deux parties ont compris l'avantage

---

[1] BENYOUCEF Ben Khadda, *Op.cit.* p.40.
[2] DALLOZ Jaques, *La France et le monde*, Paris, 2nd éd., 2002, Armand Colin, p.139.
[3] «استقلال الجزائر كما يراه أحمد بن بيلا», *Op.cit*.

de s'entraider et non se distancier. D'ailleurs, le secrétaire d'Etat français chargé des affaires algériennes, dans une correspondance, instruit son ambassadeur à Alger, qu' « *Il importe en premier lieu de ne pas contrarier le penchant qui porte l'Algérie vers ses voisins du Maghreb et vers les pays arabes. La France perdrait ses efforts et son crédit à vouloir y faire obstacle*[1] ». Il lui précise aussi la manière qui permet d'éviter que l'Algérie bascule vers le camp socialiste, ainsi dit-il : « *La discrétion dans l'ordre politique est la condition du succès de la coopération, à laquelle vous apporterez tous vos soins et qui devrait tisser peu à peu des liens assez solides pour empêcher l'Algérie de « basculer » vers l'EST et pour lui faire jouer le rôle qui doit être le sien, celui d'une charnière entre l'Europe et l'Afrique*[2] ».

La France souhaitant réhabiliter son image à l'international et restaurer ses relations avec le tiers monde, trouve l'intérêt de coopérer avec l'Algérie, car cette dernière constituait désormais une porte vers le tiers-monde et le porte-parole de celui-ci. De ce fait, maintenir une coopération exemplaire avec l'Algérie serait plus que souhaitable, nécessaire. Le général explique l'avantage que procure ce changement de rapport entre la puissance coloniale et ses colonies, ainsi confie-il à son collaborateur : « *À l'extérieur nous avons acquis une influence, un prestige que nous n'avions pas connus depuis bien longtemps.*[3] », « *Une brouille avec l'Algérie, dépasserait les limites des relations franco-algériennes et risquerait de ruiner les efforts de la diplomatie française dans le monde entier*[4] », déclare son Secrétaire d'Etat aux affaires algérienne.

Le président Ben Bella affirme dans un entretien récent que les relations avec la France étaient des bonnes relations[5]. Les deux parties étaient sur la même longueur ondes. Le Général restait attaché à sa volonté de coopérer avec les politiques algériens, en se montrant souple face aux nationalisations entreprises par les

---

[1] Secrétaire d'Etat aux affaires algérienne,« Instructions pour l'Ambassadeur de France à Alger », doc. n°42, *Op.cit.*, p.127.
[2] *Ibid.*, p.126.
[3] PEYREFITTE Alain, *C'était de Gaulle*, La france redevient la france, Paris, Fallois/Fayard, tom. 1, 1995, première éd. 1994, *Op.cit.*p.214-215.
[4] Le Monde 07 novembre 1964, Cité par ROSOUX Valérie-Barbara, *Op.cit.*, p.99.
[5] « استقلال الجزائر كما يراه أحمد بن بيلا، ج.11 », *Op.cit.*

dirigeants algériens, il défend une politique arabe, marquée par son désir d'afficher un rôle original sur le plan mondial mais aussi par la volonté de garder l'Algérie dans le giron français.

Le succès de la coopération dépendait de la conciliation des intérêts, car chacun disposait les atouts de la réussite de son partenaire. La volonté de s'affirmer sur la scène internationale des deux pays aurait été vaine si les deux parties n'avaient pas choisi la coopération. D'ailleurs, c'est ce qui explique la coopération aux yeux du secrétaire d'Etat des affaires algériennes, ainsi confirme-t-il : « *La France reste attachée cependant à la politique de coopération et s'il en est ainsi c'est parce que cette politique repose aussi sur d'autres considérations d'ordre économique et politique qui sont bien connues. Seulement le style de la coopération en est affecté. Le lien presque charnel que constituait entre les deux pays la minorité française est brisé. Le gouvernement se trouve affranchi malgré lui des préoccupations affectives qui influençaient sa politique algérienne ; il s'oriente vers une coopération classique entre Etats. Nous rejoignons ainsi le désir de gouvernement algérien qui affirme volontiers son attachement à une coopération égal à égal, fondé sur le respect des intérêts réciproques, « une entraide et non une aide » pour reprendre une expression récente de l'ambassadeur d'Algérie à Paris. La France souhaite vivement que ce nouveau cours soit aussi favorable aux bons rapports que les croient les dirigeants, et il est fort possible qu'il en soit ainsi. Mais il leur appartient de nous le démontrer puisque la politique française, elle, reste inchangée dans son principe. Pour sa part, le gouvernement français y gagne en liberté d'allure ; il est en droit désormais de consulter ses seuls intérêts d'Etat et d'adapter sa conduite en fonction des preuves que fournit l'Algérie d'une sincère volonté de coopération.*[1] ».

---

[1] « Note coopération franco-algérienne, Paris le 18 novembre 1963, note émane du service des affaires générales du secrétariat d'Etat auprès du premier Ministre, chargé des affaires algériennes, dirigé par M. Louis Dauge, conseiller des affaires étrangères »,In. *Documents diplomatiques français, 1er juillet-31décembre*, 1963, T.2, Paris, Ministères des affaires étrangères, commission de publication des documents diplomatiques français, 2001, p.522-523.

Cette situation prévalue avec le Général de Gaulle s'estompait progressivement avec son départ de l'Elysée où les relations commençaient à s'endurcir. Bien que la situation n'ait pas changé, les deux Etats sont interdépendants et complémentaires : la France continuait ses essais chimiques secrets, continuait à être le premier fournisseur de l'Algérie en matière d'échanges commerciaux et disposait encore la co-souveraineté sur le pétrole. Cette situation déplaisait aux dirigeants algériens, notamment fin des années soixante et début des années soixante-dix. D'autre part, l'Algérie aux yeux de ses dirigeants, s'agrandissait en matière de développement économique et sa politique ne cessait de façonner les autres pays de Tiers-monde. C'est pour cela que, lors de l'étape suivante, l'Algérie devient encore plus exigeante et la France bien moins tolérante qu'elle n'était, notamment après le départ du Général de Gaulle. Cela ajoutait en difficulté à la coopération, la méfiance allait s'installer, puis l'affrontement remplacer la coopération lors de la nationalisation du pétrole et les anciens griefs allaient donc être mis à nus.

3.2. Méfiance et coopération difficile

La situation qu'ont connue les deux pays va changer. En effet, la suite des événements reflète une méfiance qui s'est installée progressivement entre les deux parties algérienne et française. Elle s'est manifestée pendant des crises périodiques et puis s'est aggravée par la nationalisation du dernier bien que la France aurait encore détenu après l'indépendance de l'Algérie (le pétrole) ce qui a mené à une véritable crise de confiance.

3.2.1. Les crises révèlent un conflit politique larvé

La France de De gaulle a pu tenir les relations franco-algériennes à l'abri des crises et des malentendus bien que les nationalisations étaient en marche depuis l'indépendance. Ces relations, en revanche, commencent à refléter une méfiance entre les deux pays, notamment avec le départ du Général de Gaulle. Les crises remplacent alors le temps cordial et l'entraide qu'ont connus les deux pays depuis l'indépendance. La première commence avec la réduction des importations françaises du vin algérien qui devait être écoulé sur le marché français comme convenu dans l'accord 1964. Pour des raisons de politique économique, la France a favorisé la production intérieure et réduit l'importation de vin algérien sans tenir compte des répercussions sur son partenaire[1]. Cela avait des répercussions sur les recettes algériennes[2]. Ce qui avait amené le président Boumediene à s'orienter vers l'URSS, pays avec lequel l'Algérie entretient des relations d'« alliée naturel [3] », en vendant d'abord le vin à vil prix et en entreprenant ensuite une suppression progressive de son vignoble malgré son incidence social[4].

Une autre crise a marqué cette période, la crise de la main d'œuvre. Les Accords d'Evian prévoyaient l'accueil en France d'une partie de l'excédent de main d'œuvre algérien. De plus, les Accords ont consacré un régime spécial au nom de la coopération étroite « *les ressortissants algériens résidant en France et, notamment, les travailleurs, auront les mêmes droits que les nationaux français, à l'exception des droits politiques[5]* ». En outre, une liberté de circulation entre la France et l'Algérie était possible. L'envoi de main d'œuvre en France est avantageux pour les deux pays : Pour l'Algérie son économie naissante (sous-développée) ne lui permettait pas de répondre aux demandes d'emploi sans cesse croissantes. Quant à la France, la volonté du général de Gaulle de moderniser la France en avait besoin. En revanche, le souhait de la France de diversifier l'origine de sa main d'œuvre mais aussi de la normaliser, l'a poussé à faire rupture avec la règle de libre circulation le 10 avril 1964, en mettant un système de contingent fixé unilatéralement par la France après estimation des possibilités d'embauche[6]. Cela a mené à une crise comme celle du vin, les autorités algérienne

---

[1] BALTA Paul RULLEAU Claudine avec la collaboration de DUTEIL Mireille, *L'Algérie des Algériens, Vingt ans après...*, Paris, les Editions ouvrières, Coll., Enjeux internationaux, 1981, p.233.
[2] *Ibid.*,
[3] Malgré que certains présente la relation de l'Algérie avec le bloc soviétique comme relation basée sur le réalisme, c'est-à dire, de la nécessité de faire contrepoids à l'hégémonie américaine. Cela n'est pas dépourvu d'une certaine sympathie, la *charte nationale*, *Op.cit.*, p.90, prône un rapprochement avec les forces socialistes qui ont apporté un soutien à la révolution algérienne.
[4] رابح لونيسي, *Op.cit.*, p.107-108.
[5] Art.7, titre II (Echange), texte original des Accords d'Evian, « Conclusion des pourparlers d'Evian », *Op.cit.*
[6] GRIMAUD Nicole, *Op.cit.*, p.66.

demandaient « *des contingents substantiels (au niveau de 45000-50000) et un planning pluriannuel* », en justifiant cela par l'ancienneté de cette émigration conséquence d'une longue colonisation[1].

Cette décision de la France de réduire ses importations a fait que l'Algérie se méfiait de plus en plus de la France qui ne tient pas ses engagements[2]. Bien entendu, les autorités algériennes ont aussi pris des mesures dans un certain nombre de domaines comme celui du tarif préférentiel donné aux produits français ; la suspension des négociations commerciales au printemps 1968 mais aussi une vague de nationalisations entre mai et juin 1968 des sociétés françaises[3]. Mais tout cela, n'a pas empêché la coopération bien que difficile. Après deux ans de négociation, les deux parties seront arrivées à signer, le 27 décembre 1968, un accord qui règle l'émigration[4]. Cela ne signifie pas que les relations sont devenues normales, car l'esprit dans lequel elles s'inscrivent déplait encore à Alger, notamment après le départ du Général de Gaulle qui disposait une certaine souplesse à laquelle ses successeurs n'avaient pas consenti. En effet, la position de la France dans ses restrictions et sa limitation du nombre d'ouvriers d'Algériens entrant en France, mais aussi la limitation des importations du vin, avaient des effets négatifs sur leur économie algérienne[5]. Le président algérien explique à ses compatriotes, la coopération franco-algérienne en ces termes : « *Nous en avons fini avec les questions d'ordre interne, et il nous reste maintenant à traiter d'un sujet important qui touche de près l'économie nationale. Il s'agit de la coopération, et plus spécialement de ce que nous avons appelé depuis l'indépendance la coopération algéro-française. Cette coopération connue dans le passé, des phases diverses, des difficultés, voire des crises, que nous avons réussi à surmonter et à maintenir dans la limites du raisonnable. Maintenant que nous sommes sur le point de réévaluer cette coopération, que des négociations se déroulent entre l'Etat algérien et l'Etat français en vue de lui trouver une formule*

---

[1] MOUHOUBI Salah, *Op.cit.*, p.241.
[2] GRIMAUD Nicole, *Op.cit.*, p.67.
[3] *Ibid.*
[4] *Ibid.*
[5] GRIMAUD Nicole, *Op.cit.*, p.67.

nouvelle correspondant à l'évolution gigantesque intervenue dans notre pays, nous proclamons aujourd'hui, comme nous l'avons fait hier, que pour nous la coopération signifie : échanges et rapports dans tous les domaines susceptibles de servir nos intérêts réciproques.[1]».

La méfiance s'est d'ailleurs installée et s'est aggravée par les dernières crises « de vin » et de « main d'œuvre » qui avaient suscité chez les décideurs algériens un manque de confiance en voyant le désengagement de la France en matière d'importations de vin prévues dans les Accords d'Evain. De plus, l'aide financière française promise à l'Algérie aux Accords d'Evian, avait été utilisée par la France pour faire pression afin de dissuader les Algériens en cas de non coopération[2]. En effet, le général a confié à son collaborateur que : « *sans l'aide française, il n'aurait en Algérie ni ordre public ni Etat*[3]», en faisant allusion à cette carte que peut jouer la France à tout moment. Selon le ministre algérien de l'information, l'engament pris par la France de participer à l'industrialisation de l'Algérie et de son développement, notamment dans le secteur des énergies, comme contrepartie de l'approvisionnement de la France par l'énergie à des prix avantageux, n'a pas été respecté[4]. C'est une raison de plus qui incite les décideurs algériens à accélérer le processus de nationalisation des hydrocarbures.

En effet, ces différents achoppements auraient accéléré le processus de nationalisation des sociétés françaises. Les Algériens étaient heurtés à cette pression que la France disposait pour essayer d'infléchir leur choix d'orientation politique à savoir le socialisme, l'altérité avec la France et l'appropriation de l'Algérie. Cette dernière continue à sentir que la coopération entre la France et l'Algérie, malgré les différentes nationalisations et actions qui ont remis en cause les intérêts français en Algérie,

---

[1] HOUARI Boumediene, « 16ème anniversaire du déclenchement de la révolution, le 01 Novembre 1970 », In. *Discours de Boumediene, 2 juillet 1970-1 mai 1972*, Alger, ministère de l'information et de la culture (Direction de la Documentation et des Publication), 1972, p.138.
[2] TALEB-IBRAHIMI Ahmed, *Mémoires d'un Algérien, Op.cit.*,p.338.
[3] PEYREFITTE Alain, *C'était de Gaulle*, La france reprend sa place dans le monde, tom. 2, *Paris,Fallois/Fayard, 1997, Op.cit.*p.440.
[4] TALEB-IBRAHIMI Ahmed, *Op.cit.* p.339.

dépeint une sorte de dépendance et d'ascendance. Ainsi, le président algérien n'accepte pas qu'on donne à la coopération des qualifications comme « l'aide » au développement. Boumediene définit la coopération ainsi : « *la coopération ne signifie pas « aumône »* », car pour lui « *L'expérience quotidienne a démontré que pour chaque dinar avancé, il fallait consentir une contrepartie*[1] ». Il se sent même gêné de cette expression et cherche que l'Algérie soit traitée comme un partenaire égal et non comme un pays assisté par un pays développé, ainsi déclare-t-il : « *la coopération n'est pas l'aide, mais qu'elle doit être basée sur l'intérêt des deux partenaires et ne comporter aucune clause de dépendance. Nous nous sommes engagés, de surcroit, auprès de notre peuple à ne ménager aucun effort et à déployer toutes nos énergies pour préserver et consolider notre indépendance nationale. C'est la raison pour laquelle nous considérons que ce serait porter atteinte à notre dignité que de proposer de nous « assister » quand nous souhaitons, pour notre part, l'instauration d'une coopération fructueuse pour toutes les parties en présence. La presse étrangère peut parler à son aise de « l'aide à l'Algérie », mais il demeure que l'Algérie est majeure et que sa dignité lui interdit de tendre la main.*[2] ».

En somme, la coopération existe mais reste difficile, caractérisée par des crises mais aussi par des arrangements et les conciliations finissant souvent par des accords comme celui sur l'émigration qui donne aux ressortissants algériens « un statut privilégié » sortant du droit commun réservé aux étrangers mais qui s'éloigne catégoriquement de ce qui a été stipulé aux Accords d'Evian.

La souplesse du général de Gaulle a joué un rôle, ce dernier a pu tenir cette coopération à l'abri de désaccords profonds envers un jeune Etat qui veut être traité désormais comme un Etat et non plus comme une ancienne colonie. En revanche, avec le départ du général de Gaulle, qui avait la volonté de sauver la coopération coûte que coûte, la méfiance ne cessait d'augmenter préludant à

---

[1] HOUARI Boumediene, « 16ème anniversaire du déclenchement de la révolution, le 01 Novembre 1970 », In. *Discours de Boumediene, 2 juillet 1970-1 mai 1972, Op.cit.*, p.138.
[2] *Ibid.*

une grande crise de confiance causée par la nationalisation du pétrole.

3.2.2. Nationalisation des hydrocarbures et recherche de coopération égal à égal

L'Algérie accepte la coopération, dépasse les ressentiments, mais elle revendique une coopération exigeante. Les dirigeants algériens avaient l'intention d'affirmer le caractère de l'égalité et de sortir de la dépendance à la France. Une volonté affichée d'indépendance, d'émancipation et une affirmation qui se manifestait dans le projet d'algérianisation de tous les secteurs. Les hydrocarbures ne dérogent pas à cette règle de conduite. En effet, dans la plate-forme de Tripoli, les rédacteurs de ce document après qu'ils aient exposé le bilan négatif de la colonisation sur l'Algérie, auraient fait des allusions aux visés néocoloniaux et exposaient clairement la politique à suivre. Parmi les points abordés, la nationalisation des hydrocarbures : « *La Nationalisation des richesses minérales et énergétiques*[1] », affirment-ils.

De même, la charte d'Alger a repris ce principe : « *La prise en main de nos richesses nationales*[2] » disent-ils. On le retrouve aussi dans les discours. Boumediene a souvent réaffirmé ce principe de conduite qui stipule que les intérêts sont réciproques et que l'égalité doit être proclamée, ainsi affirme-il : « *A certains occidentaux qui alléguaient que les Arabes n'étaient pas rationalistes, qu'ils ne raisonnent pas selon la pensée scientifique moderne, nous dirons : « Nous voulons vous imiter ». Pour ce faire, nous ne ferons que dresser une liste détaillée des intérêts de la France en Algérie et des intérêts algériens en France. Ainsi, il apparaitra clairement et sans contexte que les intérêts sont partagés et mutuels. La France pour sa part, à des intérêts certains qui ont nom par exemple : hydrocarbures ou commerce, car notre pays est considéré comme un marché très important pour les marchandises et produits français. Par ailleurs, nous avons conscience que la colonie de travailleurs algériens*

---

[1]Plate-forme de Tripoli, *Op.cit.*,
[2]Charte d'Alger, *Op.cit.*

représente un aspect des intérêts en France. Nos intérêts résident également, au cours de cette étape que nous traversons, dans la coopération culturelle, technique et autre, tout en ayant conscience que cette coopération culturelle sert en même temps les intérêts français[1] ». Il conclut ainsi : « *les intérêts sont donc mutuels et partagés. Cependant, à cause du pétrole, les rapports avec la France se sont, ces derniers temps tendus. […] Ceci a été proclamé en toute clarté car il n'y a pas de place dans notre pays au néo-colonialisme. Les accords d'Evian, au demeurant conclus dans des conditions difficiles, sont révolus et il s'est trouvé des gens à cette époque pour les combattre. L'Algérie a aujourd'hui des options fondamentales représentées par la Révolution socialiste et il convient que ceux qui désirent coopérer avec elle, les prennent en considération.[2]* ».

Le président algérien a souvent présenté le bilan qu'avait réalisé son pays comme un bilan positif bien qu'il subsiste des problèmes, il était fier de l'avancé du développement en Algérie. Il propose alors une formule visant la complémentarité et l'égalité en fournissant l'énergie en contrepartie de l'achat d'autres produits, « *établissant ainsi des relations bilatérales modernes en usage entre Etats indépendant et souverains* [3] », ceci à l'instar des sociétés anglo-saxonnes qui étaient pour lui exemplaires[4]. D'ailleurs, l'Algérie commençait d'abord, à proposer aux sociétés de transports, une participation de l'Etat algérien à leur capital dont certaines actions relevaient des intérêts français[5]. Cette attitude du gouvernement algérien suscitait la réaction de la France. Le ministre français des affaires étrangères aborde cette action menée par les dirigeants algérien et met en garde son ambassadeur à Alger, contre des sociétés qui avaient accepté la participation de l'Etat algérien et avaient cédé jusqu'à 20% d'action ; et d'autres comme phoneix-Rheinrohr, une importante firme allemande, qui avait accepté un accord de construction d'un

---

[1] HOUARI Boumediene, « 16ème anniversaire du déclenchement de la révolution, Le 01 Novembre 1970 », *Op.cit.*, p. 139.
[2] *Ibid.*
[3] *Ibid.*
[4] *Ibid.*
[5] MALTI Hocine, *L'histoire secrète du pétrole algérien*, Paris, la Découverte, 2010, p.70.

oléoduc entre un point de gisement et l'usine de raffinage dont le capital aurait été de 51% de l'Etat algérien et 49% de la firme allemande[1]. C'est ce qui d'ailleurs attire son attention en instruisant à son ambassadeur à Bon : « *Vous voudrais bien porter d'urgence ce qui précède à la connaissance du gouvernement fédéral en lui marquant que, en ce qui le concerne, le gouvernement français ne saurait considérer comme compatible avec les bons rapports de coopération définis par le traité franco-allemand une action de groupes industriels allemands, qui permettrait à l'Algérie de réaliser ses desseins à l'encontre des intérêts français. Il serait encore plus difficilement admissible que les institutions du gouvernement allemand, notamment le mécanisme de la garantie Hermès, favorisent ce projet en accordant des facilités quelconques aux industriels allemands qui traiteraient avec l'Algérie pour la construction de cet oléoduc*[2] ».

Dans un autre télégramme, il informe son ambassadeur à Rome sur l'éventuelle bouleversement de l'exploitation du pétrole au Sahara, en lui signalant que la constitution d'une éventuelle société algéro-italienne, qui serait chargée de la construction et de l'exploitation d'un pipe-line reliant des gisements qui auraient été découverts au Sahara et port d'Arzew et dont l'Algérie détiendrait 51% du capital, portera atteinte aux intérêts français et sera considérée comme une violation des accords d'Evian que la France ne pourrait admettre[3].

La co-souveraineté avec la France sur le pétrole déplait aux algériens. Le non contrôle des activités pétrolières, que les autres pays arabes avaient acceptées comme une réalité, était inadmissible pour le gouvernement algérien[4]. Le gouvernement

---

[1] « M. Jacquin de Margerie, Ministre des affaires étrangères à l'Ambassadeur de France à Bon, T. n°9277 à 9285, très urgent, réservé, Paris le 13 novembre 1963. In. *Documents diplomatiques français, 1er juillet-31décembre1963, T.2*, Paris, Ministère des affaires étrangères, commission de publication des documents diplomatiques français, 2001, p.499-501.
[2] *Ibid*.
[3] « Le ministre des affaires étrangères à M. Bérard Ambassadeur de France à Rome », Paris 14 novembre 1963, In. *Documents diplomatiques français, 1er juillet-31décembre 1963, T.2*, doc. N°.196, Paris, Ministères des affaires étrangères, commission de publication des documents diplomatiques français, 2001, p.508.
[4] GRIMAUD Nicole, « Le conflit pétrolier franco-algérien », *Revue française de science politique*, 22ème année, n°6, 1972, p.1279.

algérien ne cachait pas, cependant, son intention de reconvertir les intérêts français qui se contredisent avec leur indépendance. D'ailleurs, jusqu'à présent, nous avons vu que la nationalisation avait touché tous les secteurs, les hydrocarbures restent la dernière étape de cette politique dite « d'indépendance ». D'abord l'accord signé en 1965 a permis le développement d'une société algérienne de pétrole la SONATRACH, qui petit à petit se voit s'agrandir avec l'achat des intérêts des sociétés étrangères opérants au Sahara[1], mais aussi avec l'aide des russes qui avaient pris en charge la formation des cadres algériens[2]. Ce qui aurait permis à l'Algérie, d'une part, d'être à égalité avec la France en matière de gestion après l'accord de 1965 et d'autre part, se débarrasser des traces d'infériorité, ce qui ensuite lui avait ouvert la voie pour avoir la possibilité de prendre le monopole des sociétés opérant sur le sol algérien au Sahara, pour enfin les contrôler[3].

Dans un discours relativement long, Boumediene expose les raisons qui l'ont poussé à opter pour la nationalisation du pétrole[4]. D'abord, il fait allusion aux accords d'Evian par lesquels la France, selon lui tentait de vider l'indépendance de l'Algérie de son sens et de la rendre formelle. Ensuite, il aborde l'accord du 27 juillet 1965 en accusant la France de ne pas l'avoir respecté, comme a été le cas avec les précédents accords, notamment celui du vin[5].

La nationalisation n'était pas une surprise, elle a été annoncée dès les premières années d'indépendance. En effet, la méfiance qui s'est progressivement installée à partir de 1967, en raison de la diminution des recettes algériennes, causée par certaines restrictions françaises, à savoir la réduction des importations du vin algérien et la limitation des contingents de la main d'œuvre algérienne, auraient précipité la nationalisation des hydrocarbures, considérées par les dirigeants algériens comme « le levain de son

---

[1] GRIMAUD Nicole, *Op.cit.*, p.71.
[2] MALTI Hocine, *Op.cit.*, p.84.
[3] *Ibid.*, p.100.
[4] BOUMEDIENE Houari, « commémoration du 15ème anniversaire de la création de l'U.G.T.A, 24 février 1971 », In. *Discours de Boumediene, 2 juillet 1970-1 mai 1972*, *Op.cit.*, 1972, p.173-182.
[5] *Ibid.*

développement ». Ainsi, la nationalisation des hydrocarbures, dernière étape de décolonisation, a été accélérée par la méfiance qui s'est installée entre les deux partenaires, suite aux crises périodiques comme celle de l'importation du vin ou la crise de main-d'œuvre et pour lesquels les intérêts des deux pays se confrontaient.

En effet, le président algérien, présentait le partenaire français comme l'oppresseur qui tentait de faire pression sur l'Algérie en liant les problèmes économiques à savoir le pétrole aux autres facteurs humains (travailleurs algériens) et de faire perdurer la co-souveraineté sur la richesse du Sahara[1]. Il a conclu que l'Algérie avait déjà préconisé l'achèvement de son indépendance économique comme une étape nécessaire à son indépendance politique et une concrétisation des principes de sa révolution. Voilà pourquoi, selon lui, la décision de nationaliser les hydrocarbures était bien réfléchie et entrait dans la nature des choses. Ainsi exprime-t-il la position algérienne : « *Nous considérons, quant à nous, que ce processus consolide la souveraineté de notre pays et répond aux options fondamentales de notre peuple. Nous n'avons au demeurant, jamais accepté de négocier nos options fondamentales. Nous ne nous sommes pas fait faute d'annoncer clairement à maintes reprises, et depuis des années à nos ressources, et que ce n'était là qu'une question de temps. Le moment est venu de traduire dans les faits, ces options fondamentales et elles le sont désormais. Nous avons l'espoir, chers frères, que l'autre partie distingue de façon définitive, ce qui a trait à la souveraineté algérienne, afin que la coopération soit utile et fructueuse, et afin qu'elle soit débarrassée de tout cachet colonialiste et néo-colonialiste*[2] ». Il prévoyait même que cette décision allait irriter la partie française. Il craignait des actes anti-immigrés algériens et exhortait le gouvernement français de dissocier le volet humain des autres volets de coopération, afin d'éviter des conséquences qui pourraient changer le cours de leurs relations. Cela signifie que les deux pays sont interdépendants et que chacun dispose les alternatives pour répondre[3]. Ainsi dit-

---

[1] *Ibid.*
[2] *Ibid.* p.181.
[3] *Ibid.*

il :« *Jusqu'à cet instant, nous nous sommes refusés à placer dans une même balance les coopérants français exerçant en Algérie et les travailleurs algériens en France d'une part, et le vin, le pétrole, et autre marchandises d'autre part.[...] Si je tiens à évoquer cette question, c'est parce que je considère qu'il convient de dissocier certains problèmes de nature politique entre Etats et entre gouvernements, de certains autres, d'ordre différent et afin d'éviter des conséquences inutiles[1]* ».

D'ailleurs, les négociations sur les hydrocarbures apparaissent comme un combat d'arrière-garde où se mêle l'intransigeance du partenaire algérien et la rigidité de celui français[2]. La décision de nationaliser l'hydrocarbure intervient, par ailleurs, au cours des négociations, en justifiant cela par les désengagements financiers de la France. Cette décision s'accommode aussi avec la crise : une crise pétrolière qui a incité, les ministres du Pétrole des quatre membres de l'O.P.E.P. dont la production est acheminée par la méditerranée (Algérie, Arabie saoudite, Irak et Libye), à tenir une Conférence, à Tripoli, du 22 au 24 février 1971, pour adopter une attitude commune dans les négociations avec les grandes compagnies pétrolières[3].

L'Algérie, semble-il, interlocuteur du Tiers Monde, voulait être le précurseur et l'exemple à suivre. C'est pour cela que, le 24 février, Boumediene avait annoncé dans un discours que l'Algérie, avait nationalisé les hydrocarbures à (51 %) et gazières (100 %), ce qui a permis l'extension de la souveraineté aux hydrocarbures et de réaliser la dernière étape de son indépendance[4]. « *Les 2% de l'indépendance[5]* », dit Boumediene. Il déclare, lors du 8ème congrès arabe sur le pétrole, à propos des ressources énergétiques, que si elles sont contrôlées par les pays colonisateurs elles

---

[1] *Ibid.*
[2] MALTI Hocine, *Op.cit.*, p.80.
[3] « Chronologie », In. *La politique étrangère de la France*, textes et documents, 1er semestre 1971, la Documentation française, octobre, 1971, p.13.
[4] Transcription du reportage, APS, Algérie Press Service, « Nationalisation des hydrocarbures 24 février 1971 », publié le 24 février 2013, [En ligne] disponible sur : URL : https://www.youtube.com/watch?v=eK0SXJEI5HA
[5] HOUARI Boumediene, « Interview accordé à l'hebdomadaire français « Témoignage chrétien, le 10 juin 1971», In. *Discours du président Boumediene, III, 2 juillet 1970-1 mai 1972, Op.cit.*, p. 236.

« deviennent une cause d'asservissement et d'appauvrissement inéluctable si leur exploitation est dirigée et orientée, depuis l'extérieur vers des fins qui leur restent étrangères. C'est dire par conséquent que cette matière, aussi précieuse qu'elle est éphémère, représente souvent l'unique chance dont nous disposons pour arracher nos peuples aux affres de la misère, de l'ignorance et de l'humiliation. [1] ».

La nationalisation était aussi une réponse aux prétentions française que les Algériens, faute de manque de cadres et de moyens financiers, ne sont pas capables de nationaliser les hydrocarbures[2]. En effet, de gaulle savait que les nationalisations se feraient un jour, néanmoins, il excluait cette possibilité dans le court terme, il citait parmi les raisons le besoin de financement pour un projet d'envergure et la difficulté que pourraient avoir les dirigeants algériens à remplacer les cadres français par ceux algériens[3]. Grâce aux aides des russes mais surtout à la politique d'association avec d'autres partenaires étrangers (anglo-saxonnes et russes), la liquidation des intérêts français était désormais possible.

À vrai dire, l'objectif de cette nationalisation, à part le contrôle de la production qui génère plus de devise, était aussi la consolidation du pouvoir du président algérien par l'affirmation de son image et celle de son pays à l'international. Boumediene était motivé d'une part par l'objectif de bannir toute infériorité vis-à-vis du partenaire français, mais aussi, il voulait que l'image de l'Algérie à l'extérieur soit amplifiée, surtout qu'elle prétend toujours jouer un rôle de premier plan comme défenseur des intérêts du Tiers monde. L'action de nationalisation est décrite par certains comme étant « ... *typique de l'orgueil qu'affichaient tous les dirigeants algériens à cette époque. Ils avaient tendance à*

---

[1] HOUARI Boumediene, « ouverture du 8ème congres arabe du pétrole, le 28 mai 1972 », In. *Discours du président Boumediene, 5 mai 1972-19 juin 1973*, T.IV, Alger, 1975, Ministère de l'information et de la culture, Direction de la lecture publique et de la documentation, p.31.
[2] Transcription du reportage, APS, Algérie Press Service, « Nationalisation des hydrocarbures 24 février 1971 », *Op.cit*.
[3] PEYREFITTE Alain, *C'était de Gaulle*, La France reprend sa place dans le monde, tom. 2, *Paris, Fallois/Fayard, 1997*, p.445.

penser qu'ils pouvaient en remontrer au monde entier, en raison du prestige qu'ils avaient acquis dans la longue guerre de libération conduite face à l'une des plus grandes puissances mondiales[1]».

D'ailleurs, la décision de la nationalisation a été bien accueillie à l'intérieur et saluée par le peuple arabe qui la voit « un seconde Suez »[2]. Le ministre algérien de l'éducation et de l'information, affirmait qu'il avait été informé par le président algérien qu'il « *avait donné des directives aux ministres concernés pour qu'ils veillent à ce que la coopération algéro-française soit dénuée de tout esprit paternaliste ou néo-colonialiste[3]* ». Il ajoute que le président Boumediene insistait plus particulièrement sur le secteur de l'information, en demandant à son ministre de l'information d'accentuer dans les médias, cet esprit d'émancipation vis-à-vis de l'ancien colonisateur[4]. En revanche, le président algérien confiait à son ministre de l'éducation que « *Malheureusement, à Paris, on est encore loin de la décolonisation des mentalités[5]* ».

L'expérience du mépris était et reste un facteur important dans les rapports entre les deux gouvernements. Les conflits d'intérêts sur le pétrole ont été, pendant les négociations, aggravés par les « heurts psychologiques [6]». D'ailleurs, Boumediene était respecté surtout parce qu'il « *a tenu tête à l'ancienne puissance coloniale[7]* ». En effet, la volonté d'exploiter cette action dans une réussite symbolique est à maints égards ostensibles à l'intérieur et à l'extérieur. D'une part, cela lui permettait de renforcer sa légitimité de pouvoir en prenant des décisions qui produisaient un effet symbolique chez le peuple algérien éduqué sur ce nationalisme et sur la culture de la non soumission, inculquée d'ailleurs dans la culture de guerre d'indépendance dès le jeune âge et diffusée largement dans la société à travers les medias et surtout à travers les manuels scolaires mettent en valeur « *la*

---

[1] MALTI Hocine, *Op.cit.*, p.48.
[2] TALEB-IBRAHIMI Ahmed, *Op.cit.* p.339.
[3] *Ibid.* p.40.
[4] *Ibid.*
[5] *Ibid.*
[6] Grimaud Nicole, *La politique extérieure de l'Algérie, 1962-1978, Op.cit.*, p.72.
[7] EVANS Martin et PHILIPS Johan, *ALGERIA, Anger of the dispossessed*, New Haven and London, Yale University Press, 2007,p.99.

détermination du peuple algérien à refuser et à combattre la colonisation française[1] ». Un seul héros, c'est le peuple derrière le FLN. Cette idéologie n'est pas nouvelle, elle se trouvait ancrée dans la personnalité algérienne, « *peuple vaincu mais jamais soumis[2]* ». Même, si certains ont tendance à présenter les relations franco-algériennes comme des relations passionnelles « amour-haine », cela reflète plutôt une expérience du mépris. Le contexte colonial y est pour quelque chose[3], « *Même si beaucoup d'Algériens voyagent en France, y travaillent, parlent français, regardent la télévision française et sont épris de choses françaises, ils sont par ailleurs terriblement irrités de ce que les français leur dictent leurs attitudes[4]* ». Un peuple baigné dans l'anti-soumission, une attitude appelée par Ahmed Rouadjia « *redjla*[5] » qui veut dire la virilité.

3.2.3. Crise de confiance et altération de la coopération

La démarche de la nationalisation évoluait en une véritable bataille symbolique, si on se réfère à l'évolution sur le plan extérieur. Boumediene fait de ces nationalisations un combat pour l'indépendance, devant le 8ème congrès Arabe du Pétrole, le 28 mai 1972, il insistait sur ce caractère de combat[6]. Il affirmait que la bataille du pétrole a été un nouveau 1er novembre, économique et que la victoire remportée (la nationalisation) dépasse les frontières et consacre des nouveaux rapports entre le Nord et le Sud (Tiers-Monde)[7]. Notons que les autres grands vainqueurs dans cette bataille du pétrole étaient les États-Unis dont les compagnies pétrolières trouvaient leur place dans le désert algérien[8].

---

[1]STORA Benjamin, « Guerre d'Algérie et manuels algériens de la langue arabe », *Outre-terre*, n°12, 03/ 2005, p.179.
[2]HADADA Samy, *Algérie, Autopsie d'une crise*, Paris, Harmattan, coll., Histoire et perspectives Méditerranéennes, p.144-160.
[3] CF. partie historique.
[4] B. QUANDT William, *Op.cit.*, p.126.
[5] CARLIER Omar, Op.cit., p.355.
[6] MOUHOUB Saleh, *Op.cit.*, p.108.
[7]BOUMEDIENE Houari, « Message radiodiffusé et télévisé à l'occasion du 18ème anniversaire du déclenchement de la révolution, 01 novembre 1972 », In. *Discours du président Boumediene, 5 mai 1972-19 juin 1973*, *Op.cit.*, p.147.
[8] *Ibid*.p.201.

La décision de nationaliser les hydrocarbures, prise par l'Algérie, aurait mené à une escalade dans le ton et les réactions. Le 23 février 1971 Houari Boumediene annonçait la nouvelle. Le 25 février le conseil du ministre du Gouvernement français étudiait la révision des rapports franco-algériens[1]. Il avait d'abord considéré la démarche faite par l'Algérie comme « unilatérale » et comme contradictoire à l'esprit des Accords d'Evian et à celui de 1965 et même aux négociations engagées sur le contentieux pétrolier qui devaient se poursuivre, il souhaitait ensuite que les indemnités incombées à cette nationalisation soient « justes et équitables »[2]. Le 12 avril, l'Algérie avait aboli le régime des concessions pétrolières[3]. Le jour suivant, Boumediene annonçait le prix de référence ainsi que la somme des indemnités dues aux sociétés françaises[4]. Le 15 avril, la France annonce dans un communiqué la fin des relations « privilégiées » entre la France et l'Algérie et juge vain de poursuivre les négociations avec le gouvernement algérien[5]. Celles-ci ont été confiées désormais aux sociétés françaises[6]. D'ailleurs, la France était le seul actionnaire dans l'une des deux sociétés françaises nationalisées qui opèrent en Algérie, et le plus gros actionnaire dans l'autre. Notant que le président Pompidou voyait que le pétrole était la matière la plus essentielle pour l'industrie et pour la vie quotidienne d'un français[7].

La nationalisation des hydrocarbures ainsi que les différentes mesures prises des deux côtés avaient fait entrer les deux partenaires dans une crise de confiance. En effet, « *La décision du gouvernement algérien de nationaliser 51% des sociétés pétrolières françaises alors que les négociations étaient en cours, a détérioré le climat de confiance sans lequel une telle politique*

---

[1] Chronologie, In. La *Politique étrangère de la France, textes et documents*, 1er semestre 1971, *Op.cit.*, p.14.
[2] *Ibid.*
[3] TALEB-IBRAHIMI Ahmed, *Op.cit.*p.339.
[4] *Ibid.*
[5] « Communiqué du ministère des affaires étrangères », In. *La politique étrangère de la France*, textes et documents, 1er semestre 1970, *Op.cit.* p.151.
[6] TALEB-IBRAHIMI Ahmed, *Op.cit.*p.339.
[7] « Président Pompidou 24 juin 1971, Interview à l'O.R.T.F. », In. La *Politique étrangère de la France, textes et documents*, 1er semestre 1970, *Op.cit.*, p.244.

de coopération ne saurait subsister[1] », affirme un diplomate bien informé. L'escalade continuait par la suite, le gouvernement français a diminué de dix mille le nombre de travailleurs algériens autorisés à se rendre en France, conformément à l'accord du 27 décembre 1968[2] et a diminué l'aide financière à moins de 200 millions en 1968 alors qu'elle s'élevait à un milliard de francs en 1963[3]. Puis, la France a cessé d'importer le pétrole algérien et a mis un embargo sur les importations algériennes en instiguant aux sociétés étrangères de ne pas l'importer et incitait les banques mondiales à ne pas accorder des crédits à l'Algérie, jugée « non-solvable »[4]. De plus, elle avait qualifié le pétrole algérien de « rouge » et mélangé[5]. En outre, à Washington, la France aurait mené une action diplomatique pour obtenir des Etats-Unis l'assurance de ne pas apporter d'aide à l'Algérie afin d'éviter d'engendrer des difficultés à la France[6]. De surcroit, elle engageait une action auprès des pays européens déjà clients de l'Algérie, en leur conseillant le renoncement aux achats du gaz algérien[7]. Enfin, les médias étaient aussi un moyen de pression ; le journal Aurore a été utilisé pour annoncer des nouvelles provocatrices comme la présence d'engins de guerre soviétiques dans les ports et les bases aériennes algériens, à savoir des chasseurs-bombardiers soviétiques de l'époque comme le Mig 23 faisant alors parti de l'arsenal militaire de technologie avancée, et cela afin de donner une image d'une Algérie communiste prosoviétique[8].

De l'autre côté de la méditerranée, l'Algérie exploitait sa diplomatie et ses lobbies à l'extérieur comme par exemple aux Etats-Unis, cherchant le soutien de ceux-ci, mais aussi en

---

[1] « Déclaration de source bien informé sur les relations franco-algériennes », 3 mars 1971, In. *La politique étrangère de la France*, textes et documents, 1er semestre 1971,*Op.cit.* p.119.
[2] TALEB-IBRAHIMI Ahmed, *Op.cit.*p.339.
[3] *Ibid.*, p.340.
[4] *Ibid.*
[5] TALEB-IBRAHIMI Ahmed, *Op.cit.*p.339; ROSOUX Valérie-Barbara, *Op.cit.*,p. 106.
[6] MALTI Hocine, p.85.
[7] *Ibid.*, p.184-185.
[8] *Ibid.*185.

envoyant des émissaires aux Etats arabes, au Maroc, en Tunisie et en Lybie pour avoir leur soutien[1].

Le boycottage pratiqué par la France avait causé des pertes notables à l'Algérie, ce qui a poussé le président algérien Boumediene, à rétorquer à la compagne dirigée par les sociétés françaises, auprès des sociétés en Europe et en Amérique pour les amener à suspendre elles aussi l'achat du pétrole algérien sous-prétexte qu'il soit « rouge », ainsi dit-il : « *Nous sommes bien d'accord : notre pétrole est rouge, mais c'est du sang de nos martyrs qui ont accepté le sacrifice suprême pour la souveraineté algérienne*[2] ». Il rappelait que l'Algérie avait ménagé les sociétés françaises en leur laissant 49% des actions contrairement aux autres sociétés étrangères dont la nationalisation était totale et se demandait si cette réaction française n'était pas motivée par une volonté de nuire à l'économie algérienne et à l'option socialiste de l'Algérie[3]. Il a mis en garde la France en lui rappelant que l'Algérie s'attachait à sa position, « *il faut qu'on sache bien que l'Algérie ne recule pas*[4] », affirme-il, en avertissant ensuite que l'Algérie peut nuire aussi aux intérêts français, puisque la France est le premier fournisseur de l'Algérie, « *si la France ne veut plus de notre pétrole, nous irons le vendre ailleurs, mais c'est aussi ailleurs que nous ferons nos achats*[5] », ajoute-t-il. De même pour l'investissement, le président algérien affirme que la France entendait d'installer une usine complète de Renault en Algérie mais elle a été bloquée, il rappelle l'alternative de Volkswagen et de Fiat[6]. Enfin, il a soulevé la question des torts infligés par le colonialisme au peuple algérien dans le passé : « *nous aurions pu réclamer des dommages de guerre. Nous nous contentons, aujourd'hui, de vouloir utiliser librement nos richesses*[7] », dit-il. Il note que contrairement à certains milieux français qui trouvent là

---

[1] MALTI Hocine, p.181.
[2] HOUARI Boumediene, « commémoration de la fête du travail, 01 mai 1971 », In. *Discours du président Boumediene, III, 2 juillet 1970-1 mai 1972, Op.cit.*, p.232.
[3] HOUARI Boumediene, « Interview accordé à l'hebdomadaire français « Témoignage chrétien, le 10 juin 1971», *Op.cit.*, p. 236.
[4] *Ibid.*
[5] *Ibid.* p.238.
[6] *Ibid.*
[7] HOUARI Boumediene, « Interview accordé à l'hebdomadaire français « Témoignage chrétien, le 10 juin 1971», *Op.cit.*, p. 237.

l'occasion de continuer la guerre, le peuple algérien, malgré les souffrances, a pu surmonter ses ressentiments[1].

Le désaccord entre la France et l'Algérie sur les hydrocarbures a été vécu par les dirigeants algériens comme une bataille, ainsi le président algérien assurait que l'Algérie avait remporté cette bataille du pétrole[2]. En effet, la Société française de pétrole C.F.P.A avait fini par signer un accord réglant les contentieux nés de la nationalisation en s'associant à Sonatrach[3]. De même, Elf-ERAP aurait aussi signé plus tard, le 11 novembre 1971, un accord d'association avec Sonatrach[4]. Des petites sociétés comme Francarep et Omnirex auraient quant à elles fixé avec la société Sonatrach leur retrait d'Algérie[5].

La fin des relations privilégiées avec l'Algérie et les rétorsions économiques montrent combien la nationalisation « ravive des griefs anciens[6] » en France. Les faits le prouvent, les accords de coopération ont connu une baisse à partir de 1971, année de nationalisions des hydrocarbures comme indiqué dans la figure 02. Ces baisses d'accords conclus correspondent bien aux moments de crises que les deux pays avaient traversées.

Cette crise de confiance, n'a en revanche pas empêché la coopération, les deux parties ont recouru comme d'habitude à la conciliation des intérêts. La France acceptait la souveraineté de l'Algérie sur son pétrole au Sahara en léguant les négociations sur les hydrocarbures aux sociétés françaises et en continuant la coopération culturelle avec l'Algérie, en raison de l'intérêt exceptionnel qu'accorde la France au rayonnement de sa culture et de sa langue française dans le monde, « *[…] nous poursuivons la coopération dans le domaine essentiel de l'enseignement et de la culture. Nous sommes prêts à participer au développement économique de l'Algérie, dans la mesure de nos possibilités, de nos intérêts, et en fonction de la valeur des projets entrepris,*

---

[1] *Ibid.*, p.237.
[2] MALTI Hocine, *Op.cit.* p.200.
[3] Chronologie, In. La *Politique étrangère de la France, textes et documents*, 1er semestre 1971, octobre1971, p.31.
[4] *Ibid.*, p.35.
[5] *Ibid.*, p.48.
[6] GRIAMUD Nicole, *Op.cit.*, p.88.

autrement dit, nous ne donnons pas à l'Algérie une priorité dans notre coopération mais nous ne l'excluons nullement du nombre des Etats avec lesquels nous coopérons étroitement, et surtout nous nous abstenons de toute polémique[1] », affirmait le président Pompidou. La même position était tenue par le premier ministre M. Chaban-Delmas, ainsi dit-il : « *le pétrole n'est pas tout ; la coopération avec ce pays continuera à s'exercer, dans la mesure où elle est d'intérêt commun, et dans cette mesure seulement. Nos liens avec l'Algérie sont en effet trop anciens, trop nombreux, trop importants, le rôle qu'y joue notre langue dans le développement de la pensée et la formation des hommes est trop essentiel pour qu'il y soit mis fin. C'est pourquoi nous continuerons notre coopération culturelle et technique avec l'Algérie.[2] ».* Il résume la position de la France ainsi : « *la position qu'a prise la France s'inspire des intérêts à long terme des deux pays : nous nous abstenons de toute polémique, nous nous efforçons de surmonter en nous-mêmes toute irritation ; nous maintenons l'essentiel et nous laissons toutes les portes ouvertes sur l'avenir, avenir qui concerne aussi tout le Maghreb et le monde arabe tout entier[3]* ».

La coopération culturelle et scientifique ne s'est pas interrompue pendant la crise de 1971-1972, au contraire elle était le meilleur atout que la France détenait pour rester proche des élites (francophones) en Algérie comme ailleurs[4]. Le Général confiait à André Malraux que « *s'il devait choisir entre le pétrole et le français, il choisirait le français[5]* ». Le ministre français des affaires algériennes, affichait dès les premières années cette perception dans sa correspondance avec l'ambassadeur français à Alger, ainsi lui confiait-t-il : « *La coopération culturelle et technique offre un incomparable moyen d'influence, et apporte*

---

[1] Président Pompidou, « Interview à l'O.R.T.F. 24 juin 1971 », In. La *Politique étrangère de la France, textes et documents*, 1er semestre 1970, *Op.cit.*, p.244.
[2] « Déclaration de M. Chaban-Delmas, premier Ministre devant l'Assemblée Nationale », *La politique étrangère de la France, textes et documents*, 1er semestre 1970, *Op.cit.* p.153.
[3] *Ibid.*, p.154.
[4] GRIMAUD Nicole, La politique extérieure de l'Algérie, *Op.cit.*p.335.
[5] BALTA Paul, RULLEAU Claudine avec la collaboration de DUTEIL Mireille, *L'Algérie des Algériens, Vingt ans après... »*, *Op.*cit., p.204.

aux minorités des garanties supplémentaires[1] ». Cette coopération « *devra demeurer en tout état de cause à l'abri des vicissitudes quotidiennes de la vie politique[2]* ».

Figure 2. Evolution des accords de coopération de 1962 à 1980[3]

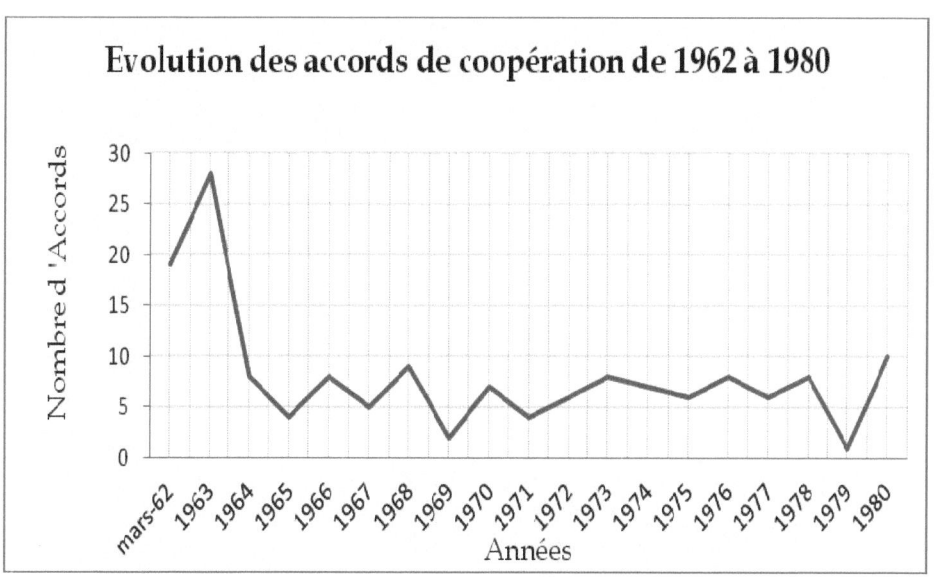

Années	mars-62	1963	1964	1965	1966	1967	1968	1969	1970	1971	1972	1973	1974	1975
Nombre d'Accords	19	28	8	4	8	5	9	2	7	4	6	8	7	6

---

[1] Secrétaire d'Etat aux affaires algérienne,« Instructions pour l'Ambassadeur de France à Alger », doc. n°42, *Op.cit.*, p.125.
[2] *Ibid*.
[3] Les donnés présentés dans ce diagramme, ont été recueillis sur la base documentaire du site du Ministère des affaires étrangères et européenne, «Algérie, Traités bilatéraux », *Bases documentaires du ministère des Affaires étrangères et européennes*, [En ligne] disponible sur Url : http://basedoc.diplomatie.gouv.fr/Traites/pays_TRAITES_bilateral.php?pays=Algerie, consulté juin 2011.

Années	1976	1977	1978	1979	1980
Nombre d'Accords	8	6	8	1	10

Quant à la position de l'Algérie après la nationalisation des hydrocarbures, Boumediene affirmait qu'il ne reste plus aucun problème d'intérêt qui oppose les deux parties, ainsi dit-il : « *il ne reste plus entre nous et l'Etat français aucun problème d'intérêt. Le seul qui pourrait encore exister est peut-être celui de rapports permanents[1]* ». Cela dit, grâce à la politique de nationalisation, de réappropriation et d'algérianisation, l'Algérie avait gagné son indépendance économique et s'approprier désormais ses biens. En effet, avec la nationalisation du dernier legs de l'Algérie française, l'Algérie se voyait de plus en plus un partenaire intéressant et acquière alors une certaine indépendance vis-à-vis de la France. Elle négocie avec cette dernière sur une base « d'égal à égal », le contexte n'était alors pas propice à demander la reconnaissance des torts infligés, car aux yeux des dirigeants algériens, l'Algérie n'était pas encore indépendante, il fallait liquider les legs coloniaux (les intérêts français) pour pouvoir ensuite parler d'égalité des rapports et avoir plus de crédibilité comme acteur sur la scène internationale.

Par ailleurs, Boumediene ne s'opposait pas à cette coopération technique et culturelle, il adoptait une politique qui n'allait pas forcément à l'encontre de la volonté des décideurs français, une politique équilibrée, en arabisant progressivement l'enseignement et l'administration. La langue française est la deuxième langue et le moyen d'échange et de communication avec les étrangers. En revanche, les dirigeants algériens se positionnaient contre l'entrée de l'Algérie dans l'Organisation Internationale de la Francophonie OIF, qu'ils considéraient comme une organisation à visés coloniales. Les dirigeants manifestaient aussi leur opposition à

---

[1] BOUMEDIENE Houari, « Discours d'ouverture à la Conférence nationale sur l'émigration, Alger, 12 janvier 1973, t. IV, p.171. Cité par Nicole Grimaud, *Politique extérieure de l'Algérie*, Op.cit., p.89.

l'insertion de l'Algérie dans la zone Franc. Boumediene, en revenant une année plus tard sur les Accords d'Evian, réaffirme cette position, ainsi dit-il : « *Les autorités françaises qui avaient feint d'accepter notre indépendance, ont ensuite essayé de la vider de tout contenu. Les Accords d'Evian qu'ils ont tenté de nous imposer étaient loin d'être viables car si dans leur forme ils visèrent l'intérêt de tous, leur objectif réel visaient à faire de l'Algérie dépendant du néo-colonialisme français [...] Notre position a été claire à l'égard de ces accords et nous avons œuvré dès les premiers instants à les dénoncer.*[1] ».

La France considérait que ses intérêts en Algérie étaient un acquis contre l'indépendance politique, tandis que l'Algérie considérait les Accords comme un néo-colonialisme et un déni de reconnaissance et œuvrait à bannir toute infériorité, pour arriver à une coopération d'« égal à égal ». C'est dans cette perspective que l'Algérie aurait autorisé la France à continuer ses essais chimiques en Algérie pour une dernière fois en 1972[2]. En somme, la coopération culturelle et technique a été maintenue, car la France avait décidé de ménager ce volet de la coopération et l'avait mis dans une stratégie à long terme pour garder l'Algérie dans sa mouvance culturelle. Elle avait aussi confié les négociations sur le nouveau statut des sociétés françaises à ces dernières, ce qui a permis de dépolitiser la question et réduit les hostilités diplomatiques. L'Algérie, après cette victoire réalisée sur le terrain (nationalisation des hydrocarbures), se penchait de plus en plus vers son rôle à l'extérieure, celui de porte-parole de Tiers-Monde et visait à le renforcer.

3.2.4. *Convergence diplomatique et atténuation de la crise*

Nous avons observé dans notre premier chapitre que la préservation de l'image des deux pays à l'international avait contribué au dépassement des conflits d'intérêts. Ainsi, une conciliation des intérêts était possible sans que cela ne signifie que cette raison soit le facteur principal, mais elle reste un

---

[1] Le *Monde* 6/07/1972, Cité par MOUHOUB Salah, *Op.cit.*, p.84.
[2] « Quand la France testait des armes chimiques en Algérie », *Op.cit.*, p.18.

élément conciliateur pour les deux pays. La France qui était alors une puissance moyenne voulait avoir un rôle en Afrique, elle y a trouvé en l'Algérie, la plus proche en termes de liens tissés, une porte d'entrée et une carte maitresse tenant un rôle primordial (interlocuteur du Tiers-Monde). En effet, bien que le président français qui avait succédé à de Gaulle voulait mettre fin aux relations privilégiées qui lient l'Algérie à France, suite à la nationalisation des hydrocarbures, la France avait envisagé une position qui tient compte des relations durables, sur le long terme, ainsi elle a maintenu sa coopération culturelle, technique et scientifique. Puis, ses attitudes sur les questions internationales qui rejoignaient celles d'Algérie, à savoir, sa position vis-à-vis du conflit israélo-arabe d'octobre ainsi que la convergence des vues sur l'accord Brejnev-Nixon du 22 juin 1973, auraient contribué au rapprochement des deux pays[1]. Ensuite, son écoute de la voix algérienne en matière de sécurité lors de la conférence de Helsinki[2] et son soutien à la thèse algérienne d'établissement d'un Nouvel Ordre Economique International, lors de la convocation de la session extraordinaire de l'Assemblée des Nations Unis, du 9 avril au 2 mai 1974[3], auraient eu un impact positif sur la reprise des relations diplomatiques, ainsi, une visite officielle du ministre des affaires étrangères algérien en France a pu avoir lieu.

Si les liens tissés entre les deux pays obligent les décideurs à en tenir compte comme le rappelle le président algérien, qui après avoir parlé d'une période de crise (nationalisation de pétrole) qui pour lui a été dépassée, affirme que désormais les rapports sont normalisés, il estime aussi que les relations algéro-françaises sont basées surtout sur la « communauté d'intérêts » qui d'ailleurs orientent et prédominent les relations algéro-françaises[4]. En revanche, c'est la convergence diplomatique durant cette période qui aurait contribué au rapprochement des deux pays, elle

---

[1] ROSOUX Valérie-Barbara, *Op.cit.*p.109.
[2] « Communiqué franco-algérien, publié à l'issu du séjour de M. Bouteflika, Le 12 juillet 1973, Ministre des affaires étrangères de l'Algérie », archives du Ministère des affaires étrangère de la France, [En ligne] consulté février 2009. Disponible sur : URL : http://basedoc.diplomatie.gouv.fr/exl-php/cadcgp.php
[3] Grimaud Nicole, *La politique extérieure de l'Algérie, Op.cit.*, p. 90.
[4] HAOUARI Boumediene, « Interview accordé à l'office nationale de télévision et de radio italiennes, le 15-16 avril 1973 », In. *Discours du président Boumediene, 5 mai 1972-19 juin 1973, Op.cit.*,p.234.

représente une convergence identitaire et une reconnaissance à un Etat qui aspire à des relations d'« égal à égal » ou à des relations dépourvues de tout complexe d'infériorité. Car, la même communauté d'intérêts n'a pas permis l'abolition des conflits, qui surgiront plus tard dans la présence toujours de cette communauté d'intérêts. Parce que cette dernière est plutôt la réponse à ce pourquoi la France et l'Algérie coopèrent et non à la question de ce pourquoi elles ne coopèrent pas.

4. Conclusion

Cette première décennie a été caractérisée par le souci de l'Algérie, manifesté dès l'indépendance, de sortir de l'emprise de la France, d'arriver à des rapports d'égalité et d'affirmer son indépendance. L'aide de la France telle qu'elle a été exprimée dans les Accords d'Evian était bel et bien la contrepartie de la sauvegarde des intérêts français. Or, l'attitude algérienne était tout à fait à l'opposé, le respect des intérêts français en Algérie était considéré par les dirigeants algériens comme la condamnation de l'Algérie à un prolongement de la colonisation par d'autres moyens. En effet, l'application à la lettre des accords aurait été contradictoire à son identité d'interlocuteur du Tiers monde acquise grâce à la réputation de sa guerre d'indépendance.

Les deux parties, avaient appris progressivement l'avantage de coopérer en faisant des concessions. Ces concessions, contrairement à une vision réaliste et libérale réductrice, tenaient compte beaucoup plus des éléments intersubjectifs que matériels et objectifs. Le retrait des forces militaires françaises étaient pour des raisons intersubjectifs (l'image de l'Algérie à l'intérieur, comme à l'extérieur, porte-parole de Tiers-Monde) et non dû à une raison de sécurité, car la France ne présentait pas de menace pour la sécurité de l'Algérie, mais elle représentait plutôt une menace sur son image et sur son identité, que ce soit par la présence de ses forces militaires ou par sa volonté d'intégrer le jeune Etat dans la mouvance française en incluant dans les Accords d'Evian des clauses qui vont dans ce sens, à savoir l'intégration de l'Algérie dans la zone franc.

Le dégagement progressif de la France et la convergence diplomatique ont conduit les deux pays à coopérer. De Gaulle avait toléré cette indépendance progressive de l'Algérie via les nationalisations, car il devait maintenir une certaine image de la France à l'international et il avait compris l'intérêt de coopérer avec l'Algérie et de faire des concessions. Quant à l'Algérie, ce qui ne détériorait pas son image était accordé à la France, notamment tout ce qui n'était pas visible et ne faisait pas de bruit à savoir les essais nucléaires et chimiques. La France aussi, bien qu'elle avait changé d'attitude en annonçant la fin des relations privilégiées, après la nationalisation des hydrocarbures, elle a maintenu en revanche sa coopération dans le domaine technique, culturel et scientifique pour son rayonnement en Afrique et au reste du Monde. Ainsi, les deux pays entre les deux positions extrêmes parvenaient parfois à trouver un terrain d'entente. Comment aurait été l'image d'un Etat qui défend une politique anti-impérialiste et anticoloniale si les concessions des deux parties n'avaient pas eu lieu et si l'Algérie continue à avoir un statut de co-souveraineté sur ses ressources naturelles.

Quant au sujet de la reconnaissance des torts infligés, les décideurs algériens de l'époque voulaient instaurer un certain respect et n'avaient pas l'idée de reconnaissance des torts. Ils s'intéressaient beaucoup plus à l'accomplissement de l'indépendance qui n'avait pas été acquise encore, autant qu'ils considèrent que les sacrifices consenti pour leur indépendance doivent les motiver d'avantage à sortir de l'humiliation et du sous-développement. En nationalisant les legs de l'Algérie française et en considérant l'aide français comme dédommagements des torts, les décideurs voulaient imposer une certaine image d'une Algérie qui s'émancipe peu à peu et qui n'accepte pas l'aide de la France. Leur image à l'extérieur les avait contraints à pratiquer une politique progressiste et populiste. De ce fait, les décideurs non seulement ne pouvaient pas se voir discréditer en pratiquant une politique contraire à leur image qui se profilait à l'extérieur en tant qu'interlocuteur du Tiers Monde, mais cela aurait aussi mis en cause leur légitimité de pouvoir. La réussite relative de leur politique d'indépendance avait donné aux politiques algériens un sursaut d'orgueil.

La conciliation des intérêts dans le cas franco-algérien ne se fait pas sur la base de « *one shoot* » mais plutôt sur la base de « *multiple shoot* » où les deux acteurs calculent leur intérêts en fonction d'une identité mais tiennent compte de plusieurs éléments, à savoir les liens tissés et leurs effets sur le long terme, cela est surtout vrai pour la France. Il ne s'agit pas de se contenter d'une vision simpliste tenant compte des éléments objectifs comme le commerce, les liens économiques et la puissance militaire pour la sécurité. Les liens entre les deux pays étaient bel et bien existants, mais cela n'a pas empêché les deux Etats d'agir au détriment de ces éléments. Les différentes crises que les deux pays ont connu relèvent de l'unilatéralisme ; que ce soit l'arrêt d'importation du vin d'Algérie, la réduction de la main d'œuvre algérienne ou les différentes nationalisations faites par l'Algérie, cela montrent combien les deux pays sont capables d'agir en fonction de ce que leur dicte la confrontation de leurs intérêts stratégiques à leur identité ou plutôt de ce qu'ils voient comme approprié. Par ailleurs, la convergence diplomatique, après une période de crise de la nationalisation aurait contribué au rapprochement des deux pays, elle représente une convergence identitaire, une reconnaissance à un Etat qui aspire à des relations d'« égal à égal » ou à des relations dépourvues de tout complexe d'infériorité. Les deux pays se sont de nouveau rencontrés et ont trouvés dans la convergence diplomatique sur des questions de sécurité, un moyen de rapprochement.

Les deux pays étaient obligés de tenir compte de cette situation d'interdépendance sans que cela ne soit au détriment de leurs intérêts, car quelques années plus tard la même situation ne permettra pas l'abolition des conflits. Ainsi le conflit serait le résultat de divergence identitaire et de difficulté à converger leurs intérêts même dans la présence d'une communauté d'intérêts qui les lient. Ceci dit, les conflits sont notamment identitaires, car motivés par un déni de reconnaissance.

CHAPITRE3. TENTATIVE DE RÉCONCILIATION

La coopération ne posait pas problème, étant institutionnalisée par les différents accords juridiques et les pratiques réitérées, pourtant elle avait connu une baisse considérable à la fin des années soixante-dix. De même, la réconciliation entre les deux pays va connaitre de nouveau un échec et cela revient, semble-il, à un déni de reconnaissance, dissipé lors du déplacement du président français en Algérie et qui va resurgir avec le début de la crise du Sahara occidental et qui aurait infléchi la perception du président algérien et l'aurait incité à voir en la France une menace, pourtant la coopération était bien réelle.

1. Première visite d'un président français en Algérie

Durant la première décennie, les deux pays avaient consacré leurs efforts au dépassement des conflits par la conciliation des intérêts. Le temps n'était pas alors pour la réconciliation mais pour la coopération. Une décennie qui s'est terminée par une grande crise de confiance suite à la nationalisation du pétrole, adoucie par la convergence diplomatique sur des questions internationales, mais va être altérée de nouveau, en dépit d'une tentative de réconciliation, par un déni de reconnaissance lors d'une première visite d'un président français en Algérie. Une visite qui avait pour objectif la réconciliation entre les deux pays sauf que les maladresses et les susceptions qui ravivaient encore les griefs de la colonisation auraient entravé cette réconciliation. Nous analysons dans le point suivant, la constatation d'un déni de reconnaissance et ses conséquences sur le processus de coopération et de réconciliation.

1.1. Le dépassement du passé

Le nouveau président Valérie Giscard d'Estaing avait eu un accueil chaleureux par le peuple algérien, il confirmait d'ailleurs dans une conférence de presse, que son voyage *« était essentiellement dominé par les rapports historiques qui ont existé entre l'Algérie et la France et qui était destiné à témoigner par un geste, qui a été ressenti comme tel par la population algérienne et par la population française, que désormais c'était une autre page de nos histoires que nous allions vivre.*[1] *»*. Il précise dans une allocution, en s'adressant au président algérien, que sa présence en Algérie marque une « réconciliation solennelle », ainsi dit-il : « *Chacun ressent que la venue en Algérie, sur votre invitation, du chef de l'Etat français, treize ans après l'indépendance de votre pays, exprime aux yeux du monde, mais ce qui est plus important, vis-à-vis de nous-mêmes, qui nous connaissons bien, la réconciliation solennelle de nos deux pays. Sans doute cette réconciliation était-elle déjà entrée peu à peu dans les faits. Il restait à en prendre acte au niveau des plus hauts responsables politiques, par cette visite, dont vous avez dit vous-même qu'elle n'était à nulle autre pareille*[2] *»*. Le président français insistait sur le présent et le futur pour mettre cette réconciliation en marche. Pour le président français, cela ne signifiait pas pour autant que le passé devait désormais être ignoré, mais qu'il fallait maintenant se tourner vers l'avenir, ce qui importait pour Valery Giscard c'est le présent et le futur[3].

De même que le président algérien, dans un discours relativement long, insiste notamment sur le dépassement des blessures du passé, ainsi déclare-t-il : « *quand la mémoire donne*

---

[1] « Conférence de presse du président Giscard d'Estaing à INGA (Zaïre), extraits, INGA, le 09 août 1975 », *Bases documentaires du ministère des Affaires étrangères et européennes*, [En ligne], consulté 01 février 2009, disponible sur : URL : http://basedoc.diplomatie.gouv.fr/exl-php/cadcgp.php.
[2] GISCARD d'ESTAING Valéry, « Allocution prononcée par le président Giscard d'Estaing au dîner offert à Alger par le président Boumediene, Alger, le 10 avril 1975 », In. La *Politique étrangère de la France, textes et documents, 1er semestre 1975*, Paris, La documentation française, novembre 1975, p. 124.
[3] « Communiqué publié à l'issue des entretiens entre le président de la République française et le président de la République algérienne », Alger, le 12 avril 1975, In., La *Politique étrangère de la France, textes et documents*, 1er semestre 1975, *Op.cit.*, p. 124.

sa chance à l'imagination, la réflexion exorcise les ombres et la rencontre peut alors devenir un rendez-vous de l'histoire[1] ». Il regarde avec intérêt l'avantage que peuvent tirer les deux pays de cette coopération et la nécessité de la décolonisation totale et de l'égalité que doivent revêtir les nouvelles relations[2], ce qui était d'ailleurs le fondement de son argumentation pour justifier les différentes mesures prises concrètement, à savoir les nationalisations[3]. Une coopération espérée par le président algérien, globale et nouvelle, nouvelle en termes de rapports transcendants vers l'égalité et qui recouvre de nouveaux domaines et globale pour passer ainsi de la simple complémentarité économique à une convergence de vues sur des problèmes régionales et internationales, à savoir le conflit Israélo-palestinien, l'appel à un Nouvel Ordre Economique, etc.[4]

Ni le président algérien ni celui français ne parlaient des torts infligés. Au contraire, tous les deux insistaient sur l'importance du présent et du futur. Giscard d'Estaing a accepté l'invitation de se rendre en Algérie[5] et Boumediene a fait un geste inédit en accompagnant le président français à l'Ambassade de France et en lui réservant avec son peuple un accueil chaleureux[6]. Le geste de Boumediene de se rendre à l'ambassade de France a été accueilli et applaudi par les citoyens français et interprété par Valérie Giscard, comme un signe qu' « *une nouvelle page est ouverte à l'amitié entre l'Algérie et la France[7]* ».

Il semble que les deux présidents trouvaient là l'intérêt de coopérer pour atteindre leurs objectifs de politique internationale, notamment en matière d'instauration d'un nouvel ordre économique qui aura des répercussions positives sur leurs

---

[1] HOUARI Boumediene, Discours à l'occasion de diner en l'honneur du président français, Valery Giscard d'Estaing, Alger, Palais du peuple, 10 avril 1975 », In. *Discours du président Boumediene, 5 mai 1972-19 juin 1973, Op.cit.,* p.85-92.
[2] *Ibid.*
[3] *Ibid.*
[4] *Ibid.*
[5] GISCARD d'ESTAING Valéry, « Réunion de presse du président Giscard d'Estaing à Alger, le 12 avril 1975 », In. La *Politique étrangère de la France, textes et documents,* 1er semestre 1975, *Op.cit.,* p.129.
[6] *Ibid.*
[7] *Ibid.*, p.134.

politiques nationales, plus particulièrement sur l'Algérie et pour lequel les visions des deux pays convergent. Cette attitude se reflétait dans leur déclaration commune dans laquelle « *les deux présidents, chacun selon sa propre approche de la refonte du système économique actuel, se sont déclarés décidés à œuvrer en commun de manière réaliste en vue de l'instauration d'un nouvel ordre économique mondial*[1] ». L'approche défendue par les deux présidents est que les deux pays doivent user de leur complémentarité dans divers domaines pour en faire la base de l'édification d'un nouvel ordre économique plus juste et se proposer comme un axe entre le Sud et le Nord de la méditerranée et entre le Monde développé et celui en voie de développement.

À côté de leur vision sur le passé commun et leur convergence de vues au sujet des questions internationales, les deux présidents se sont félicités du bon fonctionnement de leurs accords bilatéraux. Ce qui nous invite à nous poser la question du rôle que nous donnons à l'intensification des échanges et des liens sur l'établissement de la réconciliation et le maintien de la coopération.

1.2. Le rôle de l'intensification des échanges et des liens tissés

Les deux présidents constatent le bon fonctionnement des « accords d'association » au sujet des hydrocarbures et se sont entendus sur l'élargissement et l'intensification de la coopération, notamment dans le domaine de la mécanique, de la sidérurgie et l'audiovisuel[2]. La coopération touchait aussi les grands projets économiques, à savoir la construction d'un gazoduc qui relie l'Algérie au marché de consommation en France[3]. Les deux délégations, française et algériennes, ont constatés aussi « *le haut niveau atteint dans les échanges et ont réaffirmé leur volonté commune de les voir se poursuivre, se développer et se diversifier*

---

[1] « Communiqué publié à l'issue des entretiens entre le président de la République française et le président de la République algérienne », *Op.cit.*, p. 137.
[2] « Communiqué publié à l'issue des entretiens entre le président de la République française et le président de la République algérienne », Paris, le 12 avril 1975, *Op.cit.*, p. 136.
[3] *Ibid.*

compte tenu des possibilités existantes et dans le souci d'une promotion constante harmonieuse et équilibrée des intérêts réciproques[1] ». Pour atteindre cet objectif les deux chefs d'Etats *« ont demandé aux ministres compétents d'examiner pour les principaux projets les conditions techniques et financières permettant d'approfondir leur coopération[2] ».* Ils estiment que *« le transfert de technologie et la formation de l'encadrement technique hautement qualifié constitue un des fondements de leurs relations économiques. A cet effort, les formules appropriées devront être recherchées pour amener les entreprises à livrer des ensembles répondant aux objectifs contractuels[3] ».*

C'est cet esprit qui a prévalu lors de cette visite, comme le montrent leurs différentes déclarations, d'autant plus que l'objectif de cette visite ait été la réconciliation.

En effet, les rapports franco-algériens ont pris une sorte d'institutionnalisation par les Accords[4], ce qui a permis une certaine stabilité et une évolution rapide des échanges commerciaux et humains. C'est pour cela que de nombreux accords avaient été signés lors de cette décennie. D'ailleurs, l'Algérie était devenue un marché des produits français[5]. Certains accords étaient tenus secrets lorsqu'ils touchaient à des sujets sensibles comme le domaine militaire, ou celui portant sur les essais chimiques en Algérie, renouvelé pour une dernière fois en 1975[6].

A côté de cette augmentation du nombre d'accords, il y avait aussi une augmentation des importations algériennes[7]. Ceci avait mené au déficit de la balance commerciale au détriment de l'Algérie[8]. Cette dernière a pourtant continué à coopérer.

---

[1] *Ibid.*
[2] *Ibid.*
[3] *Ibid.*
[4] CF. Evolution des accords de coopération de 1962 à 1980, p.121.
[5] MOUHOUBI Salah, *Op.cit.*, p.199.
[6] « Quand la France testait des armes chimiques en Algérie », *Op.cit.* p.18.
[7] ROSOUX Valerie-Barbara, *Op.cit.*, p.115.
[8] GISCARD d'ESTAING Valéry, « Réunion de presse du président Giscard d'Estaing à Alger, le 12 avril 1975 », In. *La Politique étrangère de la France, textes et documents,* 1er semestre 1975, *Op.cit.*, p.133.

Beaucoup d'accords ont été signés. Leur nombre est passé de 6 en 1975 à 8 en 1976 et 1977, comme le montre le tableau numéro1. En revanche, les accords ont connus une baisse notable en 1979, un accord par an, ce qui coïncide avec la crise qu'ont connus les deux pays depuis 1975. Ceci ne se reflète pas uniquement dans les chiffres mais aussi dans les déclarations qui montrent que bien que la coopération était maintenue et denses, le conflit existait et altérait cette coopération. Ainsi le président français, Valérie Giscard d'Estaing, déclarait : « *En réalité, la coopération entre la France et l'Algérie reste considérable et nous sommes désireux qu'elle aille en se développant sans arrière-pensées. C'est-à-dire en se gardant de donner une interprétation politique aux vicissitudes inévitables qui accompagnent les rapports entre un Etat, d'une part, et les entreprises privées, d'autre part. Peut-on rendre le gouvernement français responsable de la conception que se fait BRAP[1] de ses intérêts en politique pétrolière ? Chacun sait bien que non. Il faut étudier la coopération cas par cas. On s'aperçoit alors que, lorsqu'il s'agit de questions qui dépendent des seuls gouvernements français et algérien, comme la coopération culturelle, d'une extrême importance, tout se passe dans une efficacité discrète et harmonieuse. Nous avons à surmonter les uns et les autres des humeurs et des manœuvres. Cela demande beaucoup d'efforts parce qu'il y a (et pas seulement dans nos deux pays) des groupes de pression qui travaillent à séparer l'Algérie de la France[2]* ».

En effet, la stratégie de négociation globale que préférait l'Algérie n'arrangeait pas le gouvernement français. Cette attitude dominait l'approche algérienne des négociations sur les hydrocarbures et sur d'autres sujets, le ministre des affaires étrangères algérien, Abdelaziz Bouteflika, préférait une négociation qui englobe tous les points de discorde dans différents domaines, les hydrocarbures n'étant qu'un élément parmi

---

[1] A notre connaissance la société française de pétrole en question s'appelle ERAP et non BRAP.
[2] D'ESTAING Valérie Giscard, « Interview du président Giscard d'Estaing au nouvel observateur sur les rapports franco-algériens, Paris, le 2 février 1976 », disponible sur *Bases documentaires du ministère des Affaires étrangères et européennes, Déclarations officielles et Points de presse*, [En ligne] disponible sur URL : http://basedoc.diplomatie.gouv.fr

d'autres[1]. Alors que le gouvernement français préférait la négociation sectorielle, ce qui avait d'ailleurs permis de confier la négociation, pendant la crise de la nationalisation du pétrole, aux sociétés françaises afin de réduire la tension avec le gouvernement algérien et poursuivre la coopération notamment dans le domaine culturel.

A vrai dire, malgré cette augmentation du nombre d'accords par rapport à l'année 1971, année de nationalisation du pétrole (année de crise), la relance des relations s'est heurtée de nouveau au problème du passé. Bien que les deux présidents s'affichaient comme réalistes, en se montrant insensibles au passé jonché de souvenirs douloureux notamment du côté algérien, notre enquête révèle que la question du Sahara occidental, surgissant plus tard, trouve ses racines ou ses raisons profondes dans le voyage du président français en Algérie qui restait prisonnier d'un passé proche.

En effet, si la coopération ne posait pas de problème, étant institutionnalisée par les différents accords juridiques, elle avait connu une baisse considérable à la fin des années soixante-dix. De même, la réconciliation entre les deux pays va connaitre de nouveau un échec et cela revient, semble-il à un déni de reconnaissance, qui a été dissipé lors du déplacement du président français en Algérie et qui va resurgir avec le début de la crise du Sahara occidental et qui aurait infléchi la perception du président algérien et l'aurait incité à voir en la France une menace, pourtant la coopération était bien réelle. Nous développons cette question dans notre point suivant.

---

[1] MALTI Hocine, *Op.cit.*, p.152.

Tableau 1. Accords conclus durant les années soixante-dix[1]

Année	Accords	Année	Accords
1970	7	1976	8
1971	4	1977	6
1972	6	1978	8
1973	8	1979	1
1974	7		
1975	6		

2. Perception de menace et échec de réconciliation

Les théories réalistes de sécurité, « *Security dielema* », au cœur de la pensée réaliste, restent incomplètes si elles ne prennent pas en compte les aspects perceptuels et intersubjectifs dans la constitution de la menace. Car, comme le confirme David singer, pour qu'« *un acteur voit l'autre comme une menace, il faut que ce dernier voit l'autre comme ayant à la fois la capacité et l'intention d'entraver la réalisation de ses stratégies ou ses objectifs*[2] ». Ainsi, les facteurs objectifs (puissance) ne suffisent pas à eux seuls pour se sentir menacé.

Contrairement aux réalistes classiques et structuralistes qui voient que les menaces peuvent provenir d'asymétrie du pouvoir[3], les constructivistes comme Wendt voit que « *les menaces sociales sont construites, elles ne sont pas naturelles*[4] ». Ainsi, les intentions ne se perçoivent pas uniquement en termes de puissance mais aussi en termes de nuisance. L'identification de l'autrui est « significatif ». C'est l'expérience de mépris qui crée ce désir d'obtenir la confirmation de son identité, à l'inverse la reconnaissance des torts infligés peut être une raison qui change la

---

[1] Données recueilles brutes et nous les avons codifiées ensuite, voir aussi « Evolution des accords de coopération de 1962 à 1980 ».
[2] Cité par LONG William and BRECKE Peter, *Op.cit.*, p.18.
[3] L.ROUSSEAU David and GARCIA-RETAMERO Rocio, "Identity, Power, and Threat Perception: A Cross-National Experimental Study" *the Journal of Conflict Resolution*, Vol. 51, No. 5 (Oct., 2007), p. 746.
[4] WENDET Alexander, "Anarchy is what States Make of it: The Social Construction of Power Politics",*Op.cit.*,p.405.

perception de méfiance, de menace ou d'hostilité, en une perception de confiance et d'affinité.

La menace identitaire ainsi que les valeurs défendues étaient au cœur de l'action des décideurs algériens, si bien que le déni de reconnaissance, était une raison majeure dans la définition de menace et la méfiance du partenaire français.

L'expérience du passé commun entre la France et l'Algérie va de nouveau influencer le cours des rapports franco-algériens. Une minoration du passé algérien mais aussi la non admission, par le président français, de la nouvelle réalité que le partenaire algérien pensait comme acquise au cours de cette dernière décennie. Ces deux facteurs vont être une source de suspicion à l'égard de la France et du président français en premier lieu et incitait le président algérien à percevoir une menace en second lieu.

2.1. Minoration du passé algérien

Une décennie après l'indépendance, les groupes porteurs de mémoires diverses commencent à avoir un poids dans la vie politique française. Le Général de Gaulle était la bête noire des rapatriés notamment les pieds noirs et les anciens de l'O.A.S, puisqu'il avait sacrifié les intérêts des français d'Algérie pour sauver ceux énergétiques et stratégiques de la métropole, mais aussi pour éviter la désunion au sein de la société et de son armée. La première visite d'un président français en Algérie ressuscitait, en revanche, ce passé jonché de souvenirs communs.

Le voyage du président français en Algérie était un premier test à la diplomatie française. Le président français n'a pas pu cacher sa nostalgie de l'Algérie française laissant libre cours à ses émotions au premier contact avec le président algérien Houari Boumediene. Dès son arrivée à l'Aéroport d'Algérie, il lance le propos suivant : « *la France historique salue l'Algérie indépendante*[1] ». Cette expression explique, Ahmed Taleb Ibrahimi, ministre au gouvernement de Houari Boumediene, aurait suscité le doute chez le président algérien et l'aurait semble-t-il

---

[1] TALEB-IBRAHIMI Ahmed, *Op.cit.*, p.347.

agacé[1]. Ce voyage avait alors augmenté la méfiance chez le partenaire algérien qui se voulait détenir désormais le statut de « *partenaire souverain et égal*[2] » alors que le président français n'admettait pas encore cette réalité nouvelle d'« *une Algérie algérienne* » et n'avait pas daigné cacher sa nostalgie du temps colonial et sa sympathie envers les rapatriés d'Algérie. Lui qui s'était rangé aux côtés de ces derniers, en prenant positions en leur faveur, en soutenant une loi qui les indemnisait quand il était ministre de l'économie et des finances en 1970 – une loi qui se verra plus tard voté, sous son quinquennat, indemnisant les rapatriés d'Algérie[3] –, il n'avait pas caché ce penchant pendant sa visite en Algérie le 10 avril 1975.

Le président français semble prisonnier de l'Algérie française. D'ailleurs, il affirme dans son ouvrage, *le pouvoir et la vie,* que sa rencontre avec le président Boumediene lui avait été une tâche difficile, ainsi dit-il: « *le cœur serré, comme sous le poids du renoncement à une page d'histoire*[4] », Un voyage empreint d'émotions et de nostalgies, c'est ainsi que le président français décrit son voyage, dans *cet* ouvrage, ainsi confirme-il : « *Je ne m'étais pas résigné, au fond de moi, au départ de la France d'Algérie*[5] ». Les associations de rapatriés « *ont pris des positions favorables à M. Valéry Giscard d'Estaing avant d'avoir obtenu de celui-ci des garanties suffisantes*[6]», la majorité d'entre eux avait alors voté pour lui[7]. Cela montre que, le président français n'a pas soutenu cette catégorie de rapatriés, uniquement par souci de gain politique mais aussi par compassion à leur cause.

L'expérience giscardienne avec les rapatriés n'était pas sans conséquence sur son voyage en Algérie. Ce déni de reconnaissance aurait créé « *un sentiment empreint de déception,*

---

[1] *Ibid.*
[2] ROSOUX Valerie-Barbara, *Op.cit.*, p.113.
[3] ESCLAGNION-MORIN Valérie, *Les rapatriés d'Afrique du Nord de 1956 à nos jours*, Paris, l'Harmattan, coll., Histoire et perspectives méditerranéennes, 2007, p.227.
[4] *Ibid.*, p.35.
[5] GISCARD d'ESTAING Valéry, *Le pouvoir et la vie, L'affrontement*, II, Paris, Cie12, 1991, p.13.
[6] *ESCLAGNION-MORIN Valérie, Op.cit.*, p.243.
[7] *Ibid.*, p.227

d'incompréhension et, sans doute aussi, de vexation.[1] », il a aussi suscité la méfiance entre les deux présidents. L'élucidation des intentions ne laisse pas de doute chez le partenaire algérien. Le président algérien aurait compris du président français que celui-ci n'adhérait pas encore à une nouvelle conception des relations Etat à Etat. Les rapports franco-algériens, selon Paul Balta, suppose, à l'exemple de ceux franco-allemands, la prise de « *mesures concrètes d'un esprit d'estime et de respect mutuels*[2] ».

Ainsi, bien que le voyage de Valérie Giscard d'Estaing soit présenté comme une occasion permettant de normaliser les relations et tourner une page d'histoire jonchée de souvenirs douloureux, cet objectif n'est pas atteint, car « *il faut se borner à enregistrer que le voyage avait été dévié de son but, puisque, malgré l'accueil chaleureux du peuple, et malgré la franchise avouée de leurs échanges, la confiance n'avait pas jailli entre les deux hommes*[3] ». Il était difficile pour un président algérien, qui se lançait dès son arrivée au pouvoir dans ce projet ambitieux de « la réappropriation » de l'Algérie impliquant surtout la revivification de ses origines arabo-musulmanes minorées par la France au temps colonial, de voir encore cette attitude vive chez le président français qui ne tenait pas compte des souffrances endurées par le peuple algérien et encore moins des réalisations de l'Algérie indépendante qu'il caractérisait, dans son ouvrage, de « délabrement »[4]. Le même sentiment qu'entretenait Giscard d'Estaing envers le président algérien en affirmant que « le courant ne passe pas » entre eux du fait que le président algérien a eu sa formation à Alazher et non pas dans une école française[5].

De ce fait, la réconciliation entre les deux pays va connaître de nouveau un échec et cela revient, semble-il, à ce déni de reconnaissance qui refait surface suite à l'enclenchement de la crise du Sahara occidental bien que jusqu'à lors, il semblait s'être

---

[1] ROSOUX Valérie Barbara, *Op.cit.*, p.113-114.
[2] *Ibid.*, p.206.
[3] GRIMAUD Nicole, « L'introuvable équilibre maghrébin », In. COHEN Samy et SMOUTS Marie-Claude, *La politique extérieure de Valéry Giscard d'Estaing*, Paris, PFNSP,1985, p. 327.
[4] GISCARD d'ESTAING Valérie, *Le pouvoir et la vie, L'affrontement*, *Op.cit.*, p.36-37.
[5] TALEB-IBRAHIMI Ahmed, *Mémoires d'un Algérien*, *Op.cit.*, p.347.

dissipé. Le président algérien percevait désormais en la France une menace alors que la coopération et d'intérêts communs ne cessaient de grandir.

2.2. Problème de sécurité et son lien avec le déni de reconnaissance

La question du Sahara occidental ravivait les hostilités du fait du soutien français au Maroc dans sa convoitise du territoire du Sahara occidental. Il faut rappeler ici qu'entre l'Algérie et le Maroc il y avait un conflit de frontières. Le Maroc avait accepté, pendant la période de la guerre d'Algérie, de reporter la discussion sur ce problème avec le Gouvernement Provisoire Algérien en signant avec celui-ci un accord provisoire à Rabat[1]. Lors de cet accord, le Maroc s'engageait à soutenir le GPRA dans ses pourparlers avec la France et se ralliait sur sa position du non partage de son territoire en réponse aux desseins français de séparer le Sahara du reste du territoire algérien[2]. Cependant, dès l'indépendance de l'Algérie, le Maroc ré-ouvrait le dossier et revendiquait la révision des frontières avec l'Algérie, frontières considérées par le Maroc comme arbitraires, en soutenant l'idée que la France coloniale avait découpé son territoire, chose qui avait été contestée par l'Algérie et a mené au déclenchement des hostilités et des affrontements réel en 1963 (guerre des sables)[3]. Ce conflit a été résolu finalement par un traité de « fraternité », de bon « voisinage » et de « coopération » entre le Maroc et l'Algérie puis dans un autre accord, le 27 mai 1970 lors duquel le Maroc qui souhaitait faire mainmise sur la Mauritanie et sur certains territoires algériens, avait renoncé à ses revendications territoriales, en reconnaissant la Mauritanie et en établissant une commission mixte avec l'Algérie pour fixer définitivement les frontières, dans l'espoir que ces deux pays voisins lui laisseront, après le départ des Espagnols en 1975, toute liberté d'action au Sahara espagnol[4]. Or, avec le départ des Espagnols, un vide aurait été créé, dès lors, le territoire du Sahara occidental devient une proie pour les pays Maghrébins rivaux, un territoire qui a des

---

[1] BARBIER Maurice, *Le conflit du Sahara occidental*, Paris, l'Harmattan, 1982, p.82.
[2] *Ibid.*, p.82.83.
[3] *Ibid.*
[4] BARBIER Maurice, *Op.cit.*, p.95.

frontières avec le Maroc, la Mauritanie, l'Algérie mais aussi des frontières naturelles (l'océan atlantique) comme le montre la carte géographique Figure3.

D'ailleurs, le président algérien, dans un discours en novembre 1970, bien qu'il était optimiste concernant l'avenir de cette région, restait cependant sceptique, ainsi dit-il : « *Nous avons foi en l'avenir de cette région, mais nous ne sommes ni pressés ni désireux de faire trainer les choses. Car nous savons qu'il existe une dissemblance de points de vue entre tel Etat et tel autre et nous connaissons les points de rapprochement et ceux sur lesquels nous ne pouvons pas nous accorder aujourd'hui. Sur cette base, nous essayons de suivre une politique précise qui prend en considération ce qui est possible dans l'immédiat, ce qui le sera en 1975 ou bien 1980*[1] ». C'est ce qui est d'ailleurs arrivé dès le retrait des Espagnols.

De ce fait, ce conflit pouvait augmenter la perception de menace qui existait déjà chez le partenaire algérien. Il faut rappeler ici que lors du déclenchement du conflit frontalier opposant le Maroc et l'Algérie, le général de Gaulle, soucieux d'entretenir de bons rapports avec le jeune Etat, a pris une position de neutralité dans ce conflit ou si l'on peut dire, avait ménagé le chou et la chèvre, ainsi confie-il à son collaborateur : « *Il faut que le Maroc sache que nous ne le laisserons pas tomber. Mais ce n'est pas le moment de nous éloigner de l'Algérie*[2] ». Son collaborateur lui demandait si la France pouvait proclamer la neutralité, le Général lui répondait ainsi : « *il ne faut rien proclamer du tout. Et d'abord, c'est faux ! Nous aidons les Marocains en leur fournissant des armes. Nous aidons les Algériens en mettant à leur disposition notre aérodrome de Colomb-Béchar. Nous les aidons à s'entre-tuer. Pourtant, il faut bien faire comme si nous étions neutres. Et puis, il n'ya jamais eu de vraies frontières dans le Sud marocain et le Sud algérien. Il fallait bien qu'ils essaient de se chaparder un peu de sable.*[3] ».

---

[1] HOUARI Boumediene, « 16ème anniversaire du déclenchement de la révolution, le 01 Novembre 1970 », In. *Discours de Boumediene, 2 juillet 1970-1 mai 1972*, *Op.cit.*, p.142.
[2] PEYREFITTE Alain, *C'était de Gaulle*, La France reprend sa place dans le monde, tom. 2, Paris, Fallois/Fayard, 1997, *Op.cit.*, p.442.
[3] *Ibid.*, p.443.

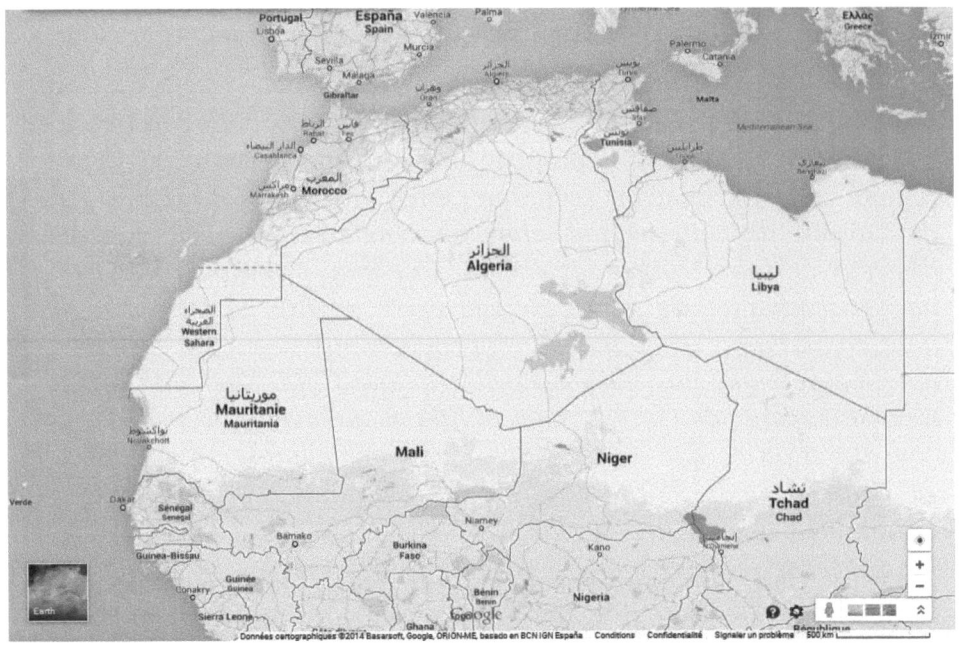

Figure 3.[1] **Carte géographique montrant la position du Sahara occidental et ses frontières**

En revanche, la position de la France Giscardienne bien qu'elle ait affiché une neutralité dans le conflit du Sahara occidental, avait soutenu le Maroc dans sa convoitise de celui-ci[2] par son vote à l'ONU en faveur de la résolution qui préconise le recours à la CIJ (Court International de Justice) mais aussi par la proposition du président français, lors de son voyage au Maroc du 3 au 6 mai

---

[1]Cette carte est procurée du *Google map,* , [En ligne] consulté le 26/11/2011, disponible sur : URL :
https://www.google.fr/maps/place/Sahara+occidental/@25.761705,-7.1727054,5z/data=!4m2!3m1!1s0xc22482523302153:0xb7a6f81873dfd75a?hl=fr

[2] Selon TALEB-IBRAHIMI Ahmed, ancien Ministre et conseiller de Houari Boumediene durant sa présidence voire son ami très proche, la France, contrairement à la politique de neutralité affichée, elle a exercé « toutes genres de pression » sur le gouvernement espagnol pour que ce dernier cède la colonie espagnole au Maroc et à la Mauritanie, TALEB-IBRAHIMI Ahmed, « *Mémoires d'un Algérien*, Tome 2 : La passion de bâtir (1965-1978) », *Op.cit.*, p.349.

1975, la mise à disposition des documents nécessaires pour soutenir sa thèse devant la CIJ[1]. Le président français, pour justifier cette position, affirme : «*...Il est évident que les bons rapports que la France désire entretenir et entretient avec le Maroc et avec l'Espagne ne sauraient être le moins du monde dirigés contre les Algériens. Je n'ai jamais eu l'occasion de parler de l'Algérie avec les souverains d'Espagne et du Maroc [...] L'Algérie ayant maintes fois affirmé qu'elle n'avait pas de revendication territoriale à formuler, il nous a paru conforme au bon sens de laisser s'entendre entre eux le Maroc et la Mauritanie, d'une part, avec l'Espagne, de l'autre. Il est vrai que nous estimons regrettable la multiplication des micro-Etats[2]*», il dit ceci alors qu'il songeait à en établir un, à Djibouti, de 22000 km², moins de surface et moins d'importance économique que le Sahara occidental qui atteint les 266000km²[3].

La position française ne laisse pas de doute quant au fait que ce soutien ait été perçu par l'Algérie comme la confirmation du mépris ressenti lors de la visite de Valery Giscard d'Estaing. Le développement du sentiment de mépris avait lieu avant le déclenchement du conflit du Sahara occidental. Ce dernier ne pouvait donc pas constituer une raison qui aurait bloqué le processus de réconciliation, mais semble avoir augmenté la perception de menace chez le partenaire algérien et lui aurait confirmé ce déni de reconnaissance. En effet, la marche verte vers le Sahara occidental lançait par le roi Hassan, le 06 novembre1975, suivi par la rencontre de Madrid, le 14 novembre 1975, visant le partage de territoire entre l'Espagne, le Maroc et la Mauritanie, auraient prélude à un conflit qui ne trouve encore aucune issue à nos jours et dans lequel la position de la France avait compromis la réconciliation franco-algérienne.

L'Algérie s'est montrée plus concernée que d'autres pays dans la région. Le président algérien Boumediene, confirme la position

---

[1] BERRAMDANE Abdelkhaleq, *Le Sahara occidental enjeu maghrébin*, Paris, Karthala, 1992, p.43.
[2] D'ESTAING Valérie Giscard, « Interview du président Giscard d'Estaing au nouvel observateur sur les rapports franco-algériens, Paris, le 2 février 1976 », disponible sur *Bases documentaires du ministère des Affaires étrangères et européennes, Déclarations officielles et Points de presse*, [En ligne] disponible sur URL : http://basedoc.diplomatie.gouv.fr
[3] BARBIER Maurice, *Op.cit.*, p.9 et 189.

de l'Algérie ainsi : « *L'Algérie n'a de problème ni avec le Maroc ni avec la Mauritanie, ni avec l'Espagne. Elle n'a, par ailleurs, de revendication territoriale d'aucune espèce. Nous avons informé l'Espagne, qui est un pays ami des Arabes, que l'Algérie, fidèle à ses principes est pour le principe de la décolonisation du Sahara occidental, car l'Algérie qui a accepté le principe de l'autodétermination alors qu'elle était à l'apogée de sa Révolution armée, ne peut renoncer aujourd'hui à ce principe.*[1] ». Il défend le non-alignement et accuse les Etats-Unis et la France d'exercer des pressions pour que l'Espagne cède le Sahara au Maroc, « *nous sommes un petit pays, mais nous disposons de suffisamment de graines de sables pour empêcher bien des rouages de fonctionner*[2]», ajoute-il. « *Ce ne sont en aucune façon des menaces. C'est un avertissement. Ou bien nous faisons tous ensemble –Arabes, Méditerranéens, Européens– Une construction commune qui respecte le régime et l'épanouissement de tous. Ou bien nous choisissons de combattre chacun pour soi. Si la situation nous impose de devenir des enfants terribles, nous le regretterons mais nous ne nous défilerons pas. Cela dit, la France devrait être la mieux placée pour comprendre ces réalités*[3] », Précise-il.

Dans une autre interview il explique les peurs de l'expansion marocaine et insère ce problème du Sahara dans « un enjeu plus vaste[4] » qui était à l'époque certainement celui de la guerre froide. Il critique dans une autre interview l'attitude espagnole, en qualifiant l'accord tripartite de « marchandage politique » qui constitue un « précédent très grave » dans les relations internationales, il reproche en effet à l'Espagne d'avoir renié « ses engagements du jour au lendemain » et d'avoir mis en jeu le sort d'un peuple entier[5]. Plus loin il déclare qu'« *il y a un pays qui*

---

[1] HAOUARI Boumediene,« Interview accordée au journal mexicain « Excelsior », le 28/06/1975 », In. *Discours du président Boumediene 2 janvier 1975-23 décembre 1975*, Alger, Ministère de l'information et de culture,1976, T.4., p.141-145.
[2] *Ibid.*
[3] *Ibid.*
[4] HAOUARI Boumediene, « Interview accordée à quotidien français l' « Humanité », paru dans *El-Moujahid* du 22 /11/1975 », In. *Discours du président Boumediene 2 janvier 1975-23 décembre 1975, Op.cit.*, p.174.
[5] HAOUARI Boumediene, « Interview accordée à l'envoyé spécial de l'hebdomadaire espagnol « Cambio16), parue dans la révolution africaine, du 28 /11 au 4/12 1975,

s'appelle l'Algérie et qui fait partie de cette région. La réalité politique veut que ce soit un pays avec lequel on doit compter. L'ignorer serait une myopie politique qui aboutirait à une impasse[1] ».

Boumediene avait confié à son ministre que deux axes auraient été constitués, selon son interprétation, et qu'ils auraient une stratégie d'agression néocolonialiste contre la révolution algérienne, ou si l'on peut dire, l'attitude progressiste de l'Algérie[2]. C'est dans cette perspective que l'Algérie se retournait vers la Lybie avec laquelle elle entreprenait de constituer une alliance en se servant de l'argument révolutionnaire comme point commun. Ainsi, Boumediene considère que la position algérienne et libyenne en matière de dialogue Nord-Sud représente la continuité de la lutte contre le colonialisme après l'avoir vaincu, ce qui se reflète aujourd'hui selon lui dans l'action menée pour l'établissement d'un Nouvel Ordre Economique NOE[3]. Ainsi, Kadafi déclarait le 13 janvier 1976 que « *la Lybie ne restait pas indifférente si le Sahara occidental était divisé entre les pays voisins ou si le peuple sahraoui était privé de son territoire[4]* ».

Boumediene continuait à prévaloir l'idée que les accusations faites contre l'Algérie, à savoir sa supposée volonté d'hégémonique mais aussi d'expansion et son besoin d'une ouverture sur l'atlantique à des fins d'exploitation du minerai de fer à Tindouf, étaient fausses, il s'explique ainsi : « *Nous n'avons aucun besoin d'un accès à l'océan atlantique car nous voulons le traiter nous-mêmes sur place. Et puis, je ne comprends pas : si nous avions besoin d'un accès pourquoi exclurait-on à l'avance une possibilité d'entente avec le Maroc ou avec des Sahraouis*

---

n°614 », In. *Discours du président Boumediene 2 janvier 1975-23 décembre 1975*, *Op.cit.*,p.177.
[1] *Ibid*. p.178.
[2] TALEB-IBRAHIMI Ahmed, *Op.cit.*, p.396.
[3] HAOUARI Boumediene, « Déclaration sur les entretiens algéro-libyens, Salon d'honneur de l'aéroport Dar-El-Beida Alger, le 12 février 1976 », In. *Discours du président Boumediene, 26 janvier 1976-28 décembre 1976*, Alger, Ministère de l'information et de culture, T.VII, 1978, pp.9-10, p.9.
[4] Rapporté par BARBIER Maurice, *Op.cit.*, p.179.

pro-marocain ? ¹». Il précise dans un autre discours que « *les Nations Unis ont reconnu au peuple sahraoui le droit à l'autodétermination et l'Algérie soutient la libération du Sahara occidental de la domination colonialiste, de même qu'elle soutient la décolonisation dans n'importe quelle partie du monde²*». Il ajoute par ailleurs : « *Notre pays ne peut pas ne pas souscrire à ce principe qui a été proclamé par les Nations unies³* ».

L'approche algérienne sur la question du Sahara occidental a été exposée et défendue par l'Algérie dans toutes les instances régionales et internationales sans exception. Dans un mémorandum du gouvernement algérien à M. Kurt Waldheim, secrétaire générale des Nations Unies, se rapportant au Sahara occidental (Alger), il insiste sur les points suivants :

- ✓ Le conformisme de l'attitude algérienne aux principes des Nations Unis, aux principes de l'Union africaine et à ceux des pays non-alignés,
- ✓ Les efforts conjugués avec ses voisin, la Mauritanie et le Maroc, depuis la fin des années soixante pour la décolonisation de ce territoire,
- ✓ Le non changement de l'attitude algérienne,
- ✓ Les gouvernements marocains et Mauritanien ont cédé aux calculs géostratégiques en acceptant le partage avec l'Espagne, un territoire qui ne leur appartient pas⁴.

Le roi du Maroc prétendait que Boumediene n'était pas intéressé par ce territoire qu'il considérait marocain et mauritanien, mais aurait changé d'avis plus tard en considérant que la position de l'Algérie doit être conforme aux valeurs que

---

¹HAOUARI Boumediene, « Interview accordée à l'hebdomadaire français « le Nouvel Observateur », paru dans le Qutidien El-Moujahid du 9-10 -1975 », In. *Discours du président Boumediene 2 janvier 1975-23 décembre 1975, Op.cit.*,p.168.
²HAOUARI Boumediene, « Interview accordée au journal mexicain « Excelsior « , paru dans El-Moujahid du 28/06/1975», In. *Discours du président Boumediene 2 janvier 1975-23 décembre 1975*, Alger, Ministère de l'information et de culture,1976, T.4., p.141-145.
³ *Ibid.*
⁴« Mémorandum du gouvernement algérien à M. Kurt Waldheim, secrétaire générale des Nations Unies, se rapportant au Sahara occidental, Alger, 14 février 1976 », In. *Discours du président Boumediene, 26 janvier 1976-28 décembre 1976, Op.cit.*, p.115-120.

l'Algérie défend parmi les quelles, le droit à l'autodétermination des peuples opprimés[1]. Or, les trois pays, le Maroc, l'Algérie et la Mauritanie, avaient réglé leurs différends frontaliers pour unir leurs efforts afin de récupérer le Sahara occupé par les Espagnols, un effort dont l'Algérie était le principal artisan lors de cette démarche d'union[2]. La rencontre algéro-mauritanienne, organisée le 27 mars 1967, affirmait la convergence des efforts afin de décoloniser ce territoire[3]. En effet, dans un communiqué commun qui avait été publié à Nouakchott le 4 décembre 1969, la Mauritanie et l'Algérie estimaient que c'est dans la définition d'une position commune maghrébine que ce territoire pouvait-être décolonisé[4].

L'Algérie était en faveur d'un Maghreb uni et d'un peuple sahraoui libre. Cela se précise bien dans la déclaration du président algérien en septembre 1970, ainsi confirme-il : « *Nous voudrions affirmer à ce propos, et de la façon la plus nette de ce lieu proche de territoires sahariens encore sous le joug colonial que nous ne considérons pas notre indépendance comme totalement acquise, tant qu'un pouce de ces territoires demeurera soumis à la domination coloniale. Nous estimons que l'unique solution à ce problème réside dans l'octroi aux habitants de cette zone, de leur droit à la liberté et à la dignité, sur la base de l'autodétermination reconnue à tous les peuples, afin que triomphe la justice, que soit sauvegardée l'amitié traditionnelle avec l'Etat espagnol, et que soient raffermies dans cette région la paix et la tranquillité.* ». D'ailleurs un mois plus tard, Boumediene se félicitait des accords conclus entre les pays maghrébins qui avaient résolu politiquement les problèmes dits « des frontières » entre l'Algérie et ses voisins (Maroc-Tunsie), cependant il restait septique quant à l'avenir, notamment en ce qui concerne la réussite de cette politique maghrébine, car à sons sens, il restait encore des divergences[5].

---

[1] « ماذا قال بومدين للحسن الثاني ؟ », (Que ce qu'il a dit Boumediene au HassaneII), [En ligne] consulté 18 décembre 2012, disponible sur : URL : https://www.youtube.com/watch?v=k2f0E9eIutA
[2] BARBIER Maurice, *Op.cit.* p.95.
[3] *Ibid.*
[4] *Ibid.*
[5] Le 01 Novembre 1970, HOUARI Boumediene, « 16ème anniversaire du déclenchement de la révolution », *Op.cit.*, p.142.

La position de la France en faveur de la thèse marocaine aurait altéré la réconciliation franco-algérienne et même la coopération. Depuis le déclenchement de la crise du Sahara en 1975, la tension ne cesse d'augmenter entre les deux pays. Cela se reflète d'abord dans les accusations de l'Algérie envers la France. Ainsi dans un discours, le président algérien, lance une longue diatribe sur la politique française en Afrique et affirme que la France officielle[1] *« n'a pas cédé à ses convoitises coloniales en Afrique et sa zone d'influence[2] »*, la *« stratégie des intérêts[3] »*, dit-il. Il met en relation la colonisation française de l'Algérie et la mise à disposition des armes pour l'armée marocaine[4].

Par ailleurs, le président algérien aborde le sujet de la compagne de presse française anti-algérienne en dénonçant qu'elle aurait été organisée suite à la réunion à l'Elysée qu'il a surnommée « conseil de guerre » et qu'elle aurait été suivie de mesures concrètes, dont l'action militaire en Afrique, par l'envoi d'armes au Maroc[5]. Ainsi, déclare-t-il : *« C'est que la France officielle n'a pas renoncé à ses visées colonialistes sur l'Afrique ni abandonné aussi la notion de zones d'influence. Voilà la vérité. Quand les français proclament « l'Afrique aux africains », ils entendent en réalité : l'Afrique appartient à la francophonie et qu'elle reste soumise à l'influence française. C'est là le fond du problème [...] Il est historiquement établi que la France a exercé toutes sortes de pression sur le gouvernement espagnol de*

---

[1] Pour Boumediene il y avait certains qui étaient contre la politique française dans la région, c'est peut-être il fait allusion aux certaines forces politiques qui étaient contre cette politique française dans la région. Il fait peut-être à certaines personnalités de gauches, comme Michel Rocard, qui affirme le 2 juin 1977 « *le peuple sahraoui doit s'autodéterminé* », on se reporte au TALEB-AHMED IBRAHIMI, *Op.cit.*, p.395. Boumediene, parle aussi des amis en France. Cette affirmation s'accorde avec celle de Giscard qui dénoncera plus tard un dirigeant français qui traite avec Boumediene à Alger et qui lui aurait transmis l'idée que la France serait hostile au régime socialiste algérien.
[2] « Un des plus importants discours de Houari Boumediene », [En ligne] mis en ligne le 24 avril 2012, consulté 15 juin 2012 https://www.youtube.com/watch?v=55Uza2mzCuI,. Voir aussi, le discours le plus important du Boumediene, [En ligne], mis en ligne le 24 avril 2012, consulté 15 juin 2012 https://www.youtube.com/watch?v=HPRTRbcloZo
[3] *Ibid.*
[4] *Ibid.*
[5] HAOUARI Boumediene, « Installation de responsable de exécutif de l'appareil du parti, le 14/11/1977», In. *Discours du président Boumediene, 31 mars 1977-28 novembre 1978,* Alger, Ministère de l'information et de culture, T.VIII, 1979,p.45.

l'époque pour livrer à ses alliés et collaborateurs le Sahara occidental. Le gouvernement de la France qui a colonisé notre pays durant plus d'un siècle, a mis à profit la crise du Sahara occidental pour déverser avec un étrange empressement de grandes quantités de matériels militaires sur le Maroc[1] ». Il met en analogie cette action française et le passé colonial français en Algérie, il accuse la France de visées néocoloniales et le Maroc de collaboration[2]. Le président algérien pensait même que le président Giscard d'Estaing était derrière l'attitude tunisienne en faveur des revendications marocaines et mauritaniennes[3].

Cette action militaire de la France en Afrique, selon le ministre français des affaires étrangères, aurait eu un « retentissement psychologique » en Afrique, à l'exception des Etats progressistes comme l'Algérie et elle aurait été approuvée par les dirigeants de l'Afrique modérée[4]. L'escalade ne cesse d'augmenter entre la France et l'Algérie. Cette dernière a attribué un attentat criminel contre l'immeuble du quotidien national *El-moujahid* ainsi que d'autres attentats contre ses ressortissants et ses représentations en France comme en Europe, à des personnes de nationalité française et a conclu que la multiplication de ces attentats était due à l'impunité de ses exécuteurs qui auraient eu un lien avec les services spéciaux français, elle a donc demandé au gouvernement français de mettre fin à ses agissements qui pouvaient avoir des conséquences graves et de prendre des mesures concrètes sur un nombre de points importants[5]. Les deux diplomaties trouvaient un autre terrain de confrontation à travers les accusations de l'Algérie envers la France de mener une politique néocoloniale dans la région, mais aussi au sein des instances internationales. A titre d'exemple, la protestation française, à l'ONU, au sujet de la lettre

---

[1] *Ibid.*
[2] *Ibid.*
[3] TALEB-IBRAHIMI, *Op.cit.*, p.389.
[4] « La politique du gouvernement en Afrique : réponse du secrétaire d'état aux affaires étrangères. M.
Pierre Christian Taittinger à une question posée à l'assemblée nationale », le 12 juin 1977 », *Bases documentaires du ministère des Affaires étrangères et européennes, Déclarations officielles et Points de presse*, [En ligne] disponible sur URL : http://basedoc.diplomatie.gouv.fr
[5] « Mémoire du gouvernement algérien au gouvernement français, Alger, 21 février 1976 », In. *Discours du président Boumediene, 26 janvier 1976-28 décembre 1976*, *Op.cit.*, p.129-131.

que le ministre des Affaires étrangères de l'Algérie lui avait adressé, ainsi, le ministre français des affaires étrangère écrit au conseil de sécurité : « *la lettre que le ministre des Affaires étrangères d'Algérie vous a adressée le 25 mai et qui a été distribuée comme document officiel de l'Assemblée générale et du Conseil de sécurité sous la cote S/ 12084 contient un certain nombre d'allégations contraires à la vérité concernant la politique française à l'égard du Liban et contre lesquelles mon gouvernement doit élever une énergique protestation[1]* ».

Le président français Valery Giscard d'Estaing, interrogé sur le changement considérable entre un voyage à Alger triomphal et des relations qui ne cessent de se détériorer, ainsi que sur les relations économiques dans lesquelles les Etats-Unis connaissent une progression tandis que la France n'évolue pas, il répond ainsi : « *Vous vous rappelez, en effet, que je suis allé en 1975 en Algérie et je vous dirai que j'ai eu le mérite d'aller en Algérie. Ce n'était pas facile d'être le premier président de la République française à aller dans ce pays. Je l'ai fait pour montrer qu'à mes yeux et aux yeux de la France, il y avait une page qui était définitivement tournée, qui était celle des conditions dans lesquelles l'Algérie et la France s'étaient séparées. J'ai parlé au président Boumediene. Je lui ai dit mon sentiment ; mon sentiment, c'est que lorsque deux pays ont été très étroitement mêlés pendant cent trente ans, lorsque ensuite leur séparation se fait dans le déchirement avec des épreuves de part et d'autre, ce n'est pas facile d'établir tout de suite des relations sur des bases qui soient normales, cordiales ; et, lui ai-je dit, nous devons avoir un guide simple : c'est d'appliquer entre nous les règles de bonnes relations internationales, c'est-à-dire d'une part de respecter notre indépendance réciproque, c'est ensuite de respecter notre intérêt réciproque, c'est enfin de respecter nos dignités réciproques. Et je lui ai dit : si nous le faisons pendant un certain temps, nous aurons des relations normales, et puis, quand nous aurons eu pendant un certain temps des relations normales, compte tenu de*

---

[1] « Lettre sur le Liban adressée par M. Sauvagnargues à m. Waldheim, secrétaire général des nations unies, en réponse à celle de m. Bouteflika, ministre algérien des affaires étrangères, 27 mai 1976 », Disponible sur *Bases documentaires du ministère des Affaires étrangères et européennes, Déclarations officielles et Points de presse*, [En ligne] URL : http://basedoc.diplomatie.gouv.fr

notre passé, de notre culture, nous aurons des relations cordiales[1] ».

Le président algérien avait déjà cette méfiance envers la France giscardienne bien qu'il voulait établir avec elle des relations normales, il affirme qu'il n'existait aucun problème d'intérêt après la nationalisation des hydrocarbures mais le seul obstacle qui pourrait peser encore, c'est la difficulté d'établir des rapports permanents, ainsi dit-il : « *il nous reste plus entre nous et l'Etat français aucun problème d'intérêt. Le seul qui pourrait encore exister est peut-être celui de rapports permanents[2] ».* En revanche, le président algérien était prêt à ouvrir un nouveau chapitre, après une nationalisation des hydrocarbures réussie qui avait donné lieu à un sursaut d'orgueil, comme l'a décrit l'un des ministres algériens et conseiller proche de Boumediene à partir de 1977 : « *L'Algérie en plein essor après la nationalisation des hydrocarbures, est forte, stable et influente. Tout le monde, amis ou adversaire, cherche son amitié ou du moins sa neutralité. Sa médiation est sollicitée dans de nombreux conflits (Iran-Irak, Bengladesh-Pakistan, les deux Yémen, etc.). Elle est un interlocuteur irremplaçable, obligé, pour qui veut traiter les relations entre riches et pauvres, entre l'Europe et le Monde arabe, entre ce dernier et l'Afrique[3] ».* Les dirigeants algériens voyaient leur pays comme interlocuteur de Tiers Monde, du fait de la position dominante qu'il avait acquise par sa diplomatie. Voilà pourquoi une telle action française avait compromis les relations franco-algériennes et avait créé une tension qui se manifestait dans la diatribe du président algérien.

De ce fait, la perception des dirigeants algériens de leurs pays les aurait incités à dépasser le passé et approfondir la coopération avec la France. La conclusion après des négociations difficiles d'un accord de coopération, entouré du grand secret, dans le domaine militaires (essai chimiques au désert algérien)[4] le prouve.

---

[1] « Entretien télévisé du président Giscard d'Estaing (extraits », 14 décembre 1977 », In. *La politique étrangère de la France, textes et documents, 4ème trimestre 1977*, Paris, La documentation française, 1977, p.79.
[2] « Discours d'ouverture à la conférence nationale sur l'émigration, Alger 12 janvier 1973 », *Discours du président Boumediene, Op.cit.*, 171.
[3] TALEB-IBRAHIMI Ahmed, *Op.cit.* p.378.
[4] « Quand la France testait des armes chimiques en Algérie », dossier exclusif, *Nouvel Observateur, Op.cit.*, p.18.

Boumediene percevait la coopération franco-algérienne sur la base d'intérêts réciproques et d'égalité et songeait à établir des relations normales et durables avec la France, alors que le président français semblait rester prisonnier du passé, se montrant hostile à une normalisation. Boumediene voulait croire, en voyant face à lui un partenaire qu'il pensait son égal, que l'Algérie et la France représenteraient désormais l'axe qui relie le monde développé au Tiers monde, alors que le président français tenait encore, non seulement, un discours méprisant, mais ne percevait aucune possibilité de normaliser les relations vue les séquelles laissées par le départ d'Algérie.

Le président Boumediene croyait que la France aurait encore une position neutre comme l'avait fait le précédent président, de Gaulle, face au conflit frontalier algéro-marocain, or le président français a approuvé l'accord de Madrid qui prévoyait le partage du territoire du Sahara occidental entre l'Espagne, le Maroc et la Mauritanie. L'alliance tripartite (Paris-Rabat-Madrid) se fondant sur l'homogénéité des intérêts à la fois idéologiques et stratégiques entre les trois pays[1], aurait incité l'Algérie à penser qu'elle était dirigée contre sa vocation socialiste dans la région. D'ailleurs, la France, selon certains analystes, avait des intérêts dans cette région et craignait que l'influence de l'Algérie s'étende jusqu'à l'Atlantique, ce qui pouvait affaiblir le Maroc et la Mauritanie[2]. Certains avancent l'idée que l'Algérie, par son soutien à la cause Sahraouie, songeait à créer un Etat sous son contrôle et à avoir une voie maritime vers l'océan. Cette thèse a été déjà réfutée, comme nous l'avons vu par le président algérien. D'ailleurs, l'existence de l'accord de 1972 sur l'exploitation de Gara-Djebilet, prévoyant un tel accès, réfute cette thèse[3]. En fait, lors de son entretien en 1976 avec Boumediene, Paul Balta affirmait que ce dernier lui avait livré la clé de son comportement : « *Le président Giscard d'Estaing est favorable aux thèses de Hassan II et à la reconstitution d'un grand Maroc qui isolerait l'Algérie et même la déstabiliserait*[4] ». En effet, si le

---

[1] BERRAMDANE Abdelkhaleq, *Op.cit.*, p.44.
[2] *Ibid.*
[3] BALTA Paul, RULLEAU Claudine avec la collaboration de DUTEIL Mireille, *L'Algérie des Algériens, Vingt ans après... »*, *Op.cit.*, p.229.
[4] *Ibid.*

partage avait été exécuté, l'Algérie aurait perdu sa position dominante et aurait aussi perdu la face devant son principal rival dans la région, le Maroc.

Le président algérien était pour l'Union du Maghreb autant qu'il était pour l'autodétermination du peuple sahraoui. De ce fait, il n'aurait ni accepté un rééquilibrage dans cette région ni de rester les bras croisés devant une nouvelle convoitise territoriale marocaine dans la région.

L'implication de l'Algérie dans les démarches de décolonisation de ce territoire montre tout l'intérêt qu'elle consacrait à y jouer un rôle important. En effet, elle était contre l'action unilatérale du Maroc et de la Mauritanie mais aussi contre le partage de ce territoire. Ses problèmes de territoires non délimités avec le Maroc et la Tunisie auraient pu l'inciter davantage à marchander et même à satisfaire le Maroc en ne s'opposant pas à sa revendication territoriale du Sahara occidental. Mais une telle action pouvait gravement porter atteinte à la réputation de l'Algérie auprès des pays desquels elle se voulait porte-parole, notamment que sa position se conformait à l'un des principes de sa politique étrangère, l'autodétermination. Boumediene dément aussi les propos qui lui étaient attribués par Hassan II au sujet d'une promesse donnée, en affirmant qu'il n'a jamais nourri des intentions mercantiles concernant une cause aussi juste, basée sur des principes sacrés, en rappelant sa position de toujours être pour l'autodétermination du Sahara occidental. Cela répondait aux insinuations du Roi marocain, montrant que Boumediene ne s'opposait pas avant 1975 à l'idée de la récupération du Sahara occidental par le Maroc. Il avertit les pays concernés par les accords de défense commune « Maroc-Mauritanie-Sénégal » et affirme que cette politique sera vouée à l'échec comme c'était le cas, dans le passé, de la politique coloniale. Ainsi dit-il *« Cette politique à l'instar de toute autre politique colonialiste est vouée à l'échec. Elle est vouée à l'échec car les Africains du Nord comme du Sud désirent avoir des amis avec qui ils coopèrent et non des tuteurs qui les regardent de haut et qui tentent de jouer le rôle du maître tout en se targuant de nous apporter aide et assistance alors qu'à chaque fois qu'ils nous donnent un franc, ils en prennent cent¹* ». Dans un autre discours, il explique que l'Algérie soutient l'arabisme, « *pas celui de l'humiliation, mais celui qui s'oppose à la domination étrangère et qui œuvre au triomphe des causes justes²* ».

Les intérêts de l'Algérie ont alors été compromis par la position tenue par la France lors de ce conflit, une attitude qui nuit à l'Algérie en termes de sécurité, ceci s'ajoutait à la difficulté des relations franco-algériennes. L'Algérie aurait lié, semble-il, la position de la France avec le déni de reconnaissance ou le sentiment de mépris chez le partenaire algérien (minoration de son passé), éprouvé suite à la visite du président Valery Giscard d'Estaing visant pourtant à restaurer la confiance perdue après la nationalisation.

En effet, la capacité de nuire dont disposait la France, particulièrement l'aide militaire qu'elle avait fourni au Maroc, était perçue avec suspicion et cela uniquement semble-il à cause du déni de reconnaissance qui aurait eu un impact sur le problème de sécurité nationale algérienne.

Jean François Poncet, diplomate et ministre des affaires étrangères, du 29 novembre 1978 au 13 mai 1981, apporte son témoignage concernant la raison du conflit entre l'Algérie et la France, il estime que pendant la crise de 1975 ces raisons allaient au-delà de la question sahraouie³. Il présumait que l'Algérie était déçue par le président Giscard d'Estaing avant même le déclenchement du conflit sahraoui, sans nier l'impact de celui-ci sur l'avancée des relations franco-algériennes⁴. Lui-même avait été confronté à ce problème lorsqu'il se rendait à Alger pour négocier avec son homologue algérien des affaires étrangères, déclarant : « *nos discussions n'ont progressé qu'à partir du*

---

[1] HOUARI Boumediene, Discours à l'occasion de l'installation d'un nouveau commissaire national de parti, Oran, le 25 janvier 1978 », In. *Discours du président Boumediene, 31 mars 1977-28 novembre 1978, Op.cit., p.61.*
[2] HOUARI Boumediene, « 5ème congrès des moudjahidines, Palais des Nations, le 24 mai 1978 », In. *Discours du président Boumediene, 31 mars 1977-28 novembre 1978, Alger, Op.cit., p.98.*
[3] FRANCOIS-PONCET Jean, « témoignage », In. COHEN Samy et SMOUTS Marie-Claude, *La politique extérieure de Valéry Giscard d'Estaing, Op.cit., p.347-348.*
[4] *Ibid.*

moment où nous nous sommes mis d'accord pour laisser le contentieux saharien de côté.[1]

Selon le ministre des affaires étrangères algérien, Mr. Abdelaziz Bouteflika, bien qu'ils existaient des problèmes d'ordre objectifs entre la France et l'Algérie pendant cette période de crise tels qu'entre autres le déficit de la balance commerciale au détriment de l'Algérie, il pointait du doigt l'attitude de la France concernant la question du Sahara occidentale comme une raison majeure qui aurait créé la tension entre Alger et Paris, en se focalisant sur la différence identitaire entre les deux pays et en soulignant qu'« *il n'y a pas de doute que le passé des uns et le passé des autres constitue un élément de génie de la politique extérieure de chacun des Etats*[2] ». A son sens, cette divergence n'aurait pas forcément constitué un divorce mais elle nécessitait cependant un rapprochement de points de vue[3]. Ainsi le président français appréhendait les relations franco-algériennes en ces termes : « *Nous voulons bien avoir avec l'Algérie des relations bilatérales plus profondes, plus étendues, nous souhaitons même avoir les meilleures relations bilatérales avec elle, mais nous ne pouvons pas admettre qu'au nom de ces relations bilatérales l'Algérie prétende nous dicter une politique, que ce soit au Maghreb ou en Afrique noire. Nous ne lui en dictons aucune, nous respectons son régime, nous respectons ses options, quelles qu'elles soient. Nous voulons avoir l'indépendance de notre politique, et nous la maintiendrons.*[4] »

Pour l'Algérie qui développe une identité politique différente de celle marocaine et française, il lui aurait été difficile d'ignorer le soutien français au Maroc. Tout au fil de notre développement nous avons observé l'évolution de ce conflit qui nous a conduit jusqu'au résultat qu'il était avant tout d'origine identitaire. Le

---

[1] *Ibid.*
[2] Transcription de la « Déclaration du ministre algérien des affaires étrangères, Mr. ABDELAZIZ Bouteflika, après son entretien avec Mr Valéry GISCARD D'ESTAING président de la France, Paris, le 01 aout 1978 », [En ligne], disponible sur : URL : http://www.ina.fr/video/CAA7801245401/bouteflika-a-l-elysee-video.html
[3] *Ibid.*
[4] « Interview de m. de Guiringaud, ministre des affaires étrangères, accordée au club de la presse d'Europe, paris, 7 mai 1978 », Disponible sur *Bases documentaires du ministère des Affaires étrangères et européennes, Déclarations officielles et Points de presse*, [En ligne] disponible sur : URL : http://basedoc.diplomatie.gouv.fr

président algérien avait perçu d'abord l'attitude de la France à l'égard de l'Algérie en fonction du passé mais aussi en fonction du présent : l'écart entre « l'image voulue et l'image renvoyée » est tellement grande que Boumediene ne pouvait supporter cette frustration. Ce n'est certainement pas un problème de sécurité naissant en raison de la puissance française, car une coopération militaire existait déjà entre les deux pays et la France n'avait jamais constitué une menace pour la sécurité de l'Algérie, même lors de la présence de ses soldats en Algérie après l'indépendance[1]. Ainsi, le conflit du Sahara occidental et le déni de reconnaissance avaient reporté la réconciliation franco-algérienne.

Quant à la coopération franco-algérienne, les deux pays continuaient à conclure des accords de coopérations, comme la signature du contrat entre la Sonatrach et le Gaz de France, 2-16 avril 1976, mais aussi la signature de nouveaux accords d'association avec la CEE, 25-27 avril[2]. Le président français explique cette attitude en affirmant que « *la France a une attitude constante dans ses rapports avec l'Algérie : elle évite toute attitude ou initiative qui soit contraire aux bonnes relations internationales et, d'autre part, elle estime que nos relations doivent se développer sur la base des intérêts réciproques. C'est ainsi qu'il y a quelques jours un contrat a été signé concernant la participation de la France au fonctionnement de telle ou telle installation industrielle algérienne pour l'avantage réciproques des deux pays*[3] ». La communauté d'intérêts qui lie les deux pays avait contribué au maintien de la coopération bien que difficile et réduite : pendant l'année de la crise du Sahara occidental de 1975, les accords avaient connus une baisse, comme le montre la figure2 et pendant l'année 1979 où nous avons observé une nouvelle baisse jusqu'à arriver à un accord dans l'année, lequel a d'ailleurs été conclu presque à la fin de l'année 1979[4].

---

[1] CF. chapitre 2. Evolution de processus de coopération.
[2] « Index par pays », *La politique étrangère de la France, textes et documents1[er] semestre1976*, Paris, La documentation française, 1976, p.234.
[3] GISCARD D'ESTAING Valéry, « Interview accordé par le président Giscard d'Estaing au journal « Le Monde », 7 mai 1977 », In. *La politique étrangère de la France, textes et documents, 2trimeste 1977*, Paris, La documentation française, 1977, p.44.
[4] Figure numéro2, « Evolution des accords de coopération de 1962 à 1980 ».

Cette tension prévalait durant les années soixante-dix, ce qui a amené à une quasi rupture diplomatique durant cette décennie. Néanmoins, les contacts entre les dirigeants français et algériens, notamment entre le président Giscard d'Estaing et le président Boumediene, avaient repris leurs cours avec l'approche de la mort du président Boumediene. Nous avons observé un changement progressif de l'attitude française concernant le Sahara qui s'inscrit d'ors et déjà dans l'égalité internationale. C'est-à-dire qu'elle considérait que la solution pour ce conflit était politique et que la question était une affaire africaine et celle de l'O.N.U qui faisait prévaloir la thèse de l'autodétermination, ainsi le président français confirme : « *Le sort du Sahara espagnol, c'est un problème africain. C'est un problème qui est traité par les instances internationales, l'ONU, l'Organisation de l'Unité africaine. La France participe à certaines de ces délibérations. Et d'ailleurs nous avons voté à l'ONU les deux résolutions qui ont été présentées sur ce sujet, et notamment celles touchant aux droits à l'autodétermination du peuple Sahraoui*[1] ». De même, les Etats-Unis avaient adopté aussi une position d'équilibre[2].

Cela encourage semble-il Boumediene à écrire un message à Valery Giscard d'Estaing, lorsqu'il survolait la France en direction de l'ancien URSS où il allait recevoir des soins, dans lequel il lui explique son attitude et son approche pour ouvrir une nouvelle page et établir des rapports durables. Ainsi affirme-il : « *En ce temps de défiance et de tension, la France peut beaucoup dans toute la mesure où elle le décide. Les liens puissants qu'elle a su tissé à travers l'Histoire avec tous les pays maghrébins pourraient lui assigner un rôle de choix et qui, sitôt satisfaits les droits nationaux du peuple sahraoui et réparées les injustices commises à son encontre, peut donner à la coopération de votre grand pays avec le nouvel ensemble maghrébin une impulsion sans précédent. Si telle est votre volonté et si l'intérêt du peuple français le commande, je puis vous assurer que vous trouverez toujours en moi, en l'Algérie et ses dirigeants, des interlocuteurs attentifs, imaginatifs et décidés à écrire avec vous*

---

[1] GISACRD D'ESTAIN Valery, « Entretien télévisé, extrait, Paris, 14 décembre 1977 », In. *La politique étrangère de la France, textes et documents, 4eme trimestre 1977*, Paris, La documentation française, 1977, p.81.
[2] MOUHOUBI Saleh, *Op.cit.*, p.152.

comme avec tous les autres partenaires du bassin occidental de la méditerranée, une page nouvelle d'histoire, celle-là faite de paix, de justice, de progrès et de paix[1] ». Ainsi, le président algérien paraissait prêt à ouvrir une nouvelle page avec la France mais il ne voit cette réconciliation qu'à travers la reconnaissance du droit à l'autodétermination du peuple sahraouie, une perspective qui selon Boumediene pourrait unir le Maghreb et réaliser la paix dans la région, ainsi la France par son avantage pris dans cette région (liens tissés), pourrait s'accorder un rôle de premier plan en traitant avec un Maghreb uni. De même, le président français Valéry Giscard d'Estaing déclarait qu'il avait écrit au président Boumediene en lui indiquant comment des relations normales « pourraient être rétablies » en insistant sur le dialogue concernant le problème de paix qui se pose dans la région, raison de discorde entre la France et l'Algérie mais aussi sur la possibilité d'intensifier les relations économiques[2].

Cependant, le déclenchement de ce second processus de réconciliation n'aurait été possible qu'après le décès de Boumediene et l'arrivée de son successeur au pouvoir, Chadli Benjedid, mais aussi l'arrivée de la gauche au pouvoir après l'Election de François Mitterrand président français.

3. Seconde tentative de réconciliation, François Mitterrand-Chadli Benjedid(1981-1988)

Le renouvellement politique dans les deux pays avait mené à un changement du regard envers le passé. Du côté français, cela coïncide avec l'arrivée du socialiste François Mitterrand au pouvoir.

Le nouvel élu du parti unique algérien, Chadli Benjedid voyait la coopération avec la France possible, le passé ne devait plus être une entrave, en songeant à une coopération débarrassée des relents du passé à l'instar du couple franco-allemand, ainsi

---

[1]HOUARI Boumediene, « Message au président français Valery Giscard d'Estaing, le 15/11/1978 », In. *Discours du président Boumediene, 31 mars 1977-28 novembre 1978, Alger, Op.cit.,* p.123-124.
[2]GISACRD d'Estaing Valery, « Réunion de presse du président Giscard d'Estaing, extraits de politique étrangère 21 novembre 1978 », [En ligne], consulté le 20 juillet 2011 disponible sur : URL : http://basedoc.diplomatie.gouv.fr

déclare-t-il : « *le peuple algérien ne nourrit ni haine ni rancune à l'égard du peuple français : il a légué le passé à l'histoire, nous croyons à une coopération honnête et sincère entre les deux pays, parce que si on se souvient du passé, tous les peuples ont fait des guerres, la France et l'Allemagne en avaient fait aussi, aujourd'hui, ils ont des bonnes relations. Qui empêche la France et l'Algérie d'en avoir aussi ? Qu'on laisse le passé à l'histoire. Notre souhait est de franchir des étapes et d'ouvrir une nouvelle page avec la France pour l'intérêt des deux peuples.[1]* ».

Le président Boumediene avait reçu le secrétaire général du parti socialiste en 1976 au moment d'ailleurs où les rapports entre l'Algérie et la France étaient altérées par la question du Sahara occidental[2]. D'autant plus que la gauche française défendait le doit de l'autodétermination du peuple sahraoui[3]. Au moment des élections présidentielles de 1981, les algériens estimaient que François Mitterrand serait « un interlocuteur crédible », du fait qu'il défend une relation privilégiée avec l'Algérie[4].

Cette attitude à Alger a eu sa réponse en France par une visite officielle du président français en Algérie ; notant qu'il s'agit de la deuxième visite d'un président français en Algérie après celle de Valérie Giscard d'Estaing, tandis que côté algérien, il y a eu la première visite d'un président algérien en France. Nous situerons ces deux visites et nous analyserons leur impact sur le déclenchement du processus de réconciliation ainsi que les facteurs qui auront rendu ce rapprochement possible.

3.1. Visite de François Mitterrand en Algérie

Le président français François Mitterrand a effectué une visite en Algérie en montrant sa volonté de tourner cette page tourmentée qu'avait laissé son prédécesseur. Contrairement à Valérie Giscard d'Estaing qui n'avait pas pu cacher sa nostalgie à l'Algérie française, François Mitterrand, en arrivant à Alger, a

---

[1] BENJDID Chadli, « interview, le 01/11/1979 [Le Nouveau Vendredi] où le président CHADLI est longuement interviewé par J.M. CAVADA, N. BALIT et JC PARIS. (V3 diffuse le 9/11/79), SOIR 3 - 01/11/1979 - 01min30s, [En ligne] disponible sur : Url : http://www.ina.fr/video/DVC7908245701/interview-chadli.fr.html
[2] CHÉRIGUI Hayète, *Op.cit.*, p.68.
[3] TALEB-IBRAHIMI Ahmed, *Op.cit.*, p.395.
[4] CHÉRIGUI Hayète, *Op.cit.*, p.68.

affirmé que le passé était passé et l'heure était au présent et à l'avenir, ainsi il affirme dans son allocution devant le parlement algérien : « *Le passé est le passé. Regardons maintenant, et résolument, l'avenir. [...] Le moment que nous vivons prendra sa dimension si nos deux pays savent maîtriser les contentieux de l'histoire, poser les fondations d'une nouvelle confiance mutuelle, envisager cet avenir sans arrière-pensée*[1]. ».

De plus, sa volonté d'entretenir de meilleures relations avec l'Algérie l'avait incité à rendre hommage, dès son arrivée à Alger, à la mémoire des héros qui symbolisent la nation algérienne[2]. Par ailleurs, il a salué les dirigeants et loué leur œuvres, ainsi déclare-t-il : « *L'Algérie a su bâtir un état constitutionnel qui a fait la preuve de sa solidité. Forte de sa jeunesse, elle est mobilisée pour la construction d'une société nouvelle et nous admirons, je dois vous le dire, la détermination avec laquelle vous avez entrepris de relever les défis du sous-développement et des inégalités, votre action pour ouvrir à la jeunesse algérienne les portes de l'école et de l'université, vos efforts, parmi d'autres, pour tracer la route transsaharienne ou planter, face au désert, un véritable ''mur vert''*[3] ».

La volonté de la France d'inscrire sa politique extérieure dans une nouvelle dynamique qui tourne vers l'Afrique et vers le monde arabe, aurait incité le président français à être plus attentif que son précédent. Ainsi, il valorisait les acquis de l'Algérie algérienne en faisant des éloges à ses dirigeants et leurs réalisations. Cela avait permis l'établissement d'un dialogue permanent et débarrassé de toute vexation ou sentiment de mépris. De même pour les problèmes qui naissaient, comme celui du prix du gaz, celui de l'émigration et celui des archives, la vision du président Mitterrand était de les aborder avec ouverture, ainsi dit-il : « *Je crois que si la France veut être écoutée, il faut qu'elle aligne ses actes sur ses paroles. Il faut qu'elle ait une politique véritablement ouverte et positive à l'égard des pays du tiers monde. Elle ne peut le faire au détriment de ses intérêts. Mais*

---

[1] MITTERAND François, « Discours devant l'Assemblée populaire nationale algérienne, Alger, mardi 1er décembre 1981 », In. *La politique extérieure de la France, textes et documents novembre-décembre 1981*, Paris, La documentation française, 1981, p.32.
[2] *Ibid.*
[3] MITTERAND François, « Discours devant l'Assemblée populaire nationale algérienne, Alger, mardi 1er décembre 1981 »,*Op.cit.*,p.32.

elle peut faire plus et mieux. Nous ne posons pas de conditions. L'impérialisme est derrière nous y compris sous sa forme néocoloniale. [1]».

Cette nouvelle politique ne s'est pas arrêtée au discours, mais des mesures concrètes ont été adoptées. Un nombre important de problèmes ont eu une issue favorable : Pour la question du prix du gaz, les deux parties ont conclus un accord, le 3 février 1982, dans lequel la France acceptait de payer un surplus de gaz algérien[2]. Il s'agissait d'un contrat commercial entre GDF et Sonatrach, cela signifie que le surplus n'allait pas être payé directement par l'Enterprise mais par l'Etat français sous-entendu comme une aide au développement sans le mentionner en tant que telle[3], car l'Algérie n'acceptait pas l'aide au développement, selon le ministre français des affaires étrangères[4]. Cet accord représentait un avantage pour la France aussi car l'aide était considérée comme « *une prime à l'achat des produits français* [5]». En effet, la finalité de ce contrat avait été atteinte, les exportations françaises vers l'Algérie étaient doublées, confirme le secrétaire d'Etat auprès du ministère français des affaires extérieures chargé des affaires européennes[6].

Quant à la question des Archive, la France a transféré les documents qui ne portaient pas atteinte à la sécurité privée des personnes mais aussi à la sécurité de l'Etat[7]. Ce transfert avait

---

[1] MITTERAND François, Président de la République française, « Interview accordée au journal *El Moudjahid*, Paris, samedi 28 novembre 1981 », [En ligne], consulté le 01 juin 2010, disponible sur Url : http://discours.vie-publique.fr/notices/817160500.html
[2] CHARPENTIER Jean, « pratique française du droit international », In., Annuaire français du droit international, vol.28, n°27, Paris, CNRS, 1982, p.1021-1022, disponible aussi en ligne, « CHARPENTIER Jean. Pratique française du droit international - 1982. In: *Annuaire français de droit international*, volume 28, 1982. pp. 1017-1116. », [En ligne], Consulté le 07 juin 2011, disponible sur Url : /web/revues/home/prescript/article/afdi_0066-3085_1982_num_28_1_2529,
[3] *Ibid.*
[4] « Débat budgétaire au sénat, Déclaration de M. Claude Cheysson, ministre des relations extérieures », In. *La politique extérieure de la France, textes et documents*, *novembre-décembre 1983*, *Op.cit.*, p.107.
[5] CHARPENTIER Jean, *Op.cit.*
[6] LALUMIERE Catherine, secrétaire d'Etat auprès du ministère français des affaires extérieures, chargé des affaires européennes, « France-Algérie, Réponse de Mme Catherine Lumière, à l'Assemblée nationale », In. *La politique extérieure de la France, textes et documents*, mai - juin 1985, Paris, Ministère des relations extérieures, Direction des Services d'Informations et de Presse p.29.
[7] « Mise au point du Quai d'Orsay ,22 décembre 1981 », In. *La politique extérieure de la France, textes et documents*, *novembre-décembre 1981*, *Op.cit.*, p.80.

déclenché un vif débat en France : des parlementaires, des historiens et diverses associations se montraient attentifs à cette affaire, ils en avaient fait une question de souveraineté, notamment les rapatriés d'Algérie, considérant que les dernières traces de leur passé en Algérie étaient alors en jeu[1].

Malgré ces différentes réactions au niveau de la société civile française, François Mitterrand affirme que « *l'Algérie a un passé. Elle a le droit à son passé. Ce n'est pas à la France de le confisqué*[2] ». Il a envisagé une transmission des archives dont elle avait besoin[3], en répondant aux différentes réactions par ceci : « *Nous avons adopté une attitude, je crois, honnête à l'égard de l'Algérie. Tous ceux qui cherchent à réveiller je ne sais quel instinct patriotique mal placé se trompent d'adresse. Notre patriotisme à nous est intact et nous entendons préserver tout ce qui appartient à la France.*[4] ». Il rassure les uns et se montre compréhensif à l'égard des autres. Voilà pourquoi cette politique qui consistait en la reconnaissance de l'autre comme partenaire égal, souverain, par des gestes symboliques, avait contribué à l'instauration d'un climat de confiance et de rapprochement souhaité des deux parties.

La déclaration commune qui a clôturé le sommet d'Alger indique un rapprochement entre les deux pays sans précédent[5]. Les deux président se trouvaient sur la même longueur d'onde et se rejoignaient dans leurs visions sur de nombreuses questions, y compris celle du Sahara occidental pour laquelle le président français soutenait l'idée de l'autodétermination du peuple sahraoui[6]. Il aurait était difficile d'imaginer la partie algérienne, qui entretient avec la France des relations dans tous les domaines, ignorer cette volonté mitterrandienne et d'ouverture remarquée dans l'autre rive de la Méditerranée. Une ouverture qui prend en

---

[1] ROSOUX Valérie-Barbara, Op.cit., p.121-122.
[2] MITTERAND François, « Interview accordée au journal *El Moudjahid*, Paris, samedi 28 novembre 1981 », disponible en ligne, Site vie-publique.fr, site réalisé par la direction de l'information légale et administrative, [En ligne], consulté le 01 juin 2010, disponible sur Url : http://discours.vie-publique.fr/notices/817160500.html
[3] *Ibid.*
[4] *Ibid.*
[5] « Déclaration franco-algérienne Alger, 1er décembre 1981 », In. *Politique extérieure de la France, Textes et documents, Novembre-Décembre, Op.cit.*, p.36-37.
[6] MITTERAND François, « Discours devant l'Assemblée populaire nationale algérienne, Alger, mardi 1er décembre 1981 », *In. Politique extérieure de la France, Textes et documents, Novembre-Décembre 1981, Op.cit.*, p.34.

compte le besoin de reconnaissance, contrairement à ce qu'il en a été durant la décennie de Valery Giscard d'Estaing. François Mitterrand voulait décoloniser les relations franco-algériennes et avait su montrer de la considération aux dirigeants algériens.

Certains, affèrent ce pragmatisme au renouvellement de l'équipe boumediéniste[1]. Une équipe nouvelle qui s'est vue renforcée progressivement et permettra la stabilité de la coopération en travaillant sur une réconciliation avec la France, notamment les D.A.F[2] qui se voyaient graduellement s'emparer du pouvoir[3]. Nous n'ignorons pas ceci, les hommes ont leur rôle, le déplacement courant à Alger de François Mitterrand le prouve et cela grâce à la relation personnelle qu'il avait noué avec le président Chadli à l'égard duquel il éprouvait un sentiment de confiance, ce sentiment que François Mitterrand jugeait influant dans les rapports internationaux, ainsi dit-il : « *Lorsque je rencontre le président Chadli, je dois le dire à l'issue de nos conversations, j'éprouve un sentiment de confiance. Il faut le dire cela. Naturellement, c'est subjectif. Mais cela compte dans la vie, cela compte dans nos relations personnelles, dans nos relations familiales. Pourquoi voulez-vous que cela ne compte pas dans les relations internationales ?*[4] ».

En revanche, cette relation personnelle n'a pas conduit nécessairement au dépassement des contentieux liés au passé commun. Si le président François Mitterrand avait agi comme son prédécesseur, ces avancées en matière de contrats économiques n'auraient pas été réalisées. D'ailleurs, la secrétaire française des affaires extérieures, avait mis en garde contre les pièges dangereux des passions irraisonnées afin que la coopération avec l'Algérie ne

---

[1] AGGOUN Lounis et RIVOIRE Jean-Baptiste, *Françalgérie, crimes et mensonges d'Etats, Histoire secrète de la guerre d'indépendance à la « troisième guerre » d'Algérie*, Paris, la Découverte, poche, 2004-2005, p.72-95 ; MALTI Hocine, *Op.cit.*, p.268.
[2] D.F.A : Déserteurs de l'Armée Française. Ce sont des Algériens incorporés dans l'Armée française et qui avait rejoint l'A.L.N, l'Armée de la libération Algérienne pendant les dernières années de l'indépendance.
[3] *Ibid.*
[4] MITTERAND François, « conférence de presse, Alger, Palais du peuple, 1er décembre 1981 », In. *Politique extérieure de la France, Textes et documents, Novembre-Décembre 1981, Op.cit.*, p.41.

s'enlise pas[1]. Les propos qu'avait tenus le président français à Alger, mais aussi la politique qu'il avait envisagée et qu'il pratiquait, représentent une politique de reconnaissance, du moins du point de vue des principes, envers le peuple algérien, les immigrés qui sont installés en France mais aussi envers les autorités de ce pays et leurs réalisations. Il était en faveur d'un traitement égalitaire et du respect entre les deux pays. En outre, sur le plan identitaire, la politique pro-arabe et pro-africaine de François Mitterrand[2] converge avec la politique étrangère de l'Algérie, et la déclaration commune affirme cette concordance dans leurs visions du monde[3].

Certes, il n'y avait pas une reconnaissance des torts, mais ce n'était cependant pas ce que demandaient les dirigeants algériens à l'époque. Ils revendiquaient seulement le droit à un traitement égalitaire et à la reconnaissance de leur rôle. Une image d'une Algérie indépendante qui maitrise son destin. Une image minimisée lors des précédentes présidences bien qu'elles montraient une volonté de coopération que l'entrelacement progressif entre les économies et les deux sociétés des deux pays exigeait. Les dirigeants algériens voulaient plutôt bannir le mépris et s'affirmer sur la scène internationale par un traitement égalitaire, qui leur assure des rapports « d'égal à égal » avec la France.

Cette recherche de reconnaissance trouvait sa réponse dans la politique mitterrandienne qui n'avait pas cherché à minorer le passé de ce jeune Etat comme l'avait fait son prédécesseur Giscard d'Estaing lors de son déplacement à Alger, au contraire, elle a permis de considérer l'Algérie comme un Etat indépendant et de reconnaitre les valeurs de son peule ainsi que les réalisations des autorités algériennes, si bien que ce rapprochement ne pouvait que gagner la confiance de ces autorités permettant de confirmer leur identité et d'augmenter le crédit de leur image à l'internationale. D'ailleurs, le président français exprime lui-même ce climat qui caractérise les relations entre les deux pays, ainsi déclare-t-il : « *Nos deux peuples ont*

---

[1] LALUMIERE Catherine, secrétaire d'Etat auprès du ministère français des affaires extérieures, chargé des affaires européennes, « France-Algérie, Réponse de Mme Catherine Lumière, à l'Assemblée nationale », *Op.cit.*
[2] MORISSE-SCHILBACH Mélanie, *Op.cit.*, p. 45.
[3] « Déclaration franco-algérienne, Alger, 1er décembre 1981 », In. *Politique extérieure de la France, Textes et documents*, *Op.cit.* p.36.

envie de se reconnaitre ou de se rejoindre [...] le climat a été bon, la plupart des conversations ont abouti. Celles qui reste à clore le seront, je l'espère, dans la journée et en tout cas les instructions seront données pour que les services responsables mettent en ordre les résultats de ce voyage dans les semaines qui viennent. Ce n'est pas un propos de circonstances comme on le ferait par simple politesse à la fin de visite chez des amis qui reçoivent bien. Cela va plus loin. Je crois vraiment pouvoir dire que la France et l'Algérie commencent une nouvelle période dans leurs relations souveraines.[1] ».

En effet, le climat qui régnait a encouragé Chadli Benjedid à rendre la première visite d'un président algérien en France, un autre signe de ce rapprochement.

3.2. Première visite d'un président algérien en France

La première visite du président algérien en France a eu lieu le 17 décembre 1982, marquant dès lors un temps nouveau pour les deux pays. Le président français, François Mitterrand, s'était personnellement présenté à l'Aéroport afin d'accompagner le président algérien, Chadli Benjedid, à l'lysée, un geste inhabituel.[2] Le président algérien déclarait que « *les relations franco-algérienne sont bonnes* » et que « *les vues des deux pays se convergent sur un grand nombre de questions de politique internationale[3]* ». Ainsi le président algérien a pu se rendre de nouveau en France en moins d'une année plus tard, pour une visite d'Etat du 7 au 10 novembre, qui avait connu un grand succès[4]. Les deux présidents insistaient dans leur discours sur le dépassement du passé, sur le respect et l'égalité, plus encore ils reconnaissaient qu'il n'y avait pas de contentieux majeure qui les séparaient, bien au contraire, ils avaient tout intérêt à coopérer. Le président algérien affirme cela : « *Assurément, cette visite constitue un nouveau jalon dans les rapports algéro-français. Aujourd'hui, nos*

---

[1] MITTERAND François, « conférence de presse, Alger, Palais du peuple, 1er décembre 1981 », *Op.cit.*, p.37.
[2] « Chadli-Mitterrand », Enregistrement vidéo, couverture de la visite du président Chadli à Paris le 17 décembre 1982 », [En ligne], disponible sur : URL : http://boutique.ina.fr/politique/politique-internationale/video/CAB8202157001/chadli-mitterrand.fr.html
[3] *Ibid.*
[4] *Ibid.*

relations ne souffrent plus de contentieux majeurs susceptibles de les altérer. Elles sont denses, prometteuses, et désormais assainies et libres de toutes entraves. C'est que vingt ans d'efforts où se conjuguaient les hésitations et les certitudes autant que les vicissitudes du passé et les impératifs de l'avenir, ont permis à nos deux pays, dans le respect de l'identité et des libres choix de chacun, de rétablir entre eux ce dialogue de civilisation interrompue par l'éclipse coloniale[1]. Dans divers interview, Chadli ne cesse de parler ainsi du temps perdu, regrettant que les deux pays aient été pris dans un contentieux qui avait bloqué ces relations. En effet, bien qu'il subsistait encore quelques problèmes, la confiance mutuelle ainsi que la disparition des grands contentieux (Pétrole-Sahara occidentale) qui avaient malmené les relations algéro-française pendant les années soixante-dix, la coopération franco-algérienne avait finalement repris son cours[2].

Selon le président français, ce voyage était aussi un « moment historique » marquant l'arrivée d'un temps nouveau[3]. Dans une allocution, François Mitterrand avait tenu les même propos que ceux tenus deux ans auparavant à Alger, ainsi di-il : « *ce passé, votre passé, notre passé. Ses bons et ses mauvais moments, ses passions et ses tourments. Mais il n'y a pas de raison de rejeter ce passé que nous avons vécu. Et à ceux qu'il a réunis, à ceux qu'il a déchirés, je redis comme naguère à Alger,* « *construisons donc le présent et regardons résolument vers l'avenir* ». *Vous avez déclaré il y a quelques jours vous-même, monsieur le Président,* « *nous avons tourné la page pour en écrire une nouvelle*[4] ».

Toujours selon lui, les nouvelles relations allaient être construites sur une base de « *confiance et dans l'estime*

---

[1]BENJEDID Chadli, « Interview au journal le Monde, paru dans El-Moujahid du 7 novembre 1983 », In. *Discours du président Chadli, Janvier-décembre 1983*, T.4, Alger, ministère de l'information et de la culture (Direction de la Documentation et des Publication), p.151.
[2] *Ibid.* p.137.
[3] *Ibid.*
[4]MITTERAND François, « Allocution prononcée par le président de République à l'occasion du dîner offert en l'honneur de M. le président de la République algérienne démocratique et populaire et de madame Chadli Benjedid. », In. *Politique extérieure de la France, Textes et documents, novembre-décembre 1983*, Paris, 1983, Ministre des relations extérieures, Direction des services d'information et de presse, p.27.

mutuelle[1] » et les motivations qui incitaient les deux pays à coopérer, étaient nombreuses, il cite notamment les liens tissés, la proximité géographique et la complémentarité entre les deux économies, ainsi que la convergence de vues sur des questions internationales[2]. La déclaration franco-algérienne du 1er décembre 1981mais aussi la déclaration des deux ministres des affaires étrangères du 3 janvier 1982 et l'accord général de coopération de juin 1982 représentent à ses yeux les assises concrètes de cette coopération. Ainsi nombreux d'accords ont été conclus entre les deux pays. Ces accords touchent divers domaines dont la construction, le transport et l'agriculture[3].

Pour l'avenir, François Mitterrand prévoyait l'élargissement de cette coopération à d'autres domaines, à savoir celui de l'énergie, de l'industrie automobile, des télécommunications, de l'informatique, avec tout ce que cela nécessite comme engagement de formation, de recherche et de transfert de technologies[4], sans omettre le domaine traditionnel de coopération scientifique et culturelle auquel la France donne une grande d'importance. En somme, si nous observons les objets des accords conclus depuis 1962[5], les domaines cités par le président François Mitterrand, hormis celui de l'informatique et du secteur automobile, nous remarquons qu'ils représentent bien les domaines traditionnels de coopération entre les deux pays.

La coopération franco-algérienne, se fonde sur une certaine complémentarité entre les deux pays. L'une qui avait réalisé une percée économique et technologique dans un espace économique européen en plein d'expansion et qui nécessite les matières premières et la main d'œuvre et l'autre qui est en voie de développement et qui cherche à développer son industrie naissante mais aussi tous les autres secteurs, par la formation de ses cadres et le transfert de technologies.

---

[1] *Ibid.*
[2] *Ibid.*
[3] *Ibid.*
[4] *Ibid.* p.27-28.
[5] CF. « Evolution des accords de coopération de 1962 à 1980, p.121.

La coopération franco-algérienne aurait conduit l'Algérie à être de plus en plus dépendante de la France. D'ailleurs, la France préfère maintenir ce genre de rapports entre elle et ses anciennes colonies. Cela revient au rayonnement de la France et son image de marque auprès de ces pays, une image qui se reflète surtout dans l'expansion économique, commerciale et dans la coopération culturelle et technique.

De même pour la partie algérienne, l'aide technique et financière, l'aide à la formation, mais aussi l'intérêt apporté par l'émigration, ne pouvait qu'inciter les nouveaux dirigeants d'un Etat jeune à maintenir la coopération tant que cela ne portait pas atteinte à son effort diplomatique à l'extérieur, car les politiques algériens, étaient avant tout motivés par le rôle que pouvait avoir leur pays sur la scène internationale. En cela, la coopération avec la France ne pouvait être qu'utile si les positions des deux pays convergeaient, ou du moins ne s'opposaient pas. C'est ainsi d'ailleurs que le ministre algérien explique, dans ses mémoires, que les deux pays sont condamnés à coopérer au regard de la communauté d'intérêts qui les lie, que ces intérêts soient économiques, humains ou géopolitiques[1]. Chadli Benjdid n'ignore pas cela, il reconnait cet aspect, la « *Coopération qui se veut mutuellement bénéfique et dans l'intérêt bien compris de nos peuple. Sur des bases stables et à long terme*[2] », Affirme-il. Les motivations pour coopérer ont toujours existé et n'ont pas changé, mais ce qui a changé ce sont notamment les convergences de vues, autrement dit, les convergences identitaires. La nouvelle politique de reconnaissance de François Mitterrand avait permis le rétablissement de la confiance : « *Comme vous le savez, les relations franco-algériennes ont déjà atteint un niveau et une qualité particulièrement appréciable. Les très grandes possibilités de leur développement et les conceptions convergentes des deux gouvernements quant à ce que doit être le dialogue Nord-Sud constituent des fondements aussi solides que réels à notre*

---

[1] TALEB-IBRAHIMI Ahmed, *Op.cit.*, p. 337-338.
[2] BENJEDID Chadli, « Interview au Figaro, le 06 novembre 1983 », In. *Discours du président Boumediene, Janvier-décembre 1983*, T.4, Alger, ministère de l'information et de la culture (Direction de la Documentation et des Publication), p.127.

ambition commune de conférer à la coopération algéro-française le caractère de l'exemplarité[1] », déclare Chadli Benjdid.

En effet, le degré de la coopération avait nettement changé par rapport aux années soixante-dix en qualité et en quantité. Pour la qualité, des nouveaux domaines tels que l'informatique s'ajoute aux domaines traditionnels. Cela se reflète aussi dans des questions sensibles comme le domaine militaire, les deux pays ont décidé de laisser le choix aux citoyens binationaux d'accomplir leur service militaire dans l'Etat de leur choix[2]. L'abolition du système de visa entre les deux pays est une autre preuve de la qualité et de l'envergure de cette coopération[3]. Sur le plan quantitatif, si on en croit le ministre des affaires étrangères, la coopération franco-algérienne se place dans un climat exceptionnel, avec des retombées de 34 milliards alors que l'habituel était de 4 milliards, ainsi confirme-il : « *Depuis l'accord du 3 février 1982 et le protocole de coopération du 21 juin 1982, notre coopération avec l'Algérie a été exemplaire*[4] ». Il ajoute que : « *des contrats ont été signés depuis 1982 pour 34 milliards de francs, dont 19 milliards pendant le début des neufs premiers mois de l'année 1983. Quand on se rappelle que la moyenne antérieure était de 4 milliards par an, on juge des progrès qui ont été réalisés*[5] ».

Certes, c'est le climat nouveau qui avait porté cette coopération à une échelle supérieure à celle d'avant. Nous ne pouvons pas imaginer une telle envergure dans les périodes de crises, comme en 1971 avec la crise des nationalisations des hydrocarbures et en 1977 avec la crise du Sahara occidental où la coopération franco-

---

[1] *Ibid.*
[2] « Accord franco-algérien relatif aux obligations du service national », In. *La politique étrangère de la France, textes et documents, mars-avril 1984*, Paris, Ministère des Relations Extérieures, Direction des Services d'Information et de Presse, 1984, p.114.
[3] « Déclaration de M. Claude CHEYSSON, ministre des relations extérieures, à la presse », In. *La politique étrangère de la France, textes et documents, juillet-aout 1984*, Paris, Ministère des Relations Extérieures, Direction des Services d'Information et de Presse, 1984, p.57-58.
[4] M. CHEYSSON Claude, « Débat de politique étrangère au Sénat : Déclaration de M. Claude Cheysson, ministre des relations extérieures , Paris, 7 novembre 1983 », In. . *Politique extérieure de la France, Textes et documents, Novembre-Décembre 1983*, Paris, Ministère des Relations Extérieures, novembre-décembre 1983, p.11.
[5] *Ibid.*

algérienne bien qu'elle existait, avait nettement baissée comme apparait à la figure2[1]. De plus, l'Algérie refusait de confier certains projets à la France[2]. Dans les deux crises, il y avait une crise de confiance. Si dans la première, la cause était d'ordre matériel (la nationalisation) motivée par une lutte pour l'indépendance et l'égalité, transformée en une lutte symbolique, la seconde était d'ordre sécuritaire aggravée par une perception de déni de reconnaissance.

En revanche, cette exemplarité et cette réconciliation réalisée ne dure pas longtemps, elles ont été de nouveau altérées par la susception de la France dans son soutien au Maroc dans la question du Sahara occidental et à l'entrée de l'Algérie dans une crise politique menant à une guerre fratricide.

3.3. Echec d'une réconciliation

L'évolution de la position française concernant la question du Sahara occidentale, fin des années soixante-dix, avait permis aux deux pays de renouer le contact. François Mitterrand était bien conscient de l'influence de cette question sur la perception des dirigeants algériens, il se prononçait alors, lors de la visite en France du président algérien, en faveur de l'autodétermination du peuple sahraouie, ainsi affirme-il : « *il ne m'appartient pas de juger à la place des pays africains et particulièrement d'Afrique du Nord, sur ce qu'il convient de faire, sinon que la méthode démocratique conforme aux bonnes règles d'une société internationale équilibrée, d'un referendum le cas échéant sous contrôle international, avec une possibilité de dialogue entre les intéressés nous paraît être le chemin indispensable, pour parvenir à la paix nécessaire*[3] ».

De la même façon, Chadli aurait proposé au Roi Hassan II un volet économique, à savoir la construction d'un gazoduc reliant l'Algérie à l'Espagne passant par le Maroc, il lui avait aussi proposé l'exploitation du fer de Gara Djebilet au Sud algérien en

---

[1]Evolution des accords de coopération de 1962 à 1980.
[2] MOUHOUBI Saleh, *Op.cit.*, p.279.
[3]MITTERAND François, « Allocution prononcée par le président de République à l'occasion du dîner offert en l'honneur de M. le président de la République algérienne démocratique et populaire et de madame Chadli Benjedid », *Op.cit.*, p.27-28.

l'acheminant par un port qui serait construit au Maroc[1]. Par ailleurs, il lui avait demandé d'user d'un peu d'imagination afin de régler les problèmes liés au Sahara occidental dans le cadre de l'OUA et l'ONU[2]. Ceci avait permis le retour à l'idée du Maghreb arabe.

Cependant, la position de la France ne reflète pas les actions françaises sur le terrain, car lors du voyage et du séjour du président français au moment du referendum sur l'Union des Etats entre le Maroc et la Lybie, au cours du mois de septembre 1984, la France avait été suspectée de cautionner cet accord, estimé, anti-algérien[3] en réponse à l'alliance Alger-Tunis-Nouakchott[4]. Dès lors, la réconciliation semblait être entravée au fil du temps. La France n'a pas pu garder cette neutralité affichée envers une affaire qui intéressait les Marocains et les Algériens et qui minait les relations entre les deux voisins.

Le lancement de l'Union du Maghreb Arabe plus tard, fin des années quatre-vingt, n'a pas suffi à dissiper ce conflit franco-maghrébine, au contraire, ce conflit avait continué à entravé la réconciliation franco-algériennes. En revanche, l'entrée de l'Algérie dans une guerre civile aurait marqué le début de la fin du processus de réconciliation et la détente vécues durant les années quatre-vingt. Ceci nous amène à parler plutôt d'une conciliation des intérêts, qui aurait maintenu la coopération sans réduire les conflits qui resurgiront à nouveau.

4. Conciliation ou réconciliation

L'existence des liens entre l'Algérie et la France et leur intensification pousse les politiques des deux pays à promouvoir, en

---

[1] BENJEDID Chadli, « Interview au Figaro, 06 novembre 1983 », In. *Discours du président Boumediene, Janvier-décembre 1983*, Op.cit., p.138.
[2] *Ibid.* p.138.
[3] SOUHAILI Mohammed, *Le roi et la rose, HASSANII-Mitterrand : des rapports équivoques*, Paris, l'Harmattan, p.52. ; MOUHOUBI SALEH, *Op.cit.*, p.160-165. ; « Mitterrand-Hassan II : Les secrets d'un week-end « privé », *Le nouvel Observateur*, Du 7au 14 septembre 1984, n°1035, p.37.
[4] SEHMI Mustapha, « L'Union d'Etats Maroco-lybienne », In. *Annuaire français de droit international*, vol.30, n°30, p.111-177.

permanence, la conciliation des intérêts. D'ailleurs, nous avons vu que pendant les deux visites des deux présidents, les raisons et les motivations de la coopération étaient toujours les mêmes. Par contre, la qualité de cette coopération et sa quantité revient beaucoup plus au climat de confiance qui régnait. La même chose s'applique pour la réconciliation. Nous analyserons donc la juste mesure de la conciliation des intérêts, approche libérale et la confronterons à l'identification positive, approche constructiviste.

4.1. Conciliation des intérêts et les affinités psychologiques

Les facteurs multidimensionnels et les facteurs géopolitiques de même que les affinités psychologiques ont été souvent soulignées comme facteurs plaidant en faveur de la coopération franco-algérienne voire même de la dépendance de l'Algérie à la France ou son aliénation. La formation des élites qui ont tenu le pays après l'indépendance dans les écoles françaises, comme le cas du premier président de l'Algérie indépendante (Ben Bella), est révélatrice.

De plus, des élites militaires continuent à être formées en France après l'indépendance et cela plaide pour la non rupture avec l'ancien empire. En outre, l'utilisation de la langue française reste répondue et le nombre de journaux francophone en atteste[1]. D'ailleurs, l'appellation très répandu de ce courant en Algérie est *hizb frança* (le parti de la France). Ce parti, selon certains, serait à l'origine même de la tragédie algérienne (guerre civile 1991-1999) et du sous-développement de l'Algérie[2]. On soupçonne toujours qu'il existe en Algérie une cinquième colonne qui serait derrière la persistance de cet attachement à la France, à titre d'exemple les DAF[3]. Cependant, leur influence ne parait pas importante, notamment sous la présidence de

---

[1] BERTRAND Benoît, *Op.cit.*, p.115.
[2] BRAHIMI Abdelahamid, *Aux origines de la tragédie algérienne, Témoignage dur Hizb frança (1958-2000)*, Geneve & London, Hoggar & The center For Maghreb Studies, 2000.
[3] La DAF c'est l'Abréviation des Déserteurs de l'Armée Française, ce sont des militaires qui auraient fui l'Armée française pour rejoindre l'Armée de Libération Nationale algérienne qui menait une guerre contre la France. Cette désertion se fait sur différentes périodes à partir de 1958, on se reporte à

رابح لونيسي،المرجع السابق، ص.130-141

Boumediene. Celui-ci leur confiait des missions précises comme par exemple la négociation conduisant au renouvellement de l'accord portant sur la poursuite des essais chimiques de la France en Algérie[1]. Le commandant Chabou s'est vue confié cette négociation qui a donc été facilitée par ses liens affectifs avec l'ancienne métropole[2]. Boumediene avait confié à son proche ministre conseiller qu'il ne laissera pas les DAF gravir les échelons de manière à devenir une influence considérable[3]. Certains affirment que Boumediene les avait utilisés comme catalyseur, contre ses détracteurs, pour maintenir son pouvoir[4]. La preuve en est que, depuis 1965 jusqu'à la mort de Boumediene les relations franco-algériennes ont connu beaucoup de crises et de contentieux. Ces derniers ne cessaient d'altérer la coopération et ont mis en échec le processus de réconciliation. De même l'Algérie était un pays en voie de développement, elle se classait juste derrière l'Espagne en 1980[5], ce qui ne laisse pas de doute à ce que l'influence de ce parti n'était jusqu'à là pas importante.

De même, pour les acteurs de la société civile dans les deux pays, du moins jusqu'à lors, ils n'avaient pas empêché les conflits et ils ne représentaient pas non plus un facteur important. Ainsi, le président François Mitterrand n'avait pas tenu compte des voix qui s'étaient élevées contre son action envers l'Algérie (restitution des archives) bien qu'il avait essayé de justifier ce qu'il faisait auprès de l'opinion publique. De même, il avait été laissé aux entreprises françaises, lors de la nationalisation du pétrole, la liberté de négocier avec la société algérienne d'hydrocarbures, Sonatrach, bien qu'au niveau politique la France avait annoncé la fin des relation privilégiées, mais avait continué en même temps la coopération scientifique et culturelle qui servait sa stratégie à long terme (la diffusion de la langue et de la culture française dans la société algérienne pour garder l'aspect francophone dans la société).

---

[1] L'accord a été donné pour cinq ans jusqu'à 1967 et puis il a été renouvelé en 1972.
[2] « Quand la France testait des armes chimiques en Algérie », dossier exclusif, *Nouvel Observateur, Op.cit.*p.16.
[3] TALEB-IBRAHIMI Ahmed, *Op.cit.*, p.435.
[4] رابح لونيسي ، المرجع السابق، ص.141-130
[5] BALTA Paul RULLEAU Claudine avec la collaboration de DUTEIL Mireille, *L'Algérie des Algériens, Vingt ans après... »*, *Op.cit.*, p.118.

L'Algérie avait une diplomatie dynamique cherchant à valoriser une image de soi qui dépasse même l'évolution réelle interne. Dans l'approche libérale c'est l'évolution qui se réalise au niveau de l'économie au sein d'une société qui pousse les différents acteurs économiques à entrer dans un large échange international comme un octopode. Or le cas algérien réfute cette équation, elle est bien basée sur la politique qui donne une énorme importance à la politique étrangère : l'Algérie a des relations diplomatiques avec un nombre important de pays. Ce nombre dépasse aujourd'hui les 100 pays et plus de 90 de représentations diplomatiques étrangères en Algérie[1]. Ainsi, pendant deux décennies (soixante-dix, quatre-vingt), l'Algérie appelait à un Nouvel ordre économique et s'engageaient à résoudre différents conflits ; sa médiation était alors souvent sollicitée, à titre d'exemple, son intervention dans l'affaire des otages américains détenues à Téhéran qui trouve son aboutissement en janvier 1981, cette médiation explique Paul Balta « *fait l'admiration universelle et modifie l'image de l'Algérie aux Etats-Unis où elle n'apparaît plus comme un pilier du terrorisme international, mais comme un Etat sérieux, rigoureux, compétent et respectable.[2]* ».

Cette image sur soi avait marqué la politique étrangère algérienne, de telle sorte que l'influence des facteurs multidimensionnels et des facteurs géopolitiques, de même que les affinités psychologiques bien qu'elles aient favorisé la coopération avec la France, ils restaient néanmoins minimes dans la dissipation des conflits. Elles n'avaient ni contribué à la réalisation de la réconciliation durable entre les deux pays, ni empêché ou arrêté les conflits qui avaient marqués les relations franco-algériennes, notamment durant les années soixante-dix. Au contraire, ce sont bien les facteurs intersubjectifs, à savoir la reconnaissance du rôle de l'Algérie comme porte-parole et la convergence diplomatique sur nombreuses questions internationales, qui avaient animé cette coopération et rendaient le rapprochement possible. Quand le gouvernement algérien avait

---

[1] « Algeria profile », 12/2004, disponible sur le site de secrétaire d'Etat américain (U.S. Département of State), [En ligne], disponible sur : URL : http://www.state.gov/outofdate/bgn/algeria/47394.htm
[2] BALTA Paul, RULLEAU Claudine avec la collaboration de DUTEIL Mireille, *L'Algérie des Algériens, Vingt ans après...* », *Op.cit.*, p.201.

décidé de faire de la France son ennemi héréditaire tout a été utilisé pour présenter la France comme une puissance impérialiste, néocoloniale. Cela a cessé quand la France avait changé progressivement son attitude

4.2. Arrangements identitaires

Ceux qui considèrent les intérêts comme préétablis, trouvent de l'incohérence et de la difficulté à expliquer le processus de coopération et de réconciliation dans les rapports franco-algériens. Le déni de reconnaissance dans le passé a incité l'Algérie à rechercher la reconnaissance d'égalité. Son image de marque après le succès de sa révolution à l'international lui a accordé une identité de rôle. Ces deux éléments (la quête de l'égalité mais aussi l'affirmation de son identité de rôle) ont influencé le processus de coopération et de réconciliations franco-algériennes. La coopération comme la réconciliation représentent deux phénomènes et deux situations. La coopération représente la convergence des intérêts et éventuellement leur ajustement. Elle est le contraire du conflit qui est la divergence des intérêts qui peut aller jusqu'à la confrontation symbolique (opposition) ou matérielle (déclaration de guerre). Concernant la réconciliation, bien qu'elle passe par le même processus que la coopération, elle n'est pas uniquement un simple « ajustement des comportements des acteurs » issu de différends, amenant ainsi les Etats à rapprocher leurs visions et concilier leurs intérêts (conciliation), mais elle est situation qui indique la solution de conflit et son dépassement[1].

Ce qui nous renseigne sur le conflit d'intérêt ce sont les préférences, tant qu'on ne connait pas les préférences d'un Etat nous ne pouvons pas juger que tels ou tels acteurs sont en conflit d'intérêt. De ce fait, la connaissance des préférences nous renseigne sur les intérêts des acteurs provenant de leurs préférences identitaires. La coopération comme la réconciliation dépendent des choix des acteurs dont la mesure où la perception des intentions et des menaces ne se résument pas uniquement dans la peur d'autrui (sécurité stratégique) mais elle est motivée

---

[1] CF. Introduction.

d'abord par la vanité et la peur ontologique (sécurité ontologique). D'ailleurs c'est cette dernière qui détermine la première, car la constitution de la menace est avant tout intersubjective. Les Etats peuvent avoir une convergence identitaire où l'autrui se voit comme extension de soi. Ainsi, l'intérêt ne se définit pas uniquement en termes de puissance matérielle.

La coopération devient une question de convergence identitaire (acquiescence) ou divergence. La divergence implique soit la confrontation soit la coopération qui est « *l'ajustement des comportements des acteurs en réponse à, ou en prévision des préférences des autres acteurs[1]* ». Les intérêts matériels, ne sont que le reflet des préférences identitaires. Cependant, c'est l'interaction qui définit l'aboutissement ou non de ces préférences.

Ainsi si on se réfère à notre modèle théorique des formes de reconnaissance, Nous observons que les dirigeants algériens ont exclu la première forme qui est **l'Aveu et la responsabilité** : Cela peut aller d'une simple forme d'Empathie (prise en compte des souffrances d'autrui, solidarité) ou un aveu des faits et des souffrances d'autrui à une forme plus importante incluant l'excuse et la demande du pardon soit une forme de repentance. Dans les deux cas, il y a une reconnaissance de torts. Ce qui correspond dans le cas du déni à l'absence de l'aveu, d'empathie ou la négation d'une responsabilité, d'une souffrance.

Au sujet de l'**aveu,** les dirigeants algériens n'ont pas demandé à la France qu'elle s'excuse, qu'elle se repente ou qu'elle reconnaisse les faits et les souffrances, mais ils ont opté pour la deuxième forme de reconnaissance qui est l'**Estime** : confirmer une identité particulière (identité de rôle), il s'agit du cas où la victime cherche l'obtention d'une revalorisation d'une image de soi.

L'influence de la phase historique sur l'identification de l'Algérie indépendante mais aussi sur la perception de l'ennemi héréditaire a été concluante. Les deux première décennies, les

---

[1] DOUGHERTY James and PFLATZGRAFF Robert, *Op.cit.*, p.505.

décideurs algériens ont prévalu l'identité de rôle de leur pays mais aussi la quête d'égalité (tenir tête à l'ancien colonisateur) dès lors, les torts infligés ce sont transformés en deux motifs d'action, la quête d'égalité et la protection d'une image positive de soi. Ainsi, l'Algérie se voit préoccupée par beaucoup de questions intéressent de près ou de loin le Tiers-Monde. Comme la recherche d'établir un N.O.E (Nouvel Ordre Economique) plus équitable à l'égard du pays du Sud. Elle se voit le porte-parole du Tiers Monde dans la lutte contre l'impérialisme, la colonisation et le néo-colonialisme. L'objectif de l'Algérie était de réaliser son indépendance économique et politique en procédant à différentes nationalisations et en organisant un programme de réappropriation, « l'Algérianisation ». Ainsi, l'Algérie refusait d'intégrer l'O.I.F (Organisation internationale de la francophonie) et avait mené toute une politique d'algérianisation et d'arabisation depuis l'indépendance, jusqu'à la mort du président Boumediene.

La forme de déni de reconnaissance repérée par les décideurs algériens est bien le **Mépris** : Dévalorisation des particularités historiques ou identitaires d'autrui, ou rendre autrui inférieur. En effet, pendant la première tentative de réconciliation, il y avait bien un déni de reconnaissance, ou minoration du passé algérien et dévalorisation de ses particularités historiques et identitaires. La coopération était difficilement maintenue et n'avançait pas comme prévu, tandis que le processus de réconciliation était suspendu faute du déni de reconnaissance et de l'éclosion d'un problème de sécurité qui s'en était suivi.

Notre investigation du premier essai de réconciliation entre l'Algérie et la France a montré que la perception de la méfiance était réelle à l'ère de Boumediene. Ce premier essai de réconciliation n'a pas eu de succès à cause d'une perception de méfiance naissant du long conflit opposant l'Algérie et la France en matière d'hydrocarbure, mais aussi à cause d'une perception de menace pour la première fois dans les rapports franco-algériens (problème de sécurité) naissant du déni de reconnaissance ressenti par le partenaire algérien lors de la visite de Valérie Giscard d'Estaing et confirmé par le soutien de la France au Maroc dès le début du conflit du Sahara occidental. Un problème qui représentait avant tout une divergence menant à la confrontation.

Ensuite, une négociation tacite avait eu lieu par l'envoi des signaux des deux parties, ce qui avait permis progressivement l'élimination du conflit par le changement positif et progressif de l'attitude de la France envers la question du Sahara occidental, puis par l'évolution considérable qu'avait apporté l'initiative de François Mitterrand où il reconnaissait le rôle de l'Algérie, les acquis des dirigeants algériens mais aussi le respect du passé par les différents gestes symboliques comme le fait de rendre hommage aux martyrs de la révolution algérienne et la remise de l'archive utile aux autorités algériennes. Ceci est confirmé dans cette déclaration du ministre français des affaires étrangères, ainsi dit-il : « *On dit constamment que les relations franco-algériennes passent par une traverse difficile et compliquée qui tient, il faut le dire, à la très grande intimité des liens que nous avons eus et à l'histoire de la France et de l'Algérie[1]* ». Il a conclu qu'il y a entre les deux pays « *un problème d'ajustement d'intérêts qui est difficile et qui implique des discussions qui sont épineuses et même parfois violentes. La volonté d'entente reste, à mon avis, assez fondamentale d'un côté comme de l'autre[2]* ».

Les affinités psychologiques ne peuvent expliquer la coopération, car elles sont liées à des personnes plutôt qu'à une politique institutionnalisée, dans laquelle le rôle des personnes influentes n'est pas supposé être pérenne, il change suivant les périodes, et se soumet à la logique de la lutte du pouvoir qui caractérise le régime militaro-politique oligarchique algérien.[3]

Quant aux liens multidimensionnels n'ont pas aidé au bannissement de la méfiance ; la coopération se maintenait dans la méfiance. D'une part, une réconciliation n'était pas nécessaire, car le paramètre de la coopération lui seul a permis l'irrévocabilité de la coopération, dans le cas franco-algérien, bien que cette coopération n'ait jamais permis la normalisation totale des relations franco-algériennes en raison de l'existence de cette

---

[1] M. Sauvagnargues, ministre des affaires étrangères, « Interview de M. Sauvagnargues à France-inter (extraits), Paris, le 13 octobre 1975 », Disponible sur *Bases documentaires du ministère des Affaires étrangères et européennes, Déclarations officielles et Points de presse*, [En ligne] disponible sur URL : http://basedoc.diplomatie.gouv.fr
[2] *Ibid*.
[3] رابح لونيسي ، المرجع السابق.

méfiance. Le besoin de l'Algérie de se définir comme l'altérité de la France, en faisant du passé colonial son outil de mobilisation de masse avait aussi éloigné cette possibilité. C'est pourquoi les arrangements identitaires ont rendu la coopération plus importante et le rapprochement possible. L'affirmation du ministre algérien conseiller proche de Boumediene soutient notre thèse, ainsi affirme-il à propos des relations franco-algériennes : « [...] *les deux pays n'y échappent pas en raison d'abord de leurs obligations contractuelles qui font, entre autres, de la France un partenaire militaire et économique privilégié, ensuite en raison de la densité des échanges humains, et de l'appartenance enfin de l'Algérie et la France à une zone chaude, enjeu du conflit Est-Ouest. Condamnés à s'entendre et à coopérer, les deux pays seront confrontés dans leur démarche à deux approches contradictoires qui se traduiront sur le terrain par une série de crises que la méfiance installée de part et d'autre accentue au point de risquer de dégénérer en conflit armé*[1] ».

---

[1] Intervention militaire de la France aux cotés du Maroc et de la Mauritanie dans le conflit du Sahara Occidental en novembre 1977.

Conclusion de la première partie

Le passé avait sans doute un poids dans les relations franco-algériennes et dans la définition de la politique étrangère de l'Algérie indépendante.

Le déni de reconnaissance pendant la période coloniale avait abouti à une guerre tragique qui avait amené au développement de différentes mémoires « *divergentes et parfois contradictoires* » dans chacune des deux sociétés[1], c'est pour cela que, durant les premières années d'indépendance, le temps n'était pas à réconciliation, celle-ci a été reportée. En revanche, la coopération a été proclamée dans les accords d'Evian par les deux parties (française et algérienne), elle était d'ailleurs la contrepartie de l'indépendance. Une nécessité qui s'imposait, vue par la suite, par les dirigeants algériens, comme un moyen de conversion des intérêts français par d'autres moyens. C'est pour cela que l'Algérie avait manifesté, dès l'indépendance, une volonté de sortir de l'emprise de la France et d'arriver à des relations « d'égal à égal » et d'affirmer son indépendance. L'aide de la France telle qu'elle a été exprimée dans les Accords d'Evian était bel et bien la contrepartie de la sauvegarde des intérêts français. Or, l'attitude algérienne était tout à fait l'inverse, le respect des intérêts français en Algérie était considéré par les dirigeants algériens comme une condamnation de l'Algérie à une continuité de la colonisation par d'autres moyens.

En effet, l'application à la lettre des accords aurait été contradictoire à son identité d'interlocuteur du Tiers monde acquise grâce à la réputation de sa guerre d'indépendance. Les deux parties, avaient appris progressivement l'avantage de coopérer en faisant des concessions. Ces concessions, contrairement à une vision réaliste et libérale réductrice, tenaient compte beaucoup plus des éléments intersubjectifs que matériels et objectifs. Des raisons intersubjectives (l'image de l'Algérie comme porte-parole du Tiers-Monde) avaient abouti au retrait des

---

[1] ROSOUX Valérie Barbara, *Op.cit.*, p.2.

forces militaires françaises, ceci ne relevait donc pas d'une question de sécurité car la France ne représentait pas une menace pour la sécurité de l'Algérie, mais plutôt pour son image et son identité, que ce soit par la présence des forces militaires françaises en Algérie ou par la volonté de la France d'intégrer le jeune Etat dans la mouvance française en incluant dans les Accords d'Evian des clauses qui allaient dans ce sens, à savoir l'intégration de l'Algérie dans la zone franc. Comment aurait été l'image d'un Etat qui défend une politique anti-impérialiste et anticoloniale si les concessions n'avaient pas eu lieu. D'ailleurs, la formation des militaires algériens se poursuivait, après l'indépendance, en partie dans des écoles militaires françaises et les deux armées française et algérienne continuaient à travailler ensemble secrètement (essais nucléaires et chimiques), alors qu'avant même l'expiration des délais prévus par les Accords d'Evian (15 ans), les deux pays avaient négocié le départ des contingents militaires français des bases sahariennes en Algérie.

Le dégagement progressif de l'Algérie et la convergence diplomatique ont conduit les deux pays à coopérer. De Gaulle avait toléré cette indépendance progressive de l'Algérie via les nationalisations, car il avait une certaine image de la France à l'international et il avait compris l'intérêt de coopérer avec l'Algérie et de faire des concessions. Pour l'Algérie, tout ce qui ne touchait pas à son image a été accordé à la France, notamment tout ce qui n'était pas visible et ne faisait pas de bruit à savoir les essais nucléaires et chimiques. La France elle aussi, bien qu'elle ait changé d'attitude en annonçant la fin des relations privilégiées, avait maintenu sa coopération dans le domaine technique, culturel et scientifique pour son rayonnement en Afrique et dans le Monde. Ainsi, les deux pays, entre deux positions extrêmes, trouvaient parfois un terrain d'entente.

Cependant, cette relation de confiance évolue progressivement après le départ du Général de Gaule. En effet, suite à cela, les nationalisations avaient laissé une crise de confiance chez le partenaire français. Cela s'est traduit par une longue crise opposant la France et l'Algérie en matière d'hydrocarbure, car le statut de co-souveraineté sur les hydrocarbures déplaisait aux dirigeants algériens. Lors de cette crise, l'Algérie voyait son indépendance nationale liée en partie à son indépendance économique et à la maitrise de sa richesse nationale.

La tentative de réconciliation entre les deux pays en 1975 a échoué car, d'un côté la France n'assimilait par l'émancipation de l'Algérie, tandis que cette dernière se voyait désormais comme un partenaire égal, et d'un autre côté, car c'était une période pendant laquelle la question du Sahara occidental avait surgi, un nouveau paramètre dont il fallait tenir compte lors duquel l'Algérie perçoit pour la première fois une menace directe sur sa sécurité en faisant un lien entre le sentiment du déni de reconnaissance et l'alliance franco-marocaine. En effet, bien que la visite du président français ait eu pour objectif de restaurer la confiance perdue après les nationalisations, elle n'a pas pu aboutir. Cela était dû, semble-il, au sentiment de mépris pour le partenaire algérien (minoration de son passé) qui aurait mené à la constitution d'une perception de menace d'abord identitaire et qui aurait été ensuite aggravée par un problème de sécurité.

Quant au sujet de la reconnaissance des torts infligés, les décideurs algériens de l'époque voulaient instaurer un certain respect et ne pensaient pas à la question des excuses officielles[1]. Ils s'intéressaient beaucoup plus à l'accomplissement de l'indépendance, pas encore acquise selon eux, en nationalisant les legs de l'Algérie française et en considérant l'aide française comme un dû pour le dédommagement des torts. Les décideurs algériens voulaient imposer une certaine image d'une Algérie qui s'émancipe peu à peu et qui n'accepte pas l'aide de la France. Leur image à l'extérieur les avait contraints à pratiquer une politique progressiste et populiste. De ce fait, non seulement les décideurs ne pouvaient se voir discrédités en pratiquant une politique contraire à leur image, qui se profilait à l'extérieur en tant que celle de l'interlocuteur du Tiers Monde, mais cela aurait aussi mis en cause leur légitimité au pouvoir. La réussite relative de leur politique d'indépendance avait engendré un sursaut d'orgueil chez les politiques algériens.

---

[1]

الدكتور أحمد طالب الإبراهيمي" حوار مع محمد بغالي و حميد عبد القادر"، الخبر، 09جانفي2012 عدد.6589، ص •15.14

De ce fait les liens multidimensionnels n'ont pas aidé au bannissement de la méfiance, la coopération se maintenait dans la méfiance. Une réconciliation n'était pas nécessaire, car le paramètre de la coopération lui seul avait permis le non-retour, dans le cas franco-algérien, bien que cette coopération n'ait jamais permis la normalisation totale des relations franco-algériennes en raison de l'existence de cette méfiance. De même que les affinités psychologiques ne peuvent expliquer la coopération, car elles sont liées plutôt à des personnes qu'à une politique institutionnalisée. Certes, les intérêts sont enchevêtrés mais aussi opposés, c'est pour cela que la conciliation était la seule capable de résoudre le problème de non coopération. Nous sommes arrivés à confirmer qu'il y a une certaine recherche de reconnaissance. Cela s'est traduit sur le terrain, par les différentes décisions et actions. En effet, les intérêts matériels n'étaient que le reflet d'une identité, car, la France voulait que l'aspect francophone s'enracine en Algérie en la liant à la zone franc, mais aussi par le biais de la coopération culturelle et scientifique qui se traduit notamment dans l'enseignement de la langue française.

D'ailleurs, les actions menées sur le terrain, avant même qu'elles soient des décisions, représentent des idées dans différents documents officiels et une politique à entreprendre affichée dès l'indépendance, elles ne sont ni réaction immédiates ni soudaines, mais elles découlent d'une perception et d'une politique longuement réfléchie. Une politique qui visait la réappropriation de l'Algérie. Les décideurs algériens ont donné beaucoup d'importance à ce qui était visible comme « leur image à l'extérieur » ce qui à même justifié leur politique auprès de leur peuple que certain appelle « une politique populiste ». Ainsi, la reconnaissance par François Mitterrand du rôle de l'Algérie ainsi que les acquis des dirigeants algériens mais aussi le respect du passé par les différentes gestes symboliques comme le fait de rendre hommage au martyrs de la révolution algérienne et la remise de l'archive utile aux autorités algérienne, auraient contribué au rapprochement franco-algérien.

En revanche, cette réconciliation ne tarde pas à être compromise de nouveau par le soutien insidieux de la France au Maroc mais aussi par le soulèvement populaire contre un régime qui avait toujours pratiqué une politique populiste sans le peuple, alors que son économie ne reflète pas son image extérieure comme l'a qualifiée Samy Hadad en ces termes : « *L'Algérie se présente ainsi en une espèce de Janus politique triomphante à l'extérieur et sinistrée à l'intérieur*[1]». En effet, comment expliquer alors la formation des officiers algériens dans les écoles de guerre françaises et la continuité de la coopération culturelle, notamment l'enseignement de la langue française qui s'est développé progressivement. Est-elle une faiblesse, comme l'explique certains, pensant que la domination et la colonisation avaient façonné l'espace algérien, de telle sorte que l'Algérie d'après l'indépendance reste aliénée et dominée[2] et cela malgré les tentatives de l'Algérie de construire un espace national expurgé des influences françaises, notamment à l'époque de Boumediene. C'est ainsi que le soulèvement populaire a conduit à une guerre civile reproduisant les images de la guerre d'Algérie et amenant les relations franco-algériennes dans une nouvelle dynamique où les torts infligés surgissent et entrainent le débat politique à partir de l'année 1999.

---

[1] HADAD Samy, *Algérie, Autopsie d'une crise*, Paris, l'Harmattan, Coll., Histoires et perspectives méditerranéennes, 1998, p.70.
[2] MOUHOUBI Salah, *Op.cit.*, Intr.

Deuxième partie

La revendication de la reconnaissance des torts infligés et processus de coopération et de réconciliation, De 1988 à nos jours

Chapitre 1 : La reconnaissance des torts infligés et le rapprochement

Dans ce chapitre nous aborderons l'entrée de l'Algérie dans une guerre civile qui a généré une incertitude identitaire, mettant à nu la relation de connivence reliant la junte militaire et le pouvoir en France et portant la question de la reconnaissance des torts infligés au peuple algérien dans le débat politique. La France avait reconnu la guerre d'Algérie comme fait sans aller plus loin. L'issue de la crise algérienne, en revanche, coïncide avec le retour du président algérien Abdelaziz Bouteflika au pouvoir. Ce dernier sera confronté à un autre dilemme, celui de la réhabilitation de l'image de l'Algérie et le rattrapage du retard économique par rapport aux voisins dans lequel la France lui sera utile. Le président algérien avait rapproché son pays avec la France et l'avait incitée à reconnaitre les torts infligés au peuple algérien dans le passé, notamment que les Etats commençaient à recourir à cette pratique comme moyen diplomatique. Les raisons qui amènent les deux pays à coopérer à se réconcilier de plus en plus s'entrelacent et se confondent et nécessitent un examen approfondi pour savoir le (s) facteur(s) rendant la coopération possible.

1. Guerre civile et relation avec la France

Suite à une crise économique aigüe en Algérie et devant l'incapacité de l'Etat à réponde aux revendications populaires, nous avons assisté à une première confrontation entre le peuple et le pouvoir. Celui-ci avait décidé de sortir du monopartisme et d'entrer dans un régime multipartiste. Une action qui avait donné la possibilité aux partis islamistes de s'organiser et de se présenter aux élections municipales et législatives, élections qui avaient été remporté par le Parti Islamique du Salut (F.I.S). Ce dernier, vu sa popularité et sa base populaire, avait décidé de se présenté aux municipales et les avaient remporté, ensuite aux législatives dont il était aussi sorti vainqueur, mais cette fois-ci le pouvoir algérien lui a barré le chemin en suspendant le processus électoral démocratique[1]. Les événements s'accélèrent avec la démission de Chadli le 11 janvier 1992, poussée par les militaires parmi lesquels se profile le général Khaled Nezzar, la suspension du scrutin, l'établissement d'un état de siège et l'arrestation et l'emprisonnement des leaders du parti politique du Front Islamique du Salut (F.I.S) [2]. Ce qui avait fait entrer les Algériens dans une guerre civile pendant laquelle les images de la guerre d'Algérie se voyaient se reproduire. C'est alors que la relation du pouvoir algérien avec la France avait été mise en cause et que la question des torts infligés a surgi pour la première fois comme un argument porté contre le pouvoir par le parti islamiste du F.I.S.

1.1. L'attitude de la France face à la guerre

Après des années d'épanouissement, Mitterrand ne voulait pas détruire les progrès faits avec l'autre côté de la méditerranée. Il donnait donc des consignes aux membres de son gouvernement pour éviter toute maladresse involontaire qui pourrait être préjudiciable[3]. Le président français bien qu'il s'est montré publiquement à l'écart de ce conflit, soutenait et cautionnait secrètement ce que l'institution militaire avait entamé[4]. Certains évoquent même que Mitterrand aurait contacté le général Khaled Nezzare et aurait cautionné ce qu'il avait fait en lui demandant de ménager son ami Chadli[5]. D'autant plus que la gestion de la crise a été confiée à Charles Pasqua, ministre de l'intérieur (1993-1995) et non au ministre des affaires étrangères, comme si la question algérienne avait été une question intérieure française[6].

Le ministre de l'intérieur français Charles Pasqua, soucieux d'aider le pouvoir algérien dans sa lutte contre les islamistes, disposait de liens directs et de réseaux personnels, plus particulièrement avec certains membres dans la haute hiérarchie

---

[1] QUANDT B. William, *Op.cit.* p.112-118.
[2] NEZZAR Khaled, *Mémoires du General*, Chihab, Batna, Algérie, 1999, p. 214-258.
[3] BERTRAND Benoît, *Op.cit.*, p. 104.
[4] AGGOUN Lounis et RIVOIRE Jean-Baptiste, *La françalgérie, crimes et mensonges d'Etas, histoire secrète, de la guerre d'indépendance à la « troisième guerre » d'Algérie,Op.cit.*,p.253-255.
[5] BRAHIMI Abdelhamid, *Op.cit.*, p.265.
[6] BERTRAND Benoît, *Op.cit.*, p. 104.

militaire algérienne¹. Notamment que le pays était désormais commandé par un bras de fer par l'institution militaire algérienne. Beaucoup d'auteurs ont montré cette relation de connivence des militaires algériens avec la France². Le soutien de la France apparaissait d'ailleurs dans tous les domaines. À titre indicatif, la France aurait infléchi la décision des USA et l'Angleterre à l'F.M.I en les rassurant pour le rééchelonnement de la dette extérieure de l'Algérie³.

Le soutien que la France apporte au régime algérien n'était pas dépourvu de tout intérêt, il ne sort pas de la politique traditionnelle française et il reflète bien une identité politique. Le soutien avait pour objectif d'éviter qu'un Etat théocratique voie le jour, ce qui n'aurait pas été dans l'intérêt de la France, elle l'aurait défendu de crainte que ses intérêts matériels immatériels soient menacés, les politiques français ont compris l'avantage de maintenir le statuquo dans leurs rapports avec l'Algérie. L'aspect francophone s'enracinait et progressait en Algérie et la France restait le premier fournisseur de l'Algérie. Ainsi, son soutien économique à l'Algérie avait été considéré par certains comme un soutien aux entreprises françaises, car en débloquant des crédits au gouvernement algérien, la France exigeait que la priorité soit donnée aux achats des produits français et la conclusion des contrats avec les entreprises françaises⁴. La majorité de la classe politique française se mettait au côté du président français dans son soutien silencieux au régime algérien⁵.

---

[1] DAGUZAN Jean-François, « les relations franco-algériennes ou la poursuite des amicales incompréhensible », p. 439-450, [En ligne], pages, consultées le 15/03/2008, site de ministère des affaires étrangère de la France, disponible sur URL : http://www.diplomatie.gouv.fr/fr/IMG/pdf/FD001381.pdf
[2] Nombreux d'ouvrages et articles qui confirment cette relation étroite, pour qu'on cite que deux AGGOUN Lounis et RIVOIRE Jean-Baptiste, au cours de son développement affirme ce lien étroit c'est pour ça qu'il titre son ouvrage *Françalgérie*, *Op.cit.* ; ADDI Lahouari, ''Army, State and Nation in Algeria'', In KOONING Kees and KRUIJT Dirk, *Political Armies. The Military and Nation Building in the Age of Democracy*, chapter 8, Zed books, New-York, February 2001, p.159-178.
[3] BRAHIMI Abdelhamid, *Op.cit.*, p.266.
[4] PROVOST Lucile, *Op.cit.,*, p98.
[5] BERTRAND Benoît, *op.cit.*, p. 33.

Toutes ces raisons avaient poussé la France à soutenir le régime algérien qui jusqu'à lors ne remettait pas en question l'existence d'une communauté d'intérêts communs entre la France et l'Algérie. Les dirigeants algériens se contentaient, à cette époque, de répondre aux actions qui menaçaient, à leurs yeux, leur pouvoir, en sacralisant le concept de « souveraineté » dès qu'il s'agissait d'une action qui allait à l'encontre du régime algérien. A titre d'exemple, le détournement de l'Airbus d'Air France[1] en 1994 lors duquel des français ont été exécuté et lors duquel le ministre français des affaires étrangères, Alain Jupé, avait exigé le départ de l'avion vers la France, contrairement à l'avis des autorités algériennes, ce qui avait marqué une certaine animosité chez elles[2].

Le deuxième exemple est le rassemblement de toutes les représentations politiques en Algérie à Sant'Egidio[3], pour trouver une solution politique et sortir de l'Etat de siège. Cela aurait pu discréditer les militaires et démystifier leur thèse de lutte contre le terrorisme. D'ailleurs, l'attitude de la France vis-à-vis de la plate-forme de Sant'Egidio rejoint celle des Etats-Unis, ce qui a isolé de surcroit les autorités algériennes[4] d'autant plus que cette plate-forme englobe toutes les représentations politiques, des Islamistes aux démocrates francophones qui peuvent résorber la crise et éviter à la France de traiter avec un seul courant islamiste qui serait potentiellement une menace à ses intérêts surtout culturels en Algérie.

Ces différentes actions de la France avaient irrité les autorités algériennes, ce qui laisse certains stipuler que les attentats de RER à Paris auraient été orchestrés par les services secrets algériens[5]. D'ailleurs, cette hypothèse n'a pas été éloignée par Chirac dans

---

[1] En décembre 1994, un Airbus d'Air France est détourné sur l'aéroport d'Alger par des terroristes se réclamant du groupe islamiste armé (GIA).
[2] CHENAL Alain, « La France rattrapée par le drame algérien, dossier le Maghreb à l'épreuve de l'Algérie », *Politique étrangère*, N°2, été 1995-60ème année, publiée par l'Institut français des relations internationales, p424.
[3] Document, Sant Egidio, 13 janvier 1995, Plate-forme pour une solution politique et pacifique de la crise algérienne, *Confluences,* n°14, printemps 1995,p.125-127.
[4] *Ibid.*
[5] AGGOUN Louis et RIVOIRE Jean-Baptiste, *Op.cit.*, p.455-459.

ses mémoires¹. C'est lui d'ailleurs, selon l'ancien ministre algérien, qui avait envoyé un message au président Zeroual élu en novembre 1995, disant que la France « *ne permettra plus jamais aux services secrets algériens d'organiser des attentats en France*² ». Le but de ces attentats, était d'obtenir un soutien sans faille des autorités françaises pour le régime algérien³. C'était aussi pour attiser l'opinion publique française contre les Islamistes.

Dès lors, le soutien français se voyait de plus en plus exigeant, la France avait conditionnait l'octroi d'aide économique par une plus grande ouverture politique en Algérie et par le rétablissement du processus démocratique, cela a fait échoué la rencontre qui aurait réuni le président français, Jacques Chirac, et celui algérien, le Général Zeroual, le 22 octobre 1995, en accusant la France de porter atteinte à « la dignité algérienne » ⁴.

De ce fait, bien qu'il y ait eu une certaine hésitation de la part de la France, elle était prête à soutenir le régime algérien du moment où il n'y avait pas d'alternative rassurante pour les décideurs français.

En somme, il y avait une certaine connivence et coopération à haut niveau entre les deux : la France et le régime algérien. La France avait intérêt de soutenir un régime favorable à une coopération étroite avec elle et qui lui était avantageux. Les intérêts du régime algérien et de la France convergent, les deux étaient contre l'installation d'un régime théocratique en Algérie qui ne présage pas d'ailleurs un bon avenir pour la France. En effet, le FIS, hostile aux valeurs occidentales (le privilège est pour les valeurs arabo-musulmanes), n'aurait certainement pas plu ni à la France ni à ses alliés occidentaux, alors que le régime algérien assure la continuité de la coopération.

---

[1] CHIRAC Jacques, *Mémoires, Le temps présidentiel*, t.2, Paris, Nil, p.78-79.
[2] BRAHIMI Abdelhamid, *Op.cit.*, p.287.
[3] AGGOUN Lounis et RIVOIRE Jean-Baptiste, *Op.cit.*, p.455-459.
[4] ROUADJIA Ahmed, « L'Algérie, Un an après l'Election de Liamine Zeroual », *Confluences*, n°20, hiver 1996-1997, p.93 [En ligne], disponible sur URL/ http://www.revues-plurielles.org/_uploads/pdf/9_20_11.pdf

À partir de la plate-forme de Sant'Egidio la France avait modifié légèrement son attitude pour une possibilité de rétablir le processus démocratique, une plate-forme qui a donné un espoir du retour à la démocratie, notamment que toutes les tendances politiques algériennes étaient présentes y compris la francophonie et la francophilie, mais le refus de cette approche par le régime algérien avait éloigné cette possibilité, jusqu'à l'arrivée de Jacques Chirac qui aurait aimé ne pas trop s'impliquer avec le régime algérien, mais n'aurait pas réussi sans déplaire aux autorités algériennes qui désormais mettaient la France en garde contre les ingérences dans les affaires intérieures, comme nous l'avons vu quand elle conditionnait l'aide de la France par plus d'ouverture politique. Ce jeu difficile et périlleux entre la France et le régime algérien et la société algérienne se reflète aussi dans le retour des images de la guerre et l'avènement de la question de la reconnaissance des torts infligés.

1.2. La genèse de la question de la reconnaissance des torts infligés

Pendant la guerre civile les deux parties, les islamistes d'un côté et le régime algérien de l'autre, ne cessait d'échanger les accusations. Le pouvoir algérien est désigné, par les islamistes, de pouvoir impie et ennemi de la nation[1]. Chaque partie revendique le statut de moujahid (combattant) de la révolution algérienne. Si les Islamistes se considéreraient comme des moudjahidines qui combattaient un régime profrançais et pro-occidental, le régime lui-même se sert du même vocabulaire pour désigner ceux qui combattent les islamistes comme des résistants et comme des patriotes. Les adversaires présentaient leur lutte comme une répétition de la guerre d'Algérie[2]. C'est dans ce climat aussi que la question de la reconnaissances des torts infligés avait été soulevée par les islamistes en accusant le pouvoir en place de ne

---

[1] STORA Benjamin, *La Guerre invisible*, Algérie, années 90, Paris, Presse de Science Po, 2001, p.125.
[2] HARBI Mohammed, « Paris-Alger, aller-retour », *Le Monde diplomatique*, novembre 2005, n°620, 52ème année, mensuelle, p.36.

jamais demander de la France la reconnaissance des torts infligés au peuple algérien[1].

La crise algérienne commençait à voir une issue quand le régime algérien tentait de renouer le dialogue avec les islamistes.

1.3. La sortie de crise et la réconciliation

Le président algérien, Liamine Zéroual, pour satisfaire le courant « islamo-conservateur », qui devait s'associer au gouvernement plus tard, avait choisi de jouer sur les cordes des «valeurs arabo-islamiques» de la nation. Ainsi, il fait ériger une obligation de l'utilisation de l'arabe dans tous les domaines depuis le 5 juillet 1998, qui ne fait qu'une confirmation de la loi n°91-05 du 16 janvier 1991 modifiée par la loi du 21 décembre 1996 et qui porte sur la généralisation de l'utilisation de l'arabe, en excluant l'usage du français et de toute autre langue[2]. Cette mesure entreprise par le président Zeroual a été considérée de l'autre côté de la méditerranée comme regrettable « *il est regrettable que le français n'ait pas été pris «comme butin de guerre » comme le souhaiterait Kateb Yacine*[3] », dit-il le rapporteur de la commission des affaires étrangère à l'Assemblée française.

D'un autre côté, l'institution militaire a commencé la négociation avec les islamistes armés, pour une éventuelle réconciliation[4]. Une mission qui n'a pas été achevée au cours de la présidence de Zeroual car ce dernier n'a pas pu terminer son

---

[1]STORA Benjamin, *La guerres de mémoires, La France face à son passé colonial*, Paris, l'Aube, coll., Monde en cours, I.E.P, Avril 2007, p.57.
[2]ZENATI Jamel, « L'Algérie à l'épreuve de ses langues et de ses identités, histoire d'un échec répété », *Mots. Les langages des politiques*, mars 2004, n°74, 2004, p. 141 [En ligne], mis en ligne le 28 avril 2008, consulté le 11 octobre 2010, disponible sur : URL : http://mots.revues.org/4993.
[3]LONCLE François, « rapport n°1141, le 21 octobre 1998, de la commission des affaires étrangères, à l'Assemblée française, sur la mission effectuée en Algérie par une délégation de la commission », [En ligne] consulté le 11 octobre 2010, disponible sur : URL : http://www.assemblee-nationale.fr/rap-info/i1141.asp
[4] رابح لونيسي،الجزائر في دوامة الصراع بين العسكريين والسياسيين،ص،270.

mandat et a fait appeler à une organisation des élections présidentielles¹.

En revenant aux négociations avec les islamistes sous l'emblème de l'amnistie, le régime avait trouvé une issue à la crise, en ouvrant le dialogue avec les partis islamistes modérés et en préparant une nouvelle étape qui va façonner l'Algérie et les relations franco-algériennes. Il s'agit du retour de Bouteflika au pouvoir le 16 avril 1999 et le début de la réconciliation algéro-algérienne. D'ailleurs, c'est avec Bouteflika, l'ex-ministre des affaires étrangères sous Boumediene, que les relations franco-algériennes vont connaitre une autre tentative de réconciliation après celle connue sous l'ère de Valérie Gisacrd d'Estaing et Boumediene, et celle de Chadli Benjedid et François Mitterrand. Ainsi, le régime a cherché la fuite en avant, en revenant à la politique pratiquée pendant les années soixante-dix². C'est pourquoi le régime avait opté pour l'ancien ministre des affaires étrangères, Abdelaziz Bouteflika, qui avait pour credo le nationalisme, afin de réhabiliter l'image de l'Algérie en rebondissant sur la scène internationale.

1.4. Le retour d'Abdelaziz Bouteflika et l'attitude française

Le nom de Bouteflika avait été déjà proposé en 1994, comme étant la personne qui peut remplacer le Haut Comité d'Etat (HCE)³, une proposition pour laquelle, le Quai d'Orsay avait déjà émis des réserves quitte à voir ce second Boumediene au pouvoir⁴. Le Quai d'Orsay, connait bien le diplomate chevronné et l'ancien meneur de la diplomatie algérienne durant l'époque où la coopération avait connu plusieurs vicissitudes, comme nous l'avons observé dans notre première partie.

---

¹AGGOUN LOUNIS, RIVOIRE Jean-Baptiste, françalgérie, crimes et mensonges d'Ètat, *Op.cit.*,p.562.
² ADDI Lahouari, "Army, State and Nation in Algeria", *Op.cit.*, p.159-178.
³Le haut comité d'Etat (HCE) est organe mis en place le 14 janvier 1992 par le Haut conseil de sécurité (HCS) après la démission du président Chadli Bendjdid, et l'écrasante victoire du FIS au premier tour des élections législatives. Cet organe avait pour objet de gérer provisoirement les différentes institutions de l'Etat.
⁴ AGGOUN Lounis et RIVOIRE Jean-Baptiste, *Op.cit.*, p.562

La réaction du Quai d'Orsay sur le résultat des élections du 16 avril 1999 qui ont porté Abdelaziz Bouteflika au pouvoir confirme ce climat de méfiance qui régnait[1]. Le Quai d'Orsay, via le ministre des affaires étrangères Hubert Védrine, dans une conférence de presse, s'est exprimé sur ces Elections où il avait exposé ses préoccupations quant au retrait des autres candidats la veille des élections présidentielles algériennes, ainsi déclare-t-il : « *je me bornerai à dire que nous sommes préoccupés par la situation créées par divers événements des derniers jours, que nous continuons d'espérer que les aspirations à la démocratie du peuple algérien pourront s'exprimer dans un cadre pluraliste*[2] » en insistant aussi sur l'attachement de la France « *à l'approfondissement d'une relation d'amitié, de dialogue, de coopération entre les peuples français et algériens*[3] ».

La réaction du président algérien était immédiate, le 22 avril, dans une conférence de presse, Abdelaziz Bouteflika avait exprimé son mécontentement vis-à-vis de l'attitude du Quai d'Orsay, ainsi affirme-il : « *Je voudrais dire au Quai d'Orsay de se préoccuper un peu moins des affaires de l'Algérie. Et je voudrais dire en même temps que je n'ai pas été particulièrement heureux de voir le Quai d'Orsay, le même Quai d'Orsay se préoccuper en disant qu'il prenait acte, et vous savez ce que je veux dire (il montre un doigt menaçant), de la démission du Président algérien. Cette forme de tutelle, cette forme de protectorat, cette forme de souveraineté limitée est absolument inacceptable avec moi (ton et gestes véhément). Les relations peuvent être de choix et de qualité, je suis prêt à aller aussi loin que les Français le souhaitent, mais je ne suis prêt à accepter ni tutelle, ni leçons de morale, ni préoccupations, ni jugements de*

---

[1] 16 Avril 1999 les autres candidats se sont retirés à la veille des élections pour dénoncer les conditions d'organisation du vote.
[2] VEDRINE M. Hubert, Ministre des affaires étrangères, « Conférance Euro-Mediterraneenne, point de presse, Stuttgart, 16 avril 1999 », In., *Politique étrangère de la France*, La documentation française, Mars-avril 1999, p. 363.
[3] *Ibid.*

valeur de quelque personnalité politique que ce soit, officielle ou non officielle[1] ».

Le président algérien revient sur la période de crise algérienne qui avait commencé avec l'arrêt du processus électoral par les militaires le 11 janvier 1991 et qui avait été secrètement cautionné par le président français François Mitterrand. Le président français, comme nous l'avons vu auparavant, aurait choisi de soutenir l'arrêt du processus électoral contre la démocratie pour échapper à la menace dite « islamiste ». L'Elysée montrait une certaine hostilité à l'égard d'un État théocratique qui selon les dirigeants français serait une menace à la démocratie[2].

Bouteflika en rappelant au Quai d'Orsay son rôle dans le drame algérien, veut dire que la France n'était pas la mieux placée pour lui donner des leçons de morale. De plus, il insistait sur le paternalisme qui s'était enraciné durant la décennie de la crise, durant laquelle les militaires algériens et les politiques français ont tout fait pour discréditer ce qu'on a qualifié de « la menace islamiste ».

En effet, la réaction du président algérien n'exclut pas la coopération avec la France. Le président a promis même de l'approfondir autant que la France le souhaite à condition de la non ingérence de cette dernière dans les affaires intérieures de l'Algérie. Une politique qui d'ailleurs marquait les années quatre-vingt dix. Malgré le soutien de la France au pouvoir algérien, ce dernier avait estimé certains faits comme relevant du paternalisme, tandis que d'autres, relatifs aux mesures de sécurité prises par la France, avaient été perçues comme un embargo[3].

---

[1] « Carte d'Algérie-Résultat d'élections », vidéo, mis en ligne le 16 avril 1999 », [En ligne]URL :http://www.ina.fr/video/CAB99016934/carte-algerie-resultat-election-algerie-video.html consulté février 2008.
[2] BENOÎT Bertrand, *Le syndrome algérien, L'imaginaire de la politique algérienne de la France*, Paris, l'Harmattan, Coll., Histoire et perspective Méditerranéennes, juin1995, p. 99-104.
[3] M. Hubert Védrine, Ministre des affaires étrangères, affirme cette perception des politiques algériens dans entretien, invité du ''Grand jury RTL-Le Monde-LCI'' Paris, 10 octobre 1999, *Politique étrangère de la France*, septembre-octobre, 1999, p.222.

Ce qui intéresse réellement le Quai d'Orsay, c'est en priorité la coopération de l'Algérie avant la démocratie. Le Quai d'Orsay agissant en tant que président de l'Union Européenne, bien qu'il ait préservé son attitude sur l'option démocratique, il attend toute initiative crédible du président algérien, ainsi la présidence européenne confirme qu' : « *Elle considère en effet que c'est par la promotion de la démocratie et de l'Etat de droit ainsi que par la poursuite de réformes économiques et sociales que l'Algérie pourra sortir de la crise qu'elle connaît depuis plusieurs années*[1] ». Et elle ajoute que « *L'Union européenne attachera la plus grande importance aux initiatives en ce sens du nouveau président élu, M. Abdelaziz Bouteflika*[2] ». De plus, l'Union européenne « *réaffirme qu'elle est disposée à soutenir le processus de réforme en Algérie, notamment dans le cadre de la coopération euro-méditerranéenne, et à poursuivre le dialogue politique qu'elle a engagé avec les autorités algériennes*[3] ».

Ce soutien est important pour le président algérien notamment que l'un de ses objectifs dans sa compagne électorale était la réhabilitation de l'image de l'Algérie à l'extérieur, car il est évident que la capacité d'agir d'un président au niveau international lié à sa reconnaissance. Pour la France, le fait que le nouveau président avait montré son intention de coopérer a réduit les méfiances. Du côté algérien, tous les facteurs plaident pour une coopération, leur relations économiques sont poussées avec la France, l'existence d'une communauté algérienne en France, mais aussi la volonté du nouveau président de réhabiliter l'image de l'Algérie et la faire rebondir sur la scène internationale dans laquelle le rôle de la France pourrait lui être utile. D'ailleurs cela se confirme par la première visite d'un officiel français en Algérie quand il aborde l'objectif de la France dans cette coopération, mais aussi les raisons qui incitent les deux pays à coopérer, ainsi disait-il devant la communauté française à Alger : « *Je vous vois, valeureux, qui maintenez et développez la présence de la France en Algérie - relation que je qualifiais « d'unique » à bien des*

---

[1] « Elections en Algérie, ddéclaration de la présidence au nom de l'Union européenne, Bruxelles, le 21 avril 1999, In., *La Politique étrangère de la France*, mars-avril 1999, p.395.
[2] *Ibid.*
[3] *Ibid.*

égards, qui s'est forgée dans l'Histoire¹ ». Et plus loin, il parle des liens qui représentent les intérêts français en Algérie : « *il y a là nos intérêts, non seulement politiques, mais aussi commerciaux, culturels, techniques ; une coopération, à beaucoup d'égards exemplaire, et qui se manifeste à travers vous, car elle passe toujours par des femmes et par des hommes qui font vivre cette relation à laquelle, moi, j'ai cru, tout jeune homme – j'étais jeune militaire, appelé du contingent. J'ai pensé qu'elle devait subsister entre la France et l'Algérie, au-delà des souffrances du moment. J'ai toujours pensé que la vie maintiendrait et fortifierait cette relation. Je vois qu'elle a connu des hauts et des bas. Espérons qu'elle reparte vers le haut, grâce à vous et puis, grâce à l'effort qui est fait, je crois, des deux côtés²* ».

Le 21 juin après avoir rencontré les autorités algériennes au plus haut niveau, le ministre de l'intérieur exprime devant le gouverneur d'Alger la perspective dans laquelle il replace la coopération franco-algérienne : « *l'avenir, c'est la relation entre les deux rives et comment mieux y contribuer que de fortifier la relation entre la France et l'Algérie³* », disait-il.

De ce fait, la coopération entre les deux parties ne pose pas problème en soi. Elle n'est pas exclue dans l'équation franco-algérienne, elle reste souhaitable des deux côtés. Nous avons pour l'instant démontré que la coopération qui s'est établi depuis l'indépendance entre les deux pays était devenue petit à petit presque « organique » et que les deux gouvernements avaient tout intérêt à coopérer l'un pour réhabiliter son image et l'autre pour maintenir sa position en Algérie voire la fortifier. Il s'est avéré que le passé récent avait nourrit une certaine hésitation du côté algérien bien qu'il ne soit pas une entrave. Du côté français, le retour sur la guerre d'Algérie avait poussé vers la reconnaissance de cet événement comme guerre et non plus comme opération de

---

[1] « M. CHAUVENEMENT Jean-Pierre, Allocution du Ministre de l'intérieur devant la communauté française, Alger, 19 juin 1999 », In. *La Politique étrangère de la France*, mai – juin, 1999, p.326.
[2] *Ibid.*
[3] CHAUVENEMENT Jean-Pierre, « Déclaration du Ministre de l'intérieur, à l'issu de la conférence de presse des Ministres de l'intérieurs de la Méditerranée occidentale », Alger, 21 juin 1999, In., *La Politique étrangère de la France*, p.358.

maintien de l'ordre, cela correspond dans notre plan théorique à la première forme de reconnaissance « aveu d'un fait après l'avoir nié ». Cela nous incite d'abord à revenir sur cette reconnaissance, la comprendre, ensuite la situer par rapport au rapprochement pour savoir si elle était un facteur déterminant dans la réconciliation franco-algérienne.

2. La reconnaissance de la guerre d'Algérie et le rapprochement

La reconnaissance de la guerre d'Algérie est un fait qui a des significations différentes pour les deux pays. Notre tâche consiste donc à déterminer son impact réel. Cependant, nous avons vu qu'il est nécessaire de rappeler la portée d'une telle terminologie dans l'histoire franco-algérienne mais aussi de retracer son cheminement, pour enfin déterminer son influence dans le changement de perception.

2.1. Du terme opérations de maintien de l'ordre au terme de « guerre »

Lors du déclenchement de la lutte armée menée par le F.L.N, le terme « guerre », avait été prononcé par des officiels français, à savoir François Mitterrand, qui avait déclarait que : « *la seule négociation c'est la guerre*[1] », pourtant les officiels français ont continué à insister sur le caractère insurrectionnel pour qualifier les événements qui se sont passés entre 1954 et 1962. Ils insistaient sur le caractère d'actes terroriste, actes propres aux insurgés pendant le conflit armée (1954-1962), car pour les officiels français, l'Algérie c'est la France et reconnaitre qu'il y a une guerre c'est reconnaitre qu'il y a une guerre entre français[2] et cela sous-entend reconnaitre l'existence d'une nation algérienne ce qui implique que la thèse de l'Algérie française s'estompe. C'est en effet, la raison qui avait poussé les politiques français à adopter l'expression maintien de l'ordre comme attitude officielle.

---

[1]TALEB-IBRAHIMI Ahmed, *Op.cit.*, p.345.
[2]STORA Benjamin, Entretien avec Thierry Leclère, La guerre des mémoires, *Op.cit.*, p.11-18.

Le terme en soi ne constitue pas un problème pour les dirigeants algériens qui ont adopté d'autres termes pour qualifier cet événement, guerre d'indépendance, guerre de libération nationale. Par ailleurs, aujourd'hui le terme pourrait produire des effets juridiques et donc des droits pour ceux qui ont combattu au nom de la France. La reconnaissance engendre donc un effet de réparation. C'est d'ailleurs le sens de l'article L.1er bis : « *La République française reconnaît, dans des conditions de stricte égalité avec les combattants des conflits antérieurs, les services rendus par les personnes qui ont participé sous son autorité à la guerre d'Algérie ou aux combats en Tunisie et au Maroc entre le 1er janvier 1952 et le 2 juillet 1962*[1] ». C'est la première fois que la France reconnait officiellement une vérité indiscutable pour les algériens, que ce qui s'est passé entre 1954-1962 était bien une guerre et non pas des « opérations de maintien de l'ordre », dans une loi qui a été promulguée par l'Assemblée française le 10 juin 1999.

De ce fait, cette reconnaissance vient après une série de lois qui ont été votées depuis la fin de la guerre d'Algérie concernant ces événements, approuvant des amnisties, en 1962, 1968, 1974, 1982.[2] Cette série de lois a permis le non-retour sur les torts commis pendant la période coloniale en Algérie. Selon Benjamin Stora, ces série de lois « *ont construit une chaine fabricant de l'amnésié. L'Etat cache ses « secrets »*[3] ».

Il s'avère donc que cette reconnaissance est avant tout une affaire de rapatriés, qui d'ailleurs étaient derrière cette reconnaissance, puisque cela leur procurait des droits et des indemnisations.

---

[1] LE SENAT, « Loi n°99-882du 18 octobre 1999, paru au journal officielle n°224 du 20 octobre 1999 » [En ligne] disponible sur : URL :http://www.senat.fr/dossierleg/pp198-344.html consulté 15 mars 2008.
[2] STORA Benjamin, *La gangrène et l'oubli, la mémoire de la guerre d'Algérie*, Paris, la Découverte, 1991, p.211-218.
[3] STORA Benjamin, « Quand une mémoire (de guerre) peut en cacher une autre (coloniale) », In. *La fracture colonial, La société française au prisme de l'héritage colonial*, dir BLANCHARD Pascal, BANCEL Nicolas, LEMAIRE Sandrine, la Découverte, Paris, 2005, p. 58.

La guerre d'Algérie est une reconnaissance d'un fait ignoré depuis le début de la guerre, le 1 novembre 1954, sur lequel le pouvoir algérien fondait sa légitimité. Cette guerre de libération nationale semble être un symbole de fierté pour les algériens qui se trouvaient libres chez eux après une longue nuit coloniale. C'est pour cela que de nombreux algériens la vantent[1], alors qu'en France bien que la décolonisation ait été bénéfique, car permettait de se débarrasser du fardeau algérien, la perte de l'Algérie cependant, a été vécue *« comme une sorte d'amputation.[2] »*.

Peut-on considérer cette reconnaissance comme une affaire purement franco-française, ou une reconnaissance qui pourrait réconcilier la France et l'Algérie notamment que la crise algérienne a fait revenir sur la scène médiatique et politique le passé de la guerre d'Algérie et celui du passé colonial, ainsi que la question de la reconnaissance des torts infligés.

2.2. Le début d'un rapprochement à partir de juin 1999

Il est difficile de connaitre l'impact réel de la reconnaissance de la guerre d'Algérie sur le rapprochement franco-algérien. En effet, ce n'est certainement pas ce fait qui avait incité le président algérien à coopérer. Cependant, nous ne nions pas qu'une telle action de reconnaissance de la guerre d'Algérie puisse être un début de rapprochement et de réconciliation. D'ailleurs, la déclaration du ministre français délégué à la coopération et à la francophonie devant la communauté française à Alger affirme ceci, ainsi dit-il : « *C'était une autre période d'exception, celle de la « guerre d'Algérie », une expression depuis longtemps consacrée dans les livres d'histoire, passée tout récemment dans la terminologie officielle. Et je voudrais dire l'importance qu'à mes yeux revêt cette reconnaissance, revendiquée depuis très longtemps par le monde ancien combattant, et en particulier par les anciens de la FNACA, la reconnaissance qu'il y avait bien eu une guerre en Algérie. Je crois, pour avoir aussi évoqué cette question avec le Premier ministre algérien, que cette décision,*

---

[1] B. QUANDT William, *Op.cit.*, p.128.
[2] STORA Benjamin, « La guerre des mémoires », *Maghreb-Machrek*, *Op.cit.*, p.14.

prise il y a quelques semaines seulement, est vécue de manière très positive par les Algériens, parce que ce tabou qui vient de tomber et cette mémoire collective retrouvée ouvrent de nouvelles voies au partenariat franco-algérien[1] ».

La visite en Algérie du ministre français des affaires étrangères, Huber Védrine, vient après cette reconnaissance. Il évoquait dans un entretien à Alger qu'il n'était pas venu uniquement parce qu'il a été invité par le président Bouteflika mais bien parce qu'il estimait que les relations franco-algériennes passaient une étape « charnière », ainsi dit-il : « *J'ai parlé des moments difficiles que les relations entre nos deux pays ont traversés parce que l'Algérie traverse un moment difficile mais j'ai indiqué que nous sommes dans une situation différente, radicalement différente. Nous sommes à un moment charnière. Je crois pouvoir dire que l'alchimie franco-algérienne est de nouveau à l'œuvre. Je pense à ce qui se passe à partir de maintenant et à ce qui viendra après, à travers les rencontres entre le président Bouteflika et le président Chirac, entre le président Bouteflika et M. Jospin, à travers les rencontres et le travail en commun entre les membres des deux gouvernements des deux pays. Tout cela va constituer au cours des semaines et des mois qui viennent une véritable refondation de la relation franco-algérienne*[2] ».

En effet, depuis cette rencontre les contacts ne cessent de se multiplier. Ce qui affirme ce rapprochement mais nous restons douteux quant à la vrai raison qui l'avait rendu possible, car nous ne pensons pas que la reconnaissance de la guerre d'Algérie était la raison majeure derrière ce rapprochement mais plutôt l'objectif du président algérien porté dans sa politique étrangère, il s'agit de la réhabilitation de l'image de l'Algérie, autrement dit son retour sur la scène internationale : la nostalgie à l'âge d'or de la

---

[1] M. JOSSELIN Charles, Ministre délégué à la coopération et à la francophonie, « Allocution devant la communauté française d'Algérie, à l'occasion de la fête nationale », In. *La Politique étrangère de la France*, juillet-aout 1999, *Op.cit.*, p. 34-35.
[2] M. Védrine Hubert, Ministre français des affaires étrangères « Conférence de presse », 30 juillet 1999, centre culturel français, Alger, In. *La Politique étrangère de la France*, La documentation française, juillet-août, 1999, p.109.

diplomatie algérienne. Ainsi, le 14 juillet, à l'occasion de la fête nationale en France, le président algérien avait adressé un message à son homologue, pour lui exprimer sa volonté de « *tourner une page* » avec la France[1] et « *construire des relations privilégiées* [2]», dit-il en insistant sur le point commun qui existe entre les deux révolutions celle algérienne du 1er novembre 1954 et celle française du 14 juillet[3]. Il inscrit sa démarche ainsi dans une mémoire partagée comme l'a fait le ministre français qui l'a traduit dans une mémoire « collective » quand il parlait de la reconnaissance de la guerre d'Algérie et son rôle dans l'ouverture d'une nouvelle page de partenariat. Cela semble relever de la volonté des décideurs français de rebondir sur le passé colonial en Algérie et de mener une approche qui tient en compte uniquement d'une seule période (guerre d'Algérie) qui marque la fin de cent trente-deux ans de colonisation.

De ce fait, il semble que le président algérien a été poussé par son objectif politique qui était le retour de l'Algérie sur la scène internationale, car une alliance avec la France pouvait lui être utile pour le rayonnement de son pays, réduit depuis le début de la crise à un pays exsangue et replié sur-lui même. C'est ce sujet qui est repris beaucoup dans les discours. C'est ainsi que le ministre français des affaires étrangères en abordant la coopération régionale, processus de Barcelone[4] dit aussi de 5+5, confirme que « *l'Algérie doit avoir toute sa place dans ce processus* [5]». De même le ministre français délégué de la coopération et de la francophonie affirme lors du sommet de l'Organisation de l'Union Africaine qu' « *il était important que ce Sommet de l'OUA puisse permettre aux médias du monde entier de donner de l'Algérie à ce moment-ci une image peut-être différente*[6] », pour ne citer que cela.

---

[1] ROSOUX Valérie-Barbara, *Op.cit.*, p.149-150.
[2] *Ibid.*
[3] *Ibid.*
[4] Pprocessus de coopération entre les deux rives de la méditerranée.
[5] M. Védrine Hubert, Ministre français des affaires étrangères « Conférence de presse », 30 juillet 1999, centre culturel français, Alger, *Op.cit.*, p.112.
[6] M. JOSSELIN Charles, Ministre délégué à la coopération et à la francophonie, « Allocution devant la communauté française d'Algérie, à l'occasion de la fête nationale », In. *La Politique étrangère de la France*, juillet-aout 1999, *Op.cit.*, p.33.

La France était disposée à contribuer au retour de l'Algérie sur la scène internationale par différents moyens, comme par exemple l'abolition de mesures de protection instaurées pendant la guerre civile en Algérie par le gouvernement français ou par de pure décision de sociétés privées à savoir d'Air France, selon Huber Védrine[1]. La France a promis aussi d'être son avocat dans les instances internationales comme le FMI ou comme des groupes informels, à savoir le Club de Paris[2], pour convertir la dette algérienne en investissements directs, ce qui pouvait alléger ce fardeau qui pèse lourd sur l'économie algérienne, cela se précisera plus tard.

Le président algérien était-il prêt à rapprocher son pays de la France malgré que depuis l'indépendance, il s'en distanciait et la présentait comme son altérité sachant que la crise algérienne avait mis à nu une relation de connivence entre le régime algérien et la France et avait fait ressortir la question des torts infligés au peuple algérien dans le passé. Le président algérien changeait-il de perception uniquement parce qu'il percevait la coopération dans l'intérêt de son pays notamment pour sortir l'Algérie de son isolement ou hésitait-t-il parce qu'il y voyait un tabou ?

Il nous semble que le président algérien comprenait bien le rôle de la France et était partant pour un rapprochement dès son élection, malgré les critiques portées à son égard par le Quai d'Orsay, il a confirmé que : « *Les relations peuvent être de choix et de qualité, je suis prêt à aller aussi loin que les Français le souhaitent, mais je ne suis prêt à accepter ni tutelle, ni leçons de morale, ni préoccupations, ni jugements de valeur de quelque personnalité politique que ce soit, officielle ou non officielle* [3] ». Il est clair qu'il y a bien une convergence d'intérêts. La France après la perception de l'approche de la fin d'une guerre civile en Algérie dont le rôle avait été mis en cause, il était temps de

---

[1] M. Védrine Hubert, Ministre français des affaires étrangères, « Conférence de presse », 30 juillet 1999, centre culturel français, Alger, *Op.cit.*, p.112-113.
[2] Le Club de Paris est un groupe de créanciers dont dix-neuf pays développés sont membres permanents. Il a pour but de trouver des solutions coordonnées et durables aux difficultés de paiements de nations endettées, On se reporte à la « présentation du club » dans le site web de l'organisation, [En ligne] URL : http://www.clubdeparis.org/ consulté 30 juin 2012.
[3] « Carte d'Algérie-Résultat d'élections », vidéo, mis en ligne le 16 avril 1999, *Op.cit.*

dépasser cette période notamment que le président algérien voulait établir une réconciliation algéro-algérienne mais aussi algéro-française[1]. En effet, le ministre français confirmait, dans son entretien avec le président algérien, qu'il avait eu le sentiment de se trouver en face de « *quelqu'un déterminé à faire sauter un certain nombre de tabous en Algérie, sur le plan interne et externe. Cela concerne notamment la relation avec la France. Il faut en profiter*[2] ».

De plus, les autorités algériennes voulaient avoir une relation politique forte avec la France, à l'instar des relations franco-marocaines[3], car l'Algérie a pris du retard par rapport à ses voisins. Au moment où elle sombrait dans une crise sanglante, le Maroc et la Tunisie avançait dans leur relations avec le nord européen en signant des accords d'association avec l'O.T.A.N et des accords à caractère économique, « association avec l'Europe », un facteur incitant l'Algérie à rattraper son retard d'autant plus qu'elle entretient avec le Maroc une relation teintée de « jalousie[4] ».

La plus forte raison est que, selon le ministre français de l'intérieur, interrogé sur les attentes de l'Algérie vis-à-vis de la France, confirme qu'elle peut : « *contribuer à son développement à maints égards. Son intérêt est de se voir s'affirmer une grande nation moderne, prospère, démocratique, au sud de la méditerranée*[5] ». Ainsi, l'impact de la reconnaissance de la guerre d'Algérie auquel fait allusion le ministre français, délégué de la coopération et de la francophonie sur l'amélioration des relations franco-algériennes, n'aurait été que subsidiaire. Pour le moment tous les arguments confortent l'idée de la volonté de l'Algérie à réhabiliter son image, soit à rattraper le retard et s'affirmer au Sud de la méditerranée. C'est ce que ressent d'ailleurs le premier

---

[1] ROSOUX Valérie-Barbara, *Op.cit.*, p.149.
[2] « Entretien de M. Hubert Vedrine, Paris, 2 aout 1999, Paris-Match, hebdomadaire », In. Politique étrangère de la France, juillet-aout, *Op.cit.*, p.120.
[3] « Entretien du ministre des affaires étrangères, m. Hubert Védrine avec radio "Beur F.M Paris", 29 juillet 1999 », In. Politique étrangère de la France, juillet-aout, *Op.cit.*, p..102, paris,
[4] GRIMAUD Nicole, « L'introuvable équilibre maghrébin », *Op.cit.*, p.323-347.
[5] CHAUVENEMENT Jean-Pierre, « entretien , Paris, 5 juillet, Le parisien », In. *La Politique étrangère de la France*, juillet-aout 1999, *Op.cit.*,p.10.

ministre, Lionel Jospin, en abordant les problèmes hérités du passé mais aussi l'avenir des relations franco-algériennes, dans sa rencontre avec Bouteflika, ainsi déclare-il : « *Il m'a parlé comme un homme qui veut replacer l'Algérie dans un monde contemporain tel qu'il est, mais en même temps avec sa personnalité, son identité, le respect qui est dû à ce pays. J'ai senti une intensité tout à fait considérable. C'est par rapport à ce que, je redis ici, la France est à fait disponible*[1] ».

Reste à savoir comment le nouveau président algérien qui veut réconcilier les Algériens avec « *leur histoire récente et ancienne*[2] » mais aussi avec la France, pourrait ignorer la revendication des torts infligés au peuple algérien suscitée par l'opposition pendant la crise et devenue un sujet sensible en France, d'autant plus que le mouvement international favorise la mise en conscience du passé colonial. En effet, à partir des années quatre-vingt-dix, les gestes officiels de reconnaissance se multiplient. La liste des Etats repentis est langue, à l'exemple des excuses faites à la Knesset, en 1991, par le président polonais, Lech Walesa, concernant les atteintes portées aux juifs pendant la seconde guerre mondiale, ou celles faites, en juillet 1999, par le premier ministre hongrois, Gyula Horn, sur le même sujet[3]. De même, le 16 juillet 1999, le président français, Jacques Chirac, a reconnu la part de responsabilité de l'Etat français, notamment lors des déportations de l'été 1942[4]. Ces exemples et bien d'autres montrent que le phénomène de la reconnaissance s'est introduit dans la quotidienneté des relations internationales. Voilà pourquoi une réconciliation avec la France pourrait être difficile.

2.3. La visite du président algérien jette le socle du rapprochement

Pour marquer ce temps nouveau dans les relations franco-algériennes, Bouteflika avait entamé une visite à Paris durant

---

[1] « Entretien de M. Hubert Vederine avec Europe 1, Paris, 17/09/1999 », In. La politique étrangère de la France, mai - juin, 1999, documentation française, p.67-68.
[2] *El Moujahid*, 12 juillet 1999, cité par ROSOUX Valérie-Barbara, *Op.cit.*, p.149.
[3] MOREAU de FARGES Philippe, *Repentance et Réconciliation*, Presse de Fondation Nationale de Science Politique, 1999, p.9.
[4] *Ibid.*

laquelle il avait précisé dans un long discours les motivations qui incitent les deux pays à coopérer mais aussi les axes sur lesquelles la coopération et la réconciliation franco-algérienne seront fondées. Cela englobe aussi bien les aspects matériels que les aspects immatériels. Nous rappelons ici que nous estimons que ces derniers ne sont que le reflet des préférences et des motivations identitaires.

2.3.1. *Bouteflika salue la France pour une reconnaissance et en demande une autre*

La visite de Bouteflika semble préluder à une ère nouvelle, l'ère de la réconciliation et de la reconnaissance. Par son discours à l'Assemblée nationale française, le président algérien a jeté le socle du rapprochement et a exposé sa vision des relations franco-algériennes du passé, du présent mais aussi du futur.

Le président algérien, estime que sa visite exprime des « retrouvailles[1] » après une décennie de crise qui avait brouillé l'image de l'Algérie dans le Monde et retardé son développement[2]. Il considère que le nouveau climat qui régnait entre la France et l'Algérie permettait d'entrer dans une ère nouvelle et ouvrir une voie vers la coopération et l'amitié, ainsi dit-t-il : « *de nouvelles chances s'offrent à notre coopération, si souvent perturbée ou contrariée, pour qu'elle emprunte enfin le chemin dans le climat de confiance et d'amitié renforcé[3]* ». Selon lui, les éléments géopolitiques, historiques, et géostratégiques, bien qu'ils soient des raisons poussant les deux pays à coopérer, ils restent cependant insuffisant pour une véritable réconciliation et normalisation des relations franco-algériennes, ainsi déclare-t-il : « *Je n'évoquerai pas les facteurs géo-historiques et géostratégiques qui militent en faveur de cette perspective. Qu'il me suffise cependant de souligner que tous ces éléments réunis révèleraient très vite leurs limites et s'avéreraient lettre morte, s'ils n'étaient associés à une volonté politique et inscrits dans une*

---

[1] BOUTEFLIKA Abdelaziz, « Transcription de discours du président algérien à l'occasion de sa réception dans l'hémicycle de l'Assemblée française », Paris, 14 juin 2000, [En ligne] Consulté le 01 juin 2008, disponible sur : URL : http://videos.assemblee-nationale.fr/chaines.php?media=1872&synchro=0
[2] *Ibid.*
[3] *Ibid.*

démarche globale, où s'effaceraient les égoïsmes mesquins, les irritations épidermiques saisonnières, les malentendus lourds et persistants et, par-dessus tout, ces nostalgies d'une autre époque, promptes à se réveiller en certaines circonstances, comme pour prendre une revanche dérisoire sur l'histoire[1]».

Il revient ensuite sur le passé pour confirmer que le système colonial avait commis des torts envers le peuple algérien même s'il reconnait l'idée que la colonisation avait ouvert la voie de la modernité, ainsi déclare-t-il : « *La colonisation, au siècle dernier, nous a ouverts à la modernité, mais c'était une modernité par effraction, une modernité imposée qui a engendré le doute et la frustration, tant il est vrai que la modernité se nie elle-même et se discrédite quand elle revêt le visage grimaçant de l'oppression et du rejet de l'autre. La modernité à laquelle nous aspirons, Monsieur le Président, et qui relève pour nous d'un impératif de survie, n'est pas, comme l'insinuent ses ennemis, un placage artificiel, un mimétisme servile dans les pensées et les comportements*[2] ». La modernité attendue par le président algérien est « *ressortit, avant tout, d'un engagement libre des hommes à développer leurs capacités natives en tant qu'hommes, de telle sorte qu'ils puissent prendre en charge leur destin dans ce monde, et le maîtriser*[3] ».

Plus loin, il réitère sa vision de la coopération franco-algérienne sur le plan bilatéral et multilatéral, il semble qu'il percevait toujours la coopération et la réconciliation franco-algérienne au regard du passé. Il voit encore l'inégalité dans ces rapports qui représentent un déséquilibre trouvant ses origines dans les conséquences de la colonisation et qui nécessite, selon lui, une reconnaissance, ainsi dit-il : « *Si la colonisation a pris fin, ses conséquences, qui sont loin d'être épuisées, la maintiennent toujours sur la sellette. S'en laver les mains, même à quarante ans de distance, c'est emboîter le pas à une pratique politique digne d'un Ponce Pilate*[4] ». Et il ajoute : « *la lourde dette morale des anciennes métropoles envers leurs administrés de jadis s'avère*

---

[1] *Ibid.*
[2] *Ibid.*
[3] *Ibid.*
[4] *Ibid.*

ineffaçable et, pourquoi ne pas l'avouer, imprescriptible. En tout cas, elle continuera à peser sur les rapports Nord-Sud, aussi longtemps qu'elle n'aura pas été exorcisée, c'est-à-dire lucidement prise en compte[1] ».

Il salue les efforts entrepris en France depuis 1999 (reconnaissance de la guerre d'Algérie), ainsi déclare-t-il « *Que vous sortiez des oubliettes du non-dit la guerre d'Algérie en la désignant par son nom, que vos institutions éducatives s'efforcent de rectifier dans les manuels scolaires l'image parfois déformée de certains épisodes de la colonisation représente un pas encourageant dans l'œuvre de vérité que vous avez entreprise pour le plus grand bien de la connaissance historique et de l'équité entre les hommes[2]* ». En insistant sur l'idée que le monde d'aujourd'hui est entré dans une ère nouvelle caractérisée par l'examen de conscience, en faisant allusion aux différents gestes de reconnaissance. Et bien qu'il estime qu'il y ait une interdépendance entre l'Algérie et la France, il replace la réconciliation franco-algérienne et les futurs rapports dans une perspective de reconnaissance, ainsi déclare-t-il : « *Il s'agirait, en d'autres termes, de l'œuvre originale que serait notre coopération future, où les partenaires, vous et nous, et d'autres encore, se reconnaîtront entre eux en marquant du sceau de l'universel leurs convergences et en fixant leurs regards sur la même ligne d'horizon. C'est là le remède drastique qui s'offre à nous pour transcender les séquelles encore vives du contrat colonial, où l'indigène, partenaire contraint et forcé, se trouvait relégué à l'état d'instrument utilitaire, son humanité dégradée, et sa culture ancestrale réduite à quelques clichés exotiques. La colonisation porta l'aliénation de l'autochtone à ses limites extrêmes. Si ce qu'on a appelé décolonisation lui rendit la liberté, elle ne lui a pas, pour autant, assuré une relation décolonisée avec l'ancien maître[3]* ».

Ce type de discours politique n'est pas nouveau bien que son contenu soit original, car depuis l'indépendance les politiques

---

[1] *Ibid.*
[2] *Ibid.*
[3] *Ibid.*

algériens se plaignaient des inégalités des rapports franco-algériens et des rapports Nord-Sud en général. Rappelant ici le fameux discours de Boumediene à l'O.N.U où il dénonce l'ordre économique international basé selon lui sur l'exploitation et sur les inégalités. De même, les conséquences du système colonial étaient souvent présentes dans les discours de Boumediene sans qu'il aille jusqu'à demander la reconnaissance des torts infligés. Depuis l'indépendance les dirigeants algériens tantôt revendiquent d'être traité comme l'« égal » de la France tout en reprochant à la France son attitude paternaliste, tantôt, ils insistant sur la réparation, ainsi l'aide financière et technique accordée par la France avait été considérée comme un dû. En revanche, le changement des normes pratiquées dans la politique internationale avait incité le président algérien à intégrer dans son discours la reconnaissance telle qu'elle est pratiquée, c'est-à-dire sous forme d'excuse, de repentance, d'aveu de responsabilité et de réparation. Le président algérien Bouteflika a inscrit lui aussi cette reconnaissance dans une démarche globale liant le passé au présent et au futur. Ainsi, il considérait que les conséquences de la colonisation seraient un frein au développement.

Daniel Bourmaud explique que « *Le procès du colonialisme repose sur l'accusation d'une exploitation des ressources du colonisé, de son appauvrissement et, partant, de son sous-développement[1]* ». Ainsi, Bouteflika estimait qu'un tel système avait entravé l'évolution des pays administrés par des pays colonisateurs. Il replace donc cela dans une vision globale de déséquilibre entre le Nord et le Sud duquel l'Algérie se veut, comme toujours, le fervent défenseur. Le remède pour lui serait un travail de reconnaissance et de réparation. Ce travail de réparation comme le souligne Kwamek Anthony Appiah, ne consiste pas à « *défaire le passé mais plutôt de ramener la victime là où elle serait si l'auteur n'avait pas commis ce tort[2]* ».

---

[1]BOURMAUD Daniel, « Aux sources de l'autoritarisme en Afrique : des idéologies et des hommes », *Revue internationale de politique comparée* 4/ 2006 (Vol. 13), p. 625-641, URL : www.cairn.info/revue-internationale-de-politique-comparee-2006-4-page-625.htm, Consulté le 11 janvier 2008.
[2]KWAMEK Anthony Appiah, « Comprendre les réparations », *Cahiers d'études africaines*, 173-174 | 2004, [En ligne], mis en ligne le 08 mars 2007. URL : http://etudesafricaines.revues.org/index4518.html. Consulté le 11 janvier 2008.

La reconnaissance que revendique le président algérien relève aussi de l'estime de soi. Un devoir de reconnaissance aux yeux de Bouteflika est le seul moyen capable de remédier aux séquelles de la colonisation encore présents dans les esprits des Algériens, un geste qui pourrait, selon lui, aider à rétablir la confiance et réconcilier entre les deux pays.

Cependant, le président algérien maintient-t-il sa revendication ou plutôt se contente-il de relever le défi de la réhabilitation de l'image de l'Algérie et du développement de son économie dans laquelle la France pourrait jouer un rôle important, notamment par son poids dans les instances internationales et régionales, à savoir l'Europe dont elle assure la présidence. La même question se pose par rapport à la France, à savoir si elle pourrait dépasser ce complexe en faisant un examen de conscience du passé colonial.

En effet, en France le retour sur cette période avait suscité au départ la progression du front national qui, selon Benjamin Stora, « *s'alimente aux sources du refoulé de cette guerre* ». Il estime que « *la perte de l'Algérie française apparaît toujours comme justification a posteriori du système colonial, par construction d'une mémoire de la revanche*[1] ». Tandis qu'à partir de 1999-2001, une autre stature s'installe progressivement, il s'agit des différentes révélations sur la torture et sur les exactions commises, on assiste non plus au mutisme mais à une « flambée de mémoire[2] ».

Ce mouvement bien entendu, n'était pas limité aux acteurs de guerre et aux victimes, mais il avait atteint aussi la classe politique, législateurs et exécuteurs. Le premier ministre, Lionel Jospin, soutient alors l'appel lancé par les intellectuels qui incitaient l'Etat français à condamner la torture pratiquée au nom de l'Etat français[3]. La reconnaissance et la condamnation de la torture restait un sujet controversé en France[4]. Ainsi, le retour sur

---

[1] STORA Benjamin, « guerre d'Algérie, les accélérations de la mémoire », In. STORA benjamin et Mohammed Harbi dir. « et al », *La Guerre d'Algérie 54-2004, La fin de l'amnésie, op.cit.,* p.503.
[2] *Ibid.*,
[3] *Ibid.*, p.505.
[4] Si Jacques Massu, 92 ans, était favorable à la reconnaissance et la condamnation de la torture en Algérie, Aussaresses, 82 ans, s'est prononcé contre une telle démarche. Il

la mémoire de la guerre d'Algérie, aurait accéléré le dévoilement de sa réalité. Qu'en est-il alors de la position du gouvernement français en réaction à l'appel du président algérien.

2.3.2. Attitude française

La vision victimaire que présente le président algérien n'est pas partagée par les dirigeants français. En effet, la reconnaissance de la guerre d'Algérie semble ouvrir une nouvelle page entre l'Algérie et la France mais la manière dont les futurs partenaires conçoivent leur passé, ne semble pas prescrire les mêmes remèdes aux vicissitudes du passé. Les dirigeants français mettent plutôt le bourreau et la victime sur le même pied d'égalité et invite à construire la réconciliation franco-algérienne sur la base d'une mémoire commune qui tient en compte les souvenirs partagés ou les sacrifices communs qui auraient libéré la France, « *Les combats de bonne foi et les souffrances des victimes, ont leur dignité. Chacun doit aujourd'hui honorer ses morts et respecter ceux de l'autre*[1] », déclare le président de l'Assemblée nationale de la France. Il ajoute que « *le passé commun n'est pas fait seulement de luttes, mais aussi de fraternité. Ayons une pensée pour les soldats algériens qui ont combattu dans plusieurs guerres aux côtés des Français et contribué à la libération de la France*[2] ». Il insiste sur cette ère nouvelle que connaissent les deux pays et prévoit l'aide de la France pour sortir l'Algérie de son isolement[3]. Il conçoit que les futurs rapports doivent être construits sur « [...] *une base objective, débarrassée des préjugés d'hier, dans le respect mutuel*[4] ».

---

n'avait pas ce sentiment de culpabilité, on se reporte au STORA Benjamin, « guerre d'Algérie, les accélérations de la mémoire », *Op.cit.*, p.506.
[1] M. Raymond FORNI , « Discours prononcé par le président de l'Assemblée nationale française, lors de la visite d'Etat du président algérien en France le 14 juin 2000, [En ligne], disponible sur : URL :
http://www.assemblee-nationale.fr/international/reception-algerie-cr.asp
consulté le 01 juin 2008.
[2] *Ibid.*
[3] *Ibid.*
[4] *Ibid.*

Les mêmes propos sont aussi tenus par le président français, Jacques Chirac. Pour lui l'Algérie et la France doivent progresser en privilégiant ce qui les unit : « *Aller de l'avant pour l'Algérie et la France, c'est dans la sérénité, dans le respect des sensibilités de chacun, bâtir une relation apaisée et ambitieuse. En un mot, privilégier ce qui nous unit*[1] », déclare-t-il. Il évoque aussi les Algériens vivants en France et ceux d'origine algérienne, « *l'âme des deux peuples se mêlent*[2] », dit-il. Ensuite, il confirme que « *l'Algérie a un destin lié avec l'ensemble du monde arabe. Profondément méditerranéenne, elle est tournée aussi vers l'Europe. Elle a une position éminente sur le continent africain et elle y exerce d'importantes responsabilités*[3]» et affirme alors la disponibilité de la France pour aider l'Algérie à alléger sa dette extérieure et à s'associer avec l'Europe, autrement dit, elle sera son avocat auprès des instances internationales.[4]

Ceci était d'ailleurs l'approche dominante depuis l'indépendance comme nous l'avons vu auparavant dans notre première partie, sauf que le contexte n'était pas le même que ce soit dans les deux pays ou sur la scène internationale. En effet, à partir de juin 1999 commence à se dessiner une nouvelle voie en France qui incite les deux pays à revenir sur leur passé commun, il s'agit de différentes révélations des torts infligés au peuple algérien par les auteurs de la guerre d'Algérie. De même, la scène internationale avait connu une multiplication de gestes de contrition que le président algérien soulignait dans son discours devant l'Assemblée française. En revanche, les dirigeants français ne tenaient pas en compte les revendications du président algérien quant à la reconnaissance des torts infligés, mais ils voulaient traduire plutôt cela dans une démarche commune. Il s'agit de s'engager à construire la réconciliation franco-algérienne sur « une mémoire partagée ». Cette démarche avait commencé à se

---

[1]CHIRA Jacques, « Allocution du président de la République, M. Jacques Chirac, lors du dîner d'Etat offert en l'honneur du président de la république algérienne démocratique et populaire, M. Abdelaziz Bouteflika, le 14 juin 2000 », In. *Politique étrangère de la France*, mai-juin 2000, La documentation française, p. 266
[2] *Ibid.*
[3]CHIRA Jacques, « Allocution du président de la République, M. Jacques Chirac, lors du dîner d'Etat offert en l'honneur du président de la république algérienne démocratique et populaire, M. Abdelaziz Bouteflika, le 14 juin 2000 »,*Op.cit.*, p.266.
[4] *Ibid.*, p. 266-267.

dessiner lors des premiers messages échangés entre les deux présidents à l'occasion de la fête nationale en France le 14 juillet 1999, bien que le discours du président algérien devant l'Assemblée française, ne laissait pas de doute concernant son attente d'une reconnaissance de la part de la France, il considère son pays comme victime d'une colonisation dont les conséquences continuent à freiner son évolution.

Valérie Rosoux, qui avait suivi l'évolution des représentations du passé dans la politique étrangère de la France à l'égard de l'Algérie jusqu'en juin 2000, s'interrogeait sur cette nouvelle étape dans les rapports franco-algériens et exprimait sa méfiance à l'égard de cette « mémoire partagée » qui commençait à se dessiner, elle se demandait si cette modification du regard au passé ne serait pas finalement que des souhaits pieux, comme il y a eu de nombreux autres depuis l'indépendance[1]. En effet, en dépit d'une guerre coûteuse et pour sortir sereinement du bourbier algérien, de gaulle avait la même attitude à l'égard du passé franco-algérien : il le perçoit à travers les souvenirs des grandes batailles qui ont réuni les deux peuples.

C'est dans ce cadre aussi que le président français avait invité le président algérien à assister à la commémoration à Verdun, pour honorer les 26000 soldats algériens tombés pour la libération de la France pendant la deuxième guerre mondiale. Cela amène à se demander si les deux pays réussiraient à surmonter les conflits liés au passé. Ce que nous pouvons confirmer c'est que jusqu'à lors, l'ouverture de l'un envers l'autre aura donné lieu à un rapprochement et à un dialogue politique renforcé sans contrition de la part de la France, ceci renforce l'hypothèse du retour de l'Algérie sur la scène internationale et le rattrapage du retard économique qui aurait été derrière cette ouverture et ce rapprochement entre les deux pays.

---

[1] ROSOUX Valérie Barbara, *Les usages de la mémoire dans les relations internationales, Le recours au passé dans la politique étrangère de la France à l'égard de l'Allemagne et de l'Algérie, De 1962 à nos jours*, Op.cit., p.151.

2.3.3. L'ouverture de l'Algérie

L'ouverture de l'Algérie commence à se dessiner depuis la visite à Paris du président algérien en juin 2000 où il avait tenu un long discours en français, programmé d'ailleurs en arabe devant l'Assemblé française[1]. Il y affirmait : « *la langue française et la haute culture qu'elle véhicule restent, pour l'Algérie, des acquis importants et précieux que la réhabilitation de l'arabe, notre langue nationale et officielle, ne saurait frapper d'ostracisme. C'est là une richesse à même de féconder notre propre culture et c'est pourquoi le français, à l'instar d'autres langues modernes, et plus encore en raison de ses vertus intrinsèques et de son ancienneté dans notre pays, gardera une place qu'aucun complexe, aucun ressentiment ni aucune conjoncture quelconque ne sauraient lui disputer*[2]. ».

De même l'hésitation algérienne à entrer dans des échanges d'envergure avec l'occident en général et avec la France en particulier, avec laquelle elle a des relations économiques poussées, s'estompait progressivement. L'Algérie devient un membre observateur au sein de l'Organisation International de la Francophonie (OIF), depuis le sommet de Beyrouth 2002. Interrogé sur ce changement notable, le président algérien réplique : « *après avoir été récupérée et renforcée, notre arabité est suffisamment affirmée, pour ne courir aucun risque*[3] ». Abdelaziz Bouteflika ne voit pas non plus le français comme un problème mais le considère comme un butin de guerre. Il croit que l'utilisation du français est utile pour s'ouvrir sur la modernité et permettre aux jeunes algériens de suivre l'évolution du monde moderne et y participer[4]. De même, le président algérien a accepté l'invitation du Conseil de l'O.T.A.N à rejoindre le dialogue

---

[1] TUQUOI Jean-Pierre, *Paris-Alger*, couple infernal, Paris, Grasset, 2007, p.151.
[2] BOUTEFLIKA Abdelaziz, « Discours du président algérien à l'occasion de sa réception dans l'hémicycle de l'Assemblée française, Paris, 14 juin 2000 », *Op.cit*.
[3] « Les derniers sommets de la Francophonie », [Enligne], consulté le 10 octobre 2010, disponible sur : URL :
http://www.ladocumentationfrancaise.fr/dossiers/d000124-la-francophonie/les-derniers-sommets-de-la-francophonie
[4] *Ibid*.

atlantique en mars 2000¹. Il invitait l'occident au dialogue de civilisations en inscrivant l'action de l'Algérie dans cette démarche universelle, et en participant même à des conférences sur ce sujet, à savoir celle de l'UNESCO².

Dès lors l'Algérie n'est plus cet Etat « progressiste », mais elle pratique désormais la politique du « bon élève » en inscrivant pleinement son action intérieur dans le cadre de la défense des idéaux de l'ONU³.

Le changement le plus spectaculaire se réalise lors des attentats du 11 septembre 2001⁴, où l'Algérie s'était rangée aux côtés des Etats-Unis en profitant de cette occasion pour redorer son image qui changeait progressivement et pour affirmer que le terrorisme dont elle avait souffert était un fléau qui pouvait alors toucher n'importe quel pays⁵. Puisque l'Algérie avait vécu une décennie dans la lutte contre le terrorisme, ceci allait donc s'ajouter comme ban essentiel caractérisant désormais sa politique étrangère et dont le rôle reconnu est de plus en plus accru, au point de constituer à partir de cela un pilier important de son identité politique, reconnue à l'échelle internationale. Ainsi, les Etats-Unis présente l'Algérie comme un allié important dans la lutte contre le

---

¹Le Dialogue méditerranéen de l'OTAN a été lancé en 1994, l'Algérie n'y adhère qu'en mars 2000. Le Dialogue selon le point de vu de l'Organisation la sécurité de l'Europe est liée à la sécurité et à la stabilité de la méditerranée. De ce fait, ce dialogue fait « partie intégrante de l'adaptation externe de l'OTAN à l'environnement de sécurité de l'après-guerre froide et est en même temps une composante importante de la politique d'ouverture et de coopération de l'Alliance. ». On se reporte au site web de l'Organisation.
« Algeria's participation in NATO's Mediterranean Dialogue », [Press Release (2000) 027, Issued on 14 Mar. 2000, last updated: 01 Sep. 2010 14:43], Accessed: 29/11/2010 03:00,[online] http://www.nato.int/cps/fr/natolive/news_17867.htm?selectedLocale=fr
²19 décembre 2003 - conférence à la Sorbonne du président algérien, Abdelaziz Bouteflika, sur le thème « culture et civilisations : quel dialogue? », mais aussi celui, du 5 avril 2005, où le président algérien participe à la conférence sur le dialogue entre les civilisations organisée par l'Organisation des Nations unies pour l'éducation, la science et la culture (UNESCO).
³« M. MEDELCI réaffirme l'attachement de l'Algérie aux principes fondateurs de l'ONU, le 25/10/2009 », [En ligne] DISPONIBLE SUR / URL : http://www.mae.gov.dz/news_article/357.aspx
⁴AGGOUN Lounis et RIVOIRE Jean-Baptiste, *Op.cit.*, p.575-577.
⁵*Ibid.*, p.573-576.

terrorisme¹. Les relations algéro-américaine dans ce domaine ne cesse de s'intensifier.

De même, la France multiplie ses gestes symboliques et matériels. En effet, l'ouverture de l'Algérie sur la France et sur l'occident en général a incité le président français Jacques Chirac à se rendre en Algérie et à marquer ce rapprochement par une visite immédiatement après les inondations de Beb Elwad à Alger le premier décembre 2001. Mais l'Evénement qui marque cette période d'embellie est « l'année culturelle d'Algérie en France » à partir de novembre 2002.

Cette année était considérée par le ministre des affaires étrangères, Dominique de Vulpin, comme symbolique et comme un travail de rapprochement et de confiance, ainsi dit-il : « *c'est à nous français et algériens, de savoir maintenant reprendre l'histoire en marche. A nous de montrer notre capacité à convertir le passé en une force de partage, de mouvement, de dynamisme. A nous de nous tourner main dans la main vers l'avenir et de la construire ensemble [...] je voudrais dire ici mon admiration et mon enthousiasme pour ce défi hautement symbolique que représente l'année de l'Algérie en France [...] je voudrais dire ma joie de constater que ce sont notamment la culture et les arts qui nous permettent de sortir d'un temps de silence et de méfiance, se plaçant ainsi à l'avant-garde des relations franco-algériennes²* ».

De même, le responsable de cette manifestation culturelle algérienne en France, Hervé Bourges, note que cette année était d'extrême importance, un moyen de dialogue et d'échange et affirme qu'il est : « *impossible de nier que cette Année était nécessaire, attendue, et qu'elle sera utile : elle fonde une nouvelle époque des relations franco-algériennes, répondant à l'espoir de tous ceux pour qui le monde de demain doit être un monde de dialogue et de respect mutuel entre les nations et entre les*

---

¹ « Algeria profile, 12/2004 », U.S. Department of State, *Op.cit.*
²M. De VILLEPIN Dominique, du Ministre des affaires étrangères de la France, « Discours d'ouverture, Année de l'Algérie en France, paris, 6 novembre 2002 », In. *La politique étrangère de la France*, Documentation française, novembre-décembre, 2002, p.25.

cultures. Entre une France et une Algérie réconciliées, l'espace méditerranéen pourrait bien en montrer la voie[1] ».

A vrai dire, l'année de l'Algérie en France, visait non seulement à rapprocher les deux peuples, mais avait pu aussi redorer l'image de l'Algérie qui sortait d'une guerre fratricide[2]. Ainsi, la France accusée depuis l'élection de Bouteflika d'être partie prenante au drame algérien et d'être une puissance d'ingérence, ne l'était alors plus. Au contraire, elle est devenue l'ami qui participe au retour de l'Algérie sur la scène internationale et à la réhabilitation de son image. La visite de Chirac en mars 2003 rentre dans ce cadre de rapprochement, elle incite encore plus les deux Etats à élaborer un cadre de dialogue politique renforcé.

3. Du rapprochement à l'amitié

3.1. Visite du président français en Algérie

La visite d'Etat du président français en Algérie entre le 2 et 3 mars 2003, visite la plus élevée dans l'ordre protocolaire international[3] et la première pour un président français en Algérie depuis l'indépendance de celle-ci, a posé les fondations d'un dialogue politique approfondi. Pendant sa visite, le président français, Jacques Chirac, accompagné d'une importante délégation de politiques et d'investisseurs, multipliait les gestes symboliques comme le dépôt de gerbes au monument des martyrs algériens et la remise du sceau de reddition de 1830 qu'il désignait comme le

---

[1] BOURGES Hervé, « L'Algérie sans masque », *Figaro*, le 21 février 2003.
[2] AGGOUN Lounis et RIVOIRE Jean-Baptiste, *Françalgérie, crimes et mensonges d'Etas, histoire secrète, de la guerre d'indépendance à la « troisième guerre » d'Algérie, Op.cit.*, p.582-583.
[3] On se reporte au TSCHARNER Benedict, qui marque bien la différence entre une visite officielle et une visite d'Etat, ainsi dit-il « *une visite d'Etat est importante : le visiteur officiel se rend dans une capitale étrangère pour s'y entretenir avec les autorités de ce pays. L'hôte d'Etat, en revanche, rend visite à un pays, à un peuple ; les plus hauts représentants de l'Etat l'invitent, le reçoivent et l'accompagnent, certes ; mais, ils ne sont pas vraiment au centre de l'événement [...] Il ne s'agit donc pas un événement banal, relevant de la routine diplomatique.* », TSCHARNER Benedict *Profession ambassadeur, diplomate suisse en France*, Suisse, St-Gingolph, Cabédita, 2002, p.328

retour du « *symbole de souveraineté à l'Etat algérien*[1] » marquant, selon lui, les « retrouvailles» des deux pays et marquant la « *volonté de l'Algérie et de la France d'être solidaires, de se rejoindre pour avancer ensemble sur les chemins de l'avenir*[2] ».

Le ministre des anciens combattant affirme que : « *pour la première fois depuis quatre ans, des deux côtés de la Méditerranée, le peuple et les gouvernements sont en parfaite harmonie sur la question des relations franco-algériennes*[3] ».

A cet instant, ce rapprochement se dessinait sans que la France ne fasse le moindre acte de reconnaissance des torts infligés, mais simplement des gestes symboliques marquant l'empathie et la considération. L'objectif était atteint des deux côtés, la France cherchait à retourner avec force en Algérie après le retour à la stabilité de celle-ci et cette dernière commençait progressivement à sortir de son isolement et à retourner sur la scène politique internationale. La convergence diplomatique sur des questions internationales mais aussi la position de la France envers le monde arabe faisait partie des facteurs qui ont contribué à ce rapprochement. C'est ce que nous avons observé d'ailleurs tout au long de notre première partie.

3.1.2. La position de la France envers le monde arabe

La visite du président français en Algérie coïncidait avec l'intention et la préparation des Etats Unis à attaquer l'Irak. L'attitude de Jacques Chirac qui se prononçait contre cette guerre a fait que le gouvernement algérien ainsi que son peuple lui avaient réservé un accueil chaleureux[4]. La presse dans les deux pays compare Jacques Chirac à un héros, cela se précise dans son entretien avec la télévision algérienne qui a montré en lui un héros

---

[1]M. CHIRA Jacques,« Allocution du président de la République, l'occasion de la remise du sceau du Dey d'Alger , Alger, 2 mars 2003 », In., *Politique étrangère de la France*, La documentation française, mars-avril 2003, p.11
[2] *Ibid*.
[3]M. MEKACHERA Hamlaoui, « entretien du secrétaire d'Etat aux anciens combattants, Le Parisien, 1 mars 2003 », In. *La Politique étrangère de la France*, mars-avril 2003, *Op.cit*., p.11.
[4]STORA Benjamin, « 2003, une « année d'Algérie » en France », In. *Chronique de l'année de 2003*, France, Trélissac, Chronique, janvier 2004, p.57.

pour les pays arabes et musulmans compte tenu de sa position contre la guerre en Irak[1]. Le côté identitaire a bien joué dans ce rapprochement et avait réduit énormément les sentiments d'altérité[2]. Ainsi, le rapprochement avec la France et l'occident avait, en cette période, sorti l'Algérie de son isolement, ce qui va donner plus de raison au président algérien de sceller une véritable réconciliation avec la France. C'est lors de cette visite que les deux pays ont signé l'accord d'Alger, les deux président Jacques Chirac et Abdelaziz Bouteflika voulaient concrétiser ce rapprochement par l'engagement dans un vrai dialogue politique et l'affirmation ainsi d'une véritable réconciliation par une éventuelle signature d'un traité d'amitié.

3.1.3. Déclaration d'Alger et dialogue politique renforcé

Le préambule de la déclaration résume l'envergure de ces relations en progression depuis l'indépendance et le nouvel élan qui va éventuellement caractériser les relations futures : « *Conscientes de l'extrême densité et de la richesse exceptionnelle des liens multiformes qui les unissent tout en assumant pleinement le legs du passé et soucieuses d'inscrire leurs relations dans une vision novatrice résolument tournée vers le progrès et l'avenir, adossée aux valeurs d'amitié, de solidarité et de coopération, la France et l'Algérie veulent s'engager dans la construction d'un avenir partagé[3]* », selon la déclaration.

---

[1] « Entretien du président de la République, M. Jacques Chirac, avec la télévision algérienne, Paris, 1er mars 2003 », *La Politique étrangère de la France*, mars-avril 2003, *Op.cit.*, p.6.

[2] L'image de l'ennemi est un révélateur pour comprendre la perception et les attitudes des hommes politiques selon le Professeur LINDEMANN Thomas, parmi les images que peuvent les décideurs entretiennent, il y a celle de « la *dichtomie* de ''Nous'' et ''les autres'' » qui est une image d'altérité. On se reporte en cela à LINDEMANN Thomas, *Les doctrines darwiniennes et la guerre de 1914*, Paris, Economica et Institut de Stratégie Comparé, 2001, p.21.

[3] « Déclaration d'Alger », signé 2 mars 2003 à Alger, paraphé par les deux chefs d'Etat, disponible sur le site du ministère des affaires étrangères de la France [Enligne] URL :
http://www.diplomatie.gouv.fr/fr/IMG/pdf/decla-alger.pdf consulté le 16 septembre 2008.

La coopération, qui existe depuis l'indépendance comme nous l'avons vu dans notre première partie, tient d'abord aux « liens multiformes » qui unissent les deux pays, des liens incitant la France et l'Algérie à se tourner vers un avenir partagé, comprenant la coopération dans tous les domaines sans exception, allant du renforcement des relations économiques, à celles culturelles, scientifiques, techniques et humains[1]. En revanche, l'élément le plus novateur, c'est le dialogue politique renforcé, ainsi la déclaration aurait pour effet de « *conduire ce dialogue au plus haut niveau et de l'institutionnaliser, les deux pays décident d'un rencontre annuelle entre les Chefs d'Etat et de consultation, deux fois par an, entre les Ministres des affaires étrangères*[2] ».

Les deux parties se sont mises en accord concernant le dialogue politique afin d'emporter ces relation à un niveau plus haut. Le sujet conflictuel « mémoire » a été laissé en dernier. Dans ce cadre, la déclaration d'Alger, tenue comme feuille de route, fait allusion à l'élaboration d'un traité d'amitié. À cet égard le texte affirme que cette relation « *doit être à tous égards exceptionnelle et exemplaire. Dans cette perspective, elles conviennent de l'élaboration et la finalisation d'un Traité d'amitié qui consacrera leur volonté de mettre en place un partenariat d'exception dans le respect de leur histoire et leur identité*[3] ». C'est là d'ailleurs l'élément le plus ingénieux.

La volonté d'assumer les legs du passé et d'inscrire leurs relations dans une vision novatrice commençait à se dessiner depuis la visite du président algérien à paris en juin 2000, lors de laquelle il confirmait l'idée que l'Algérie et la France peuvent travailler ensemble pour un avenir partagé. La signature de la déclaration d'Alger va constituer une véritable politique de coopération rénovée.

Jusqu'à lors nous n'avions vu que quelques gestes symboliques et de convergence identitaires sur les questions internationales,

---

[1] L'aspect humain est notamment la facilitation de la circulation des citoyens français et algériens entre les deux rives de la Méditerranée.
[2] « Déclaration d'Alger », 2 mars 2003, Alger, In. *La politique étrangère de la France*, mars-avril, *Op.cit.*, p.14.
[3] *Ibid.*

ainsi, si le traité d'amitié a été signé sans reconnaissance, cela aurait montré que le président algérien était dès le départ prédisposé à dépasser les séquelles du passé récent et lointain et avait utilisé le passé uniquement comme une carte de pression sur la France pour qu'elle s'engage profondément à aider l'Algérie à s'en sortir. En revanche, si le président continue à revendiquer une reconnaissance des torts infligés pour signer le traité d'amitié, ce qui permettrait de tourner la page du passé une fois pour toute et ainsi sceller une réconciliation définitive, alors c'est l'hypothèse que le président algérien penserait que la France pourrait s'engager vers la voie de la reconnaissance comme elle l'avait déjà fait à l'égard de la « guerre d'Algérie » et avec plus de rapprochement, elle le ferait donc aussi à l'égard des torts infligés dans le passé (Stratégie). Ce qui est certain, c'est que pour l'instant, le dialogue politique renforcé a permis la réduction de l'image de l'altérité.

3.2. La réduction de l'image de l'altérité et le lancement du traité d'amitié

3.2.1. Réduction de l'image de l'altérité

L'Algérie, avant le rapprochement entamé depuis l'arrivée de Bouteflika au pouvoir, se donnait l'image d'un Etat faisant partie du camp progressiste[1]. Cependant, la nécessité de coopérer avec la France lui a imposé de choisir la diplomatie secrète et d'entretenir des relations économiques dans nombreux domaines avec cette dernière. Ses relations politiques avec la France, souvent empreintes d'une recherche de reconnaissance. La coopération avec la France est développée dans de nombreux domaines et restreinte dans d'autres. En effet, d'une part l'Algérie gardait le français comme langue de communication avec l'étranger, dans l'économie, dans l'administration et dans l'enseignement de certaines branches à l'université, elle avait cependant refusé d'intégrer l'Organisation Internationale de la Francophonie,

---

[1]AIT-CHAALAL Amine, « La politique étrangère de l'Algérie entre Héritage et Originalité », In. ROOSENS Claude, ROSOUX Valérie et de WILDE d'ESTMAEL (dir.), *La politique étrangère, Le modèle classique à l'épreuve*, Bruxelles, P.I.E- Peter Lang, p.212.

d'ailleurs l'Algérie est le seul pays du Maghreb qui ne fait pas partie de cette organisation. Elle n'avait pas accepté non plus de faire partie de la zone franc, elle avait converti l'économie française en une économie algérienne.

Avant le rapprochement entamé par Abdelaziz Bouteflika, l'Algérie, selon les dirigeants français : « *aurait bien davantage été perçue comme un pays plus éloigné qu'il n'y paraît, crispé sur son indépendance nationale et focalisé sur un discours intérieur anti-français, fortement mobilisateur en temps de crise politique*[1] », ils jugent que « *l'Algérie a parfois joué un rôle de médiateur très correct entre la France et le Liban, la Lybie ou les Palestiniens, pour des affaires des otages du Tchad, mais Sa haine du Maroc, parmi d'autres facteurs, l'a empêché d'entretenir de bonnes relations avec nous. Ils n'ont aucune volonté de s'ouvrir à l'Europe et encore moins à la France*[2] ».

Cette vision semble partagée auprès des dirigeants français[3]. Cette contradiction entre un lien franco-algérien indéfectible et l'impression d'une absence de volonté de la part du régime algérien d'approfondir ses rapports avec la France, revient souvent à la politique d'image pratiquée par les dirigeants algériens depuis l'indépendance. Ce qui conforte l'hypothèse que les autorités algériennes sont beaucoup plus prisonnières qu'elles ne le pensent, de leur image entretenue depuis l'indépendance et répondue largement dans la société (France ennemi héréditaire).

La réduction de l'image d'altérité entre les deux pays depuis l'arrivée de Bouteflika au pouvoir est ostensible dans l'ouverture de l'Algérie sur la France, dans tous les domaines, y compris dans ceux tenus jusqu'à là comme secret[4] et tabou, à savoir la coopération militaire qui était comme une exception car, l'Algérie ne considérait pas la France en tant que partenaire en matière

---

[1] BERTRAND Benoît, *Op.cit.*, p.135.
[2] *Ibid.*, p.135-136.
[3] *Ibid.*, p.136.
[4] Nous avons vu dans notre première partie comment la coopération en matière des expériences françaises d'armes chimiques et nucléaires au Sahara a continué même après l'indépendance.

d'armements¹. Cependant, durant cette nouvelle phase, l'Algérie commence à se tourner vers la France. En effet, interrogée sur sa visite en Algérie, du 16 au 18 juillet 2004, première visite d'un ministre français de la Défense depuis la fin de la guerre (1954-1962), Michèle Alliot-Marie répond ainsi : « *c'était effectivement très symbolique ; c'est vrai que la Défense est au cœur des responsabilités de l'Etat et c'était probablement le domaine le plus sensible de ce déplacement. Sans doute, fallait-il aussi qu'il y ait un apport plus large dans tous les autres domaines. La Défense venait en quelque sorte couronner ce rapprochement et montrer que la page était tournée. Face au contexte stratégique nouveau que nous connaissons aujourd'hui et au besoin de se rassembler pour lutter contre le terrorisme ou les crises régionales, il y a un moment où il faut tourner la page. C'était donc l'occasion de tourner la page dans le domaine de la Défense* ² ». Par cette visite, un tabou était tombé. Elle affirme aussi qu'il y a une possibilité d'achat d'armements par l'Algérie qui, selon elle, « *veut se moderniser et elle se tourne vers la France*³ ». D'ailleurs Bouteflika a confié au ministre français des affaires étrangères, qu'il va « *sauter un certain nombre de tabous en Algérie, sur le plan interne et externe*⁴ ».

Le rapprochement comme défini dans la déclaration d'Alger a été suivi et le dialogue politique renforcé, la quantification des échanges le démontre. Notons que l'année 2004 était l'année où il y a eu le plus de visites et d'entretiens dans tous les domaines entre les deux pays, comme indiqué Figure4 et tableau2⁵, il s'agit

---

¹DRIS-AIT HAMADOUCHE Louisa, « Les incidences des politiques étrangères française et Algérienne sur les relations bilatérales », *Maghreb-Machrek*, n°197, Automne 2008, p.57.
²Michèle Alliot-Marie, Première Ministre français de la défense, « entretien avec RTL, Paris, le 19 juillet 2004 », Bases documentaires du ministère des Affaires étrangères et européennes [En ligne] site de ministère français des affaires étrangères, disponible sur : URL :
http://basedoc.diplomatie.gouv.fr/exl-php/util/documents/accede_document.php
³*Ibid.*
⁴ « Entretien de M. Hubert Vedrine, Paris, 2 aout 1999, Paris-Match, hebdomadaire », *Op.cit.*,p.120.
⁵Graphique que nous avons élaboré, en se basant sur les données de la base de données du site de l'Ambassade d'Algérie en France, «Coopération politique, Relations algéro-françaises, visites bilatérales » [En ligne], consulté septembre 2013, disponible sur URL : http://www.amb-algerie.fr/cooperation-politique-2/

de l'année pendant laquelle les deux pays ont entamé la négociation du traité d'amitié.

Figure 4. Visites des représentants officiels de l'Etat français et de l'Etat algérien du 19 juin 1999 au 13 mars 2012

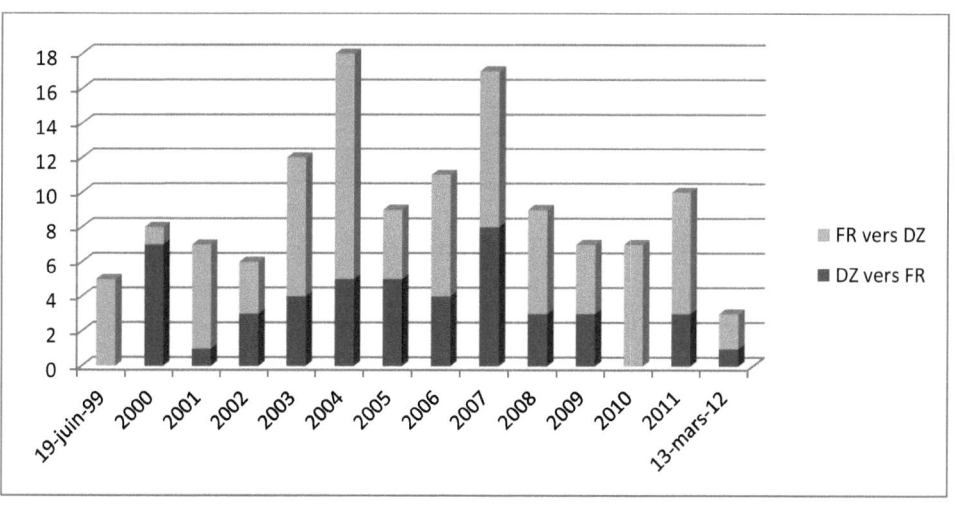

Tableau 2. Visites des représentants officiels de l'Etat français et de l'Etat algérien du 19 juin 1999 au 13 mars 2012.[1]

Année	DZ vers FR	FR vers DZ	total
19-juin-99	0	5	5
2000	7	1	8
2001	1	6	7
2002	3	3	6
2003	4	8	12
2004	5	13	18
2005	5	4	9
2006	4	7	11

---

[1] «Coopération politique, Relations algéro-françaises, visites bilatérales », *Op.cit.*

2007	8	9	17
2008	3	6	9
2009	3	4	7
2010	0	7	7
2011	3	7	10
13-mars-12	1	2	3
TOTAL	47	82	129
Moyen			9,21428571

3.2.2. Lancement du traité d'amitié

Le Traité d'amitié est la volonté des deux Etats, dans la « déclaration d'Alger », d'établir des relations privilégiées. Il avait pour objet de donner une nouvelle impulsion aux relations franco-algériennes en tournant une page douloureuse pour réaliser la réconciliation.

Ce Traité visait la réconciliation effective comme celle enracinée dans les esprits des Allemand et Français. Le président Français Jacques Chirac, concernant ce Traité, dit : « *un traité dont je voudrais qu'il soit profondément enraciné, non seulement dans les intérêts politiques et économiques de nos deux peuples, mais dans le cœur des hommes et des femmes d'Algérie et de France. Je vous l'ai dit tout à l'heure, c'est un peu une rencontre entre deux peuples que, selon moi, ce traité devrait manifester. Il a donc une grande ambition*[1]». Le président algérien, quant à lui, s'exprime ainsi sur ce traité : « *il est particulièrement heureux, à cet égard, que la déclaration commune qui fait partie des documents signés puisse ouvrir la voie a la conclusion d'un traité qui scellera notre engagement commun pour une relation de long terme, féconde, mutuellement avantageuse et portée par les aspirations profondes de nos deux pays*[2] ». Ce Traité

---

[1] M. Jacques Chirac, « Visite en Algérie, conférence de presse du président de la République, au Palais des Nations, Alger, mars 2003», *politique étrangère*, mars avril 2003, p.31

[2] Abdelaziz Bouteflika , « Toast du président d'Algérie Abdelaziz Bouteflika prononcé sur l'honneur du président français, Jacques Chirac lundi 03 mars 2003 », disponible

symboliserait l'établissement d'une paix ratée auparavant dans les Accords d'Evian, selon la vision de Tuquoi Jean-Pierre[1] qui dit à ce propos : « *d'un point de vue symbolique le traité, tant vanté par Jacques Chirac, tant attendu par Bouteflika, devra tourner la page de la guerre d'Algérie de manière plus officielle que ne le firent les Accords d'Evian de 1962, qui visaient seulement à faire cesser les combats*[2] ».

Le traité d'amitié serait l'aboutissement d'un processus de réconciliation initiée par un rapprochement considérable notamment du côté algérien. Le contexte avait facilité ce processus : la position de la France contre une guerre en Iraq conduite par les Etats Unis et le Royaume Uni, mais aussi les gestes conciliateurs du président Chirac (visite à Beb Elwad). Tout cela soutient l'action de l'Algérie en faveur d'un rapprochement avec l'ancien colonisateur. En effet, l'importance des prises de positions, des gestes symboliques ou des Evénements retentissant, facilite le rapprochement comme nous l'avons expliqué dans notre introduction.

En revanche, la négociation de ce traité est restée secrète, nous n'en connaissons que quelques informations divulguées par les acteurs politiques aux journalistes. Le ministre des affaires étrangères français estime que ce traité « *doit définir les mécanismes de concertation politique et les orientations générales*[3] » entre les deux pays dans la totalité des domaines de coopération. L'objectif de ce traité, selon lui, en est la fixation « *des orientations politiques visant, en particulier, à surmonter les difficultés héritées de notre histoire partagée*[4] ». C'est à ces dernières difficultés que le traité d'amitié devait répondre, car

---

sur le site du ministère des affaires étrangères d'Algérie[En ligne] URL : http://193.194.78.233/ma_fr/stories.php?story=03/05/17/1907152 consulté 01 juin 2008.
[1] Journaliste au quotidien *LE Monde*.
[2] TUQUOI Jean-Pierre, *Op.cit.*, p.50.
[3] M. DOUST-BLAZY Philippe, « Entretien avec le magazine Arabies, 9 septembre 2005 », Bases documentaires du ministère des Affaires étrangères et européennes, France, [En ligne] consulté le 16 septembre 2008, disponible sur URL : http://basedoc.diplomatie.gouv.fr/exl-php/cadcgp.php
[4] *Ibid*.

comme nous l'avons expliqué, la déclaration d'Alger signée entre les deux présidents, aborde tous les domaines sans exception. D'ailleurs, le nombre des différents déplacements entre les officiels des deux pays ne cessait d'augmenter, atteignant 16 rencontres en 2004. Un climat de confiance et de concertation permanente inégal.

4. Conclusion :

La réduction de l'image d'altérité entre les deux pays est ostensible dans l'ouverture de l'Algérie sur la France, depuis l'arrivée de Bouteflika au pouvoir, dans tous les domaines y compris ceux tenus jusqu'à là comme sensibles et secrets. Le nombre de déplacements entre les deux pays avait alors atteint un record. Certes, il n'a y avait pas une reconnaissance des torts infligés de la part de France, au contraire celle-ci avait incité le président algérien à entrer dans le jeu d'une « mémoire partagée », un jeu bien que périlleux, le président algérien l'avait accepté manifestement pour atteindre ses objectifs prioritaires, à savoir la réhabilitation de l'image de l'Algérie et son retour entre les nations, dans lesquels le rôle de la France était imminent. Elle a atteint ses objectifs ; le retour de l'Algérie sur la scène politique internationale était réel ; elle a même acquis un nouveau rôle identitaire, celui d'« Etat expérimenté en lutte contre le terrorisme », ce qui se répercute plus tard dans sa politique étrangère.

La position de la France envers le Monde arabe, à savoir l'opposition de Jacques Chirac à une guerre en Irak, a facilité ce rapprochement notamment que l'Algérie s'affichait comme l'altérité de la France, cette position a gommé la distanciation. La convergence a remplacé les conflits qui les opposaient. Certains enjeux communs stratégiques dans la région commencent à lancer un pari et un défi aux deux pays, à savoir « la lutte contre le terrorisme », dans lequel l'Algérie serait un acteur important, ou le système capitaliste libéral occidental par lequel l'Algérie était de plus en plus attirée, un système qui d'ailleurs ne cesse d'attirer des Etats qui souhaitent alors y adhérer[1]. Un système où les Etats sont de plus interdépendants, en concurrence et en confrontation à des nouveaux défis[2].

Tous ces facteurs réunis pouvaient constituer des raisons incitant les deux pays à sceller une réconciliation définitive, pourtant la signature d'un traité d'amitié, supposé être l'aboutissement de la réconciliation, allait se heurter au mur du passé.

---

[1] FUKUYAMA, Francis, *Op.cit.*
[2] E. BALDWIN Robert & WINTERS L. Alain, *challenges to globalization, Analyzing the economics*, Chicago and London, The University of Chicago Press, 2004; POMES Eric, Conquérir les marchés, le rôle des Etats, France, Hongrie, Italie, l'Harmattan, 2004.

Chapitre 2. Le déni de reconnaissance reporte la réconciliation

Le rapprochement avec la France a rendu la coopération inéluctable, tandis que le processus de réconciliation allait de nouveau connaître un échec. En raison de dénis de reconnaissance, qui se représente dans certaine loi mémorielle votée au niveau de l'Assemblée française insistant sur un certain rôle « positif » à la colonisation, ce qui a bloqué le processus de réconciliation et avait réduit la coopération.

1. Négociation du traité d'amitié heurtée au passé

La négociation du traité d'amitié bien qu'elle restait secrète, les quelques données dont nous disposons montrent qu'elle se déroulait au départ plutôt dans un climat d'ouverture où l'Algérie avait fait plus de concessions, elles se heurtaient cependant progressivement au problème de la reconnaissance des torts infligés.

Du côté français, il n'y avait pas beaucoup de concessions, à part la restitution des archives d'audiovisuel. Car, les dirigeants français sur le plan du passé ont opté, pour une mémoire commune, dès le déclenchement du processus de réconciliation. Ainsi, ils ne cessent d'inviter le président algérien à commémorer avec les français les rendez-vous historiques et symboliques où les Algériens étaient mêlés avec les français aux champs de bataille, comme la commémoration du 60ème anniversaire du Débarquement, qui se tenait à bord du porte-avions Charles-de-Gaulle ancré au large des sites du Débarquement où Jacques Chirac avait rendu hommage au rôle joué par Alger lors de l'occupation de la France ainsi dit-il : « *ce rôle si crucial et si singulier d'Alger méritait, à l'évidence, d'être reconnu. C'est pourquoi j'ai décidé, à titre exceptionnel et unique, de conférer aujourd'hui à la ville d'Alger, en tant que capitale de la France combattante, la croix de la Légion d'Honneur.*[1] ».

De ce fait, l'idée d'une mémoire commune, avait dominé durant cette période, pourtant, ces différentes commémorations, auxquelles le président algérien était souvent invité, comme celle de Verdun ou du Débarquement, marquent plutôt une mémoire française, car les Algériens ayant participés à ces combats étaient « *enrôlés de force dans des guerres qui n'étaient pas les leur*[2] ».

De même, les acteurs des deux sociétés civiles ne suivaient pas forcément la démarche des deux gouvernements, notamment du côté français, ainsi, la présence d'un président algérien à ces commémorations, allait susciter un tôlé chez les anciens combattants et les rapatriés d'Algérie. Soixante députés ont adressé une lettre au ministre des affaires étrangères dans laquelle ils lui expliquaient le désagrément de cette invitation et demandaient à leur gouvernement d'exiger à son homologue algérien de prendre des mesures envers les rapatriés, notamment les Harkis. Ils ont exprimé leur position ainsi : « *les anciens combattants et les rapatriés d'Algérie s'indignent de cette invitation de la France qui représente une insulte à la mémoire de ceux qui sont tombés pour libérer la France et que Monsieur Abdelaziz Bouteflika a toujours ignorés, voire bafoués. Nous avons l'honneur de vous demander qu'à cette occasion le Président algérien puisse annoncer un certain nombre de mesures très attendues par les rapatriés d'Algérie et notamment Harkis, et parmi lesquelles la libre circulation des Harkis, la coopération sur le sort des disparus et la reconnaissance de la violation des Accords d'Evian*[3] ».

---

[1] CHIRAC Jacques, Président de la République « Discours à l'occasion du 60ème anniversaire de débarquement de Provence », Toulon, 15 août 2004, Bases documentaires du ministère des Affaires étrangères et européennes, France,[En ligne], consulté le 16 septembre 2008, disponible sur : URL : http://basedoc.diplomatie.gouv.fr/exl-php/cadcgp.php
[2] RIVET Daniel, *Op.cit.*,p.27.
[3] Lettre publie par le site, et note que la lettre a été signé par une liste de députés appartenant au parti politique (UMP), « Réactions à la venue d'Abdelaziz Bouteflika à Toulon »,disponible en ligne sur le site LDH Toulon [En ligne], consulté le 16 septembre 2008, disponible sur : URL : http://www.ldh-toulon.net/spip.php?article283 [mis en ligne jeudi 12 août 2004]

Le ministre leur répond en insistant sur les raisons et les objectifs de cette invitation et le contexte dans lequel elle se situait, il explique que ceci avait pour finalité « *de construire ensemble un avenir dépassionné dans lequel nos deux peuples puissent mettre en commun tout ce qui les unit. Cette ambition, voulue de part et d'autre au plus haut niveau, correspond au vœu des populations française et algérienne. Dans ce cadre, un travail de mémoire commun a été engagé entre nos deux pays et a produit d'ores et déjà des résultats sur des questions concrètes comme la libre circulation des Harkis, la réhabilitation des cimetières français en Algérie ou la duplication des actes d'état civil des Rapatriés. Le ministère des Affaires étrangères a par ailleurs rendu publics le rapport du Comité international de la Croix Rouge de 1963 sur les disparus français de la guerre d'Algérie ainsi que la liste de ceux-ci, en liaison avec la Mission interministérielle aux Rapatriés. Je suis convaincu qu'une relation assainie et confiante avec l'Algérie, qui constitue pour nous un partenaire naturel par l'histoire et par la géographie, permettra de progresser ensemble vers la prise en compte de notre passé commun, y compris ses pages les plus difficiles. La grande majorité des associations françaises concernées a salué les progrès déjà accomplis sur cette voie*[1] ».

Il est clair que l'approche française d'une mémoire commune avait dominé le jeu politique débuté depuis la visite de Bouteflika à Paris en juin 2000, lors de laquelle, dans un long discours, Bouteflika ne voyait que la reconnaissance des torts infligés et leur réparation comme la seule capable de réconcilier les deux pays, tandis que l'évolution des relations jusqu'à lors avait incité Bouteflika à accepter l'approche française du passé commun.

---

[1] M. BARNIER Michèle, Ministre des affaires étrangères, « Lettre à M. GOAGUAN Claude, ancien Ministre, député de Paris », Lettre publiée par le site LDH Toulon, In. « Réactions à la venue d'Abdelaziz Bouteflika à Toulon »,*Op.cit.*

1.1. Bouteflika un pragmatique ou profrançais

La personnalité du président algérien incarne les deux en même temps. Il est pétri de culture française et même présenté par certains comme une personnalité politique « profrançais ». Dans son discours devant l'Assemblée française en l'an 2000, Bouteflika note son admiration pour la culture française et le français, il rassure les français qu'aucune langue ne pourrait la remplacer[1]. Au début de son quinquennat il s'adressait d'ailleurs à son peuple en français bien que la langue officielle soit l'arabe. Cela a incité certains journalistes algériens à qualifier Bouteflika de « l'homme idéal » pour les politiques français, ainsi une journaliste écrit à son propos : « *ce n'était plus l'Algérie de Boumediene qui n'avait jamais mis les pieds en France, ou celle de Zéroual qui avait refusé de serrer la main à Chirac, celle, bourrue, des colonels arrogants. Les français n'ignorent rien de Bouteflika, comprennent que cet homme a l'égo démesuré, et qui aime s'entendre parler, n'avait rien des colonels qui l'avaient précédé au gouvernail algérien, Boumediene, Chadli ou Zeroual et qu'ils ne trouveraient pas meilleur partenaire pour leurs desseins économiques mais aussi politiques et stratégiques*[2] ». Le président français lui-même, dans ses mémoires, fait l'éloge du président algérien ainsi dit-il : « *L'Algérie avait rarement connu un dirigeant aussi ouvert et désireux de bien faire, même si ce dernier restait lui-même marqué par la complexité de notre histoire commune*[3] ». Il le trouve aussi « *charmeur, habile et pragmatique*[4] » et il est qualifié cependant par un journaliste français comme « *iconoclaste et briseur de tabou*[5] ».

En effet, une série d'actions montre que l'ère de Bouteflika représente le retour des français avec force en Algérie, une Algérie qui était considérée jusqu'à là comme difficile et crispée sur son indépendance. Ainsi, Abdelaziz Bouteflika qui parlait à

---

[1] BOUTEFLIKA Abdelaziz, « Transcription de discours du président algérien à l'occasion de sa réception dans l'hémicycle de l'Assemblée française » , Paris, 14 juin 2000, *Op.cit.*
[2] K. Houda, « « L'Homme idéal », In., BENCHICOU Mohamed, *Notre ami Bouteflika, De l'Etat rêvé à l'Etat scélérat*, Montréal, Canada, 2010,p.28.
[3] CHIRAC Jacques, *Le temps présidentiel, Mémoires*, Tom.2, *Op.cit.*, p.431.
[4] *Ibid.*
[5] TUQUOI Jean-Pierre, *Op.cit.*, p.93.

son peuple parfois en français n'a pas hésité à négocier, bien qu'il montre au départ des réticences, notamment concernant la libre circulation des dits « Harkis » en Algérie. C'est ainsi que le porte-parole du ministère français des affaires étrangères, se réjouit de la progression de ce dossier, ainsi affirme-il : « *un travail commun qui a déjà donné lieu à des réalisations concrètes, comme les cimetières français en Algérie[entretien], les archives et actes d'état civil des Rapatriés, la circulation des anciens Harkis, travail qui va se poursuivre et s'amplifier*[1] ». Ce qui démontre d'ailleurs un changement dans l'attitude du président algérien qui était contre la venue des Harkis en Algérie lors de sa visite en France en 2000, puisque selon lui le peuple algérien n'était pas disposé à les recevoir car les esprits n'étaient pas encore apaisés[2]. D'ailleurs, cette ouverture et rapprochement considérable des autorités algériennes de la France amène certains journalistes algériens à parler d'une nouvelle recolonisation[3].

Un tel rapprochement avait incité le président algérien à tolérer l'approche française de « mémoire commune » qui bien qu'elle aborde certains moments historiques partagés, n'aborde à aucun moment le passé français en Algérie (ni la colonisation, ni même la guerre d'Algérie), le président algérien aurait semble-il accepté cette approche en contrepartie des avantages que lui procure la coopération avec la France, à savoir le retour de l'Algérie sur la scène internationale et le développement de l'économie algérienne, la France jouait aussi l'avocat du régime algérien et tout cela ne pouvait qu'être en faveur d'un président qui manquait de légitimité après des élections contestés. D'ailleurs en 2004, le président français Jacques Chirac a apporté tout son soutien au président algérien, dans un message de

---

[1] « Déclaration du porte parole », Point de presse, Paris, 10 aout 2004, disponible en ligne, Bases documentaires du ministère des Affaires étrangères et européennes, [En ligne] site de ministère français des affaires étrangères, disponible sur : URL : http://basedoc.diplomatie.gouv.fr/exl-php/util/documents/accede_document.php cconsulté le 16 septembre 2008.
[2] Transcription de l'interview du président algérien, le 16 juin 2000, France2,« Bouteflika et les Harkis », [En ligne] consulté le 16 septembre 2008, disponible sur: URL : http://www.ina.fr/video/2630373001020/bouteflika-et-les-harkis-video.html
[3] AGOUN Lounis, *La colonie française en Algérie, 200 d'inavouable, rapines et péculats*, Paris, Demi-lune, Coll., Résistances, 2010.

félicitation qu'il lui avait adressé, il lui dit : « *Dans cette entreprise* [Démocratie], *la France se tient à vos côtés. Soyez convaincu de ma détermination et de celle du gouvernement français à accompagner les réformes conduites sous votre autorité par une coopération approfondie dans tous les domaines*[1] ». Le président français lui a rendu visite plus tard, particulièrement pour lui témoigner son soutien[2].

Cela dit, le président algérien avait utilisé la carte du passé comme moyen de pression afin d'amener la France à s'impliquer beaucoup plus dans le développement de l'Algérie en faisant en contrepartie beaucoup de concessions au sujet du passé commun et en brisant des tabous pour se rapprocher de la France. Cette ouverture de l'Algérie, n'aurait en revanche pas amené le gouvernement français à faire un geste de reconnaissance mais au contraire cela l'a incité à s'ouvrir plus sur la société civile française et à faire aboutir un projet de loi mémoriel controversé qui prétend que la colonisation avait notamment un aspect positif, se contredisant ainsi avec l'approche du président algérien envers le passé français en Algérie, jugé négatif dans son discours à Paris, en juin 2000[3]. Ce qui aurait ouvert de nouveau le dossier de la colonisation et des torts infligés au peuple algérien.

1.2. L'approche française arrive à son apogée

L'approche française au sujet du passé reflète la position de faiblesse mais aussi du consentement des autorités algériennes qui ont fait des concessions sur le plan symbolique pour réaliser un rapprochement substantiel avec la France. Ainsi, dès le 24 février 2003, avant même la visite du président français en Algérie, le Premier ministre Jean-Pierre Raffarin a confié pour mission au député UMP du Lot-et-Garonne, Michel Diefenbacher, la

---

[1] M. CHIRAC Jacques, « Message de félicitation adressé par M. Jacques Chirac, président de la République française, à M. Abdelaziz Bouteflika suite à sa réélection à la présidence de la République algérienne démocratique et populaire », Paris, 09 avril 2004, Bases documentaires du ministère des Affaires étrangères et européennes, France,[En ligne], consulté le 16 septembre 2008, disponible sur URL : http://basedoc.diplomatie.gouv.fr/exl-php/cadcgp.php
[2] K. Houda, « L'Homme idéal », In. BENCHICOU Mohamed, *Notre ami Bouteflika, De l'Etat rêvé à l'Etat scélérat,* Montréal, Canada, 2010, p. 28.
[3] Cf.

rédaction d'un rapport visant à parachever les efforts de reconnaissance matérielle et morale de la Nation à l'égard de ses rapatriés[1].

Le 5 mars 2003, certains députés UMP (dont en premier lieu Philipe Douste-Blazy, alors maire de Toulouse et député de Haute-Garonne) déposent une proposition de loi relative à la reconnaissance de l'œuvre positive de la France en Algérie[2].

Le 10 Mars 2004, la ministre de la Défense, Michèle Alliot-Marie, dépose à l'Assemblée nationale, au nom du gouvernement, un projet de loi « *portant reconnaissance de la France et apport national au profit des Français rapatriés*[3] ».

Ainsi, le gouvernement français usait d'abord de certaines commémorations d'événements relevant de la deuxième guerre mondiale, pour dépasser les querelles liées au passé commun avec l'Algérie, puis il est passé à une approche plus élaborée qui prétend même que la colonisation avait notamment un aspect positif.

---

[1] « Parachever l'effort de solidarité nationale envers les rapatries, promouvoir l'œuvre collective de la france outre mer », Rapport Etabli à la demande du Premier ministre par Michel DIEFENBACHER, député de Lot-Et-Garonne, LA DOCUMENTATION FRANÇAISE [En ligne], consulté le 16 septembre 2008, disponible sur URL : http://www.ladocumentationfrancaise.fr/var/storage/rapports-publics/034000593/0000.pdf

[2] L'ASSEMBLEE NATIONALE. « Proposition de loi n° 667 visant à la reconnaissance de l'œuvre positive de l'ensemble de nos concitoyens qui ont vécu en Algérie pendant la période de la présence française », Assemblée nationale de la France, Enregistré à la Présidence de l'Assemblée nationale le 5 mars 2003 », [En ligne], consulté le 16 septembre 2008, disponible sur : URL : http://www.assemblee-nationale.fr/12/propositions/pion0667.asp.

[3] L'ASSEMBLEE NATIONALE« Projet de loi portant reconnaissance de la nation et contribution nationale en faveur des français rapatriés, loi n° 1499, Enregistré à la Présidence de l'Assemblée nationale le 10 mars 2004, Document mis en distribution le 16 mars 2004, [En ligne] ? consulté le 16 septembre 2008 URL : http://www.assemblee-nationale.fr/12/projets/pl1499.asp.

1.3. Le président français voulait-il ménager la chèvre et le chou

Les négociations secrètes entamées en 2004 se heurtaient, semble-il au poids du passé, car, bien que le président algérien tire des avantages de sa coopération avec la France, ce dernier semble s'accrocher encore à sa revendication de reconnaissance des torts infligés comme condition à la signature du traité d'amitié. Si cela s'avérait vrai, Chirac aurait eu raison alors de dire que le président algérien était à la fois pragmatique et habile mais marqué par la complexité du passé franco-algérien. Le président algérien n'aurait peut-être pas voulu compromettre le climat d'entente qui régnait depuis l'an 2000 et attendait le moment opportun pour exiger la reconnaissance des torts comme gage de bonne volonté pour la signature du Traité.

Le gouvernement français souhaitait, en faisant d'une pierre deux coups, faire passer en premier lieu une loi, le 23 février 2005 qui insistait sur un aspect « positif » de la présence française en Afrique du Nord et en second lieu un discours, tenu par l'ambassadeur français en Algérie à l'université de Sétif où il rappelle, parmi les torts qui aurait caractérisé le système colonial français en Algérie, les massacres du 8 mai 1945.

Le vote de la loi du 23 Février 2005 vient affirmer l'approche du gouvernement français et prouve qu'aucun changement substantiel n'a été fait envers le passé commun, hormis quelques gestes symboliques qui ne répondent pas aux attentes du président algérien. Cette loi est composée de treize articles portant reconnaissance et indemnisation en faveur des rapatriés, parmi lesquels, l'article le plus controversé est celui qui insistait clairement sur la manière dont les programmes scolaires abordent le fait colonial. Il s'agit notamment pour les rédacteurs de cette loi, d'une « œuvre positive ». Ainsi, l'article 4 alinéa 2 prévoit que : « *Les programmes scolaires reconnaissent en particulier le rôle positif de la présence française outre-mer, notamment en Afrique du Nord, et accordent à l'histoire et aux sacrifices des combattants de l'armée française issus de ces territoires la place éminente à laquelle ils ont droit*[1] ».

Cette loi, comme nous l'avons expliqué, est l'aboutissement de certains projets proposés par des députés, dont certains étaient membres aux gouvernements. Cette vision n'est pas nouvelle mais représente l'attitude des dirigeants français du passé français en Algérie. Jacques Chirac, lors de son inauguration, le 11 novembre 1996, d'un monument dédié aux victimes et combattants morts en Afrique du Nord de 1952 à 1962 insistait sur ce qu'il appelle l'« œuvre civilisatrice », ainsi dit-il : « *A cet hommage que nous dictent le respect, l'admiration et la reconnaissance, nous joindrons aussi celui que nous devons à tous ceux et à toutes celles qui ont contribué à la grandeur de notre pays en incarnant l'œuvre civilisatrice de la France*[2] ». Cet apport, selon lui, se reflète non seulement dans les traces matérielles, mais aussi celles immatérielles, ainsi affirme-il : « *traces matérielles certes, mais aussi apport intellectuel, spirituel, culturel comme en témoigne la formation des élites francophones qui participent au sein des instances internationales et dans le monde au rayonnement de notre pays*[3] ». Il conclut que « *plus de trente ans après le retour en métropole de ces Français, il convient de rappeler l'importance et la richesse de l'œuvre que la France a accomplie là-bas et dont elle est fière*[4] ».

Cette approche du gouvernement français résistait encore aux différentes révélations, à partir de 1999 des auteurs de la guerre d'Algérie sur les exactions et les tortures commises pendant la

---

[1] L'ASSEMBLEE NATIONALE FRANÇAISE. Loi n°2005-158 du 23 février 2005 portant reconnaissance de la Nation et contribution nationale en faveur des français rapatriés. *J.O.R.F*, 23 février 2005, n°46, p.3128.

[2] CHIRAC Jaques, « Allocution du président français Jacques Chirac lors de son inauguration le 11 novembre d'un monument dédié aux victimes et combattants morts en Afrique du nord de 1952 à 1962 », [En ligne], consulté le 16 septembre 2008, disponible sur URL :
http://www.elysee.fr/elysee.fr/francais_archives/interventions/discours_et_declarations/1996/novembre/allocution_du_president_de_la_republique_lors_de_l_inauguration_du_monument_a_la_mémoire_des_victimes_tombees_en_afrique_du_nord_de_1952_a_1962.1910.html

[3] *Ibid.*

[4] *Ibid.*

guerre d'Algérie. Cela a même aboutit à des procès judicaires, à savoir le procès de Papon[1].

Le gouvernement français pensais satisfaire les rapatriés sans heurter les autorités algériennes en confiant à l'ambassadeur français à Alger, Hugues Colin de Verdière, de tenir un discours en Algérie, trois jours après la promulgation de la loi du 23 février. L'ambassadeur a choisi l'université de Sétif pour revenir sur les événements de 8 ami 1945, le lieu est symbolique car une partie des massacres y a été perpétrée. Le diplomate français, après avoir rendu hommage à une personnalité nationaliste algérienne (Ferhat Abbas), revenait sur la mémoire du 8 mai 1945 qui selon lui est « *une tragédie inexcusable* [2] ». Il précise que l' « *on parle souvent, entre la France et l'Algérie, d'une « mémoire commune », liée à mille faits quotidiens tissés entre les communautés musulmane, juive et chrétienne pendant la période coloniale. « Mémoire commune » certes, de voisinage et parfois d'œuvres collectives ; mais aussi « mémoire non-commune », chargée de ressentiments, d'incompréhensions, d'hostilités. Il n'y a jamais unicité des mémoires, ni d'explication catégorique ou définitive des grands évènements historiques, comme il ne peut y avoir concurrence des victimes, ni négation des malheurs, quels que soient ceux-ci*[3] ».

Ce discours bien entendu a été saisi par des journaux algériens et français dont certains y ont vu comme un « tabou qui vient d'être cassé[4] », certains d'autres y ont vu « une révolution »[5]. Alors quelques auteurs ont considéré cela comme un changement du regard envers ces événements historiques où les politiques

---

[1] CF, premier chapitre.
[2] M. COLIN DE VERDRIÈRE Hubert, Ambassadeur de France, « Relations franco-algériennes, discours de l'Ambassadeur de France auprès de la République algérienne démocratique et populaire, M. Hubert Colin de verrière », Sétif, 26 février 2005, disponible en ligne, Bases documentaires du ministère des Affaires étrangères et européennes, du Ministre des affaires étrangères, [En ligne] consulté le 20 septembre 2008, disponible sur URL :
http://basedoc.diplomatie.gouv.fr/exl-php/util/documents/accede_document.php.
[3] *Ibid.*
[4] TUQUOI Jean-Pierre, *Op.cit.*, p.53-54.
[5] *Ibid.*

commencent à sortir de l'euphémisme et ont utilisé des mots plus significatifs[1].

Quant au gouvernement algérien, aucune réaction n'a été notée, à part un témoignage d'un journaliste français du *Monde* qui affirmait que l'ambassadeur, avant de s'engager dans un tel discours, aurait fait part de son projet au chef du cabinet du président algérien Larbi Belkeir, qui de son côté informait le président algérien qui a approuvé l'idée[2]. Il est tout à fait possible que ce processus se soit déroulé ainsi, notamment que les dirigeants algériens sont plus « habitués aux conclaves qu'au débat public ». En effet, le président algérien avait tenu un long discours à l'occasion de la fête de la victoire commémorée le 18 mars 2005, lors duquel il s'était contenté de relever les méfaits de la colonisation et prônait la révolution d'indépendance, mais à aucun moment il n'a fait allusion à la loi du 23 février[3]. Lors du vote de cette loi, nous n'avons observé aucune réaction de la partie algérienne. Bouteflika attendait-il que son ami Jacques Chirac intervienne ? Attendait-il le moment opportun ?

C'est après la pétition lancée et signés par des milliers d'historiens[4], le 25 mars 2005, que le président algérien avait réagi, à l'occasion du 8 mai 1945. La controverse s'est vite propagée en Algérie via les différents médias. Les historiens ont demandé l'abrogation de cette loi notamment l'article 4 qui selon eux : « *impose une histoire officielle, contraire à la neutralité scolaire et au respect de la liberté de pensée qui sont au cœur de la laïcité[5]* ». Ils ajoutent que « *en ne retenant que le « rôle positif » de la colonisation, elle impose un mensonge officiel sur des crimes, sur des massacres allant parfois jusqu'au génocide, sur l'esclavage, sur le racisme issu de ce passé* » mais aussi parce qu'elle légalise un communautarisme nationaliste suscitant en réaction le communautarisme de groupes ainsi interdits de tout

---

[1] AMRANI Mehana, *Le 8 mai 1945 en Algérie, Le discours français sur les massacres du Sétif, Kherrata et Guelma*, Paris, l'Harmattan, 2010, p.72.
[2] TUQUOI Jean-Pierre, *Op.cit.*, p.51.
[3] بوتفليقة عبد العزيز،« رسالة، الا حتفا ل بعيد النصر »، الجزائر 18مارس2005،خطب ورسائل عبد العزيز بوتفليقة10 جانفي17ماي ،ج1. الجزائر،مديرية الاعلام رئاسة الجمهوريةأوت2006، ص ص.243-251
[4] STORA Benjamin, Entretien avec Thierry Leclère, *La guerre des mémoires*, *Op.cit.*, p.99-100.
[5] *Ibid.*

passé¹ », enfin ils affirment que : « *les historiens ont une responsabilité particulière pour promouvoir des recherches et un enseignement : Qui confèrent à la colonisation, à l'immigration, à la pluralité qui en résulte, toute leur place, qui par un travail en commun, par une confrontation entre les historiens des sociétés impliquées rendent compte de la complexité de ces phénomènes, qui s'assignent pour tâche l'explication des processus tendant vers un monde à la fois de plus en plus unifié et divisé²*».

Le président algérien ne semble pas partager la même vision sur le passé français en Algérie et pourtant il avait accepté jusqu'à là l'approche française de « mémoire commune » qui bien qu'elle aborde certains moments historiques partagés, elle n'aborde à aucun moment le passé français en Algérie, notamment la colonisation. Si on se réfère à notre modèle théorique des formes de reconnaissance, nous observons que les dirigeants algériens ont insisté sur celle de **l'Aveu et responsabilité**. La réponse française était plutôt une forme de déni de reconnaissance. Il s'agit de l'ignorance des souffrances d'autrui. Le président algérien accepte-il la signature du traité d'amitié sans reconnaissance voire même avec une approche en complète contradiction avec la sienne, dans laquelle le passé français en Algérie est présenté comme « négatif » et non comme un « aspect positif ». Cela fera l'objet de notre développement suivant.

2. Le pragmatisme de Bouteflika se heurte à la honte sociale

Le président algérien parait encore conciliant dans son discours en rappelant le geste symbolique de l'ambassadeur français à Sétif au mois de février, ainsi dit-il : « *Le peuple algérien a accueilli favorablement les propos de son Excellence l'ambassadeur de France, M. Hubert Colin de Verdière, le 27 février 2005 à l'université de Sétif à l'occasion de la signature d'un accord d'association entre l'université Clermont-Ferrand et*

---

¹ *Ibid.*
² *Ibid.*

l'université Ferhat Abbas à Sétif¹ ». Il croyait même que ce premier pas de l'ambassadeur français aurait été un début pour reconnaitre les torts infligés au peuple algérien, ainsi di-il : « *Des propos qui laissaient croire à des tentatives de reconnaissance par les commanditaires et les auteurs des massacres du 8 Mai 1945²* ». Même si le président algérien était un pragmatique, il lui aurait été difficile de fermer les yeux devant cette controverse sans risquer son image et l'image de son pays, notamment qu'il insistait dès son voyage à Paris sur la reconnaissance des torts infligés. Il sort de son mutisme et compare les torts du colonisateur à ceux perpétrés par le Nazisme envers les juifs, il rappelle : « *Qui ne se souvient pas des fours de la honte installés par l'occupant dans la région de Guelma au lieu-dit « El hadj Mebarek », devenu lieu de pèlerinage où la mémoire conte les secrets de la victime et du bourreau et des pratiques similaires à « kaf el bouma ». Ces fours étaient identiques aux fours crématoires des nazis. En parlant des massacres du 8 mai 45 nous ne pouvons oublier les centaines de massacres commis auparavant et les nombreux fours installés dans notre pays [...] Les massacres du 8 Mai 45 étaient-ils la récompense des Algériens pour avoir défendu héroïquement la France, un héroïsme que l'histoire a retenu et que les historiens du colonisateur ont eux-mêmes reconnu ?³* ».

C'est pourquoi la réconciliation, selon le président algérien, n'est pas à l'ordre du jour, à son sens une « *réconciliation dans sa dimension prospective globale augure d'une décolonisation de l'histoire après la décolonisation de la terre de l'occupation directe⁴* ». Il poursuit : « *Les peuples, selon la logique du développement sain, sont condamnés à coexister et à coopérer. La coexistence ne se réalise qu'avec la paix et cette paix repose sur des soubassements. La stabilité et la prospérité ne peuvent, en aucune manière, régner ni la coopération positive s'établir entre les peuples tant que dans la conscience d'une quelque partie que ce soit demeure la haine et la rancœur, alimentées par*

---

¹ بوتفليقة عبد العزيز،« رسالة بمناسبة الملتقى الدولي حول مجا زر 8ماي 45 »، سطيف السبت 07 ماي2005، خطب ورسائل عبد العزيز بوتفليقة10 جانفي17ماي ،ج1. المرجع السابق.،ص ص،. 508-499.
² *Ibid.*
³ *Ibid.*
⁴ *Ibid.*

l'entêtement et l'indifférence, la dissimulation des vérités et l'obstination à demeurer dans l'erreur¹».

Enfin, il attend encore de la France un geste de reconnaisse de ses torts par un acte plus décisif, ainsi déclare-t-il : « *le peuple algérien en entier attend encore de la France, qui a mis des décennies à reconnaître la Guerre d'Algérie et à stigmatiser les formes de torture pratiquées à l'époque - de l'aveu même de leurs auteurs y compris ceux qui ont jeté des civils dans la Seine en 1961- que les déclarations de l'ambassadeur de France soient suivies d'un geste plus probant. Un geste qui libérerait la conscience française des cauchemars de la longue nuit coloniale et des remords du monde et effacerait ainsi cette tache noire dans le cours d'une histoire étincelante ²».* Il affirme aussi que pour pouvoir aller sur le chemin de la paix et la réconciliation et pour tourner une page tumultueuse entre les deux pays, la reconnaissance de tous les actes commis pendant la colonisation est une condition *sine qua non*, il dit : « *Le peuple algérien n'a eu de cesse d'attendre de la France une reconnaissance de tous les actes commis durant la période de colonisation y compris la guerre de Libération pour voir s'ouvrir de larges et nouvelles perspectives d'amitié et de coopération entre deux peuples. Des peuples qui se respectent et respectent les spécificités, l'identité, l'indépendance et la souveraineté de l'autre. Un respect dans lequel les intérêts mutuels sont réciproquement préservés³ ».*

La classe politique et la minuscule société civile en Algérie s'étaient soulevées aussi contre cette loi. La charge est énorme en Algérie, tous les acteurs sont mobilisés pour la dénoncer, presse, organisations comme l'Organisation Nationale des Moudjahidines (ONM), et associations, à savoir la Fondation du 8 mai 1945 qui ont condamnés cette loi qui pour eux représente une falsification de l'histoire[4]. Tandis que à l'autre rive de la méditerranée, on

---

[1] *Ibid.*
[2] *Ibid.*
[3] *Ibid.*
[4] « Le génocide de 8 mai 1945, 60ème anniversaire des massacres de Kherrata, Guelema, setif… », *El-Watan*, Numéro spécial 08 mai 2005. Le quotidien *El-Watan* réserve tout numéro spécial pour éluder cette question et rappeler ces pages d'histoire douloureuses en recueillant des témoignages qui ont participé aux manifestations du 08 mai 1945 mais aussi en faisant des interviews avec l'historien algérien Mohamed Harbi, et avec

avait continué à espérer la signature du traité d'amitié : le ministre des affaires étrangères de la France, M. Michel Bernier, à l'occasion du 60ème anniversaire du 08 mai 1945,08 mai 2005, interrogé par le Quotidien algérien *El-Watan* en lui rappelant la pétition des centaines d'historiens français mais aussi les effets négatifs que peuvent avoir cette loi sur le processus du rapprochement franco-algérien, le ministre répond-il ainsi: « *Evitons les malentendus : la loi du 23 février a pour principal objet de prendre d'importantes mesures à caractère fiscal et social, qui répondent à des revendications anciennes et légitimes des Français rapatriés d'Algérie et anciens harkis. Elle entend également contribuer au travail de mémoire nécessaire sur la guerre d'Algérie, les combats du Maroc et de Tunisie, tout en laissant naturellement la responsabilité essentielle et première dans ce domaine aux travaux scientifiques des historiens, chercheurs et universitaires, qui doivent pouvoir continuer de travailler dans l'objectivité et la pluralité des points de vue. La loi n'est pas à lire autrement. Je suis tout à fait d'accord avec vous quand vous dites qu'il faut encourager les historiens français et algériens à travailler ensemble dans toute la rigueur et l'impartialité de leur discipline pour rendre compte de la complexité du processus colonial. C'est précisément ce que nous cherchons à faire et souhaitons soutenir à travers le traité d'amitié qui doit être signé cette année*[1] ».

Le 2 juin 2005, à peine un mois après, le ministre français Michel Barnier aurait laissé sa place au nouveau ministre français des affaires étrangères, Philippe Douste-Blazy qui s'est déplacé en Algérie le 09 avril 2006 pour réanimer en vain le projet du traité d'amitié. En effet, pour la partie algérienne le ministre algérien des affaires étrangères bien qu'il témoigne son attachement à la signature d'un traité d'amitié avec la France, il ne cache cependant pas que le climat laissé par la loi du 23 février 2005 n'était pas propice à la signature de ce traité. Le ministre algérien

---

l'ancien grand reporter et écrivain français, Jean Lacouture ou encore le Ministre français des Affaires Etrangères, Michel Barnier qui a qualifié les massacres du 8 mai 1945 de « tragédie inexcusable ».
[1] *Ibid.*

des affaires étrangères reproche même au gouvernement français d'avoir fait perdre à l'Algérie une année dans la préparation de ce projet[1]. Il estime que les algériens espèrent signer ce traité avec les français, mais il ne serait en aucun cas « un traité banal » mais « *une refondation des structures de la relation entre les deux pays[2]* ». Selon lui, le traité a besoin d'une « *profonde préparation de l'opinion publique des deux pays[3]* », car le traité ne sera pas uniquement entre deux chefs d'Etats mais aussi entre deux peuples et deux sociétés, ainsi dit-il : « *Nous veillons à la signature d'un traité d'amitié entre les peuples algérien et français, entre nos deux sociétés, entre nos deux classes politiques française et celle algérienne, entre nos Etats puissants et souverains. Et nous ouvrons dans ce sens[4]* ». Il rappelle qu'au niveau de la société algérienne, il existe encore des problèmes. Le ministre présente le gouvernement algérien comme prêt à aller loin dans ses rapports avec la France mais que c'est la société algérienne, à savoir la société civile et les groupes attachés à la mémoire en Algérie qui ne militent pas en faveur de la conclusion de ce traité dans ces conditions. Il faut rappeler que les groupes attachés à la mémoire, à savoir les associations, les Organisations comme celle des moudjahidines ou celle des pupilles de la nation ont un poids minime en comparaison à ceux existant en en France. En effet, étant donné que le régime algérien est un régime d'oligarchie militaire[5], à façade démocratique, le rôle de ces lobbies reste secondaire. D'ailleurs, ils entretiennent une relation symbiotique, l'un se nourrit de l'autre. Parfois même ces groupes jouent le rôle d'interlocuteur du régime par procuration. Notre développement suivant éclairera une partie de ce jeu politique.

---

[1] «الجزائر وفرنسا حريصتان على تعزيز الصداقة المتميزة», (Algérie et la France veillent que leurs relations d'exception soient renforcées), [En ligne] consulté juin 2007, site de ministère, disponible sur :
URL : http://www.mae.dz/ma_ar/stories.php?story=06/04/11/9316487
[2] *Ibid*
[3] *Ibid*.
[4] *Ibid*.
[5] ADDI Haouari, "Army, State, and Nation in Algeria" *Op.cit.*

2.1. Le déplacement de Bouteflika à Paris déclenche une guerre de mémoires

Bouteflika n'a pas cessé de rappeler les torts infligés à chaque occasion ; à Constantine et avant son voyage à Val De Grâce, le 16 avril 2006, le président algérien y tient un discours et qualifiait la colonisation de « génocide identitaire » ainsi dit-il : « *La colonisation a réalisé un génocide de notre identité, de notre histoire, de notre langue, de nos traditions (...) Nous ne savons plus si nous sommes des Amazighs (berbères), des Arabes, des Européens ou des Français*[1] ». Ce discours a d'ailleurs été tenu quelques jours avant le déplacement du président algérien à Paris, le 20 avril 2006, pour recevoir un control médical après son intervention chirurgical de 2005, ce qui a suscité l'incompréhension chez certains et l'indignation chez d'autres qui n'assimilaient pas la raison pour laquelle un président qui ne cesse de crier les torts de la colonisation accepte de recevoir des soins à Paris et non ailleurs.

Bien que sa visite rentre dans le cadre d'un control routinier, programmé bien avant, cela n'a pas empêché que cette visite provoque la polémique. Certains expliquent sa démarche comme un geste politique pour réduire la tension et pour montrer aux dirigeants français, particulièrement au président Chirac, que les relations franco-algériennes sont arrivées à un point de non-retour et pour montrer aux nostalgiques de l'époque coloniale que le président algérien est conciliant, car si Bouteflika avait choisi une autre destination que celle prévue depuis longue date, cela aurait laissé comprendre qu'il boude la France suite à la polémique naissant du vote de la loi du 23 février, ce qui aurait pu détériorer les relations déjà altérées par cette fameuse loi[2]. Ces contradictions ont été vues comme une raison majeure qui a

---

[1] « Bouteflika relance la polémique », [En ligne] *Le nouvel Observateur*, Le 18 avril 2006, disponible sur :[URL :
http://tempsreel.nouvelobs.com/monde/20060418.OBS4244/bouteflika-relance-la-polemique.html consulté juin 2007.
[2] BERBICHE Omar, « Déplacement inattendu de Bouteflika en France », [En ligne] *El-watan*, le 22 avril 2006, consulté juin 2007, disponible sur : URL : http://www.elwatan.com/archives/article.php?id=40958

affaibli énormément le discours officiel algérien et raffermi celui de l'extrême droite française[1].

En effet, la présence de Bouteflika à Val de Grace seulement une semaine après son discours à Constantine critiquant la colonisation, va créer une longue polémique : la droite et l'extrême droite française s'insurgent contre sa venue et mettent la pression sur le gouvernement pour qu'il réponde[2]. Certains membres du gouvernement, à savoir le ministre des affaires étrangères, Philippe Douste-Blazy, était entré dans ce jeu, en répliquant sur le discours de Bouteflika[3] et en commentant sa présence à Val de Garce, « *je vois qu'il [M. Bouteflika] apprécie les médecins français. Je vois qu'il apprécie la médecine française. Je vois qu'il apprécie les hôpitaux français...*[4] », Déclare-t-il.

Ces propos ont été largement commentés et dénoncés en Algérie, par les journaux algériens, comme celui du journaliste de *Liberté* qui écrit : « *Le chef de la diplomatie française a trahi, hier, tous les usages et le devoir de réserve propre à sa fonction, en se permettant, par des propos à la limite du correct, d'ironiser sur la présence du président Bouteflika à Paris le week-end dernier*[5] ». De même, le représentant personnel du président algérien répond au ministre des affaires étrangères, en disant : « *Que la diplomatie française s'enorgueillisse de sa médecine caractérisée par son professionnalisme, on en félicite le peuple français. Mais il ne faut pas qu'il y ait un monopole de la médecine ou du savoir parce que nous avions aussi le monopole de la médecine à l'époque d'Ibn Sina où ils n'avaient pas accès à*

---

[1] DRIS-AIT HAMADOUCHE Louisa, « Les incidences des politiques étrangères française et algérienne sur les relations bilatérales », *Op.cit.*, p.55.
[2] « Après les accusations de M. Bouteflika, le chef de la diplomatie française appelle à la modération », [En ligne] *Le Monde*, Le 23 avril 2006, consulté 30 avril 2006.disponible sur URL : http://www.lemonde.fr/afrique/article/2006/04/23/le-chef-de-la-diplomatie-francaise-appelle-le-president-algerien-a-moderer-ses-propos_764526_3212.html
[3] *Ibid.*
[4] TUQUOI Jean-Pierre, *Paris-Alger, un couple infernal*, *Op.cit.*, p74.
[5] SMATI Samar, « Douste-Blazy ironise sur l'hospitalisation du président Bouteflika », *Liberté*, 24 avril 2006.

ce savoir ![1] ». Il invite en même temps les dirigeants français à reconnaitre « *les crimes coloniaux*[2] ». Il affirme en revanche, que l'Algérie est prête à aller avec les français « *dans le cadre du traité d'amitié aussi loin que possible, que le recommande le partenariat*[3] ».

La question qui se pose ici, est de savoir si cette polémique aura des effets négatifs sur le processus de coopération et de réconciliation ou si elle ne dépasse pas la guerre des mémoires. Ceci est le développement de notre point suivant.

3. Evolution du processus de réconciliation et de coopération

Les deux processus n'ont pas connu le même sort. La position de l'Algérie était différente selon qu'il s'agisse de la coopération ou de la réconciliation. En effet, le traité d'amitié a été ajourné, en revanche la coopération allait reprendre bien que réduite.

3.1. Processus de réconciliation

3.1.1. Ajournement du traité d'amitié

Dès son voyage à Paris en juin 2000, Bouteflika présentait la reconnaissance comme incontournable pour tout processus de réconciliation[4]. D'ailleurs, cette demande est désormais mise en avant, comme condition préalable et nécessaire pour la signature du traité d'amitié. Les deux pays voulaient en finir avec le passé et tourner une page tumultueuse qui avait rendu les négociations difficiles à cause de la revendication de reconnaissance. La controverse suscitée par les historiens autour de la loi du 23 février 2005 et de la « guerre de mémoires » qui s'en était suivi,

---

[1]MELLAL Nadia, « Le représentant personnel du président algérien Abdelaziz Belkhadem, répond à la droite française, Assumez votre passé colonial », *Liberté*, 25 avril 2006.
[2] *Ibid.*
[3] *Ibid.*
[4]BOUTEFLIKA Abdelaziz, « Transcription de discours du président algérien à l'occasion de sa réception dans l'hémicycle de l'Assemblée française » , Paris, 14 juin 2000, *Op.cit.*

avait finalement mené à l'arrêt des négociations autour de ce traité.

Le traité d'amitié a été somme toute ajourné en raison de la promulgation de la dite loi. En effet, la loi du 23 Février a offensé le président de la République algérienne et la classe politique ainsi que les groupes attachés à la mémoire. Cette loi a poussé au lancement d'une campagne anticoloniale. Ce qui a aussi fait entrer les acteurs des deux pays dans une longue polémique. Il devient difficile pour un président et un régime qui s'octroient une légitimité historique, de s'engager dans ce genre d'entreprise couteuse, car depuis l'indépendance les dirigeants algériens ont pratiqué un populisme et un nationalisme chauvin faute d'absence d'une légitimité populaire.

Les événements retentissants sont difficilement ignorés par les acteurs politiques, car soit, ils valorisent une imagé diffusée, soit ils la discréditent. Dès lors, il devient difficile pour un acteur politique d'ignorer ce qui peut confirmer son image et l'image de son pays ou au contraire la désavouer. Les retombés et les pertes sont parfois énormes. Ainsi, des sujets qui suscitent des polémiques auprès de l'opinion publique nationale, régionale ou internationale, attirent l'attention des politiques. Nous avons observé dans notre première partie et même dans notre premier chapitre de la deuxième partie comment la reconnaissance de la guerre d'Algérie, la position de Chirac contre une guerre en Irak, avait suscité chez les politiques algériens non seulement un sentiment de confiance mais, leur a facilité l'engagement vers une politique de rapprochement avec la France et même le brisement des tabous, jusqu'à là considérés comme une sorte de religion politique. Alors que la loi du 23 février, contestée par les historiens français, mise en cause par la presse française et algérienne et la classe politique algérienne, a rendu la tâche difficile au président algérien de s'engager dans un traité d'amitié avec la France, qui suppose aussi la réconciliation entre les deux pays, sans remettre en cause l'image positive et même ses positions récurrentes sur la question de la reconnaissance et notamment après toutes les polémiques qui en ont résulté.

Le Traité aurait dû être signé avant la fin de l'année 2005. Les deux Etats auraient aussi pu ouvrir un nouveau chapitre et refonder leurs relations. « *Sans le vote de la loi du 23 février, il est probable qu'une mécanique vertueuse allait s'enclencher qui, si elle était portée par une volonté politique, allait aboutir à la signature à Alger d'un traité d'amitié entre l'Algérie et la France[1]* », explique Jean-Pierre Tuquoi. D'ailleurs, il note que les dirigeants français songeaient à faire d'autres déclarations et d'autres gestes symboliques[2]. Nous avons observé cela dès le processus du rapprochement durant lequel le gouvernement algérien faisait preuve d'ouverture envers la France. Le président algérien n'hésitait pas à rappeler et saluer dans ses discours le discours de l'ambassadeur français à Sétif, en appelant à ce que cette reconnaissance soit étendue à d'autres contextes. Bouteflika semble attaché à un partenariat d'exception et à une réconciliation effective avec la France. De même, cette dernière était semble-t-elle, pressée de signer un traité d'amitié avec l'Algérie pour en finir avec ce passé qui devenait de plus en plus embarrassant et qui hantait les esprits de part et d'autre. Le président français a lui-même expliqué dans ses mémoires que la revendication algérienne de repentance a été la cause principale de l'échec du traité d'amitié[3].

Le président algérien qui avait remodelé l'orientation politique de l'Algérie et qui avait brisé beaucoup de tabous sans peine, se trouvait incapable de franchir le pas, cette fois-ci, la « honte sociale » le dissuadait. Les répercussions qui pourraient être engendrées par la signature d'un traité d'amitié dans ce climat sont plus grandes que celles du traité lui-même, d'autant plus que l'objectif du président était de faire disparaitre les séquelles qui peuvent disloquer l'unité nationale, en cherchant à réconcilier les Algériens, après une guerre fratricide par son fameux projet de réconciliation nationale. En cela, la tâche est devenue difficile pour un président qui cherche l'image mais aussi l'unité nationale.

---

[1] TUQUOI Jean-Pierre, *Op.cit.*, p.54.
[2] *Ibid.*
[3] CHIRA Jacques, *Le temps présidentiel, mémoires*, *Op.cit.* p.434 - 435.

Pour sortir de cette impasse, le président algérien avait recourt au parlement algérien, commission des affaires étrangères de l'Assemblée populaire pour reprendre la coopération

3.1.2. L'implication de l'Assemblée algérienne pour sortir de l'impasse

Du fait de l'absence d'une véritable opposition mais aussi en raison de la domination de l'Assemblée par une majorité des partis (FLN, RND[1]) desquels le gouvernement est issu, l'Assemblée Populaire Nationale d'Algérie s'est transformée en un moyen parmi d'autres maintenant une certaine légitimité à façade démocratique. D'ailleurs, dans la crise naissant du vote de la loi prônant la colonisation à l'Assemblée française, le gouvernement algérien a trouvé dans l'Assemblée algérienne un intermédiaire pour sortir de l'impasse laissé par les différentes polémiques sur le passé-franco-algérien.

En effet, le président de l'Assemblée Populaire Nationale algérienne a invité, le 21 janvier 2007 son homologue français, Jean-Louis Debré, à se rendre en Algérie pour la première fois depuis l'indépendance, afin de « rapprocher les point de vues[2] » en instituant un nouveau cadre de dialogue « interparlementaire » entre les deux partenaires essayant, en vain, de « relancer le traité d'amitié ». Le président de l'assemblée algérienne, n'a pas hésité à rappeler le mécontentement des autorités algériennes de la loi du 23 février mais aussi la contradiction entre cette loi et l'objectif des deux Etats visant la réconciliation. Ainsi dit-il : « *La loi française 2005-158, telle qu'adoptée par le Parlement français et promulguée le 23 février 2005 avant qu'elle ne soit, à votre heureuse initiative Monsieur le Président et à celle du Président de la République française, déclassée dans ses dispositions controversées, a profondément heurté la conscience du peuple*

---

[1] FLN : Front de Libération Nationale ; RND : Rassemblement Nationale Démocratique. Les deux partis constituent la majorité au parlement algérien et dont certains membres sont des membres au gouvernement.
[2] H.A/APS, « Debré s'entiendra aujourd'hui avec le président Bouteflika, La rencontre sera certainement importante », *Liberté*, quotidien algérien, 21 janvier 2007, n°4362, ISSN 1111-4290, p.3.

algérien, sa sensibilité et son attachement à la justice[1] », il ajoute que la loi « *allait aussi à l'encontre des efforts déployés des deux côtés de la Méditerranée, notamment par les Présidents Abdelaziz Bouteflika et Jacques Chirac, pour une véritable refondation des relations algéro–françaises*[2] », en invitant son homologue à assumer l'histoire « *avec lucidité en la regardant en face* » et d'insister aussi sur le rôle que peut jouer les parlementaires algériens et français au rapprochement des deux pays, ainsi confirme-t-il : « *notre responsabilité en tant que parlementaires algériens et français étant d'engager tout ce qui est en notre pouvoir pour œuvrer au rapprochement de nos deux nations soudées par un même destin méditerranéen, fortes des liens noués par l'histoire*[3] ».

Durant cette visite, les deux présidents des Assemblés algérienne et française ont signé un « protocole-cadre de coopération parlementaire » et la création d'une « Grande commission interparlementaire[4] », afin d'instaurer un dialogue politique algéro-français « *dans sa double dimension gouvernementale et parlementaire* [5] » pour accroitre les échanges bilatéraux, mais aussi pour « *servir la paix, la sécurité et la coopération internationales et faire face solidairement aux défis du futur*[6] ». Ainsi, les dirigeants algériens ne veulent pas revenir sur leur engagement de coopérer avec la France sous prétexte que le président français Jacques Chirac et le président de l'Assemblée, proche de Chirac, ont contribué à l'abolition de l'article 4 de la loi[7] qui valorise la colonisation et à relancer ainsi la coopération et le dialogue.

---

[1]SAADANI Amar, Président de l'Assemblée populaire nationale, « Discours prononcé lors de l'accueil solennel à l'APN de Monsieur Jean-Louis DEBRÉ Président de l'Assemblée Nationale Française Janvier 2007 », [En ligne] consulté le 07/05/2008. URL : http://www.apn.gov.dz/french/discours/alloc21_01_07.htm
[2]*Ibid.*
[3] *Ibid.*
[4] *Ibid.*
[5] *Ibid.*
[6] *Ibid.*
[7]L'ASSEMBLEE NATIONALE FRANÇAISE. Décret n° 2006-160 du 15 février 2006 portant abrogation du deuxième alinéa de l'article 4 de la loi n° 2005-158 du 23 février 2005 portant reconnaissance de la Nation et contribution nationale en faveur des Français rapatriés. *JORF,* n°40, du 16 février 2006 page 2369, texte n° 11.

En revanche, la signature d'un traité n'était alors toujours pas à l'ordre du jour. Le président de l'assemblée algérienne fait des pronostics en affirmant que « *si ce traité n'est pas signé avant la fin du mandat de Chirac la signature sera reportée encore pour longtemps* [1]». Car, il savait que les discours des nouveau candidats pour la présidentielle de 2007, n'allaient pas dans ce sens, surtout celui du candidat de la Droite, Nicolas Sarkozy. Le rôle de son Assemblée était plutôt de relancer la coopération que le président algérien voulait voir se poursuivre.

3.2. Processus de coopération

Depuis le début de notre travail nous avons montré que la coopération de manière générale n'a jamais été interrompue, bien qu'elle ait connue des perturbations d'une décennie à une autre. En revanche, ce qui est sure est que cette coopération bien qu'elle soit enracinée par les pratiques mais aussi par les conventions et l'imbrication des liens divers entre la France et l'Algérie, les frictions politiques autour de cette question de la mémoire concordent pour produire un environnement qui y soit défavorable. La mémoire comme nous l'avons révélé à plusieurs reprises n'a jamais été un frein à la coopération. Cependant elle ne cesse de compromettre la qualité et la quantité de cette coopération en fonction qu'il s'agisse d'un déni de reconnaissance ou d'une reconnaissance. Le vote de la loi du 23 février comme déni de reconnaissance, avait nettement changé le processus de coopération en quantité et en qualité. De prime abord, l'attitude du président algérien ainsi que la non rupture des échanges entre les officiels des deux pays montrent qu'ils ont essayé de garder le statuquo, cependant une étude approfondie de leurs relations économiques montre l'inverse, soit,la coopération avait connu un changement notable en quantité.

---

[1]BENKACI Rafik, « Alors que le président Bouteflika ne s'est pas prononcé sur le traité d'amitié, Saïdani jette un pavé dans les relations algéro-françaises », *Liberté*, quotidien algérien, 23 janvier 2007, n°4363, ISSN 1111-4290, p.2.

3.2.1. Le choix du président algérien pour la coopération

De son discours du 8 mai 2005, on comprend que le président algérien voulait coopérer, en déclarant même que le rapport de force ne penchait pas en sa faveur. C'est ainsi qui il a épilogué son discours du 07 mai 2005 en insistant sur la conscience que doit avoir les concitoyens algériens de l'autrui. Cette conscience pour lui doit permettre « *de passer de la culture du possible, de l'éventuel et du probable à celle de la réalité concrète qui fera de nous une force, plus en mesure de maîtriser les rouages de la vie moderne, avec la logique d'un partenaire civilisationnel et économique égal aux autres à tous égards[1]* ». Le colonialisme, selon lui, n'est pas le résultat d'une « conspiration » comme il a été souvent présenté mais le résultat de la passivité, ainsi dit-il : « *le colonialisme ne doit pas, à mon sens, être intégré toujours dans la logique de la conspiration, mais plutôt dans celle de la faiblesse, de la passivité et même de la "colonisabilité" de certains[2]* ». En argumentant ainsi : « *ce qui est, à nos yeux, conspiration pourrait être perçu par l'autre comme projet de prospérité ou de consolidation de sa position géostratégique. Aussi, devons-nous, pour avoir, dans ce sens, une approche commune des concepts, des valeurs et des normes, réaliser l'équilibre de force avec l'autre au plan économique et scientifique. Il s'agit également de réaliser la force de la cohésion sociale sur la base de la citoyenneté, du respect mutuel, de la garantie des libertés, du respect du travail et de l'adhésion à l'esprit du siècle[3]* ».

Ainsi le président algérien qui lui-même ne cessait de rappeler les torts infligés par le système colonial et d'en faire comme un frein au développement de l'Algérie voire un effacement de son identité, avait tenté de sortir de l'impasse qu'avait engendré le déni de reconnaissance par une dissonance cognitive. En effet, face à la coopération française d'envergure, le président Algérien n'aurait pas pu choisir la rupture ou même penser à contrarier les

---

[1] بوتفليقة عبد العزيز،« رسالة بمناسبة الملتقى الدولي حول مجا زر 8ماي 45 »،. المرجع السابق.، ص. 508.
[2] *Ibid*.
[3] *Ibid*.

Français qui espéraient la poursuite de la coopération, il appelle à l'acceptation de la réalité engendrée par le déséquilibre de puissance et espère parvenir à corriger ce déséquilibre. Le président algérien passe ici par une dissonance cognitive, car depuis ce discours de 7 mai ne cessait de rappeler que la reconnaissance des torts infligés est une condition sinequanone pour une réconciliation, en reconnaissant en même temps que l'Algérie et la France sont condamnés à coopérer.

Il y a une différence entre deux concepts, le processus de dissonance cognitive et le processus d'apprentissage « Learning processus ». Le premier exprime plutôt une adaptation, le décideur cherche à justifier ses comportements[1], ainsi la personne va adapter ses croyances afin qu'il acquière un soutien pour son action[2], alors que dans le second, *Learning processus*, le décideur change de croyances et de procédures en fonction de l'observation et interprétation de sa propre expérience[3], le décideur dépasse la simple adaptation, il tente d'assimiler et adapter ses idées et ses méthodes, non seulement au regard de son expérience du passé (ses échecs et ses succès)[4], mais aussi, de l'évolution du monde et ses effets sur son ignorance. Le décideur prend en compte cela afin de ne pas subir les conséquences en agissant contre la réalité. Nous rappelons ici, la situation du général de Gaulle quand il était confronté aux nombreuses voix revendiquant l'indépendance de l'Algérie, il n'avait pas choisi d'aller en contre-courant, préférant intégrer la nouvelle donne du système international qui pousse vers la décolonisation. Il avait adapté ses idées en affirmant qu' « *il y a pas une politique qui vaille en dehors de la réalité*[5] ». De même, le président algérien avait intégré dans ses discours la revendication de reconnaissance des torts infligés, ignorée par ses prédécesseurs (processus d'apprentissage). Depuis la fin des années quatre-vingt-dix, l'environnement international avait

---

[1] JERVIS Robert, *Perception and misperception in international politics*, op.cit., p.382.
[2] *Ibid*.
[3] Jack S. Levy, "Learning and Foreign Policy, Sweeping a Conceptual Minefield", *International Organization*, Vol. 48, No. 2 (Spring, 1994), pp. 279-312.
[4] HAINE Jean-Yves, « Kennedy, Kroutchev et les missiles de Cuba (Partie 4) », *Cultures & Conflits*, vol.1, n°36, 2000, pp.106-120.
[5] DE GAULLE Charles, *Discours et messages politiques*, 1958-1962, *Op.cit.*, p.392.

plaidé en faveur de la reconnaissance des torts infligé comme la traite, l'esclavage, les génocides, les tortures, etc. Ainsi le président algérien a inscrit la revendication de la reconnaissance des torts infligés comme condition pour une véritable réconciliation depuis l'an 2000, en suivent la mouvance internationale qui plaide en faveur de cette démarche.

Cependant depuis le 7 mai 2006, le président algérien pensait que l'attitude des décideurs français n'évoluerait pas en faveur de plus de concession en matière du passé commun, donc il a joué le jeu : d'une part, il a lancé des discours vilipendés, il a arrêté les négociations sur le traité d'amitié pour ne pas être discrédité et pour rassurer ceux qui s'attachaient à la mémoire ainsi que le peuple algérien, notamment qu'il était en train de promouvoir son projet de réconciliation nationale, et d'autre part, il a rebondi sur l'environnement défavorable (polémique sur la loi de 23 février 2005) pour maintenir la coopération avec la France, ainsi il s'est rendu à Val de Grace et non pas ailleurs afin de recevoir des soins médicaux, il a continué à conclure des accords avec le gouvernement français et il a réduit nonobstant la quantité des échanges avec la France.

En effet, les échanges entre les officiels des deux pays se sont poursuivi bien qu'ils aient connu une baisse en 2005, comme indiqué Figure5. De même, les deux pays ont continué à conclure des accords de coopération bien que ceux-ci avaient été aussi en baisse en 2005, voir Figure6.

Figure 5. Visites des représentants officiels de l'Etat français et de l'Etat algérien du 19 juin 1999 au 13 mars 2012

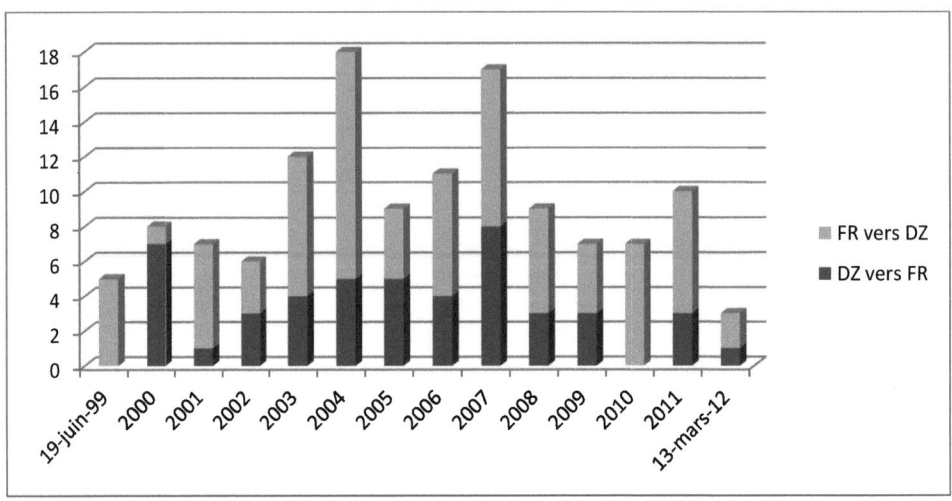

Tableau 3. Visites des représentants officiels de l'Etat français et de l'Etat algérien du 19 juin 1999 au 13 mars 2012. [1]

Année	DZ vers FR	FR vers DZ	total
19-juin-99	0	5	5
2000	7	1	8
2001	1	6	7
2002	3	3	6
2003	4	8	12
2004	5	13	18
2005	5	4	9
2006	4	7	11
2007	8	9	17
2008	3	6	9

---

[1] Tableau fait à partir des donnés recueillies sur le site de l'Ambassade d'Algérie à Paris, AMBASSADE D'ALGÉRIE EN FRANCE, « Coopération politique, relations algéro-françaises », [En ligne], consulté en novembre 2012, disponible sur : URL : http://www.amb-algerie.fr/cooperation-politique-2/

2009	3	4	7
2010	0	7	7
2011	3	7	10
13-mars-12	1	2	3
TOTAL	47	82	129
Moyenne			9,21428571

Figure 6. Evolution des accords de coopération depuis 1962[1]

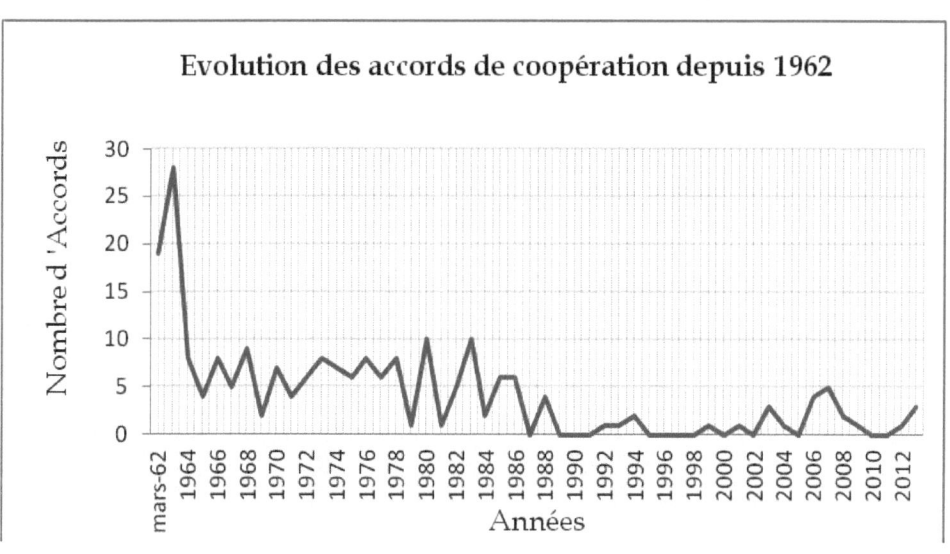

Au niveau des Echanges commerciaux, bien que l'Algérie soit resté le premier partenaire commercial de la France en

---

[1] Les donnés présentés dans ce diagramme, ont été recueillis sur la base documentaire du site du Ministère des affaires étrangères et européenne, «Algérie, Traités bilatéraux », *Bases documentaires du ministère des Affaires étrangères et européennes* [En ligne], consulté juin 2011, disponible sur Url :
   http://basedoc.diplomatie.gouv.fr/Traites/pays_TRAITES_bilateral.php?pays=Algerie.

Afrique (Afrique du Nord et sub-saharienne), les exportations françaises ont connu une progression depuis 1999, voir Figure7 et puis une régression face aux exportations chinoises qui ne cessent d'augmenter. Ce qui nous intéresse ici, c'est notamment l'année 2006 qui a connu une baisse en défaveur de la France et une légère augmentation pour la portion chinoise, italienne, allemande et turque, tandis que pour les autres fournisseurs de l'Algérie la valeur reste intacte, à savoir l'Espagne et les Etats-Unis, comme nous pouvons l'observer Figure8. Même pendant l'année 2007 où la portion chinoise avait légèrement augmentée, les importations françaises vers Algérie continuent à baisser en faveur d'autres partenaires, à savoir la Chine, l'Italie, l'Espagne et les Etats-Unis.

Figure 7. Evolution des échanges de la France avec le partenaire algérien[1]

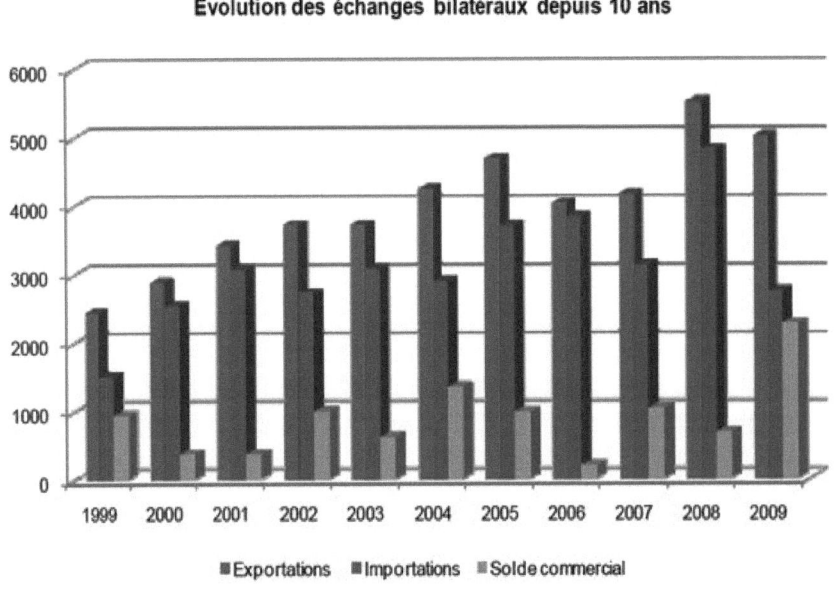

[1] « Echanges commerciaux franco-algériens en 2009 », Alger, service économique, Ambassade de France, 10 mars 2010, disponible en ligne sur le site web de ministère de l'économie, de l'industrie et de l'emploi, Les services économiques à l'étranger, Algérie, [En ligne], consulté 28 avril 2010, disponible sur URL :
http://www.tresor.economie.gouv.fr/se/algerie/documents_new.asp?V=1_PDF_155549 consulté 28 avril 2010.

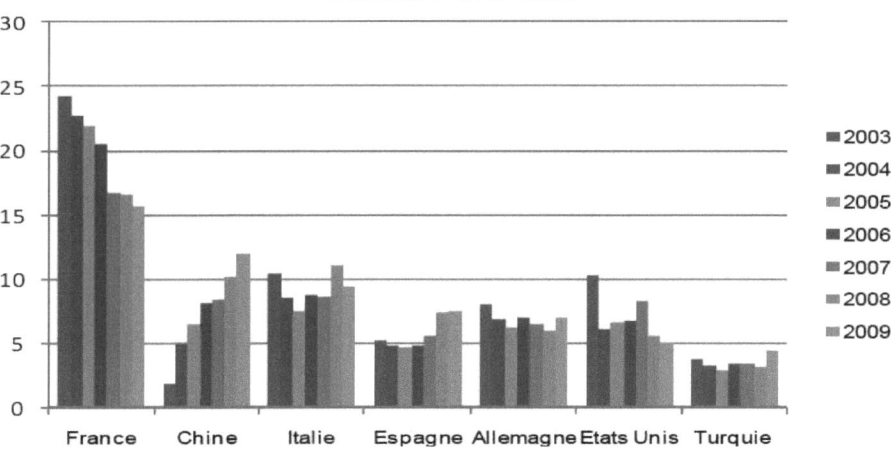

Figure 8. Part de marche (en%) des principaux fournisseurs de l'Algérie[1].

Au niveau des investissements, nous avons observé deux faits : Le président algérien avait appelé à la fermeture des écoles privées qui adoptaient le français comme langue d'enseignement principal[2] et a en outre suspendu des projets d'investissements. Cette dernière information a été révélée par le ministre du commerce en 2011, devant la commission interparlementaire d'amitié franco-algérien, qui annonçait que 12 projets d'investissements français en Algérie avaient été suspendus à cause du vote de la loi du 23 février 2005[3].

Jusqu'à là nous avons pu voir combien le déni de reconnaissance qui s'est manifesté dans une loi mémorielle a pu reporter le traité d'amitié et même réduire la quantité des échanges et de coopération entre les deux pays. Notre étude ne

---

[1] *Ibid.*
[2] DJADI Mohamed, « fermeture des écoles privées, Benbouzid rassure les parents d'élèves », *Le Soir*, numéro 4631, Le 27 février 2006, p.4.
[3] لحياني عثمان ، « وزير الصناعة أمام لجنة الصداقة الجزائرية الفرنسية للبرلمان، قانون تمجيد الاستعمار كان وراء تجميد المشاريع الفرنسية في الجزائر » ، الخبر 16 ماي 2011، العدد 6359، ص.6.

sépare pas les facteurs matériels de ceux immatériels, du moment où nous nous basons sur une étude perceptuelle et constructiviste, nous avons bien suivi la perception des acteurs et l'influence de cette perception sur le processus de coopération et de réconciliation. En revanche, pour bien éclairer notre hypothèse, nous avons choisi de traiter les autres plausibilités qui existent en les confrontant à notre hypothèse pour que nous nous assurions de la solidité de notre résultat.

3.2.2. *Hypothèse rivale, la question du Sahara occidental*

La question de la sécurité ainsi que la puissance sont deux éléments importants dans l'analyse néoréaliste. Ainsi l'Etat est en permanente quête de sécurité. Pour les réalistes et les néoréalistes, la sécurité est la priorité des priorités. Étant donné qu'il y a un problème de sécurité entre l'Algérie et le Maroc né au départ des conflits territoriaux puis aggravé ensuite par la question du Sahara occidental, nous avons vu qu'il était important de vérifier si cette question avait infléchi la perception des décideurs algériens et les avait amené à ne pas signer un traité d'amitié avec la France.

Les deux pays ont entrepris la négociation du traité d'amitié en 2004 et comptaient la signer avant la fin de 2005. La déclaration d'Alger insiste sur la concordance des positions des deux pays dans les questions internationales ainsi que leur postions dans le domaine de résolution de conflits internationaux « *chaque fois qu'il est nécessaire*[1] ». Les décideurs des deux pays savaient que cette convergence était depuis l'indépendance souvent en faveur de l'amélioration de leurs relations. À l'inverse, la question du Sahara occidental a souvent été un point d'achoppement, vue l'importance de la relation étroite que la France entretient avec le Maroc, mais aussi au regard de l'importance de cette question qui constitue une première priorité pour le Royaume chérifien, « une question nationale ». Le Maroc en envahissant le Sahara occidental en 1975 aurait visé à compenser un prétendu découpage territorial, conséquence de la

---
[1] Déclaration d'Alger, *Op.cit.*, p.14.

colonisation du Maghreb, qui aurait été en faveur de l'Algérie[1]. Ainsi, le Maroc trouve en la France, ancien colonisateur, un soutien pour son projet. En Algérie le Sahara occidental ne constitue pas une question nationale, elle lui accorde cependant une certaine considération, car depuis le déclenchement de la crise en 1975 l'Algérie se met aux côtés du Polisario et lui apporte un soutien insatiable.

De notre longue observation, il nous est paru que cette question influence même le jeu d'alliance entre ces deux voisins, en effet, chaque Etat cherche de nouveaux soutiens. Voilà pourquoi cette affaire est essentielle, elle est « *un facteur qui contribue énormément à la perception des Algériens que la France soutient le Maroc afin d'affaiblir l'Algérie et d'attenter à ses intérêts nationaux*[2] ».

La France, puissance moyenne et membre permanent dans le conseil de sécurité, voulait jouer, en vain, le rôle d'« Etat balancier », du fait de la densité de ses relations avec le Maroc et l'Algérie. Sa position était souvent douteuse pour les Algériens, raison pour laquelle il nous semble judicieux de vérifier si cette question n'aurait pas été un facteur qui aurait infléchi la décision algérienne concernant la signature du traité d'amitié.

1. *La position de la France :*

Le royaume proclame le territoire du « Sahara occidental » comme faisant partie de son unité territoriale. La position traditionnelle de la France depuis le début de notre développement oscille entre neutralité affichée et soutien en coulisse au Maroc. Nous allons voir si cette position de neutralité a été maintenue et si on repère des traces qui montrent un soutien ou un changement de perception chez le partenaire algérien suite à cette question de la France depuis le début de négociation d'un traité d'amitié avec l'Algérie. Nous avons repéré dans plusieurs déclarations la position de la France concernant cette question, ce qui nous donne l'opportunité de voir si elle avait évolué ou s'il elle a influencé le recul des dirigeants algériens.

---

[1] YAHIA H Zoubir, « Errements dans les relations France-Algérie, Un point de vue algérien », *Maghreb-Machrek*, automne 2008, n°197, p.38.
[2] *Ibid.*

Première déclaration :

« *Vous connaissez la position de la France : nous pensons que la solution d'une large autonomie du territoire doit être étudiée d'une manière imaginative et constructive par tous. Un rapprochement entre Alger et Rabat est nécessaire, à nos yeux, pour régler ce conflit qui entrave l'intégration du Maghreb et donc l'avenir des peuples de la région dans leurs relations avec l'Europe*[1] », a déclaré le ministre des affaires étrangères dans son entretien avec la presse marocaine. Cette thèse est plutôt favorable à la thèse marocaine, « large autonomie », ce n'était pas « l'autodétermination » proclamée par le Conseil de Sécurité depuis le début de la crise qui avait poussé au référendum et au vote du peuple sahraoui qui devait choisir entre « l'intégration » au Royaume ou « l'indépendance », mais plutôt une sorte « d'autonomie » sous la souveraineté du Royaume.

Cependant, dans les deux déclarations qui ont suivi, les deux dernières en 2004, il est montré que la France, par sa position, ne voulait pas compromettre son avancée considérable avec l'Algérie, d'autant plus qu'elle négociait avec elle un traité d'amitié à signer avant la fin 2005. La diplomatie française, à ce moment-là, s'en sort difficilement pour garder une certaine neutralité dans la deuxième déclaration, notamment que l'entretien du ministre français était avec la télévision marocaine le 31 mai 2004.

Deuxième déclaration :

Le ministre français des affaires étrangères, devant la télévision marocaine, a affirmé : « *Naturellement, la position de la France n'a pas changé, elle ne changera pas et vous connaissez notre position. Je crois que c'est l'intérêt de tout le monde que se fasse cette intégration de la région du Maghreb, vraiment ; pour la sécurité, pour la stabilité, pour le progrès, il faut donc sortir de la situation dans laquelle nous sommes aujourd'hui et c'est l'objet du travail qui se fait dans le cadre des Nations unies. Moi, je pense que les deux pays souverains que sont l'Algérie et le Maroc, qui sont deux pays amis de la France, ont des raisons de dialoguer ensemble, et lorsqu'ils le*

---

[1]BARNIER Michel « Entretien du Ministre des affaires étrangères, M. Michel Barnier, avec l'Agence de Presse Marocaine (MAP) », Rabat, 30 mai 2004, disponible en ligne, site de ministère des affaires étrangères de la France, base de données, *Op.cit.*

voudront, de trouver le bon mot et le chemin de ce dialogue, et bien sûr, d'avoir aussi ce dialogue dans le cadre des Nations unies, avec M. Baker. Donc, la position de la France n'a pas changé : je pense que nous sortirons de cette situation sans imposer quoi que soit à aucune des parties, c'est très clair. Là aussi, je redis la position de la France, nous en sortirons dans le cadre des Nations unies, et par le dialogue entre le Maroc et l'Algérie[1] ».

Dans cette déclaration le ministre français voulait garantir sa fidélité au Maroc sans heurter les dirigeants algériens, en déclarant que la position traditionnelle de la France n'a pas changé, cependant pour rassurer les dirigeants algériens qui défendent souvent l'idée que l'affaire reste du domaine onusien, le ministre n'a pas hésiter à le rappeler aussi.

Troisième déclaration :

Il a ensuite confirmé : « *D'abord il faut aller vers l'intégration du Maghreb, pour la sécurité, la stabilité, le progrès de cette région. Les raisons d'être ensemble sont bien plus importantes au fond, dans le moyen et le long terme, que les raisons d'être divisés. Comment sortira-t-on de la situation actuelle ? D'abord, rien ne sera imposé à aucune des parties. C'est un point sur lequel je suis extrêmement clair. Deuxièmement, pour sortir de la situation actuelle, il faut un dialogue, et notamment un dialogue qui appartient à ces deux pays souverains, le Maroc et l'Algérie, qui sont tous les deux des pays amis de la France. Et pour mener ce dialogue, l'Algérie et le Maroc n'ont pas besoin de tuteur, ni de tutelle ni de médiateur, ni de la France ni de personne d'autre. Ce dialogue leur appartient. Il y a un autre dialogue qu'il faut conduire, Marocains et Algériens ensemble, c'est le dialogue avec M. Baker, dans le cadre des Nations unies. Voilà ce*

---

[1]BARNIER Michel « Déplacement au royaume du Maroc entretien du ministre des affaires étrangères, M. Michel Barnier, avec l'agence de presse marocaine « Maghreb Arabe Presse » (MAP), Rabat, 30 mai 2004 », disponible en ligne sur Bases documentaires du ministère des Affaires étrangères et européennes [En ligne], consulté 06/02/2008, disponible sur URL :
http://basedoc.diplomatie.gouv.fr/exl-php/cadcgp.php?CMD=CHERCHE&QUERY=1&MODELE=vues/mae_internet___recherche_avancee/home.html&VUE=mae_internet___recherche_avancee&NOM=cadic_anonyme&FROM_LOGIN=1.

que je peux dire et confirmer à la suite de mes premières déclarations[1] ».

Dans cette troisième et dernière déclaration, le ministre insiste sur l'amitié des deux pays et sur le fait que le dialogue doit être laissé aux pays en conflit, dans le cadre des Nations-Unis. Une situation de « défilement».

Ainsi, la position de la France avait débuté par un soutien clair à la thèse marocaine - thèse qui avait changé légèrement en 2004 d'une intégration depuis 1975 à une large autonomie - à une position de neutralité en se défilant de l'affaire. Cette déclaration ne se contredit nullement avec la position algérienne qui insistait afin que la question soit traitée dans le cadre des Nations-Unis.

Venons-en maintenant à la réaction de l'Algérie et sa position.

2. La réaction de l'Algérie et sa position.

Quant au dialogue sur la question, « *l'Algérie a reçu une invitation à assister à un sommet quadripartite sur le Sahara occidental initié par des pays avec lesquels elle entretient d'excellents rapports. Mais l'Algérie a informé ces parties que la première partie concernée par la participation à un tel sommet est le Front Polisario, seul et légitime représentant du peuple sahraoui et que l'Algérie n'est pas concernée par ce genre de sommet[2]* ». Ajoutons à cette affirmation le fait que le ministre algérien des affaires étrangères accuse le Maroc d'inclure la question du Sahara dans le dialogue bilatéral, ainsi dit-il : « *les relations algéro-marocaines s'acheminaient vers un développement positif n'étaient-ce les revirements de la partie marocaine et sa tentative d'inclure la*

---

[1] BARNIER Michel, « Conférence de presse, Rabat, 31 mai 2004 » Bases documentaires du ministère des Affaires étrangères et européennes, [En ligne], consulté 06/02/2008, disponible sur :
http://basedoc.diplomatie.gouv.fr/exl-
php/cadcgp.php?CMD=CHERCHE&QUERY=1&MODELE=vues/mae_internet___rec
herche_avancee/home.html&VUE=mae_internet___recherche_avancee&NOM=cadic_
anonyme&FROM_LOGIN=1
[2] BELKHADEM Abdelaziz, « Entretien » *Akhbar El-hawadith,* publié par le site du Ministère des affaires de l'Algérie, le 08 novembre 2004, [En ligne], consulté 06/02/2008, disponible sur : URL :
http://www.mae.dz/ma_fr/stories.php?story=04/11/10/1878152

question du Sahara Occidental dans les dossiers bilatéraux¹ ». Selon lui : « le *Maroc est responsable des entraves à l'évolution positive des relations bilatérales en persistant à considérer la question du Sahara Occidental comme un conflit algéro-marocain. L'Algérie considère que c'est un conflit qui oppose le Maroc et le Front Polisario, et qu'elle n'est qu'un observateur qui aide à trouver une solution dans le cadre de la légalité internationale et conformément au principe du droit du peuple sahraoui à l'auto-détermination²* ».

L'Algérie ne se pensait pas concernée directement par le dialogue et tentait d'approuver les efforts de l'ONU dans cette affaire. Elle ne voulait pas paraître en conflit mais plutôt tel un pays qui cherche les bons offices. Le discours de Bouteflika, datant du premier décembre 2004, montre que l'Algérie s'attachait aussi à sa position traditionnelle et était même rassurée de la dernière décision du conseil de sécurité sur le sujet. Le président Bouteflika a proposé une démarche basée sur une coopération commune entre les pays du Maghreb, qui approche tous les domaines et qui soit fondée sur : « *le respect mutuel, la non-ingérence, la décolonisation et la résolution des problèmes et conflits, par voie pacifique et politique, avec courage et responsabilité, avec pertinence et vision. Une démarche qui se fait en adéquation avec les aspirations et les espérances des peuples de la région et au seul service de leurs intérêts - à la lumière des conflits des grands blocs - y compris celui du peuple sahraoui en lui permettant d'exercer son droit à l'autodétermination tel que reconnu par les us internationaux et par les résolutions et les décisions onusiennes dont les résolutions 1495 du 31 juillet 2003, 1541 du 29 avril 2004 et la 1570 du 28 octobre 2004, la dernière prise par le conseil de sécurité et qui appuie le plan James Baker, accepté par les deux parties à Houston, sachant que ce plan a été soumis au conseil de sécurité en application de la décision 1429 visant à trouver une solution politique et pacifique à la question du Sahara Occidental³* ».

---

[1] *Ibid.*
[2] *Ibid.*
[3] BOUTEFLIKA Abdelaziz, « Discours du président de la République à l'occasion de l'ouverture du 10ème congrès de l'organisation de nation, le 08 novembre 2004 », [En ligne], consulté en 02/02/2008, disponible sur : URL : http://www.mae.dz/ma_fr/stories.php?story=04/12/18/0733422

Ainsi, la question du Sahara occidental ne paraît pas être une entrave. La France avait tenté, pendant cette période, de reléguer au maximum la question aux deux pays et au Nations Unis pour éviter que cela ne compromette ses relations excellentes avec l'Algérie. L'Algérie se plaint plutôt des tentatives du Maroc d'inclure la question du Sahara occidental dans la coopération maghrébine, à l'heure où elle-même et la France insistaient sur leur relation d'amitié. Voilà pourquoi cette question ne semble pas avoir entravé la négociation du traité d'amitié. La diplomatie française en mesurait bien la sensibilité, elle a donc préféré adopter plutôt une position affichant la neutralité. Aucun signe ne montre une interruption des négociations du traité d'amitié résultant de cette affaire. L'Algérie semblait rassurée des résolutions et des décisions des Nations Unis en la matière, parmi lesquelles la résolution 1570 du 28 octobre 2004, la dernière prise par le conseil de sécurité.

De ce fait, la seule solution répondant à la problématique du report du traité d'amitié et la réduction des échanges, réside dans la loi mémorielle du 23 février 2005, et cela malgré l'entrelacement des intérêts, nuançant ainsi le rôle sans cesse accordé à la mondialisation et à la densité des liens dans leur pouvoir à réduire les conflits.

4. Conclusion :

Nous pouvons dire que c'est non seulement le mépris, que représente la loi du 23 février, qui a empêché la signature du traité d'amitié, mais aussi les conséquences d'une telle décision. La perte est plus grande que le gain. Ceci était une raison suffisante pour inciter le président algérien à reculer et à ne pas signer le traité d'amitié, en tenant compte de ce que peut engendrer une telle démarche (la signature d'un traité d'amitié).

À vrai dire, le président algérien savait que, depuis l'indépendance, la coopération a été la pierre angulaire dans les rapports franco-algériens, donc il lui était plus facile de garder le statuquo que de le changer avec un cout symbolique insupportable notamment quand il s'agit des sujets qui peuvent susciter des réprobations et des critiques de l'opposition en Algérie d'autant plus que le pouvoir continuait à prévaloir une légitimité historique et cherchait l'orgueil perdu. La loi du 23 février a éclipsé le geste de reconnaissance de l'ambassadeur français à propos des évènements de 8 mai 1945. En effet, le sentiment de mépris a dominé sur la scène politique, médiatique et même intellectuelle. Le mépris sur la scène régionale et internationale, envers un pays dont les dirigeants proclament traditionnellement une politique « progressiste » et de non soumission à l'ancienne puissance coloniale, pourrait avoir des conséquences qui entachent sa réputation, notamment que le président a été élu en partie pour réhabiliter l'image de l'Algérie sur la scène internationale et retrouver sa place entre les nations.

Même si la perception des conditions socio-économiques a pu inciter le président algérien à choisir la coopération plutôt que la confrontation, la honte sociale lui a rendu difficile de s'engager dans un traité d'amitié avec la France sans être discrédité sur la scène nationale et internationale. En effet, comment un président qui revendiquait la reconnaissance des torts infligés de la colonisation jugée « négative », accepterait de signer un traité d'amitié avec la France qui prône sa présence en Algérie. Même si l'article 4 de cette loi controversée a été aboli, la langue controverse que cette loi avait laissé, mais aussi le refus des politiques français de répondre à la revendication du président algérien (reconnaissance des torts infligés), suivi par une compagne anticoloniale lancée par le président lui-même dans ses discours, par les medias algériens et par l'ensemble de la société civile qui est entrée dans le jeu, tout cela a rendu difficile au président algérien d'aller à contre sens. Ainsi nous pouvons dire que la honte sociale était un inhibiteur qui a entravé la signature du traité d'amitié dont l'objectif était de sceller une réconciliation avec la France. Tandis que la coopération a été maintenue et réduite en quantité.

CHAPITRE 3. ÉVOLUTION DU PROCESSUS DE COOPÉRATION ET DE RÉCONCILIATION DE SARKOZY À HOLLANDE

Nicolas Sarkozy hostile à une repentance des torts relevant du passé franco-algérien, voulait rebondir sur les questions de mémoire, en proposant la coopération économique comme solution au dépassement des conflits relatif au passé. Cette politique bien qu'elle ait relancé la coopération elle n'a pas réduit cependant les conflits de nature politique entre l'Algérie et la France qui relèvent notamment de la stigmatisation et de l'humiliation. En revanche, l'arrivée du l'élu socialiste sur la tête de l'Etat français fait entrer les relations franco-algériennes dans une ère nouvelle, l'établissement de relations durables et d'un partenariat stratégique est le souhait des deux pays et la réconciliation est devenue possible avec la reconnaissance de souffrances, d'injustices et de torts.

1. L'arrivé de Nicolas Sarkozy, continuité ou changement

1.1. Sa position vis-à-vis du passé

Le président candidat à la présidentielle s'est détourné complètement de la position de ses prédécesseurs. Il était, dès sa campagne électorale, défavorable et hostile à une reconnaissance systématique des torts infligés. Ainsi déclare-t-il à Caen, pendant sa campagne électorale : « *Nous avons tout lieu d'être fiers de notre pays, de son histoire, de ce qu'il a incarné, de ce qu'il incarne encore aux yeux du monde*[1] ». Il justifie sa position en s'appuyant sur les affirmations suivantes : « *la France n'a jamais*

---

[1] SARKOZY Nicolas, « Discours présidentiables », Caen, 09 mars 2007, disponible sur le site de l'Université Université de Provence, réalisé par Jean Veronis, [en ligne], consulté 01 février 2008, disponible sur : URL :
http://sites.univ-provence.fr/veronis/Discours2007/transcript.php?n=Sarkozy&p=2007-03-09

cédé à la tentation totalitaire. Elle n'a jamais exterminé un peuple. Elle n'a pas inventé la solution finale, elle n'a pas commis de crime contre l'humanité, ni de génocide[1] ». Il nuance cependant ses propos et affirmations, ainsi il ajoute : « *Elle a commis des fautes qui doivent être réparées, et je pense d'abord aux harkis et à tous ceux qui se sont battus pour la France et vis-à-vis desquels la France a une dette d'honneur qu'elle n'a pas réglée, je pense aux rapatriés qui n'ont eu le choix au moment de la décolonisation qu'entre la valise et le cercueil, je pense aux victimes innocentes de toutes les persécutions dont elle doit honorer la mémoire[2]* ». Il finit pourtant par dire que la repentance est « *une mode exécrable* [3]» et afin d'appuyer sa manière de traiter la question, il utilise des notions sous-entendant une certaine injustice vis-à-vis de la France d'alors dans la demande de reconnaissance des torts, il dit qu'il « *n'accepte pas qu'on l'on demande aux fils d'expier les fautes des pères[4]* » et « *n'accepte pas que l'on juge toujours le passé avec les préjugés du présent[5]* ».

De même, lors de sa compagne électorale à Nice, en courtisant les rapatriés d'Algérie, il confirme : « *Je veux leur dire qu'ils auront à choisir entre ceux qui assument toute l'Histoire de France et les adeptes de la repentance qui veulent ressusciter les haines du passé en exigeant des fils qu'ils expient les fautes supposées de leur père et de leurs aïeux. Je suis de ceux qui pensent que la France n'a pas à rougir de son histoire. Elle n'a pas commis de génocide. Elle n'a pas inventé la solution finale. Elle a inventé les droits de l'Homme et elle est le pays du monde qui s'est le plus battu pour la liberté[6]* ».

---

[1] *Ibid.*
[2] *Ibid.*
[3] *Ibid.*
[4] *Ibid.*
[5] *Ibid.*
[6] SARKOZY Nicolas, « Discours présidentiables, Nice, le 30 mars 2007 », Site de l'Université de Provence, réalisé par Jean Veronis,[En ligne] disponible sur URL : http://sites.univ-provence.fr/veronis/Discours2007/transcript.php?n=Sarkozy&p=2007-03-30 consulté le 01 février 2008.

Ces affirmations de Nicols Sarkozy viennent dans le cadre d'une compagne électorale. Il a fallu faire des discours aux gouts de cette catégorie des rapatriés d'Algérie, leur électorat n'est pas négligé, c'est un lobby puissant qui continue à prévaloir ses thèses au sujet de la mémoire officielle. Le Président français s'accrochait-il à sa position envers le passé français en Algérie ou cela n'était-ce qu'un atout qu'il a utilisé uniquement afin de gagner les voix des rapatriés ?

Il semble que bien qu'il ait eu ces propos dans un contexte de compagne électorale, il en est devenu cependant prisonnier. Il a une vision glorieuse et orgueilleuse de la France et tournée plutôt vers la réparation des manquements à l'égard des rapatriés d'Algérie.

Son discours ne change pas beaucoup suivant le contexte national ou international. En effet, interrogé en Algérie concernant ses propos sur la repentance lorsqu'il la qualifiait de forme de « haine de soi [1] » et questionné sur les éventuelles conséquences de telles déclarations sur les relations franco-algériennes, il a répondu ainsi : « *Les jeunes générations, de part et d'autre de la Méditerranée, sont tournées vers l'avenir, plutôt que vers le passé, et ce qu'elles veulent, ce sont des choses concrètes. Elles n'attendent pas de leurs dirigeants que, toutes affaires cessantes, ils se mortifient en battant leur coulpe pour les erreurs ou les fautes passées, parce qu'à ce compte, il y aurait beaucoup à faire, de part et d'autre[2]* ». Il ajoute : « *cela ne veut pas dire qu'il faut occulter le passé[3]* », mais bien qu'il admette que ce passé de 132 années avait connu la souffrance et l'injustice, il préfère choisir l'atténuation de ces faits en disant : « *mais il n'y a pas eu que cela[4]* » et il se positionne donc pour « *une reconnaissance des faits, pas pour le repentir[5]* » car, dit-il,

---

[1] SARKOZY Nicolas, « Entretien exclusif, avec Nicolas Sarkozy, nous sommes fixés pour une feuille de route ambitieuse », *El Watan*, 10 juillet 2007, n°5067, ISSN : 1111-0333, p.2.
[2] *Ibid.*
[3] *Ibid.*
[4] *Ibid.*
[5] *Ibid.*

cela est une notion qui relève de la religion « *et n'a pas sa place dans les relations d'Etat à Etat*[1] ».

Contrairement à son prédécesseur, Jacques Chirac, qui était impliqué dans une démarche de reconnaissance envers des peuples – reconnaissance de la shoah, l'abolition de la traite négrière, reconnaissance des torts infligés aux territoires outre-mer, les Dom Tom – le président Nicolas Sarkozy semble jouer sur le sentiment national en utilisant le passé et l'identité national comme projet unificateur des français, en qualifiant la revendication algérienne de la reconnaissance comme une forme d'autojustification de leur échec et d'instrumentalisation politique, il invite plutôt l'Algérie à un travail de mémoire qui, selon lui, « *doit continuer, mais dans la dignité et l'objectivité, à l'abri des polémiques et des tentatives d'instrumentalisation politique*[2] ». De plus, il stipule que ce travail de mémoire prendrait certainement un temps considérable, et propose donc de laisser ce dossier sensible de « mémoire » aux spécialistes tel que les historiens, les directions d'Archive et les médias. Il insiste en portant conseil aux dirigeants algériens de ne pas faire des questions de mémoire une affaire préalable car dit-il : « *dans ce cas nous pénaliserions tous les Algériens et les Français qui attendent de nous des avancées rapides dans nos relations*[3] ».

On en comprend que le président français n'est donc pas en faveur d'un traité qui requiert le règlement de problèmes liés à la question de mémoire, mais souhaite établir un « partenariat d'exception » qui puisse atteindre tous les domaines, qui va dans l'approfondissement des relations franco-algériennes, et surtout celles économiques.

Au sens du président français, Nicolas Sarkozy, l'amitié exprime quelque chose que les deux Etats vivent et prouvent au quotidien, il en déduit alors qu'un texte écrit n'est plus nécessaire pour prouver l'existence de cette amitié. Ce qui signifie qu'il avait dès le départ opté pour l'option économique. Il a d'ailleurs tenu le même discours à Dakar, lors de sa visite au Sénégal, le 26 juillet

---
[1]*Ibid.*
[2]*Ibid.*
[3]*Ibid.*

2007, lors duquel il a énuméré les torts mais en a rejeté la responsabilité, « *la colonisation fut une grande faute qui détruit chez le colonisé l'estime de soi et fit naitre dans son cœur cette haine de soi qui débouche toujours sur la haine des autres[1]* », dit-il. La colonisation pour lui est une faute mais de cette faute est né le « destin commun » qui lie l'Afrique à l'Europe et la France en particulier[2]. Il reproche à ses aïeux de s'être prétendu « supérieurs » aux africains, mais semble cependant tenir un discours valorisant l'Europe et inculpant l'Afrique, lorsqu'il dit : « *je suis venu te dire que la part d'Europe qui est en toi est le fruit d'un grand péché d'orgueil de l'occident mais qu'elle n'est pas indigne. Car elle est l'appel de la liberté, de l'émancipation et de la justice et de l'égalité entre les femmes et les hommes. Car elle est l'appel à la raison et à la conscience universelles[3]* ». Ensuite, il affirme que « *le drame de l'Afrique, c'est que l'homme africain n'est pas assez entré dans l'histoire[4]* », et c'est d'ailleurs, l'expression qui ressort dans la presse et qui avait suscité de longues controverses[5]. On appréhende en Afrique, une certaine forme sous-entendue de « déni » et de « paternalisme », lorsque le président français énumère les maux de l'Afrique et se propose comme le médecin qui peut aider ses malades et cela se traduit en sentiment d'humiliation.

L'écho portant la vision du président français vis-à-vis de l'Afrique en général, a été entendu en Algérie et a engendré des conflits avec celle-ci, avant même sa visite.

1.2. Incident diplomatique avant son départ à Alger

Si les dirigeants algériens préfèrent le mutisme comme une manière de gérer les relations franco-algériennes denses, complexes et altérées par les questions de la mémoire, les acteurs

---

[1] « Le discours de Dakar de Nicolas Sarkozy », [En ligne] *Le Monde*, le 09 /11/2007, consulté 03 décembre 2007, URL : http://www.lemonde.fr/afrique/article/2007/11/09/le-discours-de-dakar_976786_3212.html
[2] *Ibid.*
[3] *Ibid*
[4] *Ibid*
[5] TRAORI Aminata Dramane, *L'Afrique humilié*, Paris, Fayard, 2008.

politiques, qui ne sont pas impliqués directement dans les affaires étrangères n'hésitent pas à exprimer la voix de l'Algérie. Ainsi un jour avant la visite du président français en Algérie, un quotidien algérien, *El Khabar,* a organisé un entretien avec le ministre des Moudjahidines (anciens combattants) et l'a interrogé sur sa position relative à la visite de Nicolas Sarkozy en Algérie. Le ministre algérien a déclaré qu'elle a été aménagée « *dans un cadre de l'échange de courtoisie entre Etats, sans plus, qui vise à garder les relations bilatérales actuelles, en attendant que d'autres conditions puissent survenir dans l'avenir et pourront changer les relations bilatérales actuelles*[1] ».

Il lui a été demandé si le fait que le président français appelle les pays du bassin méditerranéen, anciennes colonies de son pays, à tourner la page et à se concentrer sur le projet de l'union méditerranéenne qu'il considère comme l'avenir de la région, ne serait pas, d'un point de vue pragmatique, un projet qui soutient les intérêts de l'Algérie. Le ministre algérien des anciens combattants répond ainsi : « *… à mon avis si la France ne reconnaît pas les crimes qu'avait commis en Algérie, on ne peut pas imaginer une normalisation complète ou réconciliation avec elle, et notre relation ne va pas au-delà des échanges commerciaux. Parler d'un traité d'amitié ou d'une réconciliation sans être accompagné d'une excuse? Cela ne sera pas*[2] ». Il n'hésite alors pas à évoquer et accuser que le président français aurait été porté au pouvoir grâce au soutien juif et révéler ses doutes à son sujet[3].

L'incident diplomatique a été frôlé entre Alger et Paris lorsque les propos du ministre algérien, parvenus en France la veille de la visite de Nicolas Sarkozy ont été rapportés par la presse française[4]. Les conséquences ont été endiguées par l'intervention du président Bouteflika suite à son entretien téléphonique avec le président Sarkozy, lors duquel il a rassuré ce dernier au sujet de la position algérienne et a confirmé qu'il allait

---

[1] يس حميد," وزير المجاهدين محمد الشريف عباس لـ"الخبر""حضور ماسياس لن يكون أكثر استفزازا من قدوم الخائن مكاشرة", "الخبر, 2007/11/26
[2] *Ibid.*
[3] *Ibid.*
[4] *Ibid.*

recevoir un accueil d'amitié lors de sa visite prévu début décembre 2007[1]. De plus, afin d'appuyer et afficher clairement la position officielle, il a fait publier le jour même un communiqué dans lequel il affirmait que la politique étrangère « *est conduite directement par le président ou ses services compétents dûment mandatés. En dehors des positions exprimées par ces autorités, toute déclaration ou spéculation n'engage que ses auteurs ou ceux qui les publient*[2] », il ajoute que « *...il n'est pas de nos traditions, ni dans notre interprétation du devoir de réserve qui incombe à tout responsable de l'Etat, de porter des jugements de valeur sur des hommes d'Etat étrangers ou de nous immiscer dans la politique intérieure des autres Etats, notamment lorsqu'il s'agit d'un pays ami avec lequel nous entretenons des relations multiples de coopération confiantes et mutuellement bénéfiques*[3] ».

Ainsi le président algérien avait trouvé une issue au dilemme posé par son ministre des moudjahidines. Il savait que la coopération faisait la pierre angulaire dans les rapports franco-algériens depuis l'indépendance, il ne fait des questions de la mémoire un préalable dans les relations algéro-françaises qu'uniquement pour une éventuelle réconciliation qui suppose une reconnaissance des torts. Son éclaircissement sur les proposes de son ministre des Moudjahidines avait incité le président français à venir en Algérie en tentant de répondre aux attentes algériennes, notamment par la proposition d'une coopération économique plus intensifiée et plus poussée sans oublier la polémique que les questions de mémoires ont créées depuis 2005, il a proposé ainsi un travail de mémoire qui serait à son sens une démarche objective.

---

[1] « visite d'Etat en Algérie entretien téléphonique du président de la République, M. Nicolas Sarkozy, et du président de la République algérienne démocratique et populaire, M. Abdelaziz Bouteflika, Paris, 29 novembre 2007 », disponible sur *Bases documentaires du ministère des Affaires étrangères et européennes, Déclarations officielles et Points de presse*, [En ligne] URL : http://basedoc.diplomatie.gouv.fr/exl-php/cadcgp.php?CMD=CHERCHE&QUERY=1&MODELE=vues/mae_internet___rec herche_avancee/home.html&VUE=mae_internet___recherche_avancee&NOM=cadic_ _anonyme&FROM_LOGIN=1
[2] « Communiqué de la présidence, Le 26/11/2007 », [En ligne] Ministère des affaires étrangères de l'Algérie, disponible sur : URL :
http://www.mae.dz/ma_fr/stories.php?story=07/11/26/4836434
[3] *Ibid.*

1.3. Le président français entre le travail de mémoire et l'économie

La visite du président français Nicolas Sarkozy a pu être effectuée à Constantine, son discours s'est tenu au sein de l'Université de Constantine. Comme cela avait été prévu par le ministre des moudjahidine, cette visite a eu pour objectif la relance de la coopération économique. À cette fin, le président français, par son discours, a courtisé les dirigeants algériens, louant à la fois la ville, le pays (l'Algérie), ses habitants et leur appartenance à une grande civilisation (arabo-musulmane). Quant à la question du passé commun, à l'instar de ces prédécesseurs, il insistait sur la souffrance commune ainsi dit-il : « *...c'est mon devoir de président de la République de le dire -, de part et d'autre, il y a eu des douleurs, il y a eu des souffrances, il y a eu des peines. Ces douleurs, ces souffrances et ces peines, nul en Algérie ni en France ne les a oubliées. Je n'oublie ni ceux qui sont tombés les armes à la main pour que le peuple algérien soit de nouveau un peuple libre, je n'oublie ni les victimes innocentes d'une répression aveugle et brutale, ni ceux ont été tués dans les attentats et qui n'avaient jamais fait de mal à personne, ni ceux qui ont dû tout abandonner : le fruit d'une vie de travail, la terre qu'ils aimaient, la tombe de leurs parents, les lieux familiers de leur enfance* ». Et ajouté à cela, il équilibre, nuance et contrebalance toujours ses propos en insistant sur une certaine œuvre bienfaitrice des français d'Algérie en affirmant : « *Beaucoup de ceux qui étaient venus s'installer en Algérie, je veux vous le dire, étaient de bonne volonté et de bonne foi. Ils étaient venus pour travailler et pour construire, sans l'intention d'asservir, ni d'exploiter personne. Mais le système colonial était injuste par nature et le système colonial ne pouvait être vécu autrement que comme une entreprise d'asservissement et d'exploitation* ». Ainsi, le président français en essayant de sortir de la controverse créée par le vote du 23 février, tombe dans une altercation des idées, entre un système colonial qui ne pouvait être qu'une entreprise d'assujettissement et la venue en Algérie de français qui ne sont allés y vivre, pour la majorité, que pour bâtir et développer. De même, il refuse d'accorder à la France un rôle de bourreau bien qu'il reconnait la souffrance des victimes de la colonisation. Dans cette même démarche, il dissocie le système colonial des personnes qui l'avaient établi et pratiqué et en rejette ainsi la responsabilité.

La réponse algérienne quant à elle, vient de son ministre de l'intérieur, Yazid Zarhouni qui voyait que les déclarations de Nicolas Sarkozy allaient « dans le bon sens » et constituaient « un progrès » mais que « *ce n'est pas assez quand nous plaçons ces paroles dans leur contexte[1]* », bien qu'il voit que l'Absence d'excuses n'est pas un frein au renouvellement des relations franco-algériennes et « *n'empêchera pas d'avoir une vision nouvelle[2]* » de ces relations ». « *En France comme en Algérie, nous sommes condamnés à croire à une amitié possible[3]* ». déclare-il. Ici nous énonçons deux observations, la première, est le fait d'utiliser l'expression « condamnés à croire à une amitié possible », cela veut dire que du côté algérien le choix est limité et que la coopération est la seule alternative possible. La seconde observation, est que la réponse vient d'un ministre de l'intérieur et non pas du ministre des affaires étrangères qui, avec le président de la Républiques sont les seuls compétents et dûment mandatés et leur position est la seule qui exprime l'attitude officielle algérienne. Il semble que le président algérien et son ministre évitent l'affrontement direct et préfère passer par un intermédiaire, ainsi ils auront toujours une issue au dilemme. Ainsi, les deux parties étaient d'accords pour un travail de mémoire et une coopération économique

1.3.1. *Travail de mémoire, l'intérêt national et contexte international*

Chacune des deux parties a essayé de ménager l'autre : D'une part, le président français pour ne pas heurter les dirigeants algériens et leur peuple, ni les rapatriés d'Algérie, a choisi de

---

[1] « Le discours de M. Sarkozy sur la colonisation jugé insuffisant par le Ministre de l'intérieur algérien », [En ligne] *Le Monde*, 03 décembre 2007, [Mise en ligne] Le 03.12.2007 à 20h45 • Mis à jour le 04.12.2007 à 11h21, consulté 15 décembre 2007, disponible sur : URL :
http://www.lemonde.fr/afrique/article/2007/12/03/le-discours-de-m-sarkozy-sur-la-colonisation-juge-insuffisant-par-le-ministre-de-l-interieur-algerien_985462_3212.html
[2] *Ibid.*
[3] *Ibid.*

condamner le système colonial et en rejeter la responsabilité des torts, il a appelé à un travail de mémoire qui sera confié à des les historiens et a préféré se tourner vers l'avenir uniquement. D'autre part, l'Algérie acceptait déjà la coopération même sans l'obtention d'excuse, Bouteflika lui-même a confirmé cela à plusieurs reprises. La France et l'Algérie sont commandées à coopérer, une expression répondue et une idée admise auprès des dirigeants algériens, à tel point que les responsables de la politique étrangère en Algérie n'ont pas jugé nécessaire de commenter les déclarations de Nicolas Sarkozy, d'autant plus que ces dernières gardaient toujours la coopération en ligne de mire. Ainsi, les représentations de la mémoire dont usent les deux protagonistes, ne sont jamais figées, elles ne sont pas fortuites[1]. Cela tient compte aussi bien l'intérêt national que le contexte national et international.

Ainsi, la question de la reconnaissance des torts infligés pour les dirigeants algériens s'est progressivement transformée, d'une occultation avec distanciation et recherche d'une coopération d'« égal à égal » à un rapprochement avec revendication d' « excuses ».

Quant aux interlocuteurs français, leurs recours au passé algérien portaient toujours sur la « guerre d'Algérie » pour tenter de montrer que l'aspect difficile et douloureux de la mémoire était bien partagé, que les deux parties avaient essuyé des souffrances, alors que selon l'Algérie, il y a bien « le bourreau et la victime ». Lorsque la partie française rappelle la participation des algériens aux grandes batailles qui ont libérée la France, elle ne manque pas d'ajouter le mérite « de l'œuvre » des français d'Algérie.

En somme, le discours de part et d'autre sur la mémoire, n'est pas lié uniquement au contexte national et international mais aussi à l'intérêt national et à l'objectif poursuivi. Le travail de mémoire, selon Rosoux, vise à suivre un objectif politique et non à le contrarier. Il devient plus admissible quand les intérêts des protagonistes convergent. Cette affirmation n'est pas toujours valable.

---

1 ROSOUX Valérie-Barbara, *Op.cit.*, p.3.

L'intérêt national bien qu'il soit identifié par certain comme « la règle la plus ordinaire » des actions des hommes politiques et comme étant une condition de travail de mémoire par d'autre, il reste plutôt soumis à la perception du décideur, à l'identité de son pays mais aussi aux conditions socio-économico-politique, car c'est l'identité qui définit l'intérêt. Ces conditions quant à elles, peuvent infléchir les choix des politiques. Cela nous amène à aborder le second point dans l'approche du nouveau président et ses limites.

1.3.2. Une vision tournée vers l'économie

Le Président français, Nicolas Sarkozy, dès le départ, a opté pour l'option économique : il a mis en avant ce facteur comme moyen efficace pour permettre aux deux Etats d'avoir des relations durables sans interruption et sans retour en arrière. Ainsi, à la veille de son déplacement en Algérie le 2 décembre 2007 en Algérie, il propose une refondation des relations franco-algériennes « *autour d'un triptyque : former, investir, échanger*[1]». D'ailleurs, selon lui, c'est le souhait du président algérien que d'insérer son pays dans le club des pays émergents[2], raison pour laquelle l'aide de la France devient une carte maitresse. Cette aide amène en plus à inciter des entreprises françaises à participer à l'effort de modernisation de l'Algérie et d'y investir[3]. Ainsi, le président français a prévu, lors de sa visite à Constantine « *un document qui sera signé non pas par deux ministres des Affaires étrangères mais par deux gouvernements, un document global qui regroupe l'ensemble de la coopération entre les deux pays d'une validité de dix ans. Cette convention représente, du point de vue français, une sorte de « traité d'amitié simplifié* »[4].

Le partenariat entre les deux Etats, représente, dans ce cadre, une immense opportunité, ni l'aspect économique, ni l'imbrication et l'enchevêtrement des intérêts sur tous les plans ne peuvent être

---

[1] BOUZAGHRENE Nadjia, « à la veille de son déplacement en Algérie, Nicolas Sarkozy préconise « un traité d'amitié simplifiée »,*El Watan*, Le 02 décembre 2007, n° 5189, p.7.
[2] *Ibid.*
[3] *Ibid.*
[4] *Ibid.*

négligés dans les relations franco-algériennes. D'ailleurs le président algérien lui-même le rappelle dans une interview : « *dans les domaines économique et commercial, les relations ont connu un progrès notable notamment au niveau des échanges commerciaux dont le volume a atteint 8,9 milliards de dollars en 2006 et 9 milliards de dollars en 2007. Le volume des investissements français en Algérie a totalisé entre 2002 et 2007, selon l'Agence nationale algérienne de développement de l'investissement (ANDI), près de 650 millions de dollars grâce à la réalisation de 135 projets d'investissement[1]* ».

Voilà pourquoi le président français voulait répondre au blocage du Traité d'amitié avec l'Algérie par un mini-traité, à l'instar de ce qu'il avait proposé pour sortir du dilemme du vote négatif français pour une constitution européenne. Il s'agit d'un traité d'une durée de dix ans, montrant la volonté française de dépasser les barrières du passé. D'ailleurs, les premières années du quinquennat du président Sarkozy ont été marquées par l'augmentation des échanges des visites entre les officiels français et Algériens arrivant à 17 visites en 2007, presque autant que durant l'année 2004, année de la négociation de traité d'amitié[2], mais aussi par la signature de deux accords de coopération, l'un dans le domaine de l'énergie nucléaire civile et l'autre dans le domaine de la défense, à l'occasion de la visite du premier ministre François Fillon en Algérie, le 21-22 juin 2008[3].

Dans la même démarche, dès son élection, le président français a entamé des visites dans les pays européens mais aussi ans les pays du Sud méditerranéens en commençant par l'Algérie afin de promouvoir son projet de « l'Union Méditerranéenne » et convaincre les deux parties impliquées dans cette union : les pays européennes et les pays qui se trouvent au Sud de la méditerranée.

---

[1] « Interview du président Bouteflika au journal qatari Al Arab, lundi 14 avril 2008 », disponible sur le site web du ministère algérien des affaires étrangères, [En ligne] URL : http:/193.194.78.233/ma_fr/stories.php ?story=08/04/14/1204291, consulté le 30 avril 2009.
[2] Figure 5. Visites des représentants officiels de l'Etat français et de l'Etat algérien du 19 juin 1999 au 13 mars 2012.
[3] METAOUI Fayçal, « La France attaché au rôle de l'Algérie au sein de l'UMP », Interview accordé par le premier ministre français François Fillon au Quotidien *El-Watan*, Le 21 juin 2008, n°5358, p.4-5.

Plus précisément, L'Union européenne et 12 pays du Sud et de l'Est de la Méditerranée : le Maroc, l'Algérie, la Tunisie, Malte, Chypre, l'Egypte, Israël, la Jordanie, le Liban, la Syrie, la Turquie et l'Autorité Palestinienne.

La teneur est de taille, il s'agit de la participation de ces pays à des projets économiques en commun de façon à faire de l'espace méditerranéen une zone de libre-échange. Ainsi, le président français promeut l'économie comme moyen d'action, en formulant un projet fondée sur une coopération économique, ne prenant pas en compte les conflits politiques qui divisent cette région, à savoir la question palestinienne et la question du Sahara occidental. Si le Maroc s'est empressé à soutenir ce projet – l'Union Méditerranéenne qui devient par la suite l'Union pour la Méditerranée – l'Algérie quant à elle hésitait mais a finalement accepté l'idée[1].

Il existait déjà des formules de coopération entre le nord et le sud de la méditerranée[2] :

- Le partenariat EuROMED, dit aussi processus de Barcelone, institué en 1995 à Barcelone, à l'initiative de l'Union Européenne et des pays riverains de la Méditerranée (Algérie, Autorité palestinienne, Égypte, Israël, Jordanie, Liban, Maroc, Syrie, Tunisie et Turquie), l'Albanie et la Mauritanie le rejoignaient en 2007.

- La Politique Européenne de Voisinage est mise en place en 2004 afin d'encourager des relations de coopération économique entre l'Union européenne et les pays

---

[1] METAOUI Faycel, « Alger favorable au projet de l'Union méditerranéenne », *El-Watan*, le 12 juillet 2007, n°5069, p.2.
[2] On se reporte au tableau résumant les différentes initiatives en Méditerranée, « Initiatives en Méditerranée », disponible sur le site web de ministère des affaires étrangères et européennes de la France (France diplomatie), [En ligne], consulté juin 2010, URL :
http://www.diplomatie.gouv.fr/fr/IMG/pdf/Initiatives_mediterraneennes.pdf

limitrophes de l'UE¹. La PEV tend aussi à « *une association politique, une intensification de l'intégration économique, une amélioration de la mobilité et un renforcement des contacts entre les peuples*² ». Composée de 16 Etats membres, la PEV est un dialogue bilatéral entre l'Union Européenne et chaque Etat des pays limitrophes dont le quel des projets en commun sont établis en fonction des capacités de chaque pays³.

En revanche, le projet de l'Union Méditerranéenne, réduit à une Union Pour la Méditerranée, instituée à partir du 13 juillet 2008, est censé être l'extension de ces différents dialogues qui composent le bassin méditerranéen, notamment le processus de Barcelone. Un projet ambitieux, qualifié par Jacques Delors, président de la commission européenne entre 1985 et 1995, de « fantasmagorique » et irréalisable, il s'interroge d'ailleurs sur la faisabilité réelle d'un tel projet quand le Maroc et l'Algérie n'arrivent même pas à établir un marché commun entre eux⁴. En effet, le projet semblait être mort-né, vue les situations politiques des protagonistes. Les tensions qui existent au Moyen Orient, au Maghreb et les conflits balkaniques, (le conflit gréco-turque ; le conflit Israélo-palestinien, le conflit algéro-marocain sur la question du Sahara occidental), ont réduit voire entravé le succès d'une telle coopération euro-méditerranéenne⁵.

---

¹« Politique européenne de voisinage », disponible sur le site web de Service européen pour l'action extérieure, [En ligne], consulté le 01 janvier 2014, disponible sur : URL : http://eeas.europa.eu/enp/index_fr.htm
² *Ibid.*
³« Débat Le projet d'Union méditerranéenne », *Brochure des rencontres Sciences Po Bordeaux et Journal Sud Ouest*, Amphi Montesquieu à Sciences Po Bordeaux, le 25 octobre 2007, de 17h30 à 19h30, p.13.
⁴Jacques Delors, invité *des rencontres Sciences Po Bordeaux et Journal Sud Ouest*, Amphi Montesquieu à Sciences Po Bordeaux, le 29 novembre 2007 à partir du 13h30. Autres intervenants Intervenants, André Azoulay (conseiller de sa Majesté le roi du Maroc), Mohamed Ghoualmi (ambassadeur conseiller auprès ministère des affaires étrangères d'Algérie), Alain Juppé (maire de Bordeaux), Miguel Angel Moratinos (Ministre des affaires étrangères et de la coopération du Royaime d'Espagne), Garip Turunç (Maitre de conférences à l'Université de Bordeaux IV-Montesquieu et à l'Université Galatasaray d'Istanbul).
⁵HAMADOUCH Bachir et YVARS Bernard, *Enjeux et défis, de la coopération euro-méditerranéenne*, Strasbourg, Néothèque, 2013, p.2.

La coopération économique franco-algérienne n'a pas réduit les conflits de nature politique entre l'Algérie et la France. La politique française, qui visait une relance de ces relations favorisant ainsi la position de la France en Algérie afin de mieux faire face au rôle sans cesse accru des Etats-Unis et de la Chine dans la région, n'a pas réussi à éradiquer les conflits politiques parmi lesquels certains relèvent de la stigmatisation ou baignent dans des tensions relatives au passé commun, bien que a ne soit pas un frein en soi.

Figure 9.[1] **L'Union Européenne et ses voisins**

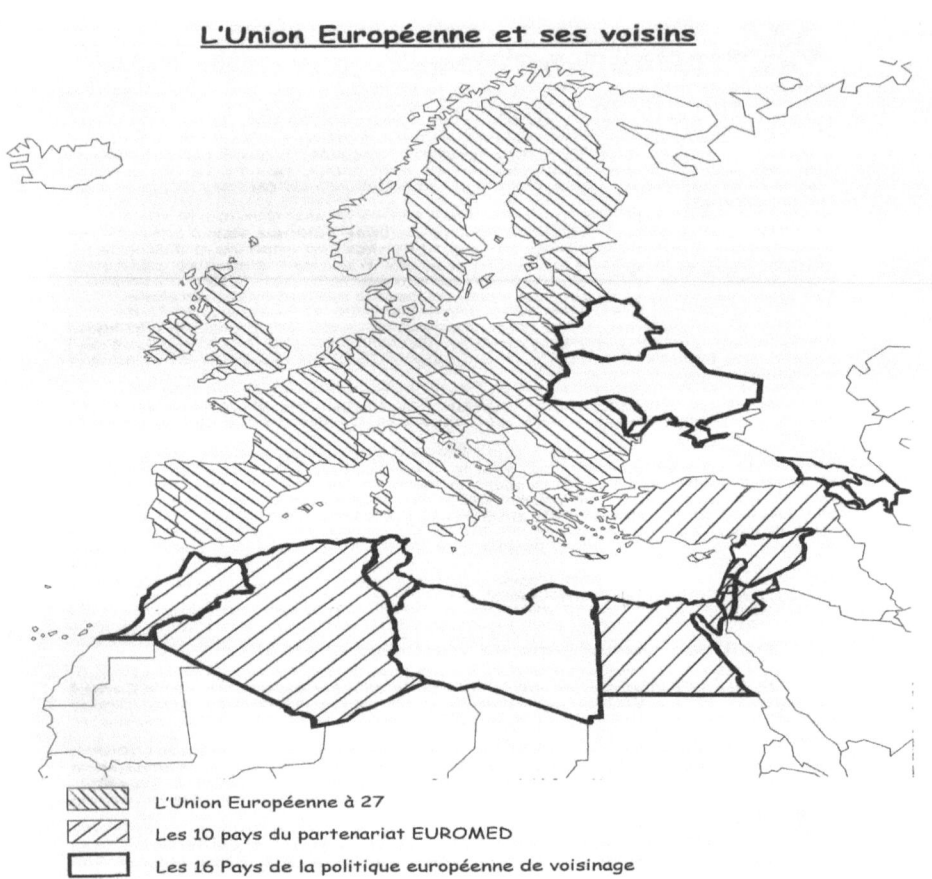

---

[1]« Débat Le projet d'Union méditerranéenne », Brochure, *des rencontres Sciences Po Bordeaux et Journal Sud Ouest* », *Op.cit.*

2. Le déni de reconnaissance bouleverse l'entente réalisée

Après une nette amélioration des relations franco-algériennes : augmentation des échanges, signature des accords sensibles en matière de défense et nucléaire civile, les deux Etats vont connaitre une nouvelle période de tensions sans cesse croissantes dont le passé colonial était présent sans qu'il soit la raison principale de mésentente. C'est l'identité du rôle qui aurait cette fois-ci altéré la progression réalisé pendant les premières années du quinquennat du président français Nicolas Sarkozy. L'inscription de l'Algérie sur la liste noire des pays à risque du terrorisme aurait provoqué les dirigeants algériens qui croyaient qu'ils avaient une image de leur pays qui avait battu le terrorisme et reconnu comme le leader dans la région et l'allié de l'occident en matière de lutte contre terrorisme. Ce déni de reconnaissance avait même fait revenir la question coloniale sur la scène politique. De même que le conflit du Sahara occidental se voyait amplifié au point de parler d'une éventuelle guerre algéro-marocaine.

2.1.1. *L'identité de rôle et le déni de reconnaissance*

Les conflits ont repris avec l'arrestation du diplomate algérien Hasseni à Marseille en 2008 dans le cadre de l'enquête sur l'assassinat de l'opposant Ali Mécili. Malgré le souhait du gouvernement algérien de voir le gouvernement français intervenir pour libérer le diplomate algérien poursuivi par la justice française, le gouvernement français a décliné cette demande en justifiant cela par l'indépendance de la justice. En ce contexte de crise qui s'installait entre Alger et Paris, une autre affaire gênante a surgi, l'assassinat des moins de Tibéhirine en mars 1996. L'hypothèse de l'assassinat des moines dans une bavure militaire algérienne a émergé en 2002[1] sans la moindre réaction de la part des gouvernements français ou algérien. Cependant, après des révélations de l'ancien attaché militaire à l'ambassade de France à Alger concernant

---

[1] TINCQ Henri, « L'armée algérienne accusée dans la mort des moines de Tibéhirine », *Le Monde*, le 24 décembre 2002.

l'assassinat des moines de Tibhirine et qui accusaient les militaires algériens d'avoir été derrière ce qu'il appelait une bavure militaire, le nouveau président Nicolas Sarkozy s'est montré interpelé par cette affaire[1].

Le président français réclamait à ce que la lumière soit faite, que soit levé le secret sur cette affaire et la poursuite des enquêtes[2]. Dès lors le gouvernement français ré-ouvre un autre dossier. « *Je vous dis une chose, je veux la vérité. Les relations entre les grands pays, elles s'établissent sur la vérité et non pas sur le mensonge[3]* », avait déclaré le président français. « *J'indique de la façon la plus claire que, naturellement, je lèverai le secret-défense sur tout document que nous demandera la justice. Il n'y a pas d'autres façons de faire la vérité, aucune autre façon[4]* », ajoute-il. « *On ne peut pas dire que l'amitié entre les peuples et entre les pays peut résister aux mensonges. Il faut faire la lumière, il n'y a rien à cacher. En tout cas de mon point de vue, je suis vraiment déterminé à ce que la lumière soit faite[5]* », a-t-il conclu.

Dans la même année, la France avait décidé de rejoindre les Etats-Unis dans sa mesure de sécurité aéroportuaire en inscrivant l'Algérie sur la « liste noire » des pays à risque desquels une menace terroriste pourrait provenir, un autre point d'achoppement qui s'ajoute au climat déjà tendu entre les deux pays. Une action qui n'a pas seulement déçu l'Algérie mais lui a infligé un sentiment d'humiliation. Le ministre algérien des affaires étrangères rappelle avoir convoqué l'ambassadeur de France à Alger mais aussi d'avoir adressé une lettre officielle à son homologue français, Bernard Kouchner, afin qu'il lui précise la position de l'Algérie qui « *condamne, de manière*

---

[1] « Il accuse l'armée algérienne d'être derrière la mort des moines de Tibéhirine, Les délires d'un général français », *El Watan*, 7 juillet 2009, n°5680, p.3.
[2] M.B, « Affaire des moines de Tibéhirine, Nicolas Sarkozy sème le doute », *El Watan*, 8 juillet 2009, n°5680, p.1-3.
[3] *Ibid.*
[4] *Ibid.*
[5] *Ibid.*

*officielle, ces « agissements»*¹ ». Dans d'autres entretiens, le ministre avait fait rappeler à la France que « *son message diplomatique « soit perçu et les responsabilités de ceux qui ont pris ce type de décisions établies et reconnues comme étant en contradiction avec la volonté de régler les problèmes et que ces dispositions étaient très inamicales envers un pays pourtant ami [...] l'Algérie n'a pas à être sur cette liste. C'est inacceptable et nous ne l'acceptons pas*² ».

Les dirigeants algériens croyaient être l'allié de l'occident, en particulier des Etats-Unis et la France, dans la lutte contre le terrorisme, notamment que ces deux derniers ne cessent de rappeler le rôle incontournable de l'Algérie dans la lutte contre le terrorisme qui, en dépit des événements du 11 septembre et ce qui en est suivi, aurait soutenu les Etats-Unis et coopéré étroitement avec eux³. Un rôle que l'Algérie et ses alliés invoquent à chaque visite des officiels de ces deux pays. De ce fait, cette décision d'inscrire l'Algérie sur la « liste noire » des pays à risque desquels une menace terroriste pourrait provenir, aurait même choqué les dirigeants algériens selon le ministre français des affaires étrangères qui justifie encore cette mesure sécuritaire. À une question sur l'impact de cette décision sur l'Algérie, il répond ainsi: « *C'est une norme de sécurité, et l'Algérie n'est pas seule en cause. Les Algériens sont choqués, et c'est vrai qu'ils se battent courageusement contre Al-Qaida. Mais nous appliquons des règles de sécurité*⁴ ». Selon lui, les relations entre la France et

---

[1] « Intervention de M. Mourad MEDELCI, Ministre des Affaires étrangères à l'émission Tahawoulat de la chaîne I de la radio nationale, jeudi 14 janvier 2010 », disponible en ligne sur le site de ministère des affaires étrangères de l'Algérie : [En ligne], consulté 18 janvier 2010, disponible sur URL :
http://193.194.78.233/ma_fr/stories.php?story=10/01/11/6026640
[2] Intervention de M. Mourad MEDELCI, Ministre des Affaires Etrangères à l'émission "Questions d'actualité " de l'ENTV, [En ligne]site de ministère des affaires étrangères, disponible sur : URL :
http://193.194.78.233/ma_fr/stories.php?story=10/01/19/8600089
[3] « Algeria profile », 12/2004, disponible sur le site de secrétaire d'Etat américain (U .S. Département of State), *Op.cit.*
[4] ASKOLOVITCH Claude et MAZARS Pierre-Laurent, « Kouchner: ''Vite, un Etat palestinien'' », Interview avec le ministre français des affaires étrangères, *Le Journal du Dimanche*, vendredi 19 février 2010. Disponible en ligne [En ligne], consulté le 20 février 2010, disponible sur : URL :
http://www.lejdd.fr/International/Actualite/Kouchner-Vite-un-Etat-palestinien-173756

l'Algérie restent tendues tant que la génération de l'indépendance est encore au pouvoir ainsi dit-il : « *La génération de l'indépendance algérienne est encore au pouvoir. Après elle, ce sera peut-être plus simple*[1] ».

L'arrestation du diplomate algérien, en 2008, l'inscription de l'Algérie sur la liste noire des pays desquels « une menace terroriste peut provenir », l'affaire des moines perçue comme « un mensonge d'Etat » et les déclarations de Bernard Kouchner stipulant que les relations franco-algériennes s'amélioreraient au départ de la génération du F.L.N du pouvoir, tout cela réuni a impliqué de graves détériorations dans les relations entre les deux pays. L'ambassadeur d'Algérie à Paris confirme que les sujets de discorde étaient « *une crispation sur certaines questions sensibles comme celles du diplomate Mohamed Ziane Hasseni, des moines de Tibhirine qui a été instrumentalisée, l'inscription de l'Algérie sur cette liste des pays dits à risque*[2] ». De plus, le ralliement de la France de Sarkozy à la proposition marocaine visant à faire du territoire du Sahara occidental « un territoire autonome » sous la souveraineté marocaine déplait à l'Algérie qui soutient l'indépendance de ce territoire. En effet, le Sous-directeur responsable de l'Afrique du Nord au Ministère français des Affaires Etrangères, Cyrille Rogeau, dans un câble publié par le site web Wikileaks[3], décrit les relations franco-algériennes comme froides, gelées, mauvaises et bloquées[4]. Concernant la principale cause de l'impasse, il cite une détérioration notable depuis l'arrestation du chef du protocole algérien, Mohamed Ziane Hasseni, en août 2008[5]. Ensuite, il affirme que le gouvernement algérien était « très contrarié » par les allégations en France au sujet de l'armée algérienne, l'accusant d'avoir participé à

---

[1] *Ibid.*
[2] APS, « Missoum Sbih, ambassadeur d'Algérie à Paris : «L'inscription de l'Algérie comme pays à risque est discriminatoire », *El-Watan*, 06 mars 2010, n°5884, p.5.
[3] Wikileaks est une association à but non lucratif publiant des documents diplomatiques et analyses socio-politiques dont le porte-parole est Julian Assange, les documents publiés par le site sont classés souvent confidentiels par les diplomates qui sont supposés être à l'origine de la rédaction de ces documents.
[4] « France and north africa: current state of play », capble de Wikiliks, publié le, 2010 February 8, 16:34 (Monday), classfied as confidential by Kathy Allegrone, Counselor for Political Affairs at the American Embassy in Paris, Wikileaks website,[online]URL : https://wikileaks.org/plusd/cables/10PARIS151_a.html
[5] *Ibid.*

l'assassiner des moines de Tibérine pendant la guerre civile en Algérie[1].

Cyrille Rogeau explique qu'à son sens, le régime algérien incrimine souvent la France ou le Maroc afin de détourner l'attention, bien que les élites algériennes restent Francophiles[2]. Il ajoute que pour des raisons évoquées et bien d'autres, le président algérien Bouteflika n'a pas visité la France depuis que le président français Sarkozy est arrivé au pouvoir en 2007 et doute qu'une visite n'ait lieu dans un sens ou dans l'autre avant que l'affaire Hasseni ne soit résolue[3].

Un autre câble datant de 2007 évoque la visite du président Sarkozy en Algérie en 2007 et revient sur les conflits abordés lors de la réunion Bouteflika-Sarkozy, résumée par Dharmadhikari, diplomate français, il note que :

En premier lieu, le sujet sensible de l'héritage colonial de la France revenait sans cesse avec le désir de continuer à coopérer étroitement sur les questions de sécurité, principalement de terrorisme[4].

En second lieu, au sujet de la question du Sahara occidental, Bouteflika se plaignait du penchant de la France en faveur du Maroc, mais le président Sarkozy ne s'est pas laissé entraîner dans une discussion détaillée sur le sujet et a insisté sur le fait que la politique française concernant la question du Sahara occidental n'a pas fondamentalement changé[5].

En troisième lieu, l'idée d'Union Méditerranéenne n'a pas vraiment intéressé les Algériens, il utilisé l'expression « *n'a pas excité les Algériens* » et qualifiait leur réaction de « tiède», une réaction fondée, selon lui, sur des calculs réalistes car elle tient compte de l'opposition entre l'Algérie et le Maroc au sujet du

---

[1] *Ibid.*
[2] *Ibid.*
[3] *Ibid.*
[4] « French mfa puts sarkozy's july 10-11 north africa trip in context », [online] Wikileaks website, acess, june 2012, available on: URL: https://wikileaks.org/plusd/cables/07PARIS3237_a.html,.
[5] *Ibid.*

conflit du Sahara occidental, qui altère indéniablement leurs relations. Les dirigeants algériens doutait du fonctionnement d'un tel groupement et à cela s'ajoute le fait que l'Algérie avait tendance à ne pas favoriser tout rassemblement ou incitative internationale dont elle n'est pas à l'origine ou dans lesquels elle n'est pas le leader[1].

Cette dernière raison n'est pas tout à fait exacte, car l'Algérie est membre dans beaucoup de rassemblements bien qu'elle n'y soit pas le leader. En revanche, quand il s'agit de son rôle régional, elle préfère être au premier plan en raison de sa concurrence directe avec le Maroc pour être le leader dans la région. Le Maroc s'est érigé en fervent défenseur de l'Union Pour la Méditerranée et y a joué un rôle de premier plan, le secrétariat de l'Union lui a été alors confié, ce qui a déplu aux dirigeants algériens. Les réticences de l'Algérie à s'engager dans cette enceinte convergent avec celles de l'Allemagne dont la chancelière avait rendu visite en Algérie trois jours après le lancement du projet instituant l'Union Pour la Méditerranée, le 13 juillet 2008, son ambassadeur à Alger a déclaré que « *sans l'Algérie, le projet d'union pour la Méditerranée n'a pas de grandes chances de réussite[2]* ».

La question de la mémoire n'a été qu'un prétexte, car elle n'a fait surface qu'après le vote de la loi valorisant la colonisation, en février 2005, et bien que les échanges entre les deux pays ont été réduits en quantités, la coopération et les contacts diplomatiques ont été maintenus. Mais, depuis l'année 2008, stigmatisations et humiliations ont été infligés à l'Algérie par la France qui de plus s'est montrée penchée en faveur du Maroc, les relations diplomatiques étaient alors au plus bas voire interrompues comme l'indiquent les différentes révélations précédemment citées ainsi que le Tableau5 et la Figure10 qui présentent l'évolution des échanges de visites des responsables de la politiques étrangères entre les deux pays (présidents de la République, son ministre des affaires étrangères ou son secrétaire) : on en relève qu'il n'y en a

---

[1] *Ibid.*
[2] BOUARICHA Nadjia, « Coopération Algéro-Allemande, Angela Merkel à Alger les 16 et 17 juillet », *El-Watan*, le 26 juin 2008, n° 5363, p.4.

eu aucune depuis 2007, à l'exception de la visite, côté algérien, du président algérien Abdelaziz Bouteflika, le 13 juillet 2008, mais qui rentre dans cadre multilatérale (réunion des chefs d'Etats instituant l'Union Pour la Méditerranée à Paris) et celle, côté français, du ministre des affaires étrangères, Bernard Kouchner, en juin 2008, qui entre aussi dans un cadre multilatérale (visite de ministre des affaires étrangère pour participer aux discussion de la 15ème conférence ministérielle du Forum méditerranéen).

Tableau 4. Echanges bilatéraux de visites des représentants de la politique étrangère[1]

Année	DZ vers FR	FR vers DZ	total
19-juin-99	0	1	1
2000	2	0	2
2001	1	4	5
2002	3	1	4
2003	2	1	3
2004	2	3	5
2005	1	1	2
2006	0	1	1
2007	1	2	3
2008	0	0	0
2009	0	0	0
2010	0	1	1
2011	1	1	2
13-mars-12	0	0	0
TOTAL	13	16	29
Moyen			2,0714285714

---

[1]Tableau fait à partir des donnés recueillies sur le site de l'Ambassade d'Algérie à Paris, AMBASSADE D'ALGÉRIE EN FRANCE, « Coopération politique, relations algéro-françaises », [En ligne], consulté en novembre 2012, disponible sur : URL : http://www.amb-algerie.fr/cooperation-politique-2/

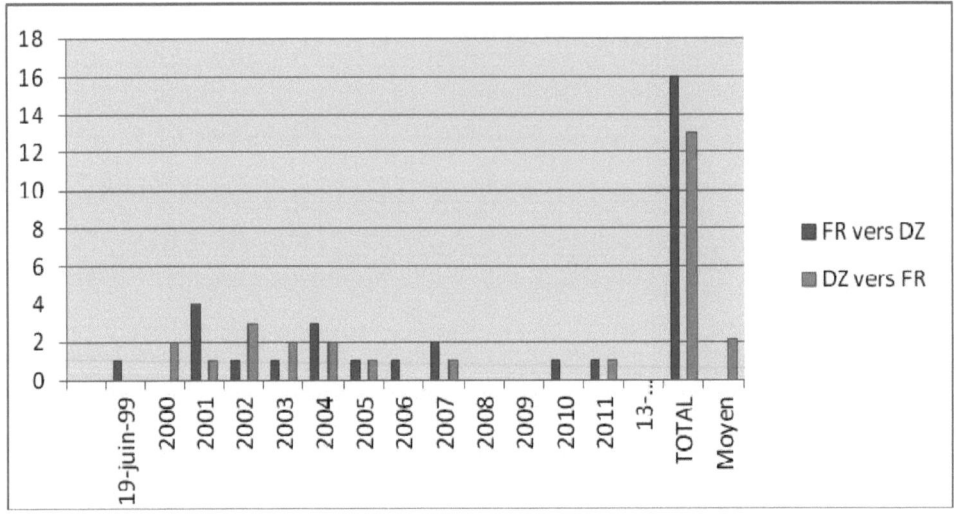

Figure10. Echanges bilatéraux de visites des représentants de la politique étrangère

2.1.2. Les implications de la crise sur la question du Sahara occidental

La crise caractérisant les relations franco-algériennes depuis 2007 a eu des répercussions négatives sur la question du Sahara occidental. En Algérie, le soutient de la France au Maroc est perçu comme chantage et règlement de compte. La diplomate française, Marie Buscail, dans un document wikileaks, classé comme réservé, affirme que la France était préoccupée par le fait que l'Algérie refuse d'assumer sa responsabilité dans la résolution du conflit[1]. Selon ses dires, l'objectif de la France est clairement « *le désir d'aller de l'avant avec le plan d'autonomie marocain comme une solution pour le conflit du Sahara occidental[2]* ». Elle affirme alors : « *Il est maintenant le temps pour nous d'essayer de convaincre l'Algérie à s'engager véritablement dans le*

---

[1] « France and north africa: current state of play », câble de Wikileaks, publié le, 2010 February 8, 16:34 (Monday), classé Comme confidentielle par Kathy Allegrone, Conseiller aux affaires politiques à l'ambassade américaine à Paris, *Op.cit.*
[2] *Ibid.*

processus[1] », elle évoque aussi le fait que la France aurait demandé aux Etats-Unis d'envoyer le même message fort au dirigeants algériens pour qu'ils s'engagent dans le processus politique proposé par le Maroc et admis par la France[2].

Selon un autre document de Wikileaks, classé comme secret, rapportant la discussion qui a eu lieu entre le Secrétaire adjoint américain des Affaires du Proche-Orient, David C. Welch et le président algérien Bouteflika, ce dernier aurait sollicité la médiation des Etats-Unis, car ils n'ont pas de passé colonial avec le Maghreb[3]. Le président algérien considère que « *la France du fait de son passé colonial au Maghreb est incapable de jouer un rôle constructif*[4] », selon lui, « *la France tentait de régler des comptes avec l'Algérie en interférant dans le Sahara occidental et porter son soutien au Maroc*[5] ». Elle « *n'a jamais vraiment accepté l'indépendance algérienne*[6] », dit-il.

Il est probable que le président algérien par ses accusations tentait de stimuler le soutien des Etats-Unis dont les intérêts ne cessent d'augmenté en Algérie. Ils sont ses premiers clients et comptent beaucoup sur elle en matière de lutte contre le terrorisme dans le Sahel.

L'Algérie de Bouteflika ne change rien concernant sa position envers le conflit qui oppose le Polisario au Maroc. La France également tient à sa position. Aucun des deux ne risque de céder à la tentation des nouveaux enjeux sans perdre la face. Bien que l'Union du Maghreb puisse être utile dans la prospérité de la région, elle est elle-même bloquée par la complexité de ce conflit dans les relations intermaghrébines et franco-maghrébines, qui n'a pas perdu de son sérieux depuis son éclosion en 1975 et qui

---

[1] *Ibid.*
[2] *Ibid.*
[3] "Algerian Leadership Tows Western Sahara Line With A/S Welch", Classified By: Ambassador Robert S. Ford; reasons, cable referencce 08ALGIERS261, Created, 2008-03-03 15:03 Released 2010-12-03 21:09 Classification: SECRET, Origin, Algiers Embassy, Wikileaks website [online] access 2010-04-12., available on : Url: http://213.251.145.96/cable/2008/03/08ALGIERS261.html
[4] *Ibid.*
[5] *Ibid.*
[6] *Ibid.*

représente un axe important dans la politique étrangère de l'Algérie et du Maroc. Ce qui est certain est que le déni de reconnaissance de la France qui se reflète dans différentes stigmatisations et humiliations aurait contribué au renforcement de la perception de menace chez les dirigeants algériens.

2.2. La mémoire une raison de blocage ou un prétexte

Il est peu probable, que la question de la mémoire soit la cause principale expliquant l'annulation de la visite de Bouteflika à Paris suite à l'invitation de son homologue à Paris, et que le non-retour à la normal des relations algéro-française soit uniquement la conséquence du « *refus de la France de reconnaitre les crimes commis durant la colonisation par l'armée française* », comme le conseiller du président algérien a tenté de le véhiculer tout en invitant la communauté internationale à travailler sur la question de « criminalisation de la colonisation » afin de dégager un consensus mondiale » par l'Organisation des Nations Unis[1]. Or, 125 députés algériens du F.L.N, ont signés un projet de loi que le gouvernement algérien n'osait même pas soumettre à la discussion au parlement algérien[2]. Ce projet a irrité certains députés de la droite française, mais le ministre français des affaires étrangères s'est dépêché de les rassurer en leur affirmant que le gouvernement algérien « *n'a aucunement pris position* » pour la proposition de loi incriminant le colonialisme français, et il a ajouté que « *son inscription à l'ordre du jour n'est donc pas certaine, car c'est le gouvernement algérien qui en a la maîtrise exclusive*[3] ».

Le premier ministre algérien, Ahmed Ouyahya, a déclaré qu'il considère cette loi de « criminalisation » de la colonisation comme une surenchère politique[4], bien que le même jour, pour un autre quotidien, il estime qu'un règlement de « *la question du*

---

[1] Z.C, « Crise des relations entre l'Algérie et la France », *El-Watan*, 10 mars 2010, n°, p.3.
[2] « زياري جعل المشروع رهينة ظروف، كوشنير يحسم مصير مقترح تجريم الإستعمار »، الخبر، عدد5932.ص3
[3] M. A. O., « Projet de loi criminalisant le colonialisme : Une partie de la droite française irritée », *El-Watan*, 10/02/2010, n°5864, p.4.
[4] شراق محمد، يتهم أصحاب المبادرة بإخفاء سجلا تجاريا، أويحي لا يوافق على قانون تجريم الإستعمار »، الخبر، 2010/03/13، عدد.59، ص.5

passé et l'établissement de relations d'égal à égal était nécessaire pour établir des relations d'exception avec la France »[1]. La même ligne de conduite a été suivie par le président de l'Assemblée populaire algérienne qui a réitéré la position algérienne en matière du passé colonial, laquelle consiste en la revendication de la reconnaissance des « crimes commis » en Algérie, mais en même temps il a refusé de donner suite au projet de loi sur la « criminalisation » de la colonisation pour « des considérations diplomatiques[2] ». Selon un député algérien au parlement, le chef du gouvernement aurait envoyé un document secret au président de l'Assemblée populaire algérienne en y expliquant les raisons qui empêchent le gouvernement de faire passer la loi de « criminalisation de la colonisation »[3]. Il explique que ces raisons reviennent d'abord au fait que la prérogative de la politique étrangère appartient au président de la République, ensuite, il note que le gouvernement algérien voulait se conformer encore aux Accords d'Evian qui interdisent l'appel à la criminalisation de la colonisation, en outre, il évoque l'idée que le droit national algérien ne permet pas de porter plainte contre les Etats et enfin il précise que le gouvernement algérien tient compte des relations diplomatiques entre les deux pays[4].

Le gouvernement algérien avait donc essayé de pratiquer la politique de l'autruche et même adoucir le climat pour éviter toute complication avec la France et agissait concrètement sur d'autres volets comme l'investissement pour infléchir la politique de la France à l'égard de l'Algérie en bloquant l'avancée des dossiers d'investissement, à savoir la construction d'une usine de Renault[5]. Le premier ministre algérien Ahmed Ouyahya dénonçait, lors de la réunion du conseil national de son parti, mais en sa qualité de chef du parti R.N.D. pas en sa qualité de chef de gouvernement,

---

[1] F.A, « Ahmed Ouyahia : « Nous n'avons pas d'oukases à recevoir du FMI », *La Tribune*, 13 mars 2010, p.2.

[2] عاطف قدايرة، « قال إنه لن يمر لاعتبارات دبلوماسية وقانونية»،زياري يتحدى نوابه ويعلن طي ملف تجريم الإستعمار، »الخبر،2010.09.26،عدد.6128،ص6

[3] زايدي أفتيس،"ويحيى أرسل وثيقة سرية إلى البرلمان يشرح أسباب عدم تمرير قانون تجريم الإستعمار" ،النهار،يومية جزائرية ،عدد. 2217 ، 01 /06/ 2013 ،ص5

[4] *Ibid.*

[5] ع.ب، "الخلافات السياسية رمت بظلالها على الإستثمارات بين البلدين،الحكومة غير متحمسة لمشروع بناء مصنع سيارات فرنسي 04 /27 /2010، الخبر،ص.4

ce qu'il avait appelé « *tentatives désespérées* » à ternir l'image de l'Algérie et s'en prendre à la dignité de ses citoyens qui se déplacent à l'étranger[1]. Là seraient les raisons ayant provoqué les dirigeants algériens, selon lui. D'ailleurs, dès que l'affaire du diplomate algérien Mohamed Ziane Hasseni s'était dénouée par son blanchiment par la justice française[2], le nuage commençait à se dissiper, les contacts redevenaient possibles. Il y a eu alors la visite de Claude Guéant, secrétaire général de l'Elysée, qui selon une source algérienne, se serait déplacé dans le cadre du traitement des malentendus et la continuité de la concertation entre les deux pays. «*Les intérêts communs sont tellement immenses que l'Algérie et la France ne peuvent pas se permettre de se tourner plus longtemps le dos*[3] », dit-il. D'ailleurs, il n'a pas manqué de déclarer que les présidents Bouteflika et Sarkozy « *souhaitent faire vivre l'amitié qui unit les deux pays avec plus d'intensité*[4] ».

La société civile bien que faible, lançait néanmoins certaines critiques comme celle de l'Association du 08 mai 1945 qui critiquait la position des autorités algériennes relative à la loi de « criminalisation de la colonisation », elle leur avait reproché l'utilisation politique de la mémoire, ce qui se reflète dans l'instabilité de la position algérienne, car en fonction de leurs relations avec la France et selon la conjoncture, ce dossier apparait ou disparait[5]. C'est la même idée que défend, Mohmmed Elkorso, professeur d'Histoire à l'université d'Alger, qui voit que l'échec des autorités algériennes dans la recherche de l'obtention d'« une reconnaissance de la France » revient au fait que cette revendication ne trouve pas ce qui l'explique concrètement dans la position officielle algérienne qui change suivant l'état des

---

[1]
أحمد أويحي، « كلمة السيد أحمد أويحي، الأمين العام للحزب، لدى إفتتاح أشغال الدورة الثالثة العادية للمجلس الوطني »، زرالدة،11.03.2010
Disponible sur le site, Web du parti, mis en ligne le 11 03 2010 [En ligne] URL : http://rnd-dz.com/wilayas/view_news_wilaya_ar.php?callback=&title=Latest%20News&news_id=459&category_id consulté le 12 mars 2010.

[2] MANDRAUD, Isabelle « Non-lieu pour le diplomate algérien mis en cause dans l'affaire Mecili les deux pays », *Le Monde*, 02 septembre 2010, n°20406, p.6.
[3] BELABES Salah Eddine « Le poids des contentieux affecte les rapports entre Alger et Paris : Des relations en clair-obscur », *El-Watan*, 22/ 06 /2010, n°5976, p.3.
[4] *Ibid.*
[5] لحياني عثمان« جمعية 8 ماي تحمل السلطات مسؤولية الإخفاق في تجريم الاستعمار،القورصو: الجزائر الرسمية تدير ظهرها للتاريخ»،الخبر، 07 ماي 2011،عدد.6347،ص.5.

relations avec la France, en évoquant notamment la position des autorités algériennes vis-à-vis de la loi criminalisant la colonisation. Ainsi, il conclut que les autorités algériennes n'ont recouru à la mémoire que pour un usage politique de celle-ci et ils ne l'avaient pas présentée comme préalable à l'amélioration de leur relation avec la France[1].

Malgré ces critiques et la conscience qui marque la société civile, bien que faible, le gouvernement algérien continuait à mettre en valeur la question de la reconnaissance des torts infligés, dans les discours à l'occasion de commémoration d'événements historiques à l'instar de ceux du 08 mai 1945 et allant même à défendre le projet de criminalisation de la colonisation par le ministre algérien des moudjahidines, selon qui, la société civile est unie autour de cette proposition[2]. Il défend même l'idée de la non extinction des faits, « *les massacres du 8 mai 1945 sont des crimes contre l'humanité car notre peuple manifestait pacifiquement. L'Algérie en qualité de victime au sens juridique du terme, ne peut admettre une extinction des faits qui sont reprochés à la France coloniale*[3] ».

S'agit-il d'un discours envisagé pour la consommation intérieur, ou d'une volonté politique de faire revivre ce dossier dans les négociations futures entre les dirigeants algériens et français.

En somme, les questions de friction étaient de nature identitaire. Leur degré d'influence diffère du plus grave au moins grave. La question du passé commun ne bloquait pas la coopération bien qu'elle soit parmi les conflits évoqués par les diplomates. Les questions ayant eu le plus d'impact sur les dirigeants algériens relèvent de l'image de l'Algérie. Le fait que la France avait contrarié l'Algérie maintes fois dans divers cas qui relevaient tantôt de la sécurité et tantôt de l'image et la réputation

---

[1] *Ibid.*
[2] قدادرة عاطف،« محمد الشريف عباس يعتبر مطلب جميع القوى الحية،وزير المجاهدين يقر بشرعية قانون تجريم الإستعمار»،*الخبر*،08/05/2011،عدد،6348،ص.5.
[3] DADCI Karim, « Mohamed-cherif abbès à propos du 8 mai 1945, «L'Algérie n'admettra pas une extinction des faits», *El-Watan*, 09 mai 2011, n°6246, ISSN : 1111-0333, p.15.

de l'Algérie comme leader de lutte contre le terrorisme, aurait conduit à une déception et frustration chez le partenaire algérien. Ces différentes questions étaient au cœur des raisons qui incitaient les dirigeants algériens à réduire leurs contacts : absence de visite du président Bouteflika en France et blocage des dossiers d'investissements, dénonciation à travers les canaux diplomatiques. Et cela car ces questions, contrairement à la question de la reconnaissance des torts infligés par le colonialisme, touchaient directement à l'image du gouvernement algérien et du pays. Ce qui a bien sûr abouti à la réduction des investissements en Algérie.

Le changement du contexte, les soulèvements populaires dans le monde arabe notamment au Maghreb, va nous dire plus sur le jeu politique de la mémoire, ce dossier, on se souvient a été déjà pointé du doigt, comme nous l'avons vu auparavant, par certains dirigeants algériens, comme la raison principale qui empêchait le président algérien de répondre à l'invitation de son homologue à Paris, ainsi que la raison du blocage des relations, bien qu'en même temps le gouvernement s'opposait à la proposition de la loi criminalisant la colonisation.

3. *Le printemps arabe et le rapprochement*

Les soulèvements populaires dans le monde arabe, depuis janvier 2011, notamment au Maghreb, ont réduits les conflits entre l'Algérie et la France, nous avons assisté à un changement considérable dans les positions surtout celles d'Algérie. Le régime algérien était en position de faiblesse dans l'absence d'un pouvoir jouissant de légitimité populaire. C'était donc, l'occasion pour la France d'arracher le maximum de concessions essentiellement économiques. En contrepartie, le soutien français aux dirigeants algériens devait être incontournable. Dès lors, les conflits autour des questions comme celle du Sahara occidental ou de la mémoire, se sont éclipsées.

Les dirigeants algériens ont tendance à recourir à ce dossier notamment au moment des conflits avec la France comme prétexte ou comme carte à jouer pour faire pression mais il n'a pas constitué une entrave à la coopération. Ainsi, la visite du ministre français des affaires étrangères venu en Algérie dans un contexte sensible qui régnait dans le monde arabe, notamment au Maghreb (printemps arabe), déclarait que lui et le premier ministre algérien « *ont montré une volonté commune d'éviter, que les extrémistes nationales des deux côtés « algérien et français », soulèvent en vain les ancienne blessures* [les question mémorielles] *lors du cinquantenaire de l'indépendance de l'Algérie en 2012*[1] ». Alain Juppé, a proposé aux dirigeants algériens la coopération dans plusieurs domaines réels et effectifs, comme celui économique. Il a déclaré, lors d'une conférence de presse, que : «*les relations algéro-françaises connaissent actuellement une période d'embellie*[2] », d'ailleurs, il était contre toute forme de repentance de la France. «*Je pense que c'est quelque chose à laquelle nous ne sommes pas prêts, parce qu'il faut tenir compte à ce moment-là de beaucoup de considérations historiques qui compliquent beaucoup les choses*[3] », déclare-t-il, dans le centre culturel français à Oran.

En effet, l'année 2012 a été caractérisée par le retour à la normal des relations diplomatiques et à l'importance donnée à la dimension économique. L'Élysée avait même envoyé en émissaire, Jean Pierre Raffarin, spécialement pour avancer les gros dossiers d'investissements. Dès lors, des dossiers d'investissement qui étaient bloqués, à savoir celui de l'automobile (Usine Renault Algérie) mais aussi d'autres projets d'investissements, avaient trouvés une issue favorable[4]. De même qu'une vingtaine d'accords avaient été conclus entre des entreprises algériennes et françaises, annonçait Mohamed Benmeradi, ministre de l'Industrie, de la PME et de la Promotion

---

[1]

بن حميد « وزير خارجيتها دعا إلى عدم اجترار الماضي والتوجه إلى المستقبل"،فرنسا لن تتعهد للجزائريين بالاعتراف بجرائم الاستعمار » ،
17 جوان 2011،عدد.6388،ص.5.

Trad.fr. « Son Ministre de l'extérieur a appelé à cesser de ressasser le passé et à se pencher vers l'avenir, La France ne promet guère de reconnaitre les crimes de la colonisation », In. *El-khabar*, 17 juin 2011, n° 6388, p.5.
[2]MESBAH Salim, « Visite d'Alain Juppé : entre Alger et Paris, ça coince sur la Lybie », In. *El-Watan*, 11 juin 2011, n°115, Alger, p.2.
[3] *Ibid.*
[4] AMBASSADE D'ALGÉRIE EN FRANCE, « Coopération politique, relations algéro-françaises », [En ligne], consulté en novembre 2012, disponible sur : URL : http://www.amb-algerie.fr/cooperation-politique-2/

de l'investissement, depuis la tenue du Forum de partenariat économique Algérie-France en mai 2011 à Alger[1]. D'ailleurs, l'année 2011, début du printemps arabe, avait été donc caractérisée par « *une intense activité au plan politique, économique et culturel*[2] »

Les menaces de déstabilisation du régime algérien depuis le début du dit printemps arabe avait permis la dissipation de ces conflits et un rapprochement permettant de gagner soutien du gouvernement français qui était de toute façon pour que le régime algérien soit maintenu. L'intérêt de la France est dans la continuité du régime algérien même s'il existe encore des conflits, en effet, ces conflits n'ont jamais remis en cause la coopération avec la France ni le penchant francophile des dirigeants algériens. De ce fait, l'option francophile des dirigeants algériens ainsi que les liens denses expliquent la coopération, tandis que les questions identitaires à savoir le déni de reconnaissance des torts infligés, et la déformation de l'image de l'Algérie dans son identité de rôle, expliquent les conflits. Ces derniers réduisent le degré de la coopération et condamnent la réconciliation.

4. François Hollande, une réconciliation en marche

Contrairement à son prédécesseur, François Hollande, avait toujours des attachements à l'Algérie : en 2006, alors qu'il était secrétaire du parti socialiste, il rendu visite en l'Algérie où on lui a réservé un accueil de chef d'Etat. Ce dernier a condamné le système colonial comme « *n'ayant rien de positif*[3] » et l'a qualifié aussi d'« *exploitation de ressource* [4] ». Une position affirmée déjà dans son livre, *Devoirs et vérité,* dans lequel il souhaite que la

---

[1]Aoudia Karim « Alger et Paris relancent les projets lourds d'investissements, beaucoup d'optimisme en attendant du concret », *Le temps*, quotidien algérien, du 03 février 2012, n°942, p.4.
[2] « Coopération politique, relations algéro-françaises », *Op.cit.*
[3]« François Hollande en Algérie, transcription d'un extrait de son discours » [en ligne], disponible sur : URL : http://www.ina.fr/video/3126029001023/francois-hollande-en-algerie-video.html
[4]*Ibid.*

France reconnaisse les torts infligés[1]. De même, en 2010, l'Algérie a été sa première destination où il a témoigné qu'elle était un pays qui lui est proche et dans lequel il a beaucoup d'amis[2]. Ce voyage, diffère cependant des autres puisqu'il était alors un potentiel candidat aux présidentielles de 2012.

L'attachement psychologique, cependant, n'est pas le seul à prévaloir ici, mais aussi l'enjeu politique que peut avoir ces différentes visites sur les rendez-vous électoraux français, notamment ceux présidentiels : La présence d'une forte communauté algérienne en France mais aussi celle française en Algérie, incite les candidats à en tenir compte. L'amélioration des relations était donc nécessaire autant pour l'Algérie que pour la France. C'est pour cette raison que le président français était pour un renouvellement des relations franco-algériennes, ainsi lors de sa visite à Alger, en octobre 2010, il déclare : «*Ma visite est d'abord fondée sur l'amitié, mais c'est aussi un témoignage de fidélité, une préparation de l'avenir. Ce voyage est l'occasion de dessiner les perspectives d'avenir dans lesquelles la coopération entre nos deux nations peut être utile à nos deux peuples. Au-delà de la conjoncture politique, je m'intéresse à l'amélioration durable de la relation entre la France et l'Algérie*[3]». D'ailleurs, avant même sa visite en Algérie et avant même d'être élu, le parti socialiste avait revendiqué la reconnaissance des faits du 17 octobre 1961 (torts infligés aux manifestants algériens indépendantistes) et l'établissement de la responsabilité et la possibilité d'accès aux archives, revendication formulée au nom du parti socialiste, le 14 octobre 2011, à l'approche de la commémoration des évènements du 17 octobre 1961[4].

---

[1]HOLLANDE François, *Devoirs de vérité, dialogue avec Edwy Plenel*, Paris, Stock, 2006, p.229.
[2]François Hollande est attaché à l'Algérie, pays dans lequel il a effectué son stage quand il était étudiant à l'ENA et effectua son stage à l'ambassade de France en 1Algérie.
[3]Nadjia Bouzeghrane, « Il est temps d'investir pour les générations futures », Entretien avec François Hollande, président du conseil général de la Corrèze et débuté à l'Assemblée nationale française, le premier secrétaire du parti socialiste, François Hollande », *El-Watan*, 06 décembre 2010, n°6116, p.4.
[4]Cette revendication est disponible sur le site du parti socialiste, sous le titre, « Cinquantenaire des événements du 17 octobre 1961 : reconnaître la tragédie et les responsabilités pour avancer vers l'avenir, [en ligne] disponible sur : URL:

4.1. Le jeu politique et la question de la reconnaissance instrumentale

Nous allons voir que la question de la reconnaissance va de nouveau traverser les méandres de jeu politique.

En 2011, François Hollande, candidat aux présidentielles de 2012, se rend sur le pont de Neuilly pour jeter des fleurs dans la Seine en hommage aux victimes de la répression du 17 octobre 1961 afin de s'attirer les faveurs de la communauté algérienne en France. Le président algérien, avant la visite du président français en Algérie, bien qu'il réaffirmait que la coopération entre la France et l'Algérie est basé sur les intérêts mutuels, il insistait néanmoins sur une « *lecture objective de l'histoire* », seule capable, selon lui, de réconcilier les deux peuples, ainsi déclare-il « *l'Etat algérien indépendant s'est attelé depuis 50 ans, avec un esprit magnanime et une vision prospective, à construire des relations d'amitié et de coopération fructueuse avec les différents pays du monde, à leur tête l'Etat français. Des relations fondées sur les intérêts communs, partant de sa foi en la nécessité de faire de la mer Méditerranée un espace de paix et de bien commun entre les peuples de la région, et de son aspiration à un ordre international plus équitable, plus solidaire et plus tolérant. Seule une lecture objective de l'histoire, loin des guerres de mémoire et des enjeux conjoncturels, est à même d'aider les deux parties à transcender les séquelles du passé douloureux pour aller vers un avenir où règnent confiance, compréhension, respect mutuel et partenariat bénéfique*[1] ».

---

http://www.parti-socialiste.fr/communiques/cinquantenaire-des-evenements-du-17-octobre-1961-reconnaitre-la-tragedie-et-les

[1]ABDELAZIZ Bouteflika, « Discours du président de la République, Abdelaziz Bouteflika à Sétif », publié par *El-Watan* traduit par APS (Agence de Presse Algérienne),[En ligne] disponible sur : URL : http://www.elwatan.com/actualite/discours-du-president-de-la-republique-abdelaziz-bouteflika-a-setif-08-05-2012-169784_109.php consulté le 09 mai 2012 ; disponible aussi en arabe sur le site *youtube* « خطاب بوتفليقة كاملا سطيف, Algerie Discours de Bouteflika Setif Complet [HD] 2012 », [En ligne] disponible sur URL : https://www.youtube.com/watch?v=a0TGwf9uYcA

Six mois après son investiture, le président nouvellement élu publie un communiqué dans lequel il reconnait les faits et établit la responsabilité de la France[1]. Cette reconnaissance ne concerne cependant que les évènements du 17 octobre 1961. La réaction algérienne s'est fait immédiate, le premier ministre algérien, Abdelmalek Sellal, a confirmé « *les bonnes intentions*[2] » manifestées par la France pour tourner la page d'un passé tumultueux. De même, lors d'une conférence de presse animée au Conseil de la nation, le 17 octobre 2012, le premier ministre algérien, a affirmé que « *la visite du président français en Algérie constituera un gage de la volonté de tourner cette page de l'histoire*[3] ».

Quinze jours après, le ministre français des affaires étrangères, avait affirmé qu'après son entretien avec le président et son équipe en Algérie, les deux parties s'étaient mises en accord sur un partenariat stratégique et non sur un traité d'amitié. L'Algérie « *ne souhaite pas un Traité d'amitié avec la France mais plutôt un partenariat stratégique*[4] », déclare-t-il. Le président Bouteflika confiait à cette occasion que les Algériens « *ne souhaitent absolument pas que l'on fasse un voyage tourné vers le passé*[5] ». La réponse algérienne interviendra deux jours plus tard, pour affirmer : « *Les propos de M. Fabius sont importants et notre réponse interviendra incessamment*[6] », déclarait le ministre algérien des affaires étrangères.

---

[1] Cette reconnaissance disponible sur le site de la présidence de la République française, « communiqué autour du « 17 octobre 1962 », mis en ligne le 17 octobre 2012,[en ligne] disponible sur URL: http://www.elysee.fr/communiques-de-presse/article/17-octobre-196/

[2] « Massacres du 17 octobre 1961, Hollande reconnait la répression sanglante, Réactions », *El-Watan*, 18 octobre 2012, n°6692, p.2.

[3] *Ibid.*

[4] « Entretien du ministre des affaires étrangères, M. Laurent Fabius, avec «Europe 1» - extraits- Paris, 21 octobre 2012 », disponible sur *Bases documentaires du ministère des Affaires étrangères et européennes, Déclarations officielles et Points de presse*, [En ligne] disponible sur : URL : http://basedoc.diplomatie.gouv.fr

[5] *Ibid.*

[6] Réponse, publié le 23 octobre 2012, sur le site du ministère des affaires étrangères de l'Algérie, [En ligne] URL : http://www.mae.dz/ma_fr/stories.php?story=12/10/24/7654484 consulté le 24 octobre 2012. Reprise par les journaux tel que *El-Watan* du 31/10/2012, n°6702, p.5.

Cette réponse dont parle le ministre algérien, a été confiée au ministre des anciens combattants qui à la veille de la célébration du 58e anniversaire du déclenchement de la Révolution du 1er Novembre 1954, déclare que la « *reconnaissance des massacres du 17 Octobre 1961 est d'abord politique, vu la manière dont elle été conçue[1]* ». Il ajoute que les Algériens veulent « *une reconnaissance franche des crimes perpétrés à leur encontre par le colonialisme français[2]* ».

Cette déclaration, à son tour, va inciter la droite française à réagir suivie par une vague compagne médiatique, suite au geste et aux déclarations de l'ex-ministre français de la défense, Gérard Longuet, qui ne regrette pas son geste et affirme sa position : « *la France n'a pas à avoir honte de sa présence en Algérie pendant la colonisation, en tout cas c'est ma conviction[3]* », a-t-il déclaré. Il souhaite, en revanche que la relation entre la France et l'Algérie soit apaisée, mais cela lui paraît impossible « *si à chaque fois que l'on se rencontre, on refait le procès de la colonisation[4]* », affirmait-il.

Cette position a toujours été celle de la droite française, bien que nuancée par rapport à l'extrême-droite. Le jeu politique sur cette question se fait entre les deux gouvernements, les familles politiques, en France (droite-gauche) et le régime algérien incarné par le gouvernement, la famille révolutionnaire et les partis politiques qui restent marginalisés. Ainsi, le décideur tient compte, non seulement des atouts que représente pour lui le pays avec lequel il traite, mais aussi du jeu interne dans sa société. La compagne médiatique concernant la revendication algérienne portant sur l'excuse avait été investie par la droite française pour

---

[1]

ح.س، « الجزائريون يريدون إعترافاصريحا بما أرتكب في حقهم »، الخبر،30 ديسمبر2012،عدد.6880،ص.4.
 ; SAID Rabia, « Reconnaissance des crimes, coloniaux cherif abbas recadre le débat », Alger, *El-Watan*, 31/10/2012, n°6702, p.5.

[2] *Ibid*

[3] « Bras d'honneur : Longuet assure avoir voulu s'opposer au "procès de la colonisation" en Algérie », [En ligne] *Le Monde* du 01 novembre 2012, consulté 02 novembre 2012, disponible sur : URL
http://www.lemonde.fr/politique/article/2012/11/01/le-mysterieux-bras-d-honneur-de-gerard-longuet_1784308_823448.html

[4] *Ibid*.

regagner du terrain après sa défaite lors des présidentielles de 2012[1]. Cette compagne médiatique avait rendu la question de la reconnaissance plus controversée qu'elle ne l'était auparavant.

Du côté du gouvernement algérien, alors que le ministre des Moudjahidine insistait sur la question de la reconnaissance, le Premier ministre algérien, jouait l'apaisement. Abdelmalek Sellal, allégeait l'impact de cette question sur les relations franco-algériennes bien qu'il n'excluait pas la discussion sur ce sujet, en préférant la fuite en avant que la clarté. Cela est bien évidemment le jeu préféré des dirigeants algériens qui ne cherchent pas l'affrontement mais plutôt la discrétion dans la gestion de leurs affaires. Ainsi, à la veille de la visite de François Hollande en Algérie, le premier ministre algérien, interrogé par la télévision française France3, affirme que « *l'essentiel est de bâtir un chapitre nouveau* [2] ». Ce chapitre nouveau doit être basé, selon lui, sur « la coopération et l'amitié », le plus intéressant et le plus urgent ce n'est plus le passé mais plutôt bâtir « *un avenir de paix et de prospérité pour les jeunes des deux pays*[3] », déclare Abdelmalek Sellal. Il n'hésite pas à souligner que l'Algérie désire se tourner désormais vers le futur : « *on ne doit plus être prisonniers des concepts éculés ou d'idées qui nous font régresser*[4] », affirme-il. Il dit que l'objectif souhaité à travers la visite de François Hollande en Algérie est « *d'aboutir à un pacte d'amitié et de coopération qui va construire l'avenir*[5] ». Cet avenir, selon lui, doit être « *fondé sur les intérêts équilibrés et le respect mutuel*[6] ». Pour cette raison, « *le Président français sera*

---

[1] Les partis politiques en France, ont tendance à recourir aussi aux attributs de la nation pour dénigrer tel ou tel parti politique. La France est parmi les pays où les commémorations et l'intérêt à la mémoire font partie d'un jeu politique interne que certains utilisent pour juger la fidélité à la nation. Le président Nicolas Sarkozy ainsi que l'extrême droite française recourent souvent à la notion de l'identité nationale pour appuyer leur politique.
[2] AlgeriaSon, « Sellal reprend le discours de 1992 : Sa ripouxblik ''protège l'europe contre le péril terroriste'' », 18 décembre 2012, disponible en ligne [En ligne] URL : http://www.youtube.com/watch?v=JWuEoCRxx1A
[3] *Ibid.*
[4] *Ibid.*
[5] *Ibid.*
[6] *Ibid.*

très bien accueilli et aura en face de lui un peuple chaleureux, hospitalier et un président sage et clairvoyant[1] », ajoute-il.

La question de la reconnaissance n'est pas une priorité pour le gouvernement algérien ni un frein à la coopération mais plutôt à la réconciliation. Ce qui compte pour le pouvoir algérien, c'est d'assurer une implication plus intensive de la France permettant d'apporter des opportunités et un souffle nouveau dans l'économie du pays afin de mieux répondre aux problèmes de sous-développement et aux revendications de la jeunesse algérienne, notamment en matière d'emploi. Elle représente de plus un appui pour tout le régime, établi depuis l'indépendance, lorsque certains régimes arabes commencent à s'écrouler sous l'effet des soulèvements populaires, en Tunisie et en Lybie, d'autant plus que la France était impliquée dans la chute du président Libyen. Ainsi, le régime algérien savait que le soutien de la France était nécessaire pour éviter tout soulèvement identique. La position de faiblesse dans laquelle se trouvait le régime algérien ne lui laissait pas d'autre choix que coopérer avec la France.

Face à une crise économique, la France en avait tout intérêt à trouver un nouveau souffle à ses entreprises en Algérie qui avait réalisé une aubaine financière grâce au prix élevés des hydrocarbures. La France est la première gagnante dans la poursuite de la coopération avec l'Algérie en matière économique et sécuritaire, car elle est son premier fournisseur et son premier investisseur dans les secteurs hors hydrocarbure[2]. Maintenir sa position intacte en Algérie, voire la renforcer, devenait une nécessité, notamment face à la concurrence des autres pays européens et non européens (Chine et Usa). La lutte contre le terrorisme constitue un autre atout dans lequel le gouvernement algérien s'identifie et par lequel il se présente comme l'axe de la paix en Afrique. Ainsi, la France qui s'apprêtait à intervenir au Mali, sous prétexte d'aider le gouvernent et le peuple maliens à faire face à la menace islamiste, ne pouvait oublier le soutient algérien dans son opération prévue le 13 janvier 2013 et baptisée

---

[1] *Ibid.*
[2] « Algérie », trésor direction générale, [En ligne], consulté 02 novembre 2012, disponible sur : URL :. http://www.tresor.economie.gouv.fr/pays/algerie

« serval ». D'ailleurs, d'après un quotidien algérien, la coopération de l'Algérie semblait déterminante pour le succès de cette opération[1].

De ce fait, la conciliation des intérêts semblait nécessaire pour les deux pays, les éléments qui plaidaient en faveur de la coopération étaient plus importants que les éléments qui l'entravaient. En effet, la coopération de la France avec le régime algérien, pouvait assurer à la France la signature des contrats d'investissement en faveur des entreprises françaises menacées par la crise. Une éventuelle reconnaissance des torts infligés au peuple algérien quant à elle pourrait faire paraître le nouveau président français, François Hollande, comme l'homme de la réconciliation, notamment que ses prédécesseurs de la droite, Jacques Chirac et Nicolas Sarkozy, y avaient échoué.

4.2. Reconnaissance du passé et travail de mémoire

Le premier geste fait par le président français, soit la reconnaissance de la répression du 17 octobre 1961, avait été suivi par d'autres lors de son déplacement, du 19 au 20 décembre 2012, en visite d'Etat en Algérie. Dans un discours devant le parlement algérien, il affirme que : « *Rien ne se construit de solide sur la dissimulation, l'amnésie ou le déni. La vérité n'abîme pas : elle répare. Elle ne divise pas : elle rassemble. L'histoire, même quand elle est tragique, doit être dite*[2] ». Il ajoute que : « *C'est l'ensemble du passé colonial que je veux regarder aujourd'hui avec lucidité, tel qu'il a été, tel qu'il a duré, tel qu'il a été enduré*[3] ». Il reconnaît par la suite les souffrances infligées au peuple algérien, ainsi dit-il : « *Pendant 132 ans, l'Algérie a été soumise à un système profondément injuste, brutal et destructeur. Rien ne peut justifier les agressions commises contre la population*

---

[1]

محمد بن أحمد، « خفايا الدور الجزائري في حرب فرنسا بشمال مالي،القصة الكاملة لفتح المجال الجوي أمام الطائرات الفرنسية »، *الخبر* /20/06/ 2014 ص ص.8-9 .

[2] François HOLLANDE, « Discours du président François Hollande, Le 20 décembre 2012 », *El-Watan,* le 21 décembre 2012, [En ligne] disponible sur : URL : http://www.elwatan.com/actualite/50-ans-apres-le-poids-des-mots-21-12-2012-196647_109.php
[3] *Ibid.*

algérienne, la négation de son identité et de son aspiration à vivre libre. Je reconnais ici les souffrances que le système colonial français a infligées au peuple algérien[1] ». Il propose un travail de mémoire basé sur la connaissance de la vérité, un travail qui doit être envisagé par les historiens en ayant accès à l'archive[2].

En réaction à ce discours, Mohammed Chérif Abbas, qui était ministre des moudjahidines et l'un des acteurs mobilisé pour cette cause, a estimé que la position française en matière du passé commun a beaucoup évolue, ainsi affirme-il : « *une grande évolution dans la position française par apport à la reconnaissance de la guerre. Il [François Hollande] a reconnu que le système colonial a été injuste. Il y a aussi le fait qu'il a parlé d'une guerre qui a duré huit ans, ce qui signifie qu'il a inclus dans cette période les attentats commis par l'OAS*[3] ». De même, le ministre des affaires étrangères, Mourad Medelci, estime que : « *C'est un discours qui n'a occulté ni le passé ni l'avenir*[4] ». Par ailleurs, il affirme que : « *M. Hollande a mis au cœur de son intervention l'injustice du système colonial et la grande souffrance du peuple algérien durant la colonisation française*[5] ».

Le discours a été bien reçu par la classe politique (chefs de partis) et la société civile (d'organisations, et d'associations), bien que certains s'attendaient plutôt à des excuses ou à un processus de réparation[6].

Ce geste a été salué aussi par les historiens français et algériens, notamment par l'un des grands spécialistes qui avait tant écrit sur l'histoire franco-algérienne, Benjamin Stora, il dit : « *On assiste actuellement à tout un travail de connaissance et de reconnaissance ... François Hollande dit qu'il faut ouvrir les archives et c'est très*

---

[1] *Ibid.*
[2] Le 20 décembre 2012, François HOLLANDE, « Discours du président François Hollande », *Op.cit.*
[3] « François Hollande devant le parlement aires algériens des deux chambres réunies », *El-Moujahid, quotidien algérien, 22 décembre 2012, n°14698,* ISSN 1111-0287, p.4.
[4] *Ibid.*
[5] « Ce qu'ils pensent », *El-Watan*, numéro spécial Week-end, le 21 décembre 2012, n°193, p.6.
[6] On se reporte aux différentes déclarations des responsables, *El-Moujahid, quotidien algérien, 22 décembre 2012, Op.cit.,* p.4-5; et « Ce qu'ils pensent », *El-Watan*, numéro spécial Week-end, n°193, p.6.

important. Historiens et politiques devraient travailler ensemble. J'estime qu'il y a de réelles avancées aujourd'hui sur ces questions mémorielles en France. Il y a quelque temps, il était impossible de parler de la répression du 17 octobre 1961 dans les termes qu'on utilise maintenant. On avance vraiment[1] ».

En effet, la possibilité de reconnaitre les torts infligés au peuple algérien a été partielle et parfois contradictoire à l'époque où la droite était au pouvoir. Jacques Chirac avait opté pour des commémorations et des célébrations d'évènements historiques qui reflètent plutôt la mémoire française de la seconde guerre mondiale. De plus, la reconnaissance des évènements de 08 mai 1945 avait coïncidé avec une loi qui glorifie la colonisation, ce qui avait été compris par les dirigeants algériens comme une manœuvre politique plutôt qu'une reconnaissance franche. De même, le geste de Nicolas Sarkozy, lorsqu'il reconnaissait que le système colonial était « injuste » mais mettait le bourreau et la victime sur le même pied d'égalité, n'était pas bien reçu, autant par les organisations politiques et associatives que par les dirigeants. D'ailleurs pendant son quinquennat les relations diplomatiques étaient passées par des périodes de crises. En revanche, François Hollande, semble avoir su tirer avantage des expériences de ses prédécesseurs. Il prévoyait la possibilité de faire des excuses quand il était chef du parti socialiste et a fini par exprimer une reconnaissance des torts infligés au peuple algérien, ce qui a permis d'ouvrir la voie vers une nouvelle ère dans les relations franco-algériennes, celle d'une possible réconciliation. Les deux pays semblent s'engager dans des relations profondes qui renforcent la présence française en Algérie, par une relation d'« égal à égal » et un partenariat stratégique avec la coproduction.

4.3. Relation d'égal à égal et partenariat stratégique

4.3.1. Relation d'égal à égal

Le président français semblait soucieux de répondre favorablement aux attentes du président algérien qui, à côté de la question de la mémoire, insistait sur le respect mutuel. Le respect et la revendication

---

[1] « Benjamin Stora, historien, connaitre pour reconnaitre », *El-Moujahid, quotidien algérien, 22 décembre 2012,Op.cit.,p.5.*

du traitement d'« égal à égal » a toujours été un point d'achoppement entre les deux pays, en effet, l'Algérie avait souvent accusé la France de paternalisme et néocolonialisme. Ainsi, le président français avait commencé son discours par des louanges à l'Etat algérien, un Etat qui, disait-il, est « *respecté sur la scène internationale qui compte et qui pèse[1]* ». Notons que ce travail diplomatique et les louanges dans les rendez-vous n'ont pas manqués dans les discours des présidents français depuis l'indépendance. Il suffit de revoir les précédentes étapes étudiées pour s'apercevoir de l'importance donnée par les dirigeants algériens à entendre une telle louange. François Hollande semblait savoir qu'il fallait notamment éviter la moindre critique envers le régime algérien et louer ses acquis depuis l'indépendance ainsi que la place et le rôle qu'elle se revendique sur la scène internationale (identité de rôle).

Le président était au rendez-vous, après avoir loué l'Etat algérien et reconnu les torts infligés, il n'a pas manqué d'approuver l'attitude algérienne concernant les évènements du printemps arabe. Sa visite qui arrive lors d'une conjoncture que connait cette région du Monde (le printemps arabe) est intéressante et rassurante pour un régime inquiet et secoué par les imprévus : Dans deux pays voisins, deux régimes établis depuis des décennies avaient déjà succombé. François Hollande a donc tenté de conforter le régime algérien, ainsi dit-il : « *Des peuples se sont soulevés contre la dictature. Des révolutions ont apporté l'espoir, mais ont levé aussi des inquiétudes. Chaque pays doit trouver sa propre voie et il ne peut y avoir de réponse unique aux aspirations des citoyens. Mais la leçon du Printemps arabe est que les peuples entendent prendre leur destin en main, parfois dans la confusion ou le tumulte. La France a confiance en eux, elle entend les accompagner dans la voie de l'ouverture, de la démocratie, de la liberté[2]* ». Cette attitude n'est pas exclusive à François Hollande mais caractérise le pouvoir en France, d'ailleurs le président sortant insistait sur ce point. Dans une conférence de presse, en répondant à une question, bien que sarcastique, d'une journaliste allemande qui demandait si la

---

[1] François HOLLANDE, « Discours du président François Hollande, Le 20 décembre 2012 », *Op.cit.*
[2] *Ibid.*

France sera prête à accueillir le président Bouteflika si éventuellement il est chassé du pouvoir comme Ben Ali, le président français se sentait gêné par la question et ne pouvait que la contourner, ainsi réponde-il, après un peu d'hésitation : « *en visite officielle* ! [...] *Vous imaginez l'exploitation qui risque d'être faite de ma réponse dans un grand pays comme l'Algérie ?* [...] *Vous voyez l'exploitation qui pourrait immédiatement être faite de ma réponse, dans un grand pays comme l'Algérie.* [...] *Moi j'ai une différence. C'est que je suis en charge de responsabilité, c'est une grande différence*[1] ».

Par ces faits, le président français, François Hollande contrairement à ses prédécesseurs, a réussi à répondre favorablement aux attentes des dirigeants algériens sur tous les plans. Car en plus de la reconnaissance, il a proposé d'entamer un temps nouveau basé sur les liens qui unissent les deux pays et a souligné les liens linguistiques et économiques[2]. De même, sa position à l'égard des questions de sécurité, à savoir le Sahara occidental, était équilibrée.

4.3.2. Renforcement des liens et coproduction

Relations d'exception, traité d'amitié, partenariat stratégique, ces termes renvoient à la qualité des relations depuis l'arrivée de Bouteflika au pouvoir en avril 1999. Le rapprochement franco-algérien a évolué, d'une relation d'exception à un traité d'amitié, les deux présidents Jacques Chirac et Abdelaziz Bouteflika, voulaient porter les relations au-delà des relations commerciales qui n'ont d'ailleurs pas changées à un rang plus élevé (traité d'amitié), les deux pays auraient pu résoudre le problème du

---

[1] Transcription de conférence de presse de Monsieur Nicolas Sarkozy, à l'occasion du lancement de la présidence française du G8 et 20, [En ligne] disponible sur URL :
http://www.elysee.fr/president/mediatheque/videos/2011/janvier/g20-g8-conference-de-presse-de-monsieur-nicolas.10497.html?search=&xtmc=&xcr=&offset=0&context=null, consulté le 24 janvier 2011. La vidéo se trouve aussi sur le site de la fondation agoravox, « Sarkozy prêt à accueillir Bouteflika en France ? Esquive et langue de bois », consulté le 30 janvier 2011,disponiblesur :URL :
http://www.agoravox.tv/actualites/politique/article/sarkozy-pret-a-accueillir-29076
[2] François HOLLANDE, « Discours du président François Hollande, Le 20 décembre 2012 », *Op.cit.*

passé. Or, la réconciliation avait été entravée, suite au vote de la loi glorifiant la colonisation.

La coopération était limitée avant 1999 aux domaines traditionnels, comme la coopération scientifique et culturelle, pour laquelle la France donne beaucoup d'importance et qui n'a jamais été interrompue même dans les crises périodiques qu'ont connues les relations franco-algériennes. Le rapprochement que Bouteflika a entrepris avec la France, avait permis aux deux pays de s'engager dans une coopération multidimensionnelle, y compris dans des domaines sensibles comme la coopération militaire et les investissements hors hydrocarbures dont la France reste le premier investisseur. Ainsi la déclaration commune tenue par le président français François Hollande et son homologue Abdelaziz Bouteflika tient compte de tous ces liens tissés. « *Le moment est maintenant venu de donner à ces liens une impulsion puissante pour porter ces relations à un niveau conforme à leur potentiel et aux aspirations de leur peuple.*[1] », déclarent-ils. De même : « *Les deux parties ont décidé de développer un partenariat exemplaire et ambitieux, fondé sur l'égalité, le respect mutuel, l'équilibre des intérêts et la solidarité. Ce partenariat stratégique devra inclure toutes les dimensions de notre relation et avoir vocation à se développer rapidement dans tous les domaines*[2] », insistent-ils.

Le nouveau président François Hollande commence à exécuter ce qui avait été négocié au quinquennat de son prédécesseur, en se lançant dans des projets d'investissements mixtes, ex. Renault, la Farge. À cet effet, une commission mixte a été établie pour suivre l'exécution des accords en matière économique, notamment ceux d'investissement et de coproduction. Dans le même temps, le ministre algérien de l'industrie, des PME et de l'investissement annonçait la possibilité de changer la loi d'investissement qui exige du partenaire étranger d'accepter que l'Etat garde le monopole en s'associant à 51% au capital des sociétés[3]. Cela montre bien que ce n'est pas le nouveau président François

---

[1] « Déclaration d'Alger sur l'amitié et la coopération entre la France et l'Algérie, 19 décembre 2012 », *El-Watan*, Le 20 décembre 2012, n°6745, p.4.
[2] *Ibid.*
[3] بن عبد الرحمان سليم، «الحكومة ستعدل قانون الإستثمار قريبا» الجزائر، 29ماي2013، الخبر. عدد.7088، ص.7.

Hollande qui était à l'origine du renforcement de la présence française en Algérie, néanmoins le nouveau climat d'entente facilite l'avancement des projets d'investissements qui avaient à certains moments connu un blocage, notamment lors du quinquennat de Nicolas Sarkozy. Ainsi, la société de la filière Renault a enfin connu un essor. La société Renault Algérie Production est détenue à 34% par la SNVI, 17% par le FNI et 49% par le groupe Renault-Nissan[1], ce qui représente 51% en capital algérien et 49% en capital français.

Les deux parties situent cette coopération dans leur complémentarité, ainsi déclarent-elles : « *Les deux parties entendent valoriser leurs atouts et développer une stratégie visant à promouvoir le partenariat industriel entre opérateurs algériens et français. Cette stratégie devrait être mutuellement bénéfique et se traduire par le développement de l'investissement et la préservation ou la création d'emploi sur le territoire de chacune des parties ainsi que par des transferts de compétences et de technologies. Les opérateurs économiques seront étroitement associés à sa définition et au suivi de sa mise en œuvre. En cette fin, elles ont décidé d'adopter une déclaration conjointe pour un partenariat industriel et productif. Un comité mixte de suivi de la relation économique bilatéral sera institué. Placé sous l'autorité des ministres désignés à cet effet, il présentera régulièrement un rapport aux deux gouvernements sur l'état de cette relation et formulera à leur intention des recommandations en vue de son développement[2]* ».

La France veut garder sa position intacte mais aussi répondre à la concurrence des autres partenaires de l'Algérie[3], si bien que la coproduction devient une manière de préserver le marché algérien. Ce type de société mixte, si elle réussit, impliquera plus la France en Algérie ce qui augmentera la relation d'interdépendance. En

---

[1] LAHDERI Cherif, « La société Renault Algérie production s'engage, La Symbol made in Algeria sortira d'usine dans 5 mois », *El-Watan*, Alger, 25 juin 2014, n°7211, p.6.
[2] « Déclaration d'Alger sur l'amitié et la coopération entre la France et l'Algérie, 19 décembre 2012 », *El-Watan*, *Op.cit*.
[3] BOUZAGHRANE Nadjia, « Nicole Bricq. Ministre française du Commerce extérieur, L'Algérie n'est pas un marché, c'est un partenaire économique essentiel », *El-Watan*, 28 mai 2013, n°6879, p.6.

parallèle, les deux pays ont concilié leurs vues sur les questions internationales.

4.3.3. Arrangements sur des questions régionales

La nouvelle identité qu'avait acquise l'Algérie a façonné son action et ses relations avec l'occident depuis septembre 2001 et a influencé son identité de rôle. Dès lors, l'Algérie s'est affirmé comme leader dans la région en matière de lutte contre le terrorisme.

Les questions régionales et internationales dans les relations franco-algériennes, ont toujours joué un rôle plus au moins important. Nous avons vu à travers notre développement précédent, comment l'attitude de la France à l'égard du monde arabe avait contribué au rapprochement des deux pays, alors que d'autres questions comme celle du Sahara occidental, a bouleversé le climat d'entente.

Cela relève de l'identité de l'Etat. En effet, l'Algérie se présentait comme le fervent défenseur du droit des peuples à disposer d'eux-mêmes, du respect de la souveraineté et de la non intervention dans les affaires étrangères des autres pays. Ainsi, les deux pays ont fait du dialogue politique renforcé un moyen pour consolider leur relation, en annonçant la constitution d'un comité intergouvernemental de haut niveau dirigé par les deux Premiers ministres[1].

Notons, qu'elle a tout de même dérogé à ce principe lorsqu'elle a permis le survol de son territoire pour des frappes aériennes contre les Islamistes au Mali[2]. Ainsi, l'Algérie de Bouteflika trouvait des arrangements avec la France de Hollande. La France voulait, semble-t-il, protéger ses intérêts menacés au Mali et se repositionner en Afrique (le continent riche et promoteur d'avenir) et l'Algérie souhaitait aussi rester un leader en matière de lutte contre le terrorisme (orgueil), depuis qu'elle

---

[1] « Déclaration d'Alger sur l'amitié et la coopération entre la France et l'Algérie, 19 décembre 2012 », *Op.cit.*

[2] محمد بن أحمد،«خفايا الدور الجزائري في حرب فرنسا بشمال مالي، القصة الكاملة لفتح المجال الجوي أمام الطائرات الفرنسية»،المرجع السابق.ص.ص.8 ـ 9

est devenu l'allié stratégique de l'Occident en la matière, notamment les Etats-Unis et de la France. L'Algérie avait refusé de coopérer avec la France de Nicolas Sarkozy quand il s'agissait de la guerre en Lybie, pour des raisons de sympathie avec le leader libyen et par crainte de l'effet domino. En revanche, dans la guerre au Mali, l'Algérie a fini par accepter la coopération avec la France. Ainsi, le ministre français des affaires étrangères a décrit ce degré d'entente en évoquant les relations franco-algériennes devant les députés français, il a déclaré : « *Je veux souligner, même si vous le savez tous, à quel point, dans le conflit du Mali, les Algériens ont adopté un comportement exemplaire [...]les relations entre l'Algérie et la France sont excellentes et confiantes et nous avons bien l'intention de continuer à travailler dans cet esprit de vérité et de fraternité, qui était, je crois, recherché depuis bon nombre d'années*[1] ».

Quant à la question de sécurité (le Sahara occidental), l'élection de François Hollande (proche de l'Algérie) à la tête de l'Etat français aurait suscité le suspect chez son partenaire marocain au point que le roi du Maroc s'est dépêché en visite privé à Paris pour rencontrer le président Français Hollande[2]. Ce dernier tentait de ménager l'allié traditionnel de la France, il lui a envoyé son premier ministre, Jean-Marc Ayrault, quelque heures avant son voyage en Algérie et plusieurs autres ministres se sont rendu au Maroc en décembre 2012, d'ailleurs un diplomate français souligne que le Maroc est « *le pays où l'on a envoyé le plus de ministres depuis l'élection de François Hollande* »[3]. De plus, une visite d'Etat y a été effectuée par ce dernier, lors de laquelle il a confirmé son soutien au plan d'autonomie proposé

---

[1] « Assemblée nationale XIVe législature Session ordinaire de 2012-2013 Compte rendu intégral Première séance du mardi 12 mars 2013 », [En ligne], consulté le 15 juin 2013, disponible sur : URL : http://www.assemblee-nationale.fr/14/cri/2012-2013/20130170.asp

[2] « Maroc - Mohammed VI, premier chef d'Etat reçu à l'Elysée par François Hollande », [Enligne] [mise en ligne 26 mai 2012] consulté le 28 mai 2013, disponible sur :Url :http://www.lemonde.fr/cgi-bin/ACHATS/acheter.cgi?offre=ARCHIVES&type_item=ART_ARCH_30J&objet_id=1193386&xtmc=le_24_mai_maroc_mohammed_vi_premier_chef_d_etat_recu_a_l_elysee_par_francois_hollande&xtcr=4

[3] Isabelle MANDRAUD et David REVAULT D'ALLONNES, « France-Maroc, une relation au beau fixe », *Le Monde*, le 03 avril 2013, n°21214, p.2-3.

par la Maroc concernant la question du Sahara occidental, plan qui a été approuvé d'ailleurs lors du quinquennat de Nicolas Sarkozy.

La question du Sahara occidental n'a aucune influence sur la coopération franco-algérienne, cependant elle peut avoir une influence sur la réconciliation. Serait-ce la raison pour laquelle l'Algérie préfère s'engager dans un partenariat stratégique plutôt que dans un traité d'amitié ? La différence entre les deux réside dans le fait que la première amène les deux pays à s'engager dans des projets communs (coproduction dans différents domaines) tandis qu'un traité d'amitié portera plus sur l'institutionnel que sur du technique et tendra à résoudre les questions politiques comme la référence souvent au passé. Un engagement de la France au côté du Maroc en matière de revendication territoriale, diminuera la confiance chez les dirigeants algériens.

La position de la France, depuis l'arrivée de François Hollande au pouvoir, tend à atteindre à un équilibre recherché depuis l'époque de François Mitterrand. François Hollande rappelle dans sa position le dernier changement établi depuis 2007, le « plan d'autonomie », mais ce dernier doit être négocié, mutuellement acceptable et traité au sein de l'ONU, ce n'est pas tout à fait la position de son prédécesseur. Il ménage les deux cotés marocains et algériens, car l'Algérie n'est pas contre une solution qui pourrait être juste et acceptée par le Polisario (représentant du Sahara occidental) ainsi déclare le porte-parole de Quai d'Orsay : « *nous soutenons, et cela depuis très longtemps, une solution qui doit être juste, durable et mutuellement agréée, sous l'égide des Nations unies et conformément aux résolutions du Conseil de sécurité. Deuxièmement, la France soutient les efforts de Christopher Ross pour poursuivre les négociations entre les parties. Enfin, la France appuie le plan d'autonomie marocain, tel qu'il avait été présenté en 2007, qui constitue la base sérieuse et crédible d'une solution négociée*[1] ».

Un accueil exceptionnel a été réservé au président français au Maroc, notons que sa visite avait eu lieu après sa première visite

---

[1] BOUZEGHRANE Nadjia « François Hollande au Maroc une visite dans un contexte régional sensible », *El-watan*, le 30 mars 2013, n°6869, p.9.

en Algérie fin 2012[1], cela montre combien les deux pays voisins, Maroc et Algérie, sont en permanente concurrence et les efforts que déploie chacun afin de stimuler l'intérêt du partenaire français et détenir une position favorisée. Jusqu'à lors le président français, a réussi à garder un certain équilibre. Il a reconnait aussi les torts infligés. Ces deux éléments lui ont permis de parvenir à la réconciliation franco-algérienne. De ce fait la question de sécurité n'avait aucune influence négative sur la réconciliation.

Par ailleurs, les conflits relatifs à la sécurité dans le cas franco-algériens sont nés d'abord d'un sentiment de déni de reconnaissance attisé par le conflit du Sahara occidental pendant la présidence de Boumediene. De même l'ignorance des souffrances et la stigmatisation à l'ère de Bouteflika ont réduit la coopération et ont reporté la réconciliation à plusieurs reprises.

Il est courant que les analystes des questions internationales parlent d'intérêts, en mettant l'accent sur ceux économiques et militaires. Or, les décideurs sont guidés avant tout par ce dont leur pays est connu auprès de la communauté internationale, ou l'identité co-constituée. Il devient alors parfois difficile de démêler la relation entre les intérêts matériels et leurs représentations. Ainsi, la guerre au Mali a été présentée par l'Algérie comme une lutte contre le terrorisme, alors que la France l'a présentée comme une guerre contre le terrorisme pour rétablir la démocratie. De même concernant l'intervention en Lybie, la France avait invoqué la protection des « droits de l'homme et la démocratie » alors que l'Algérie avait justifié sa position par son principe de non intervention dans les affaires extérieures. Les deux pensées ne représentent que des lignes de conduites inscrites dans leurs politiques étrangères, qui décrivent une identité au nom de laquelle le pays est connu et au nom de laquelle il agit, que ce soit à l'intérieur ou à l'extérieur. Les hommes politiques calculent les bénéfices, soient-ils symboliques ou matériels. Ainsi, la France est intervenue en Lybie et non en Syrie, car la première lui procure des intérêts symboliques mais aussi des intérêts matériels (sociétés pétrolières, constructions,

---

[1] Diasporasahroui, « Arrivée au Maroc du Président français François Hollande », [En ligne] disponible sur : URL : https://www.youtube.com/watch?v=eGc5YCyLwrE

etc., intérêts symboliques : l'image d'un pays qui défend les droits de l'homme et la démocratie), tandis que la Syrie lui procure des intérêts symboliques (droits de l'homme et démocratie), mais le coût matériel est insupportable. De même pour l'Algérie, la fin du régime Libyen lui fait perdre un intérêt symbolique (menace de l'effet de domino), tandis que la guerre au Mali lui fait gagner un intérêt symbolique (confirmation d'une identité : leader en matière de la lutte contreterrorisme).

5. Conclusion

La vision économique du président français Nicolas Sarkozy, bien qu'elle ait relancé la coopération et l'ait intensifiée notamment dans le domaine économique, certains de ses projets de nature politique de grande taille, à savoir l'Union Pour la méditerranée n'ont pas séduit l'Algérie qui s'est vue hésitante. Les raisons ne manquent pas, les conflits politiques qui divisent cette région, à savoir la question palestinienne et la question du Sahara occidental, et le Maroc qui s'est empressé à soutenir ce projet. En revanche, c'est l'identité du rôle qui avait cette fois-ci altéré la progression réalisée pendant les premières années du quinquennat du président français Nicolas Sarkozy. L'inscription de l'Algérie sur la liste noire des pays à risque du terrorisme aurait provoqué les dirigeants algériens qui croyaient que leur pays avait l'image de celui ayant battu le terrorisme et pensaient qu'il était définitivement reconnu comme le leader dans la région et l'allié de l'occident en matière de lutte contre le terrorisme. Ce déni de reconnaissance aurait même fait revenir la question coloniale sur la scène politique. D'autre part, le conflit du Sahara occidental se voit amplifié au point de parler d'une éventuelle guerre algéro-marocaine.

Les questions ayant eu le plus d'impact sur les dirigeants algériens relèvent de l'image de l'Algérie. Le fait que la France avait contrarié l'Algérie maintes fois dans divers cas qui relevaient tantôt de la sécurité, tantôt de l'image et son manque de considération pour la réputation de l'Algérie comme leader de lutte contre le terrorisme, auraient induit déception et frustration chez le partenaire algérien. Ces différentes questions étaient au cœur des raisons qui incitaient les dirigeants algériens à réduire leurs contacts : absence de visite du président Bouteflika en France et blocage des dossiers d'investissements, dénonciation à travers les canaux diplomatiques.

Les questions de friction étaient donc de nature identitaire. Leur degré d'influence diffère du plus grave au moins grave. La question du passé commun ne bloquait pas la coopération bien qu'elle était parmi les conflits évoqués par les diplomates. D'ailleurs, lors du début du dit printemps arabe (les soulèvements populaires), la question de la reconnaissance a été dissipée et les dirigeants algériens ont présenté l'Algérie comme un pays plus européen que d'autres pays déjà associés avec l'Europe tel que le Maroc et la Tunisie. Cependant, la question de la reconnaissance a refait surface avec le nouveau président socialiste François Hollande, notamment que celui-ci s'engageait avant même son élection à traiter avec objectivité le passé franco-algérien et à seller une réconciliation franco-algérienne, qui allait le faire paraître comme l'homme de la réconciliation, surtout que ses prédécesseurs de la droite, Jacques Chirac et Nicolas Sarkozy, avaient échoué. D'ailleurs quand on a demandé au ministre des affaires étrangères de la France quel bilan tire-t-il de l'action extérieure de la France, Laurent Fabius, a évoqué, entre autres, la réconciliation avec certains pays dont l'Algérie[1].

Notant que cette fois-ci, les objectifs des dirigeants algériens et français semblaient interdépendants comme lors de la première décennie de l'indépendance de l'Algérie. En effet, la France s'apprêtait à intervenir au Mali, une intervention dans laquelle le rôle de l'Algérie était éminent. L'enjeu était aussi de trouver une solution à la crise qui frappe l'Europe en générale et plus particulièrement la France, en cela les entreprises françaises sont alors favorisées en Algérie. Nombreux contrats ont été signés et nombreux usines sont installées en Algérie. Quant au gouvernement algérien, le soutien politique que pouvait lui apporter la France dans le contexte actuel se révèle important et

---

[1] Christophe CHÂTELOT et Rémy OURDAN, « Laurent Fabius : la Syrie et l'Iran constituent la plus grande menace contre la paix», *Le Monde*, le 09/05/2013, n°21245, p.2.

les usines installées ne pouvaient que l'aider à faire face au chômage accru. De même la convergence diplomatique sur les questions régionales a favorisé l'entente entre l'Algérie et la France. Le contexte a ainsi réuni tous les facteurs plaidant en faveur de la coopération. De plus, la présence de la reconnaissance des torts infligés a déclenché un processus de réconciliation.

Conclusion de la deuxième partie

Le rapprochement de l'Algérie avec la France et la réduction de l'image d'altérité avec l'ancien colonisateur depuis l'arrivée de Bouteflika au pouvoir est perceptible dans plusieurs domaines y compris ceux jugés sensibles (militaires). Par ailleurs, le président algérien, afin d'atteindre ses objectifs prioritaires à savoir la réhabilitation de l'image de l'Algérie et son retour entre les nations pour lequel le rôle de la France était incontournable, avait accepté l'approche de « mémoire partagée » que la France proposait. La position de cette dernière envers le Monde arabe, à savoir l'opposition de Jacques Chirac à une guerre en Irak, a davantage encouragé cela. En revanche, le déni de reconnaissance qui découle de la loi du 23 février 2005 a entravé le processus de réconciliation, le traité d'amitié difficilement négocié et supposé être l'aboutissement de la réconciliation, dans lequel le passé était parmi les sujets abordés, avait été bloqué par la suite en raison du vote de cette loi prônant la colonisation.

La vision économique du président français Nicolas Sarkozy qui visait à dépasser ce blocage et relancer ainsi la coopération et l'intensifier, notamment dans le domaine économique, n'avait pas réussi à dépasser les conflits de nature identitaire. Ainsi, son projet de l'Union Pour la méditerranée n'a pas séduit l'Algérie. Les raisons ne manquaient pas, les conflits politiques qui divisent cette région, à savoir la question palestinienne et la question du Sahara occidental, de même que le soutient du Maroc à ce projet. C'est l'identité du rôle qui avait cette fois-ci altéré la progression réalisée pendant les premières années du quinquennat du président français Nicolas Sarkozy. L'inscription de l'Algérie sur la liste noire des pays à risque de terrorisme avait provoqué les dirigeants algériens. Ce déni de reconnaissance a même fait revenir la question coloniale sur la scène politique.

Les questions ayant eu le plus d'impact sur les dirigeants algériens relèvent de l'image de l'Algérie. Le fait que la France avait contrarié l'Algérie à diverses occasions concernant sa sécurité et sa réputation, alors que la réputation de l'Algérie incarnait la lutte contre le terrorisme, a induit déception et frustration chez le partenaire algérien. Cela a amené les dirigeants algériens à réduire le contact : absence de visite du président Bouteflika en France et blocage des dossiers d'investissements, dénonciation à travers les canaux diplomatiques.

Les questions de mésentente étaient donc de nature identitaire. La question du passé commun n'entravait cependant pas la coopération bien qu'elle était parmi les conflits évoqués par les diplomates. Puis, avec l'enclenchement du dit printemps arabe, la question de la reconnaissance se voyait dissipée et les dirigeants algériens ont présenté l'Algérie comme un pays plus à l'image de ceux européens que ne le sont d'autres tels que le Maroc ou la Tunisie. Elle refait ensuite surface au quinquennat du nouveau président socialiste François Hollande, et cette fois-ci, les objectifs des dirigeants algériens et français paraissaient interdépendants comme cela été le cas durant la première décennie de l'indépendance de l'Algérie. Les raisons qui les incitent à garder le statuquo étaient que la France s'apprêtait à intervenir au Mali, une opération dans laquelle le rôle de l'Algérie était incontournable, ainsi que la crise qui frappe l'Europe en générale pousse la France à chercher un nouveau souffle à ses entreprises en Algérie.

Quant au gouvernement algérien, le soutien politique pour un régime qui manque d'une légitimité démocratique mais qui cherche à se maintenir au pouvoir, ce soutien que lui apporte la France dans le contexte actuel, paraissait important et les usines françaises installées en Algérie ne pourront que l'aider à faire face à la principale revendication des jeunes, « le travail ». Ainsi, les deux gouvernements avaient tout intérêt à s'entendre et à plaire l'un à l'autre. La reconnaissance des torts infligés dans ce contexte avait été plutôt un plus à la coopération et à ce climat d'entente. En revanche, elle était incontournable à la réconciliation. Cela aurait été différent si la question concernait l'atteinte à l'image de l'Algérie à l'international. Car, cela aurait pu réduire la coopération et affecter énormément la réconciliation. À travers notre étude, nous avons pu observer que les différentes atteintes à l'image de l'Algérie ont réduit la coopération et ont bloqué le processus de réconciliation.

Conclusion générale

Notre travail de recherche portant sur les raisons qui incitent les Etats à coopérer et à se réconcilier, l'Algérie et la France comme un exemple, nous a permis le retour sur la question controversée du modèle du choix rationnel mais aussi la discussion à propos des approches basées sur cette rationalité. Nous sommes arrivés au résultat que le modèle du choix rationnel est critiquable d'abord sur la forme ensuite sur le contenu.

Le postulat du choix rationnel requière du décideur une capacité de calcul illimitée, or celle-ci est restreinte comme le note Robert Simon et même si on suppose que ces calculs soient illimités, l'évaluation des alternatives possibles dépend de la perception du décideur, autrement nous n'aurons pas besoin de connaitre la perception de celui-ci car il suffit d'avoir les mêmes informations et les mêmes pouvoirs de calculs pour connaitre objectivement le choix de l'acteur. Le choix de l'acteur dépend plutôt de sa perception de la situation, cela n'exclue pas qu'il fasse des calculs et évalue les alternatives possibles mais ses calculs ne sont pas déconnectés de sa perception de la situation. De même, la perception de ce qui est important n'est pas la même pour tous. Cela nous amène à aborder le contenu de cette rationalité. Le fait de restreindre cette rationalité uniquement à des intérêts matériels est tout à fait problématique, car les raisons censées motiver l'action de l'homme politique sont multiples, ainsi si l'expérience réfute le postulat, ce n'est pas parce que l'agent n'est pas un acteur rationnel mais parce que la rationalité n'est pas universelle et peut être différente d'un acteur à un autre.

Cette différence dépend plutôt d'une identité qui nous dicte ce qui est important et ce qui ne l'est pas, bien sûr que cela n'empêche pas le recourt du décideur aux calculs ce qui suppose l'existence d'une rationalité propre au domaine politique. Ceci rejoint l'un des postulats du choix rational que les *« humains sont des êtres calculateurs, c'est-à-dire capables de définir leurs objectifs et de s'interroger sur le moyen pour les réaliser »*. En revanche, la définition des objectifs tenant en compte de l'identité et l'évaluation des alternatives serait confrontée à celle-ci[1].

L'alternative théorique (l'approche constructiviste) que nous avons adoptée ne nie pas les rôles des différents éléments soulevés par les approches traditionalistes, comme la puissance, l'intensification des liens, le rôle du système capitaliste international et celui du système international mais aussi les motivations et les conséquences qui en découlent, comme la course aux armements-dissuasion et la recherche de profit, etc. Ainsi, elle ne révolutionne pas le domaine de l'épistémologie, mais plutôt celui de l'ontologie. En effet, tous ces éléments soulevés par les approches traditionalistes que nous avons évoqués sont soumis tout de même à l'évaluation du décideur et à la compréhension intersubjective, qui au regard de sa définition de soi et des autres et sa compréhension du système international, tente de prendre le choix approprié.

La position de l'Etat, sa puissance, sa situation géopolitique et économique ne seraient pas les seules qui expliquent ses choix mais ces derniers sont corolaires aux préférences exprimées par l'Etat qui reflètent sa propre définition de soi, de l'identification de l'autrui et les normes de comportements qui prédominent.

Ainsi, notre hypothèse sur la possible influence de la reconnaissance des torts infligés dans le processus de réconciliation et de coopération dans les relations franco-algériennes, nous a incité à revoir le passé commun (volet historique) et nous a permis d'une part, d'observer un déni de reconnaissance, de mieux comprendre les relations établies entre l'Algérie et la France et d'autre part, voir à quel point le passé commun (colonisation et guerre d'Algérie) a été important dans la définition de l'identité algérienne et sa relation avec l'ancien colonisateur. Ce qui se reflètera dans l'interaction avec la France.

De ce fait, la première décennie des rapports algéro-français a été caractérisée par le souci de l'Algérie, manifesté dès l'indépendance, de sortir de l'emprise de la France et d'arriver à

---

[1] DELORI Mathias, SAURUGGER Sabine, « Introduction pour un plus grand pluralisme théorique et méthodologique en science politique », In. DELORI Mathias, DESCHAUX-BEAUME Delphine et SAURUGGER Sabine, *Le choix rationnel en science politique, débats critiques*, Rennes, Presses Universitaires de Rennes, 2009, Coll., Respublica, p.13-14.

des rapports d'égalité et d'affirmer son indépendance. L'aide de la France telle qu'elle a été exprimée dans les Accords d'Evian était bel et bien la contrepartie de la sauvegarde des intérêts français. Or, L'Algérie ne s'y était pas conformé, le respect des intérêts français en Algérie était considéré par les dirigeants algériens comme la condamnation de l'Algérie à un prolongement de la colonisation par d'autres moyens. En effet, l'application à la lettre des accords aurait été contradictoire à son identité d'interlocuteur du Tiers monde acquise grâce à la réputation de sa guerre d'indépendance.

Les deux parties, avaient appris progressivement l'avantage de coopérer en faisant des concessions. Ces concessions, contrairement à une vision réaliste et libérale réductrice, tenaient compte beaucoup plus des éléments intersubjectifs que matériels et objectifs. Le retrait des forces militaires françaises étaient pour des raisons intersubjectifs (l'image de l'Algérie à l'intérieur, comme à l'extérieur, porte-parole de Tiers-Monde) et non dû à une raison de sécurité, car la France ne présentait pas de menace pour la sécurité de l'Algérie, mais elle représentait plutôt une menace sur son image et sur son identité, que ce soit par la présence de ses forces militaires ou par sa volonté d'intégrer le jeune Etat dans la mouvance française en incluant dans les Accords d'Evian des clauses qui vont dans ce sens, à savoir l'intégration de l'Algérie dans la zone franc. C'est pour cela les décideurs algériens ont demandé le départ des forces françaises installées en Algérie et n'ont pas accepté que leur pays fasse partie de la zone franc.

Le dégagement progressif de la France et la convergence diplomatique ont conduit les deux pays à coopérer. De Gaulle avait toléré cette indépendance progressive de l'Algérie via les nationalisations, car il devait maintenir une certaine image de la France à l'international et il avait compris l'intérêt de coopérer avec l'Algérie et de faire des concessions. Quant à l'Algérie, ce qui ne détériorait pas son image était accordé à la France, notamment tout ce qui n'était pas visible et ne faisait pas de bruit à savoir, les essais nucléaires et chimiques. La France aussi, bien qu'elle avait changé d'attitude en annonçant la fin des relations privilégiées, après la nationalisation des hydrocarbures, elle a maintenu en revanche sa coopération dans le domaine technique, culturel et scientifique pour son rayonnement en Afrique et au reste du Monde. Ainsi, les deux pays entre les deux positions extrêmes parvenaient parfois à trouver un terrain d'entente. Comment aurait été l'image d'un Etat qui défend une politique anti-impérialiste et anticoloniale si les concessions des deux parties n'avaient pas eu lieu et si l'Algérie continuait à avoir un statut de co-souveraineté sur ses ressources naturelles !

Quant au sujet de la reconnaissance des torts infligés, les décideurs algériens de l'époque (soixante-dix – quatre-vingt) voulaient instaurer un certain respect et n'avaient pas l'idée de reconnaissance des torts. Ils s'intéressaient beaucoup plus à l'accomplissement de l'indépendance qui n'avait pas été acquise encore, autant qu'ils considéraient que les sacrifices consentis pour leur indépendance devaient les motiver d'avantage à sortir de l'humiliation et du sous-développement. En nationalisant les legs de l'Algérie française et en considérant l'aide français comme dédommagements des torts, les décideurs voulaient imposer une certaine image d'une Algérie qui s'émancipe peu à peu et qui n'accepte pas l'aide de la France. Leur image à l'extérieur les avait contraints à pratiquer une politique progressiste et populiste. De ce fait, les décideurs non seulement ne pouvaient pas se voir discrédités en pratiquant une politique contraire à leur image, mais cela aurait aussi mis en cause leur légitimité de pouvoir. La réussite relative de leur politique d'indépendance avait donné aux politiques algériens un sursaut d'orgueil.

La conciliation des intérêts dans le cas franco-algérien tient compte des éléments intersubjectifs (image) sans ignorer la situation d'interdépendance des objectifs des deux Etats ainsi que les effets de leur coopération sur le long terme, notamment pour la France. De même, les liens entre les deux pays étaient bel et bien existants, mais cela n'a pas empêché les deux Etats d'agir au détriment de ces éléments. Les différentes crises que les deux pays ont connu relèvent de l'unilatéralisme ; la décision de la France de l'arrêt d'importation du vin algérien, la réduction de la main d'œuvre algérienne ou les différentes nationalisations faites par l'Algérie, montrent combien les deux pays sont capables d'agir en fonction de ce que leur dicte la confrontation de leurs intérêts stratégiques à leur identité ou plutôt de ce qu'ils voient comme approprié. Il ne s'agit pas là de se contenter d'une vision simpliste tenant compte des éléments objectifs comme le commerce, les liens économiques et la puissance militaire.

En effet, la convergence diplomatique, après une période de crise née de la nationalisation, aurait contribué au rapprochement des deux pays, elle représente une convergence identitaire, une reconnaissance à un Etat qui aspire à des relations d'« égal à égal » ou à des relations dépourvues de tout complexe d'infériorité. Les deux pays se sont de nouveau rencontrés et ont trouvé dans la convergence diplomatique sur des questions de sécurité, un moyen de rapprochement.

Les deux pays étaient obligés de tenir compte de cette situation d'interdépendance des objectifs sans que cela ne soit au détriment de leurs intérêts, car quelques années plus tard la même situation ne permettra pas l'abolition des conflits. Ainsi le conflit serait le résultat de divergence identitaire et de difficulté à converger leurs intérêts même dans la présence d'une communauté d'intérêts qui les lient. Ceci dit, les conflits sont notamment identitaires, engendrés par un déni de reconnaissance.

L'entrée de l'Algérie dans une guerre civile avait mené à l'incertitude identitaire et avait marqué le retour du passé français en Algérie (la colonisation et la guerre de révolution). Dès lors, la question des torts infligés avait refait surface, ce qui a incité le président algérien, Abdelaziz Bouteflika, qui se voulait le messie, à non seulement réaliser la paix et la réconciliation entre algériens mais aussi à prendre en compte la revendication de reconnaissance. Quête existait depuis l'indépendance, d'abord comme une recherche d'égalité et de reconnaissance d'identité, ensuite, comme une réhabilitation de l'image (dignité perdue) après qu'elle ait été ternie par la guerre civile pendant laquelle l'Algérie avait connu un isolement sans pareil, alors qu'en France, commençait à se développer chez les nostalgiques de l'Algérie françaises la thèse de la colonisation positive, c'est l'idée aussi que la guerre civile en Algérie prouve l'échec de l'indépendance. La tâche était alors lourde devant le président algérien, Abdelaziz Bouteflika, qui a regagné le pouvoir après s'en être évincé suite au décès de Boumediene. Il devait réaliser deux objectifs internes, la réconciliation nationale et le rattrapage du retard économique et un autre externe, la réhabilitation de l'image de l'Algérie. Le président algérien voyait en la France un partenaire inévitable afin d'atteindre ces objectifs, dès lors le rapprochement paraissait une alternative adéquate, alors que depuis l'indépendance, l'Algérie avait pris ses distances et s'était définie comme son altérité, cela explique ce qui avait poussé les deux parties à maintenir cet état intermédiaire, entre une coopération étroite et une réconciliation reportée à plusieurs reprises. Le président algérien exigeait donc la reconnaissance des torts infligés contre une réconciliation définitive avec la France. Une revendication accentuée par la réhabilitation du discours de l'Algérie française en France suscitant les sous-entendus de l'échec de l'indépendance de l'Algérie, elle représente aussi la contrepartie qui permet la réduction de l'image de l'altérité nourrie et affichée depuis l'indépendance.

Depuis l'arrivée de Bouteflika à la tête de l'Etat algérien, l'image d'altérité entre les deux pays s'est ostensiblement estompée dans tous les domaines même ceux considérés jusqu'à là comme secrets et sensibles. Les déplacements entre les deux pays ont alors nettement augmentés. Le rapprochement avec la France a rendu la coopération inéluctable tandis que le processus de réconciliation allait de nouveau connaître un échec en raison de plusieurs dénis de reconnaissance, tel que le vote de la loi du 23 février 2005, au niveau de l'Assemblée nationale française qui insiste sur un certain rôle « positif » à la colonisation, suivi par d'autres, lors de la présidence de Nicolas Sarkozy. Tous ces dénis ont bloqué le processus de réconciliation et ont réduit la coopération.

Nous remarquons que la politique algérienne de la France ne varie pas conséquemment en fonction des partis politiques au pouvoir (droite ou gauche). Néanmoins, les concessions sur la question de la mémoire qui ont permis la réconciliation entre les deux pays étaient plutôt un succès de la Gauche que celui de la Droite. En comparant les tentatives de réconciliation avec l'Algérie, d'une part celle de Valérie Giscard d'Estaing et Jacques Chirac, de la droite et d'autre part celle de François Mitterrand et François hollande, de la gauche, nous trouverons que les socialistes sont plus enclins à traiter la problématique du passé avec souplesse et plus enclins à reconnaitre les torts que ceux de la Droite. En effet, avec l'arrivée de l'élu socialiste sur la tête de l'Etat français, les choses ont changé progressivement vers l'établissement d'une réconciliation et des relations solides et durables. En concédant sur le plan de la mémoire, en reconnaissant les souffrances, les injustices et les torts, François Hollande veut donner aux relations franco-algériennes une nouvelle tournure, l'apaisement et la réconciliation.

Bibliographie

Notre choix pour une présentation de la bibliographie de manière thématique est pour un objectif de clarté et de lisibilité. Elle est classée en différents thèmes selon leur importance et leur domaine. Divisée en deux parties, cadre théorique et cadre pratique. Les références du cadre théorique nous ont permis d'élargir notre compréhension du champ de la théorie politique et celle des relations internationales ainsi que de clarifier certains concepts. Alors que celles méthodologiques nous ont aidés dans la construction du cadre théorique et opératoire de cette étude.

Quant aux références du cadre pratique, elles sont classées en fonction de l'origine et leur provenance. Du secret au moins secret et de l'officiel au non officiel mais aussi celles concernent un Etat seul, Algérie ou France et celles qui concernent les deux Etats ensemble. De même elles sont classées parfois de manière chronologique. Ainsi, les documents diplomatiques (classés comme confidentiels et non confidentiels) provenant notamment de l'archive diplomatique française, les documents classés comme secrets provenant de sources non officielles à savoir la presse, nous ont éclairés sur les positions des deux Etats et les non-dits de la politique. Tandis que les discours, les déclarations, les communiqués, les interviews, bien qu'ils ne soient pas aussi informatifs que les documents diplomatiques, ils nous renseignent tout de même sur les positions officielles des acteurs qui nous ont permis de situer la politique suivie par l'Etat.

Ces documents sont confrontés à d'autres données provenant de mémoires et de livres rédigés par les acteurs de la politique étrangère. Ceux-ci nous ont aidés alors à retracer les failles des discours diplomatiques insistant sur la version officielle, dans lequel l'acteur tend à prendre du recul. Alors que les différentes références sur l'histoire, sur les relations franco-algériennes, sur la politique algérienne et française, nous ont permis de découvrir les différents aspects de ces relations et leur complexité autant qu'elles permettent de situer quelques périodes importantes dans l'histoire franco-algérienne et la mise à nue de cette relation avant la colonisation, pendant la colonisation, au moment de l'indépendance et après l'indépendance, ainsi que le dévoilement de certains enjeux dans les deux sociétés.

Les références portant sur la politique étrangère et la politique internationale nous ont éclairés sur les différents enjeux, les liens avec d'autres Etats, le système d'alliance, ainsi que l'environnement dans lequel les positions des deux pays ont été émises.

I. Cadre théorique :

1. Théories de politique, des relations internationales et de politique étrangère

Livres :

- BATTISTELLA Dario, *Théories des relations internationales*, Paris, Presses de science po, 4ème Edi., mise à jour et augmentée, 2012.

- BELLENGER Lionel, *La négociation*, Paris, 7ème Edi., 1ère edi,1984, PUF, coll. Que sais-je? 2009.

- DELORI Mathias, SAURUGGER Sabine, « Introduction pour un plus grand pluralisme théorique et méthodologique en science politique », In. DELORI Mathias, DESCHAUX-BEAUME Delphine et SAURUGGER Sabine, *Le choix rationnel en science politique, débats critiques*, Rennes, Presses Universitaires de Rennes, Coll., Res publica, 2009.

- DE SENARCLENS Pierre, *La politique internationale*, Paris, Armand Colin, 2002, 4ème ed.

- DOUGHERTY James and PFLATZGRAFF Robert, *Contending theories of international relations, A comprehensive survey*, New York, Longman, 5ème edit., 2001.

- DOYLE.W Michael, *Ways of war and peace, Realism, liberalism, and socialism*, New York/ London, w.w.Norton and Company, 1997.

- GIESEN Klaus-Gerd, *L'Ethique des relations internationales, les théories anglo-américaines contemporaines*, Bruxelles, Bruylant, 1992.

- JERVIS Robert, *Perception and misperception*, Princeton, NJ, Princeton University Press, 1976.

- FREUND Julien, *Sociologie du conflit*, Paris, PUF, Coll.la Politique Éclatée, 1ère édit. mars 1983.

- E. BALDWIN Robert & WINTERS L. Alain, *challenges to globalization, Analyzing the economics*, Chicago and London, The University of Chicago Press, 2004; POMES Eric, Conquérir les marches le role des Etats, France, Hongrie, Italie, l'Harmattan,2004.

- GHÉRARI Habib, *Relations internationales*, Paris, L.G.D.J, 2010.

- KEOHANE Robert Owen and NYE Joseph, *Transnational relations and world politics*, Cambridge, Mass, Harvard University Press, 1972

- LAROCHE Josephe, *Politique internationale*, Paris, L.G.D.J, 2000.

- RISSE-KAPPEN Thomas, *Bringing transnational relations back in; non-sate actors, domestic structures and international institutions*, Cambridge, Cambridge University Press, 1995.

- ROCHE Jean-Jacques, *Théories des relations internationales*, Paris, Montchrestien, 2010, 8ème ed.

- SCHELLING.C Thomas, *The strategy of conflict*, USA, The president and fellaws of harvard college, 1960,1980, traduit de l'anglais par MANICACCI, Paris, PUF, Coll. Perspectives internationales,1986.

- VILLAR CONSTANZE, *Le discours diplomatique*, Thèse de doctorat, bordeaux4, 2003, texte remanie, Paris, l'Harmattan, 2006.

Articles :

- A. SIMON Herbert, "Rationality in Psychology and Economics", *The Journal of Business, Vol. 59, No. 4, Part 2: The Behavioral Foundations of Economic Theory* (Oct., 1986), p.210-211, The University of Chicago Press, Stable URL: http://www.jstor.org/stable/2352757, Accessed: 29/07/2011 03:53.

- HARDY-VALLEE Benoit et DUBREUIL Benoit, « Réconcilier le formel et le causal, le rôle de la neuroéconomie », *revue de philosophie économique*, 2009, vol., 10, n°2, p.25-46.

- Jack S. Levy, "Learning and Foreign Policy, Sweeping a Conceptual Minefield", *International Organization*, Vol. 48, No. 2 (Spring, 1994), pp. 279-312.

- PUTNAM R, Diplomacy and domestic politics: The logic of two level games, *International Organization*, 42 1988, p.427-460.

- SBIH Missoum, « Diplomatie et sécurité nationale ou l'influence de la défense nationale et de la sécurité internationale sur la politique étrangère », In. *Revue Algérienne des Relations Internationales*, n°13, premier trimestre 1989, Office des Publications Universitaires, p.67-89.

- RISSE Thomas "Let's Argue!": Communicative Action in World Politics. », *International Organization*, Volume 54,1, Winter 2000, p.1-39 Edited at the University of California, San Diego USA Published quarterly by the IO foundation and MIT (the Massachusetts Institute of Technology).

- TSCHARNER Benedict *Profession ambassadeur, diplomate suisse en France*, Suisse, St-Gingolph, Cabédita, 2002.

- VILLAR CONSTANZE, « Pour une théorie du discours diplomatique », [En ligne], URL : http://www.diplomatie.gouv.fr/fr/IMG/pdf/345-61.pdf, consulté le 21 juillet 2010.

Chapitres dans des ouvrages :

- BATTISTELLA Dario, « L'intérêt national, Une notion trois discours », In. CHARILLON Frederic,dir., *Politique étrangère, nouveaux regards*, Paris, PFNSP,2002,p.139-165.

- L.LAMY Steven, "Contemporary mainstream approaches : neo-realism and neo-liberalism", In. BAYLIS Johan &SMITH Steve, *The Globalisation of world politics, an introduction to international relations*, Oxford &New York, Oxford University Press, 2001, 2nd ed., p.182-199.

- HOLSTI OLE R, « The belif system and national images : A case study » (le système de croyances et les images nationales : étude de cas), In. Rosenau James, International politics and foreign policy, a reader in search and theory, New York, The Free Press, London, 1969

- LEGRAND Vincent, « La prise de décision en politique étrangère », In., ROOSENS Claude, ROSOUX Valerie et WILDE d'ESMAEL, (dir.), *La politique étrangère, Le modèle classique à l'épreuve*, Bruxelles, P.I.E-PETER Lang (Presses Interuniversitaires Européennes, 2004, p.79-106.

Encyclopédies Dictionnaires :

- ALCAUD David, BOUVET Laurent, CONTAMIN Jean-Gabriel, et al., *Dictionnaire de sciences politiques, notions essentielles, enjeux et débats, grands auteurs*, coll., IEP Licence concours administratif, Paris, edi. SIREY, 2nd édi., 2010.

- SMOUTS Marie-Claude, BATTISTELLA Dario et VENNSSON Pascal, *Dictionnaire des relations internationales, Approches, Concepts, Doctrines*, Paris, 2003.

- YEVES Charles, Raison d'Etat, *Dictionnaire de philosophie politique*, dir. RAYNNAUD Philippe et RIALS Stéphane, Paris, PUF, 1996, pp.531-535.

2. Approche constructiviste, Reconnaissance, Mémoire, Réconciliation

Livres :

- BADIE Bertrand, SMOUTS Marie-Claude, *Le retournement du Monde renversement du monde*, Sociologie de la scène internationale, Paris, FNDSP et Dalloz, 3ème ed., revue et mis à jour, 1999.

- BRAUD Philippe, *Violence politiques*, Paris, Seuil, mars 2004.

- FINNEMORE Martha, *National interests in international society*, Ithaca and London, Cornell University Press, 1996

- FISCHBACH Franck, *Fichte et Hegel. La reconnaissance*, Paris, Presses Universitaires de France, Coll., Philosophies, 1999.

- FUKUYAMA, Francis, *The end of history and the last man*, (La fin de l'histoire et le dernier homme), trad.fr.Canal Denis-Armand, Paris, Flammarion, 1992.

- HALBWACHS, *La mémoire collective*, Paris, Albin Michel, 1997.

- GIESEN, Klaus-Gerd et Kees VAN DERPIJL (dir.), *Global Norms in the Twenty-First Century,* Newcastle, Cambridge Scholars Press, 2006.

- HONNETH Axel, *Kampf um Anerkennung, La lutte pour la reconnaissance*, trad.fr par RUSCH Pierre, Paris, CERF, 2008.

- LINDEMANN Thomas, *Les doctrines darwiniennes et la guerre de 1914*, Paris, Economica et Institut de Stratégie Comparé, 2001.

- LINDEMANN Thomas, *Penser la guerre, L'approche constructiviste*, l'Harmattan, Coll., Logiques politiques, 2008.

- LINDEMANN Thomas, *Sauver la face, sauver la paix : sociologie constructiviste des crises internationales*, Paris, l'Harmattan, 2010.

- LINDEMANN Thomas, causes of war, *The struggle for recognition*, UK, ECPR Press, 2010.

- LONG William and BRECKE Peter, *War and reconciliation: reason and emotion in conflict* resolution, London, Mit press, 2003.

- MICHEL Johann, *Gouverner les mémoires, Les politiques mémorielles en France*, Paris, PUF, février 2010.

- PETER ROSEN Stephen, *War and human nature,* Princeton and Oxford, Princeton University Press, 2005.

- PEYLET Gerard, *Le temps de la mémoire : soi et les autres*, Pessac, Presse Universitaire de Bordeaux, Université Michel de Montagne Bordeaux3, coll. Eidôlon, 2007.

- RICOEUR Paul, *La lutte pour la reconnaissance et l'économie du pardon*, UNESCO (Organisation des Nations Unis pour l'Education, la Science et la Culture, Secteur des sociales et humaines Paris, 2004.

- RICOEUR Paul, *Parcours de la reconnaissance, trois études*, France, Stock, 2004.

- RUGGIE John Gerard, *Constructing the world polity, Essays on international institutionalization*, London and New York, Rutledge, 1st ed.1998, reprinted 2000,

- WENDT Alexander, *Social theory of international politics*, New York, Cambridge University Press, 1999.

Articles:

- Claude DUBAR, « SOCIOLOGIE - Les grands courants », [en ligne], In : *Encyclopædia Universalis,* disponible sur : URL: http://www.universalis-edu.com/encyclopedie/sociologie-les-grands-courants/ consulté le 27 mars 2013.

- BOURMAUD Daniel, « Aux sources de l'autoritarisme en Afrique : des idéologies et des hommes », *Revue internationale de politique comparée* 4/ 2006 (Vol. 13), p. 625-641, URL : www.cairn.info/revue-internationale-de-politique-comparee-2006-4-page-625.htm, Consulté le 11 janvier 2008.

- HAINE Jean-Yves, « Kennedy, Kroutchev et les missiles de Cuba (Partie 4) », *Cultures & Conflits*, vol.1, n°36, 2000, p.106-120.

- HENRY Jean-Robert, « La France au miroir de l'Algérie, dossier Algerie 20 ans, que savons-nous vraiment de cette terre, de ses révolutions aujourd'hui ? », *Autrement, n°38,* mars 1982, l'Association Autrement, Condé-sur-Noireau, ISBN 2-86260-038-5 ISSN 0336-5816, p-16-27.

- JEAN-YEVES Haine, « Kennedy, Kroutchev et les missiles du Cuba », *culture et conflits*, n°36, vol.1, Paris, Harmattan, 2000, p. 106-120.

- JOSPIN Lionel, Premier Ministre, « Allocution, colloque « mémoire et identité », Genshegen, 25 septembre 1999, disponible sur la base documentaire du ministère des affaires étrangères de France, [En ligne] URL : http://basedoc.diplomatie.gouv.fr/exl-php/util/documents/accede_document.php Accessed: 20/06/2010.

- KWAMEK Anthony Appiah, « Comprendre les réparations », *Cahiers d'études africaines*, 173-174 | 2004, [En ligne], mis en ligne le 08 mars 2007. Disponible sur URL : http://etudesafricaines.revues.org/index4518.html. Consulté le 11 janvier 2008.

- L. ROUSSEAU David and GARCIA-RETAMERO Rocio, "Identity, Power, and Threat Perception: A Cross-National Experimental Study" *the Journal of Conflict Resolution*, Vol. 51, No. 5 (Oct., 2007), p. 744-771.

- LIND Jennifer, « Apologies in International Politics », *Security Studies*, Vol., 18 n°1 janvier-mars 2009, Routledge, ISSN 0963 6412, p.517-556.

- LINDEMANN Thomas, « Les images dans la politique internationale, l'Image de l'autre », [En ligne] disponible sur : URL : http://www.institut-strategie.fr/strat72_Lindemann.html Accessed: 09/12/2008.

- LINDEMANN Thomas « STEPHEN PETER ROSEN War and Human Nature Princeton, Princeton University Press, 2005, 216 pages. », *Critique internationale* 2/2006 (n° 31), p. 203-207, [En ligne] disponible sur :URL : http://www.cairn.info/revue-critique-internationale-2006-2-page-203.htm

- WENDET Alexander, "Anarchy is what States Make of it: The Social Construction of Power Politics", *International*

Organization, (spring, 1992), Vol. 46, No. 2, The MIT Press, p. 391-425.

- WENDT Alexander, "Identity and structural change in world politics", In. LAPID Yosef KRATOCHWIL, *The return of culture and identity in IR theory*, Boulder-London, Lynne-Rienner, Coll., Critical perspectives on world politics, 1996, p.47-64.

Chapitres dans des ouvrages:

- PIZZORNO Alessandro, «Rationalité et reconnaissance », In. BIDET Jacques, BLANCHARD Martin, CAILLÉ Alain, et.al.,dir. CAILLÉ Alain LAZZERI Christian, *La reconnaissance aujourd'hui,*, Paris, CNRS, 2009, p.229-270.

Rapports:

- « Promouvoir la réconciliation internationale, contribuera à stabiliser les régions en proie à un conflit et aidera la reconstruction après le conflit », Rapport établi par les co-rapporteurs M.René Valery Mongloé et M. Robert Del Picchia, lors de la Union interparlementaire, 110eme Assemblée et réunions connexes, première commission permanente, paix et sécurité », [En ligne] disponible sur URL : http://www.ipu.org/conf-f/110/1Cmt-rpt.pdf Accessed: 29/07/2010.

Dictionnaires et livres sacrés :

- DECKER Thomas, *Dictionnaire des citations maximes, dictons et proverbes français*, France, Editions de Lodi, mars 1999.

- HONNETH Axel, « Reconnaissance »,In., *Dictionnaire d'éthique de philosophie morale*, tome2, CANTO-SPERBER Monique, dir.,Paris, PUF(Quardrige), 2004, 1ère édit 1996,pp.1640-1647.

- Le *Coran et traduction de ses sens en langue française,* HAMIDALLH Mouhammad , Ryad, Arabie-Saoudite, Complexe Roi Fahd Pour l'Impression du Noble Coran, 604p.

- *Le nouveau petit Robert, dictionnaire alphabétique et analogique de la langue française*, texte remanié et amplifié, sous la direction de REY-DEBOVE Josette et REY Alain, Paris, Paul Robert, 1er éd. 1967, nvll.edi. 2007, pp.2145-2146.

3. Méthodologie

- BENNETT Andrew and ALEXANDER George, *Case Studies and Theory Development in the Social Sciences*, Cambridge, MIT Press, 2005.

- BEAUD, Michel, GRAVIER Magali, TOLEDO Alain, « *L'art de la thèse : comment préparer et rédiger un mémoire de master, une thèse de doctorat ou tout autre travail universitaire à l'ère du Net* », Paris, La Découverte, coll. Grands Repères, 2006.

- David, "Understanding process tracing", *Political science and politics*, vol.44,n°.4, Octobre 2011, p. 823-830.

- MACE Gordon et PÉTRY François, *Guide d'élaboration d'un projet de recherche en sciences sociales*, Bruxelles, De Boek, 2000.

II. Cadre pratique

1. Documents diplomatiques (confidentiels et non confidentiels), Discours, Déclarations, mémoires des acteurs

❖ *FRANCE :*

Documents diplomatiques (confidentiels et non confidentiels)

- « Les Accords d'Evian Textes et commentaires, *Documentation française*, 1962, Ministère d'Etat chargé des Affaires Algériennes, coll., Recueils et monographies n°40.

- M. Jeanneney, Ambassadeur, Haut Représentant de la France en Algérie, à M. Joxe, Ministre d'Etat chargé des affaires algériennes, Télégramme n^{os}1074 à 1082, Alger, 29 septembre 1962. In. *Documents diplomatiques français, 1er juillet-31 décembre 1962, T.2,* Paris, Ministères des affaires étrangères, commission de publication des documents diplomatiques français, 1999, p. 262-264.

- Secrétaire d'Etat aux affaires algérienne, « Instructions pour l'Ambassadeur de France à Alger », In. *Documents diplomatiques français, 1er juillet-31 décembre 1962, T.2,* document°42, Paris, Ministères des affaires étrangères, commission de publication des documents diplomatiques français 1999, p.121-130.

- « Le ministre des affaires étrangères à M. Bérard Ambassadeur de France à Rome », Paris 14 novembre 1963, In. *Documents diplomatiques français, 1er juillet-31décembre 1963, T.2*, doc. N°.196, Paris, Ministères des affaires étrangères, commission de publication des documents diplomatiques français, 2001, p.508.

- « M. Corse, Ambassadeur français à Alger à M. De Broglie, Secrétaire d'Etat auprès du Premier Ministre, chargé des affaires algériennes », T. n° 8148 à 8150, Alger 2 décembre

1963, In. *Documents diplomatiques français, 1er juillet-31 décembre 1963, T.2,* n° doc. 223, Paris, Ministères des affaires étrangères, commission de publication des documents diplomatiques français, 2001, p. 578.

- « M. GORSE, Ambassadeur, Haut-Représentant de la République française à Alger, à M. de BROGLIE, secrétaire d'Etat auprès du premier Ministre chargé des affaires algériennes, T. n°s 5083 à 5087, réservé, Alger, 23 aout 1963, (réçu : 15h30) », In. *Documents diplomatiques français, 1er juillet-31décembre* 1963, T.1., N°66 *Paris,* Ministères des affaires étrangères, commission de publication des documents diplomatiques français, 2001, p.190-191.

- « M. GORSE, Ambassadeur, Haut-Représentant de la République française à Alger, à M. de BROGLIE, secrétaire d'Etat auprès du premier Ministre chargé des affaires algériennes. T.n^{os}1460, immédiat. Réservé. Diffusion restreinte. Alger, 18 mars 1963 (reçu à 20h20) », In. *Documents diplomatiques français, 1er janvier-30 juin* 1963, T.1, doc. n°103, Paris, Ministères des affaires étrangères, commission de publication des documents diplomatiques français, 2000, p.290-292.

- « M. Fernand Laurent, Premier conseiller près l'Ambassadeur de France à Alger à M. De Broglie, Secrétaire d'Etat auprès du Premier Ministre, chargé des affaires algériennes, T. n° 8310 à 8313, Alger 10 décembre 1963, n° doc.236, In. *Documents diplomatiques français, 1er juillet-31 décembre1963, T.2,* Paris, Ministères des affaires étrangères, commission de publication des documents diplomatiques français, 2001, p.606.607.

- « M. GORSE, Ambassadeur, Haut-Représentant de la République française à Alger, à M. de BROGLIE, secrétaire d'Etat auprès du premier Ministre chargé des affaires algériennes, T.n°s 2105à 2120 », In. *Documents diplomatiques français, 1er janvier-30 juin 1963,* T.1, doc. n° 121, Paris, Ministères des affaires étrangères, commission de publication des documents diplomatiques français, 2000, p.399-402.

- « M. GORSE, Ambassadeur, Haut-Représentant de la République française à Alger, à M. de BROGLIE, secrétaire d'Etat auprès du premier Ministre chargé des affaires algériennes, T.n°s 2406à 2425 », In. *Documents diplomatiques français, 1er janvier-30 juin 1963,* T.1, doc. N° 145, Paris, Ministères des affaires étrangères, commission de publication des documents diplomatiques français, 2000, p.431-434.

- « M. GORSE, Ambassadeur, Haut-Représentant de la République française à Alger, à M. de BROGLIE, secrétaire d'Etat auprès du premier Ministre chargé des affaires algériennes, T. n°s 6440 à 6452, diffusion réservé, Alger, 08 octobre 1963, (réçu :15h30) »,In. *Documents diplomatiques français, 1er juillet-31décembre 1963,* T.1, doc. n°108, Paris, Ministères des affaires étrangères, commission de publication des documents diplomatiques français, 2001, p.375-378.

- « M. Jacquin de Margerie, Ministre des affaires étrangères à l'Ambassadeur de France à Bon, T. n°9277 à 9285, très urgent, réservé », Paris le 13 novembre 1963. In. *Documents diplomatiques français, 1er juillet-31décembre1963, T.2,* Paris, Ministère des affaires étrangères, commission de publication des documents diplomatiques français, 2001, p.499-501.

- « Note coopération franco-algérienne, Paris le 18 novembre 1963, note émane du service des affaires générales du secrétariat d'Etat auprès du premier Ministre, chargé des affaires algériennes, dirigé par M. Louis Dauge, conseiller des affaires étrangères »,In. *Documents diplomatiques français, 1er juillet-31décembre,* 1963, T.2, Paris, Ministères des affaires étrangères, commission de publication des documents diplomatiques français, 2001, p.522-523.

- Note rédigée par M. Luis DAUGE, conseiller des affaires étrangères, chef des affaires générales au secrétariat d'Etat auprès du premier Ministre et chargé des affaires algériennes, à M. de Limairac, chargé des affaires d'Afrique du Nord au département, alors que se tiennent à Alger, du 12 au 15 Novembre, les négociations commerciales franco-algériennes, In. *Documents diplomatiques français, 1er juillet-31décembre 1963, T.1,* document n°195, Paris, Ministères des affaires étrangères, commission de publication des documents diplomatiques français, 2001, p. 504-507.

- « Note du ministère d'Etat chargé des affaires algériennes, politique française, Paris, 13 novembre 1962 », In. *Documents diplomatiques français, 1er juillet-31 décembre1962, T.2,* doc. N° 106, Paris, Ministères des affaires étrangères, commission de publication des documents diplomatiques français 1999, p.411-415.

- Ministère des affaires étrangères et européennes, « Conclusion des pourparlers d'Evian », [Enligne] disponible sur URL :

http://www.diplomatie.gouv.fr/traites/affichetraite.do?accord=TRA19620009

Discours, communiqués, interview, Déclarations :

- « Communiqué du ministère des affaires étrangères », In. *La politique étrangère de la France*, textes et documents, 1er semestre 1971, la documentation française, octobre 1971, p.151.

- « Déclaration de source bien informé sur les relations franco-algériennes », 3 mars 1971, In. *La politique étrangère de la France*, textes et documents, 1er semestre 1971, la documentation française, octobre 1971, p.119.

- « Président Pompidou 24 juin 1971, Interview à l'O.R.T.F. », In. La *Politique étrangère de la France, textes et documents*, 1er semestre 1971, la documentation française, octobre 1971, p.242-245.

- GISCARD d'ESTAING Valéry, « Allocution prononcée par le président Giscard d'Estaing au dîner offert à Alger par le président Boumediene , Alger, le 10 avril 1975, In., La *Politique étrangère de la France, textes et documents, 1er semestre 1975*, Paris, La documentation française, novembre 1975, p. 124-126.

- « Communiqué publié à l'issue des entretiens entre le président de la République française et le président de la République algérienne », Alger, le 12 avril 1975, In., La *Politique étrangère de la France, textes et documents*, 1er semestre 1975, *Op.cit.*, p. 135-138.

- GISCARD d'ESTAING Valéry, « Réunion de presse du président Giscard d'Estaing à Alger », Alger, 12 avril 1975, In. La *Politique étrangère de la France, textes et documents*, 1er semestre 1975, *Op.cit.*, p.129.

- « Index par pays », *La politique étrangère de la France, textes et documents1er semestre1976*, Paris, La documentation française, 1976, p.234.

- GISCARD D'ESTAING Valéry, « Interview accordé par le président Giscard d'Estaing au journal « Le Monde », 7 mai 1977 », In. *La politique étrangère de la France, textes et documents, 2ème trimestre 1977*, La documentation française, 1977, p.44-50

- GISACRD D'ESTAIN Valery, « Entretien télévisé, extrait, Paris, 14 décembre 1977 », In. *La politique étrangère de la France, textes et documents, 4ème trimestre 1977*, Paris, La documentation française, 1977, p.72-82.

- MITTERAND François, « Discours devant l'Assemblée populaire nationale algérienne, Alger, mardi 1er décembre 1981 », In. *La politique extérieure de la France, textes et documents novembre-décembre 1981*, Paris, La documentation française, 1981, p.32-35.

- MITTERAND François, Président de la République française, « conférence de presse, Alger, Palais du peuple, 1er décembre 1981 », In. *Politique extérieure de la France, Textes et documents, Novembre-Décembre 1981, Op.cit.*, p.37-42.

- « Déclaration franco-algérienne, Alger, 1er décembre 1981 », In. *Politique extérieure de la France, Textes et documents, Novembre-Décembre*, Paris, La documentation française, 1981, p.36-37.

- « Mise au point du Quai d'Orsay, 22 décembre 1981 », In. *La politique extérieure de la France, textes et documents, novembre-décembre 1981, Op.cit.*, p.80.

- « Débat budgétaire au sénat, Déclaration de M. Claude Cheysson, ministre des relations extérieures », In., In. *La politique extérieure de la France, textes et documents, novembre-décembre 1983, Op.cit.*, p.100-109.

- MITTERAND François, « Allocution prononcée par le président de République à l'occasion du dîner offert en l'honneur de M. le président de la République algérienne démocratique et populaire et de madame Chadli Benjedid. », In. *Politique extérieure de la France, Textes et documents, novembre-décembre 1983*, Paris, 1983, Ministre des relations extérieures, Direction des services d'information et de presse, p.27-28.

- « M. CHEYSSON Claude, Débat de politique étrangère au Sénat : Déclaration de M. Claude Cheysson, ministre des relations extérieures, Paris, 7 novembre 1983 », In. . *Politique extérieure de la France, Textes et documents, Novembre-Décembre 1983, Paris, Ministère des Relations Extérieures*, novembre-décembre 1983, p. 6-17.

- « Accord franco-algérien relatif aux obligations du service national », In. *La politique étrangère de la France, textes et documents, mars-avril 1984*, Paris, Ministère des Relations Extérieures, Direction des Services d'Information et de Presse, 1984, p.114.

- « Déclaration de M. Claude CHEYSSON, ministre des relations extérieures, à la presse », In. *La politique étrangère de la France, textes et documents, juillet-aout 1984*, Paris, Ministère des Relations Extérieures, Direction des Services d'Information et de Presse, 1984, p.57-58.

- LALUMIERE Catherine, secrétaire d'Etat auprès du ministère français des affaires extérieures, chargé des affaires européennes, « France-Algérie, Réponse de Mme Catherine Lumière, à l'Assemblée nationale », In. *La politique extérieure de la France, textes et documents*, mai - juin 1985, Paris, Ministère des relations extérieures, Direction des Services d'Informations et de Presse, p.29.

- VEDRINE Hubert, Ministre des affaires étrangères, « Conférence Euro-méditerranéenne, point de presse, Stuttgart, 16 avril 1999 », In., *Politique étrangère de la France*, La documentation française, Mars-avril 1999, p. 363-365.

- « Elections en Algérie, déclaration de la présidence au nom de l'Union européenne, Bruxelles, le 21 avril 1999 », In., *La Politique étrangère de la France*, mars-avril 1999, p.395.

- CHAUVENEMENT Jean-Pierre, « Allocution du Ministre de l'intérieur devant la communauté française, Alger, 19 juin 1999 », In., *La Politique étrangère de la France*, mai - juin, 326-327.

- CHAUVENEMENT Jean-Pierre, « Déclaration du Ministre de l'intérieur, à l'issu de la conférence de presse des Ministres de l'intérieurs de la Méditerranée occidentale, Alger, 21 juin

1999 », In., *La Politique étrangère de la France*, mai - juin, p.358.

- VEDRINE Hubert, Ministre français des affaires étrangères « Conférence de presse, 30 juillet 1999, centre culturel français, Alger », In. *La Politique étrangère de la France*, La documentation française, juillet-août, 1999, p.109-114.

- JOSSELIN Charles, Ministre délégué à la coopération et à la francophonie, « Allocution devant la communauté française d'Algérie, à l'occasion de la fête nationale », In. *La Politique étrangère de la France, juillet-aout 1999*, p.33-35.

- VEDRINE Hubert, Ministre des affaires étrangères, « entretien, invité du "Grand jury RTL-Le Monde-LCI" Paris, 10 octobre 1999 », *Politique étrangère de la France*, septembre-octobre, 1999, p.215-224.

- CHIRAC Jacques, « Allocution du président de la République, M. Jacques Chirac, lors du dîner d'Etat offert en l'honneur du président de la république algérienne démocratique et populaire, M. Abdelaziz Bouteflika, le 14 juin 2000 », In. *Politique étrangère de la France*, mai - juin 2000, La documentation française, p. 265-267.

- De VILLEPIN Dominique, du Ministre des affaires étrangères de la France, « Discours d'ouverture, Année de l'Algérie en France, paris, 6 novembre 2002 », In. *La politique étrangère de la France*, Documentation française, novembre-décembre, 2002, p.24-25.

- M. CHIRAC Jacques, « Allocution du président de la République, l'occasion de la remise du sceau du Dey d'Alger, Alger, 2 mars 2003 », In., *Politique étrangère de la France*, La documentation française, mars-avril 2003, p.11.

- MEKACHERA Hamlaoui, « entretien du secrétaire d'Etat aux anciens combattants, 1 mars 2003, Le Parisien », In. *La Politique étrangère de la France*, La documentation française, mars-avril 2003, p.11.

- « Entretien du président de la République, M. Jacques Chirac, avec la télévision algérienne, Paris, 1er mars 2003 », *La Politique étrangère de la France*, mars-avril 2003, p.6-9.

- « Déclaration d'Alger », 2 mars 2003, Alger, In. *La politique étrangère de la France*, mars-avril, *Op.cit.*, p.14.

- « M. Jacques Chirac, Alger, mars 2003, Visite en Algérie, conférence de presse du président de la République, au Palais des Nations », *politique étrangère*, mars - avril 2003, p.26-31.

- « Décret n° 2006-160 du 15 février 2006 portant abrogation du deuxième alinéa de l'article 4 de la loi n° 2005-158 du 23 février 2005 portant reconnaissance de la Nation et contribution nationale en faveur des Français rapatriés », JORF n°40 du 16 février 2006 page 2369, texte n° 11.

- SARKOZY Nicolas, « Entretien exclusif, avec Nicolas Sarkozy, nous sommes fixés pour une feuille de route ambitieuse », *El Watan*, 10 juillet 2007, n°5067, ISSN : 1111-0333, p.2.

Internet :

- Transcription de la déclaration du Général de Gaulle, JT 20H - 18/03/1962 - 07min59s, [Enligne], consulté le 10 mars2009, disponible sur URL : http://www.ina.fr/video/CAF94059577/declaration-general-de-gaulle-video.html

- « Communiqué franco-algérien, publié à l'issu du séjour de M. Bouteflika, Le 12 juillet 1973, Ministre des affaires étrangères de l'Algérie », archives du Ministère des affaires étrangère de la France, [En ligne], consulté 01 février 2009, disponible sur URL : http://basedoc.diplomatie.gouv.fr/exl-php/cadcgp.php

- D'ESTAING Valérie Giscard, « Interview du président Giscard d'Estaing au nouvel observateur sur les rapports franco-algériens, Paris, le 2 février 1976 », *base documentaire du ministre des affaires étrangères et européenne*, [En ligne], consulté 01 février 2009, disponible sur URL : http://basedoc.diplomatie.gouv.fr

- D'ESTAING Valérie Giscard, « Conférence de presse du président Giscard d'Estaing à INGA (Zaïre), extraits, INGA, le 09 aout 1975 », *base documentaire du Ministre des affaires étrangères et européenne*, [En ligne] disponible sur URL : http://basedoc.diplomatie.gouv.fr/exl-php/cadcgp.php consulté 01 février 2009

- M. Sauvagnargues, ministre des affaires étrangères, « Interview de M. Sauvagnargues à France-Inter (extraits), Paris, le 13 octobre 1975, base documentaire du ministre des

- affaires étrangères et européenne, [En ligne] disponible sur URL : http://basedoc.diplomatie.gouv.fr
- D'ESTAING Valérie Giscard, « Interview du président Giscard d'Estaing au nouvel observateur sur les rapports franco-algériens, Paris, le 2 février 1976 », base documentaire du ministre des affaires étrangères et européenne, [En ligne], consulté le 20 juillet 2011, disponible sur URL : http://basedoc.diplomatie.gouv.fr
- « Lettre sur le Liban adressée par M. Sauvagnargues à m. Waldheim, secrétaire général des nations unies, en réponse à celle de m. Bouteflika, ministre algérien des affaires étrangères », 27 mai 1976. *base documentaire du ministre des affaires étrangères et européenne*, [En ligne], consulté le 20 juillet 2011, disponible sur URL : http://basedoc.diplomatie.gouv.fr
- « La politique du gouvernement en Afrique : réponse du secrétaire d'état aux affaires étrangères. M.Pierre Christian Taittinger à une question posée à l'assemblée nationale », 12 juin 1977, *base documentaire du ministre des affaires étrangères et européenne*, [En ligne], consulté le 20 juillet 2011, disponible sur URL : http://basedoc.diplomatie.gouv.fr
- « Interview de m. de Guiringaud, ministre des affaires étrangères, accordée au club de la presse d'Europe » paris, 7 mai 1978, *base documentaire du ministre des affaires étrangères et européenne*, [En ligne], consulté le 20 juillet 2011, disponible sur URL : http://basedoc.diplomatie.gouv.fr
- GISACRD d'Estaing Valery, « Réunion de presse du président Giscard d'Estaing, extraits de politique étrangère 21 novembre 1978 », *base documentaire du ministre des affaires étrangères et européenne* [En ligne], consulté le 20 juillet 2011, disponible sur URL : http://basedoc.diplomatie.gouv.fr
- MITTERAND François, Président de la République française, « Interview accordée au journal *El Moudjahid*, Paris, samedi 28 novembre 1981 », [En ligne] disponible sur Url : http://discours.vie-publique.fr/notices/817160500.html consulté le 01 juin 2010.
- MITTERAND François, Président de la République, Interview accordée au journal *El Moudjahid*, Paris, samedi 28 novembre 1981, [En ligne] Site vie-publique.fr, site réalisé par la direction de l'information légale et administrative, consulté le

01 juin 2010, disponible sur Url : http://discours.vie-publique.fr/notices/817160500.html

- « Chadli-Mitterrand », Enregistrement vidéo, couverture de la visite du président Chadli à Paris le 17 décembre 1982 », [En ligne], consulté le 01 juin 2010, disponible sur URL : http://boutique.ina.fr/politique/politique-internationale/video/CAB8202157001/chadli-mitterrand.fr.html

- CHIRAC Jaques, « Allocution du président français Jacques Chirac lors de son inauguration le 11 novembre d'un monument dédié aux victimes et combattants morts en Afrique du nord de 1952 à 1962 », [En ligne], consulté le 16 septembre 2008. disponible sur URL :

    http://www.elysee.fr/elysee.fr/francais_archives/interventions/discours_et_declarations/1996/novembre/allocution_du_president_de_la_republique_lors_de_l_inauguration_du_monument_a_la_mémoire_des_victimes_tombees_en_afrique_du_nord_de_1952_a_1962.1910.html

- LONCLE François, « rapport n°1141, le 21 octobre 1998, de la commission des affaires étrangères, à l'Assemblée française, sur la mission effectuée en Algérie par une délégation de la commission », [En ligne], consulté le 11 octobre 2010, disponible sur URL : http://www.assemblee-nationale.fr/rap-info/i1141.asp

- M. Raymond FORNI, « Discours prononcé par le président de l'Assemblée nationale française, lors de la visite d'Etat du président algérien en France le 14 juin 2000, [En ligne], consulté le 01 juin 2008, disponible sur URL : http://www.assemblee-nationale.fr/international/reception-algerie-cr.asp

- « Déclaration d'Alger », signé 2 mars 2003 à Alger, paraphé par les deux chefs d'Etat, disponible sur le site du ministère des affaires étrangères de la France [Enligne], consulté le 16 septembre 2008, disponible sur URL : http://www.diplomatie.gouv.fr/fr/IMG/pdf/decla-alger.pdf

- M. CHIRAC Jacques, « Message de félicitation adressé par M. Jacques Chirac, président de la République française, à M. Abdelaziz Bouteflika suite à sa réélection à la présidence de la République algérienne démocratique et populaire », Paris, 09 avril 2004, [En ligne] site de ministère français des affaires étrangères, disponible sur URL : http://basedoc.diplomatie.gouv.fr/exl-php/cadcgp.php

- CHIRAC Jacques, Président de la République « Discours à l'occasion du 60ème anniversaire de débarquement de Provence », Toulon, 15 aout 2004, [En ligne] site de ministère français des affaires étrangères, consulté le 16 septembre 2008, disponible sur URL : http://basedoc.diplomatie.gouv.fr/exl-php/cadcgp.php

- Lettre publiée par le site, et note que la lettre a été signé par une liste de députés appartenant au parti politique (UMP), « Réactions à la venue d'Abdelaziz Bouteflika à Toulon », [En ligne], [mis en ligne jeudi 12 août 2004] consulté le 16 septembre 2008, disponible sur URL :

    http://www.ldh-toulon.net/spip.php?article283

- M. BARNIER Michèle, Ministre des affaires étrangères, « Lettre à M. GOAGUAN Claude, ancien Ministre, député de Paris », Lettre publiée par le site LDH Toulon, In. « Réactions à la venue d'Abdelaziz Bouteflika à Toulon », « Réactions à la venue d'Abdelaziz Bouteflika à Toulon », [En ligne], [mis en ligne jeudi 12 août 2004], consulté le 16 septembre 2008, disponible sur URL : http://www.ldh-toulon.net/spip.php?article283

- « Déclaration du porte parole », Point de presse, Paris, 10 aout 2004, Bases documentaires du ministère des Affaires étrangères et européennes [En ligne] site de ministère français des affaires étrangères, consulté le 16 septembre 2008, disponible sur : URL : http://basedoc.diplomatie.gouv.fr/exl-php/cadcgp.php

- M. COLIN DE VERDRIÈRE Hubert, Ambassadeur de France, « Relations franco-algériennes, discours de l'Ambassadeur de France auprès de la République algérienne démocratique et populaire, M. Hubert Colin de verrière », Sétif, 26 février 2005, Bases documentaires du ministère des Affaires étrangères et européennes, du Ministre des affaires étrangères, [En ligne] disponible sur URL : http://basedoc.diplomatie.gouv.fr/exl-php/util/documents/accede_document.php consulté le 20 septembre 2008.

- M. DOUST-BLAZY Philippe, « Entretien avec le magazine Arabies, 9 septembre 2005 », Bases documentaires du

353

ministère des Affaires étrangères et européennes [En ligne] site de ministère français des affaires étrangères, consulté le 16 septembre 2008. disponible sur URL : http://basedoc.diplomatie.gouv.fr/exl-php/cadcgp.php

- « Après les accusations de M. Bouteflika, le chef de la diplomatie française appelle à la modération », *Le Monde*, Le 23 avril 2006, [En ligne] disponible sur : URL:http://www.lemonde.fr/afrique/article/2006/04/23/le-chef-de-la-diplomatie-francaise-appelle-le-president-algerien-a-moderer-ses-propos_764526_3212.html consulté 30 avril 2006.

- « Echanges commerciaux franco-algériens en 2009 », Alger, service économique, Ambassade de France, 10 mars 2010, [En ligne], consulté 28 avril 2010, disponible en ligne sur le site web de ministère de l'économie, de l'industrie et de l'emploi, Les services économiques à l'étranger, Algérie, disponible sur : URL : http://www.tresor.economie.gouv.fr/se/algerie/documents_new.asp?V=1_PDF_155549

- BARNIER Michel « Déplacement au royaume du Maroc entretien du ministre des affaires étrangères, M. Michel Barnier, avec l'agence de presse marocaine « Maghreb Arabe Presse » (MAP), Rabat, 30 mai 2004 », Bases documentaires du ministère des Affaires étrangères et européennes [En ligne], consulté 06/02/2008, disponible sur : URL :http://basedoc.diplomatie.gouv.fr/exl-php/cadcgp.php?CMD=CHERCHE&QUERY=1&MODELE=vues/mae_internet__recherche_avancee/home.html&VUE=mae_internet__recherche_avancee&NOM=cadic__anonyme&FROM_LOGIN=1

- BARNIER Michel, « « Deplacement au royaume du Maroc conference de presse du ministre des affaires etrangeres, M. michel barnier, rabat, 31 mai 2004 », *base documentaire du ministre des affaires étrangères et européenne* [En ligne], consulté 06/02/2008, disponible sur : Url : http://basedoc.diplomatie.gouv.fr/exl-php/cadcgp.php?CMD=CHERCHE&QUERY=1&MODELE=vues/mae_internet__recherche_avancee/home.html&VUE=mae_internet__recherche_avancee&NOM=cadic__anonyme&FROM_LOGIN=1

- SARKOZY Nicolas, « Discours présidentiables, Nice, le 30 mars 2007 », disponible sur le site de l'Université de Provence, réalisé par Jean Veronis,[En ligne], consulté le 01 février 2008, disponible sur URL :

    http://sites.univ-provence.fr/veronis/Discours2007/transcript.php?n=Sarkozy&p=2007-03-30

- « Le discours de Dakar de Nicolas Sarkozy », [En ligne] *Le Monde*, le 09 /11/2007, disponible sur URL

    http://www.lemonde.fr/afrique/article/2007/11/09/le-discours-de-dakar_976786_3212.html

- « Initiatives en Méditerranée », [En ligne] Site web de ministère des affaires étrangères et européennes de la France (France diplomatie), disponible sur URL :

    http://www.diplomatie.gouv.fr/fr/IMG/pdf/Initiatives_mediterraneennes.pdf consulté juin 2010.

- «Algérie, Traités bilatéraux », *Bases documentaires du ministère des Affaires étrangères et européennes*, Base des Traités et Accords et de la France, [En ligne] disponible sur Url :
    http://basedoc.diplomatie.gouv.fr/Traites/pays_TRAITES_bilateral.php?pays=Algerie, consulté juin 2011.

- ASKOLOVITCH Claude et MAZARS Pierre-Laurent, « Kouchner: ''Vite, un Etat palestinien'' », Interview avec le ministre français des affaires étrangères, [En ligne] *Le Journal du Dimanche*, vendredi 19 février 2010, consulté le 20 février 2010. disponible sur URL :

    http://www.lejdd.fr/International/Actualite/Kouchner-Vite-un-Etat-palestinien-173756

- « Cinquantenaire des événements du 17 octobre 1961 : reconnaître la tragédie et les responsabilités pour avancer vers l'avenir, [en ligne] disponible sur URL: http://www.parti-socialiste.fr/communiques/cinquantenaire-des-evenements-du-17-octobre-1961-reconnaitre-la-tragedie-et-les

- communiqué autour du « 17 octobre 1962 », mis en ligne le 17 octobre 2012, [en ligne] disponible sur URL: http://www.elysee.fr/communiques-de-presse/article/17-octobre-196/

- « Entretien du ministre des affaires étrangères, M. Laurent Fabius, avec «Europe 1» - extraits- Paris, 21 octobre 2012 », *Bases documentaires du ministère des Affaires étrangères et européennes, Déclarations officielles et Points de presse*, [En ligne] disponible sur URL : http://basedoc.diplomatie.gouv.fr/exl-php/cadcgp.php?CMD=CHERCHE&QUERY=1&MODELE=vues/mae_internet__recherche_avancee/home.html&VUE=mae_internet__recherche_avancee&NOM=cadic__anonyme&FROM_LOGIN=1

- François HOLLANDE, « Discours du président François Hollande, Le 20 décembre 2012 », *El-Watan,* le 21 décembre 2012, [En ligne] disponible sur URL : *http://www.elwatan.com/actualite/50-ans-apres-le-poids-des-mots-21-12-2012-196647_109.php*

- Transcription de conférence de presse de Monsieur Nicolas Sarkozy, à l'occasion du lancement de la présidence française du G8 et 20,[En ligne] disponible sur URL : http://www.elysee.fr/president/mediatheque/videos/2011/janvier/g20-g8-conference-de-presse-de-monsieur-nicolas.10497.html?search=&xtmc=&xcr=&offset=0&context=null, consulté le 24 janvier 2011 ; « Sarkozy prêt à accueillir Bouteflika en France ? Esquive et langue de bois [En ligne], consulté le 30 janvier 2011, disponible sur URL : http://www.agoravox.tv/actualites/politique/article/sarkozy-pret-a-accueillir-29076

- ASSEMBLEE NATIONALE « Assemblée nationale XIVe législature, Session ordinaire de 2012-2013, Compte rendu intégral Première séance du mardi 12 mars 2013 », [En ligne] URL : http://www.assemblee-nationale.fr/14/cri/2012-2013/20130170.asp consulté juin 2013. Consulté juin 2013.

- TRESOR DIRECTION GENERALE « Algérie » [En ligne], consulté septembre 2014. disponible sur : url : http://www.tresor.economie.gouv.fr/pays/algerie,

Mémoires et livres d'acteurs :

- DE GAULLE Charles, *Discours et messages politiques*, 1958-1962, Paris, Plon, 1970.

- De GAULLE Charles, *Mémoires d'espoir, L'effort 1962*, France, Plon, 1970.

- De GAULLE Charles, *Discours et messages*, 1962-1965, T.4, Pour l'effort, Paris, Plon, 1970

- GISCARD d'ESTAING Valéry, *Le pouvoir et la vie, L'affrontement*, II, Paris, Cie12, 1991.

- MITTERAND François, *Politique*, Paris, Fayard, 1977, p.103-106.

- PEYREFITTE Alain, *C'était de Gaulle*, Paris, Fallois/Fayard, tom. I, 1995, 2nd édit.

- CHIRAC Jacques, *Mémoires, Le temps présidentiel*, t.2, Paris, Nil.

- HOLLANDE François, *Devoirs de vérité, dialogue avec Edwy Plenel*, Paris, Stock, 2006, p.229.

Documents wikileaks :

- « France and north africa: current state of play », capble de Wikiliks, publié le, 2010 February 8, 16:34 (Monday), classfied as confidential by Kathy Allegrone, Counselor for Political Affairs at the American Embassy in Paris, Wikileaks website, [online]URL : https://wikileaks.org/plusd/cables/10PARIS151_a.html

- « French mfa puts sarkozy's july 10-11 north africa trip in context », Wikileaks website [online], consulté 22 juin 2012, available on: URL: https://wikileaks.org/plusd/cables/07PARIS3237_a.html,

❖ *ALGÉRIE*

Documents constituents de l'Algérie

- 1954 بيان أول نوفمبر, (Proclamation du premier Novembre) [en ligne], site de la présidence de la République algérienne, disponible sur url:
http://www.el-mouradia.dz/francais/symbole/textes/symbolefr.htm

PRESIDENCE DE LA REPUBLIQUE ALGERIENNE, « Les Accords d'Evian, Déclaration Générale des deux délégations (18 Mars 1962) », [Enligne] disponible sur URL :http://www.el-mouradia.dz/francais/algerie/histoire/Dossier/accordevian.htm

- LA PRESIDENCE DE LA REPUBLIQUE ALGERIENNE. « Projet de programme, aborde comment l'Etat algérien doit être édifiée, pour la réalisation de la révolution démocratique populaire, adopté à l'unanimité par le C.N.R.A à Tripoli en juin 1962 », [En ligne] disponible sur URL :

  http://www.el-mouradia.dz/francais/symbole/textes/symbolefr.htm

- PRESIDENCE DE LA REPUBLIQUE ALGERIENNE. Constitution, 1963, [En ligne], disponible sur URL :
  http://www.el-mouradia.dz/francais/symbole/textes/symbolefr.htm

- « *La Charte Nationale* », Alger, Ministère de l'information et de la culture, 1976.

Mémoires des acteurs

- TALEB-IBRAHIMI à Albert Camus, Fresnes, le 26 août 1959, In. TALEB-IBRAHIMI Ahmed, *Mémoire d'un algérien*, tome1 : rêves et épreuves (1932-1965), Alger, Casbah, 2006.
- NEZZAR Khaled, *Mémoires du General*, Chihab, Batna, Algérie, 1999.

Discours, communiqués, interview, Déclarations :

- « Entretien avec M.SAAD Dahlab, ministre des affaires étrangères du GPRA, Afrique-Action) », In. BENYOUCEF Ben Khada, *Op.cit.*, p.68-78.

- HOUARI Boumediene, « 16ème anniversaire du déclenchement de la révolution, Le 01 Novembre 1970 », In. *Discours de Boumediene, 2 juillet 1970-1 mai 1972*, Alger, ministère de l'information et de la culture (Direction de la Documentation et des Publication), 1972, p. 127-144.

- commémoration du 15ème anniversaire de la création de l'U.G.T.A, 24 février 1971 », In. *Discours de Boumediene, 2 juillet 1970-1 mai 1972*, Alger, ministère de l'information et de la culture (Direction de la Documentation et des Publication), 1972, p.173-182.

- HOUARI Boumediene, « Interview accordé à l'hebdomadaire français « Témoignage chrétien, Le 10 juin 1971 », In. *Discours de Boumediene, 2 juillet 1970-1 mai 1972*, Alger, ministère de l'information et de la culture (Direction de la Documentation et des Publication), 1972, p.235-240.

- BOUMEDIENE Houari, « commémoration de la fête du travail, 01 mai 1971 », In. *Discours du président Boumediene, III, 2 juillet 1970-1 mai 1972*, Alger, ministère de l'information et de la culture (Direction de la Documentation et des Publication), 1972, p. 227-232.

- HOUARI Boumediene, « ouverture du 8ème congrès arabe du pétrole, 28 mai 1972 », *In. Discours du président Boumediene, 5 mai 1972-19 juin 1973*, T.IV, Alger, 1975, Ministère de l'information et de la culture, Direction de la lecture publique et de la documentation, p.31.39.

- BOUMEDIENE Houari, « Message radiodiffusé et télévisé à l'occasion du 18ème anniversaire du déclenchement de la révolution, 01 novembre 1972 », *In. Discours du président Boumediene, 5 mai 1972-19 juin 1973*, T.IV, Alger, 1975, Ministère de l'information et de la culture, Direction de la lecture publique et de la documentation, p.147-150.

- HAOUARI Boumediene, « Interview accordé à l'office nationale de télévision et de radio italiennes, le 15-16 avril 1973 », In. *Discours du président Boumediene, 5 mai 1972-19 juin 1973*, T.IV, Alger, 1975, Ministère de l'information et de la culture, Direction de la lecture publique et de la documentation, p.229-235.

- HOUARI Boumediene, Discours à l'occasion de diner en l'honneur du président français, Valery Giscard d'Estaing, Alger, Palais du peuple, 10 avril 1975 », In. *Discours du président Boumediene, 5 mai 1972-19 juin 1973*, T.IV, Alger,1975, Ministère de l'information et de la culture, Direction de la lecture publique et de la documentation, p.85-92.

- HAOUARI Boumediene, « Interview accordée au journal mexicain « Excelsior », 28/06/1975 », In. *Discours du président Boumediene 2 janvier 1975-23 décembre 1975*, Alger, Ministère de l'information et de culture, 1976, T.4., p.141-145.

- HAOUARI Boumediene, « Interview accordée à quotidien français l'« Humanité », paru dans *El-Moujahid* du 22 /11/1975 », In. *Discours du président Boumediene 2 janvier 1975-23 décembre 1975*, Alger, Ministère de l'information et de culture, 1976, T.4., p.173-175.

- HAOUARI Boumediene, « Interview accordée à l'envoyé spécial de l'hebdomadaire espagnol « Cambio16), parue dans la révolution africaine, du 28 /11 au 4/12 1975, n°614, In. Discours du président Boumediene 2 janvier 1975-23 décembre 1975, Alger, Ministère de l'information et de culture, 1976, T.4., p.177-180.

- HAOUARI Boumediene, « Interview accordée au journal mexicain « Excelsior », paru dans El-Moujahid du 28/06/1975», In. *Discours du président Boumediene 2 janvier 1975-23 décembre 1975*, Alger, Ministère de l'information et de culture, 1976, T.4., p.141-145.

- HAOUARI Boumediene, « Interview accordée à l'hebdomadaire français « le Nouvel Observateur », paru dans le Quotidien El-Moujahid du 9-10 -1975, In. *Discours du président Boumediene 2 janvier 1975-23 décembre 1975*, Alger, Ministère de l'information et de culture, 1976, T.4., p.167-168.

- HAOUARI Boumediene, « Déclaration sur les entretiens algéro-libyens, Salon d'honneur de l'aéroport Dar-El-Beida Alger, Le 12 février 1976 », In. *Discours du président Boumediene, 26 janvier 1976-28 décembre 1976, Alger, Ministère de l'information et de culture, T.VII, 1978*, p.9-10.

- « Mémorandum du gouvernement algérien à M. Kurt Waldheim, secrétaire générale des Nations Unies, se rapportant au Sahara occidental », Alger, 14 février 1976 », In. *Discours du président Boumediene, 26 janvier 1976-28 décembre 1976, Alger, Ministère de l'information et de culture,* T.VII, 1978, p.115-120.

- « Mémoire du gouvernement algérien au gouvernement français », Alger, 21 février 1976 », In. *Discours du président Boumediene, 26 janvier 1976-28 décembre 1976, Alger, Ministère de l'information et de culture, T.VII,* 1978, p.129-131.

- HAOUARI Boumediene, « Installation de responsable de exécutif de l'appareil du parti, 14/11/1977», In. *Discours du président Boumediene, 31 mars 1977-28 novembre 1978,* Alger, Ministère de l'information et de culture, T.VIII, *1979,* p.43-50.

- HOUARI Boumediene, Discours à l'occasion de l'installation d'un nouveau commissaire national de parti, Oran, 25 janvier 1978 », In. *Discours du président Boumediene, 31 mars 1977-28 novembre 1978, Alger,* Ministère de l'information et de culture, T.VIII, *1979* p.59-63.

- HOUARI Boumediene, « 5ème congrès des moudjahidines, Palais des Nations, 24 mai 1978 », In. *Discours du président Boumediene, 31 mars 1977-28 novembre 1978, Alger,* Ministère de l'information et de culture, T.VIII, *1979,* p.95-101.

- HOUARI Boumediene, « Message au président français Valery Giscard d'Estaing, 15/11/1978 », In. *Discours du président Boumediene, 31 mars 1977-28 novembre 1978, Alger,* Ministère de l'information et de culture, T.VIII, *1979,* p.123-124.

- BENJEDID Chadli, « Interview au journal le Monde, paru dans El-Moujahid du 7 novembre 1983 », In. *Discours du président Chadli, Janvier-décembre 1983,* T.4, Alger, ministère de l'information et de la culture (Direction de la Documentation et des Publication), p.137-140.

- BENJEDID Chadli, « Interview au Figaro, le 06 novembre 1983 », In. *Discours du président Boumediene, Janvier-décembre 1983,* T.4, Alger, ministère de l'information et de la culture (Direction de la Documentation et des Publication), p.127-129.

- « Le génocide de 8 mai 1945, 60ème anniversaire des massacres de Kherrata, Guelema, setif... », *El-Watan*, Numéro spécial 08 mai 2005.

- METAOUI Faycel, « Alger favorable au projet de l'Union méditerranéenne », *El-Watan*, le 12 juillet 2007, n°5069, p.2.

- METAOUI Fayçal, « La France attaché au rôle de l'Algérie au sein de l'UMP », Interview accordé par le premier ministre français François Fillon au Quotidien *El-Watan*, Le 21 juin 2008, n°5358, p.4-5.

- M. A. O., « Projet de loi criminalisant le colonialisme : Une partie de la droite française irritée », *El-Watan*, 10/02/2010, n°5864, p.4.

- Z.C, « Crise des relations entre l'Algérie et la France », *El-Watan*, 10 mars 2010, n°, p.3.

- APS, « Missoum Sbih, ambassadeur d'Algérie à Paris : «L'inscription de l'Algérie comme pays à risque est discriminatoire », *El-Watan*, 06 mars 2010, n°5884, p.5.

- F.A, « Ahmed Ouyahia : « Nous n'avons pas d'oukases à recevoir du FMI », *La Tribune*, Quotidien algérien, du 13 mars 2010, p.2.

- DADCI Karim, « Mohamed-cherif abbès à propos du 8 mai 1945, «L'Algérie n'admettra pas une extinction des faits», *El-Watan*, 09 mai 2011, n°6246, ISSN : 1111-0333, p.15.

- MALEK Redha, « De gaulle voulait l'arrêt des combats et non l'indépendance », Entretien avec le porte-parole du G.P.R.A, et l'un des négociateurs des Accords d'Evain, Redha Malek », *El-Watan*, 19 mars 2012, numéro spécial, p.4-5.

- « Massacres du 17 octobre 1961, Hollande reconnait la répression sanglante, Réactions », *El-Watan*, 18 octobre 2012, n°6692, p.2.

- SAID Rabia, « Reconnaissance des crimes, coloniaux cherif abbas recadre le débat », Alger, *El-Watan*, 31/10/2012, n°6702, p.5.

- « Déclaration d'Alger sur l'amitié et la coopération entre la France et l'Algérie, 19 décembre 2012 », *El-Watan*, Le 20 décembre 2012, n°6745, p.4.

- « François Hollande devant le parlement aires algériens des deux chambres réunies », *El-Moujahid, quotidien algérien, 22 décembre 2012, n°14698,* ISSN 1111-0287, p.4.

- « Ce qu'ils pensent », *El-Watan*, numéro spécial Week-end, le 21 décembre 2012, n°193, p.6.

En langue arabe :

- بوتفليقة عبد العزيز، «رسالة، الا حتفا ل بعيد النصر»، الجزائر 18مارس2005، خطب ورسائل جانفي17ماي ،ج*1*. الجزائر،مديرية الاعلام رئاسة الجمهوريةأوت2006، *10*ص.243-251.

- بوتفليقة عبد العزيز، «رسالة بمناسبة الملتقى الدولي حول مجا زر 8ماي 45»، سطيف السبت 07 ماي2005 خطب ورسائل عبد العزيز بوتفليقة10جانفي17ماي، ج*1*. المرجع السابق. ص.، 499-508.

- يس حميد ,«الجزائر وفرنسا حريصتان على تعزيزالصداقة المتميزة»

- عثمان لحياني،«وزير الصناعة أمام لجنة الصداقة الجزائريةء الفرنسية للبرلمان،قانون تمجيد الاستعمار كان وراء تجميد المشاريع الفرنسية في الجزائر»،*الخبر*،16ماي2011،عدد.6359.ص*6*،

- وزير المجاهدين محمد الشريف عباس لـ"*الخبر*"حضور ماسياس لن يكون أكثر استفزازا من قدوم الخائن مكاشرة",*/الخبر* , 2007/11/26

- .ع.ب، "الخلافات السياسية رمت بظلالها على الإستثمارات بين البلدين،الحكومة غير متحمسة لمشروع بناء مصنع سيارات فرنسي"04 /27 / 2010، *الخبر*،ص.4

- شراق محمد ، « يتهم أصحاب المبادرة بإتخاذ سجلا تجاريا،أوبحي لا يوافق على قانون تجريم الإستعمار» ، 2010/03/13 ،*الخبر*،عدد.59.ص.5.

- عاطف قدادرة ، « قال إنه لن يمر لأعتبارات دبلوماسية وقانونية»زياري يتحدى نوابه ويعلن طي ملف تجريم الإستعمار،*الخبر*،2010.09.26،عدد.6128.ص6

- قدادرة عاطف «محمد الشريف عباس يعتبر مطلب جميع القوى الحية،وزيرالمجاهدين يقر بشرعية قانون تجريم الإستعمار» ،عدد.، 6348،ص.5. */الخبر* 08 /05/ 2011

Internet :

- Transcription d'« interview avec le président algérien M. Abdelaziz Bouteflika, 12 juin 1963 », [En ligne] site INA, consulté février 2009. disponible sur http://www.ina.fr/video/CAF94073541/negociateurs-algeriens-interview-bouteflika-le-petrole-non-diffuse-%20video.html

- « Transcription du reportage, APS, Algérie Press Service, « Nationalisation des hydrocarbures 24 février 1971 », publié le 24 février 2013 », [En ligne] disponible sur : Url : https://www.youtube.com/watch?v=eK0SXJEI5HA

- « Un des plus importants discours de Houari Boumediene », [En ligne], mis en ligne le 24 avril 2012, consulté 15 juin 2012, disponible sur : Url : https://www.youtube.com/watch?v=55Uza2mzCuI, « Le discours le plus important du Boumediene », [En ligne], mise en ligne le 25 décembre 2011 et consulté le 15 juin 2012, disponible sur : Url : https://www.youtube.com/watch?v=HPRTRbcloZo,

- « Transcription de la « Déclaration du ministre algérien des affaires étrangères, Mr. ABDELAZIZ Bouteflika, après son entretien avec Mr Valéry GISCARD D'ESTAING président de la France, Paris, le 01 aout 1978 », [En ligne], consulté février 2009, disponible sur URL : http://www.ina.fr/video/CAA7801245401/bouteflika-a-l-elysee-video.html

- BENJDID Chadli, « interview [Le Nouveau Vendredi] où le président CHADLI est longuement interviewé par J.M. CAVADA, N. BALIT et JC PARIS, 01/11/1979, (V3 diffuse le 9/11/79), SOIR 3 - 01/11/1979 - 01min30s, [En ligne] disponible sur : URL : http://www.ina.fr/video/DVC7908245701/interview-chadli-video.html consulté janvier 2012

- « استقلال الجزائر كما يراه أحمد بن بيلا، ج.11 », (L'indépendance de l'Algérie selon Ahmed Ben Bella), 15/12/2002, disponible sur le site d'Aljazeera [En ligne], consulté en 15 janvier 2012 disponible sur URL : http://www.aljazeera.net/programs/pages/b351dfc7-af21-4a77-8f90-552a01445458

- BOUTEFLIKA Abdelaziz, « Transcription de discours du président algérien à l'occasion de sa réception dans l'hémicycle de l'Assemblée française », Paris, 14 juin 2000, [En ligne], Consulté 01 juin 2008, disponible sur : URL : http://videos.assemblee-nationale.fr/chaines.php?media=1872&synchro=0

- Transcription de l'interview du président algérien, le 16 juin 2000, France2, « Bouteflika et les Harkis », [En ligne], consulté le 16 septembre 2008, disponible sur : URL: http://www.ina.fr/video/2630373001020/bouteflika-et-les-harkis-video.html

- Abdelaziz Bouteflika, « Toast du président d'Algérie Abdelaziz Bouteflika prononcé sur l'honneur du président français, Jacques Chirac lundi 03 mars 2003 », disponible sur le site du ministère des affaires étrangères d'Algérie [En ligne], consulté 01juin 2008, disponible sur : URL : http://193.194.78.233/ma_fr/stories.php?story=03/05/17/1907152

- « Bouteflika relance la polémique », [En ligne] *Le nouvel Observateur*, Le 18 avril 2006, disponible sur : URL : http://tempsreel.nouvelobs.com/monde/20060418.OBS4244/bouteflika-relance-la-polemique.html consulté juin 2007.

- BELKHADEM Abdelaziz, « Entretien *Akhbar El-hawadith,* 08 novembre 2004 », [En ligne] Site du Ministère des affaires de l'Algérie, consulté 06/02/2008, disponible sur : URL : http://www.mae.dz/ma_fr/stories.php?story=04/11/10/1878152

- (Algérie et la France veillent que leurs relations d'exception soient renforcées), disponible sur le site du ministère des affaires étrangères de l'Algérie, [En ligne], consulté juin 2007disponible sur : URL : http://www.mae.dz/ma_ar/stories.php?story=06/04/11/9316487,

- « Interview du président Bouteflika au journal qatari Al Arab, lundi 14 avril 2008 », [En ligne] site du ministère algérien des affaires étrangères, consulté le 30 avril 2009, disponible sur : URL : http:/193.194.78.233/ma_fr/stories.php?story=08/04/14/1204291

- « Intervention de M. Mourad MEDELCI, Ministre des Affaires étrangères à l'émission Tahawoulat de la chaîne I de la radio nationale, jeudi 14 janvier 2010 », [En ligne] site de ministère des affaires étrangères de l'Algérie, disponible sur : URL : http://193.194.78.233/ma_fr/stories.php?story=10/01/11/6 026640 consulté 18 janvier 2010.

- « Intervention de M. Mourad MEDELCI, Ministre des Affaires Etrangères à l'émission "Questions d'actualité " de l'ENTV », [En ligne] disponible sur le site de ministère des affaires étrangères, disponible sur URL : http://193.194.78.233/ma_fr/stories.php?story=10/01/19/8 600089

- أحمد أويحي، « كلمة السيد أحمد أويحي، الأمين العام للحزب، لدى إفتتاح أشغال الدورة الثالثة العادية للمجلس الوطني ، زرالدة،2010،03،11 »

   [En ligne] mis en ligne le 11 03 2010, consulté le 12 mars 2010, disponible sur : URL :

   http://rnd-dz.com/wilayas/view_news_wilaya_ar.php?callback=&title=Latest%20News&news_id=459&category_id

- ABDELAZIZ Boutreflika, « Discours du président de la République, Abdelaziz Boutreflika à Sétif », [En ligne] *El-Watan, le 08/05/2012*, disponible sur : URL : http://www.elwatan.com/actualite/discours-du-president-de-la-republique-abdelaziz-bouteflika-a-setif-08-05-2012-169784_109.php consulté le 09 mai 2012 ; « خطاب بوتفليقة كاملا سطيف, Algerie Discours de Boutreflika Setif Complet [HD] 2012 », [En ligne] disponible sur : URL : https://www.youtube.com/watch?v=a0TGwf9uYcA

- AlgeriaSon, « Sellal reprend le discours de 1992 : Sa ripouxblik "protège l'europe contre le péril terroriste" », 18 décembre 2012, [En ligne] disponible sur : URL : http://www.youtube.com/watch?v=JWuEoCRxx1A

- AMBASSADE D'ALGÉRIE EN FRANCE, « Coopération politique, relations algéro-françaises », [En ligne], consulté en novembre 2012, disponible sur : URL : http://www.amb-algerie.fr/cooperation-politique-2/

Documents wikileaks et révélations de la presse :

- "Algerian Leadership Tows Western Sahara Line With A/S Welch", Classified By: Ambassador Robert S. Ford; reasons, cable referencce 08ALGIERS261, Created, 2008-03-03 15:03 Released 2010-12-03 21:09 Classification: SECRET, Origin, Algiers Embassy", [online] Wikileaks website URL: http://213.251.145.96/cable/2008/03/08ALGIERS261.html access 2010-04-12.

- AGGOUN Lounis et RIVOIRE Jean-Baptiste, *Françalgérie, crimes et mensonges d'Etats, Histoire secrète de la guerre d'indépendance à la « troisième guerre » d'Algérie*, Paris, la Découverte, poche, 2004-2005.

- AGOUN Lounis, *La colonie française en Algérie, 200 d'inavouable, rapines et péculats*, Paris, Demi-lune, Coll., Résistances, 2010.

- محمد بن أحمد، « خفايا الدور الجزائري في حرب فرنسا بشمال مالي،القصة الكاملة لفتح المجال الجوي أمام الطائرات الفرنسية »، *الخبر*/20/06/ 2014 ص ص.8-9 .

- زايدي أفتيس،"أويحيى أرسل وثيقة سرية إلى البرلمان يشرح أسباب عدم تمرير قانون 2217 تجريم الاستعمار"، *النهار*،يومية جزائرية ،عدد. 01/ 06/ 2013 ،ص.5.

367

2. Politique étrangère, Politique international, Relations extérieures (Algérie-France):

Livres :

- ARON Raymond, *50 ans de réflexions politiques*, Mémoires, Paris, Julliard, 1983.

- BALTA Paul RULLEAU Claudine avec la collaboration de DUTEIL Mireille, *L'Algérie des Algériens, Vingt ans après...*, Paris, les Editions ouvrières, Coll., Enjeux internationaux,

- BARBIER Maurice, *Le conflit du Sahara occidental*, Paris, l'Harmattan.

- 1981.

- BENOÎT Bertrand, *Le syndrome algérien, L'imaginaire de la politique algérienne de la France*, Paris, l'Harmattan, Coll., Histoire et perspective Méditerranéennes, juin1995.

- BENYOUCEF Ben Khadda, Les Accords d'Evian, Office de Publication Universitaire, Ben-Aknoun-Alger, 2002.

- BERTRAND Benoît, *Le syndrome algérien, l'imaginaire de la politique algérienne de la France*, Paris, l'Harmattan, 1995.

- BERRAMDANE Abdelkhaleq, *Le Sahara occidental enjeu maghrébin*, Paris, Karthala, 1992.

- CARLIER Omar, Entre nation et jihad, histoire sociale des radicalismes algériens, Paris, Presses de la Fondation Nationale de sciences politiques, PFNSP, juin 1995.

- CHÉRIGUI Hayète, *La politique méditerranéenne de la France, Entre diplomatie collective et leadership*, Paris, l'Harmattan, Coll., Histoire et perspectives méditerranéenne, Paris, 1997.

- EVENO Patrick, *l'Algérie, de la conquête à l'indépendance, le socialisme algérien, du tout industrie à la privatisation, le blé et la dette, une société désorienté l'Islam triomphant l'Algérie et la France*, Le Monde, 1994.

- FRÉMEAUX Jacques, *Le monde arabe et la Sécurité de la France depuis 1958*, Paris, PUF, Coll., Politique d'aujourd'hui, 1995.

- GRIMAUD Nicole, *La politique extérieure de l'Algérie*, Paris, Karthala, 1984.

- GRIMAUD Nicole, « L'introuvable équilibre maghrébin », In. COHEN Samy et SMOUTS Marie-Claude, *La politique extérieure de Valéry Giscard d'Estaing*, Paris, PFNSP, 1985, 436p.

- HAMADOUCH Bachir et YVARS Bernard, *Enjeux et défis, de la coopération euro-méditerranéenne,* Strasbourg, Néothèque, 2013.

- KISSINGER Henry, *Diplomacy*, New York, Simon & Schuster, 1994, trd.fr par de PALOMÉRA Marie-France, Fayard, 1996.

- MOUHOUBI Salah, *La politique de coopération algéro-française, Bilan et perspectives*, Paris-Alger, Publisud-OPU, Octobre 1986.

- MORISSE-Schilbach, *L'Europe et la question algérienne*, Paris, PUF, Coll., Perspectives internationales, mars 1999.

- POVOST Lucie, *La seconde guerre d'Algérie, Le quiproquo franco-algérien*, France, Flammarion, 1994.

- ROSOUX Valérie-Barbara, *Les usages de la mémoire dans les relations internationales, Le recours au passé dans la politique étrangère de la France à l'égard de l'Allemagne et de l'Algérie*, de 1962 à nos jours, Bruxelles, Bruylant, Coll., Organisation internationale et Relations internationales,2001.

- SOUHAILI Mohammed, *Le roi et la rose, HASSANII-Mitterrand : des rapports équivoques*, Paris, l'Harmattan.

- STORA Benjamin, *La guerres de mémoires, La France face à son passé colonial*, Paris, l'Aube, coll., Monde en cours, I.E.P, Avril 2007.

- TRAORI Aminata Dramane, *L'Afrique humilié*, Paris, Fayard, 2008.

- TUQUOI Jean-Pierre, *Paris-Alger*, couple infernal, Paris, Grasset, 2007.

- VAÏSSE Maurice, *Vers la paix en Algérie, les négociations d'Évian dans les archives diplomatiques françaises*, Bruxelles, Bruylant, 2002.

Articles et chapitres d'ouvrages :

- AIT-CHAALAL Amine, « La politique étrangère de l'Algérie entre Héritage et Originalité », In. ROOSENS Claude, ROSOUX Valérie et de WILDE d'ESTMAEL (dir.), *La politique étrangère, Le modèle classique à l'épreuve*, Bruxelles, P.I.E-Peter Lang, p.203-215.

- Aoudia Karim « Alger et Paris relancent les projets lourds d'investissements, beaucoup d'optimisme en attendant du concret », *Le temps*, quotidien algérien, du 03 février 2012, n°942, p.4.

- BELABES Salah Eddine « Le poids des contentieux affecte les rapports entre Alger et Paris : Des relations en clair-obscur », *El-Watan*, 22/ 06 /2010, n°5976, p.3.

- « Benjamin Stora, historien, connaitre pour reconnaitre », *El-Moujahid, quotidien algérien, 22 décembre 2012, Op.cit., p.5.*

- BENKACI Rafik, « Alors que le président Bouteflika ne s'est pas prononcé sur le traité d'amitié, Saïdani jette un pavé dans les relations algéro-françaises », *Liberté*, quotidien algérien, 23 janvier 2007, n°4363, ISSN 1111-4290, p.2.

- BOUARICHA Nadjia, « Coopération Algéro-Allemande, Angela Merkel à Alger les 16 et 17 juillet », *El-Watan*, le 26 juin 2008, n° 5363, p.4.

- BOUZAGHRENE Nadjia, « à la veille de son déplacement en Algérie, Nicolas Sarkozy préconise « un traité d'amitié simplifiée », *El Watan*, Le 02 décembre 2007, n° 5189, p.7.

- BOUZAGHRANE Nadjia, « Nicole Bricq. Ministre française du Commerce extérieur, L'Algérie n'est pas un marché, c'est un partenaire économique essentiel », *El-Watan*, 28 mai 2013, n°6879, p.6.

- CHARPENTIER Jean, « La reconnaissance du G.P.R.A. », In: *Annuaire français de droit international*, volume 5, 1959. P.799-816.

- CHENAL Alain, « La France rattrapée par le drame algérien, dossier le Maghreb à l'épreuve de l'Algérie », *Politique étrangère*, N°2, été 1995-60ème année, publiée par l'Institut français des relations internationales, p. 415-425.

- Christophe CHÂTELOT et Rémy OURDAN, « Laurent Fabius : la Syrie et l'Iran constituent « la plus grande menace contre la paix», *Le Monde*, le 09/05/2013, n°21245, p.2.

- « Chronologie », In. *La politique étrangère de la France*, textes et documents, 1er semestre 1971, la documentation française, octobre 1971, p.13.

- DAGUZAN Jean-François, « Algérie/France, France/Algérie, Questions de mémoire », *Maghreb-Machrek*, revue trimestrielle, n°197, Automne 2008, Paris, Choiseul, p.5-7

- DJADI Mohamed, « fermeture des écoles privées, Benbouzid rassure les parents d'élèves », Alger, *Le Soir*, numéro 4631, Le 27 février 2006, p.4.

- DRIS-AIT HAMADOUCHE Louisa, « Les incidences des politiques étrangères française et Algérienne sur les relations bilatérales », *Maghreb-Machrek*, n°197, Automne 2008, p.39-59.

- FLORY Maurice, « Algérie algérienne et Droit international ». In: *Annuaire français de droit international*, volume 6, 1960, p. 973-998.

- GRIMAUD Nicole, « Le conflit pétrolier franco-algérien », *Revue française de science politique*, 22ème année, n°6, 1972, p.1276-1307.

- H.A/APS, « Debré s'entiendra aujourd'hui avec le président Bouteflika, La rencontre sera certainement importante », *Liberté*, quotidien algérien, 21 janvier 2007, n°4362, ISSN 1111-4290, p.3.

- HARBI Mohammed, « Paris-Alger, aller-retour », *Le Monde diplomatique*, novembre 2005, n°620, 52ème année, mensuelle, p.36.

- Henri Tincq, « L'armée algérienne accusée dans la mort des moines de Tibéhirine », Le Monde, le 24 décembre 2002.

- « Il accuse l'armée algérienne d'être derrière la mort des moines de Tibéhirine, Les délires d'un général français », El Watan, 7 juillet 2009, n°5680, p.3.

- JAUVERT Vincent, « Quand la France testait des armes chimiques en Algérie », dossier exclusif, Nouvel Observateur, n°1720,23-29 octobre1997,p.10-22.

- K. Houda, « L'Homme idéal », In. BENCHICOU Mohamed, *Notre ami Bouteflika, De l'Etat rêvé à l'Etat scélérat,* Montréal, Canada, 2010, p.17-43.

- LAHDERI Cherif, « La société Renault Algérie production s'engage, La Symbol made in Algeria sortira d'usine dans 5 mois », *El-Watan,* Alger, 25 juin 2014, n°7211, p.6.

- MANDRAUD Isabelle et REVAULT D'ALLONNES David, « France-Maroc, une relation au beau fixe », *Le Monde,* le 03 avril 2013, n°21214, p.2-3.

- M.B, « Affaire des moines de Tibéhirine, Nicolas Sarkozy sème le doute », *El-Watan,* 8 juillet 2009, n°5680, p.1-3.

- MELLAL Nadia, « Le représentant personnel du président algérien Abdelaziz Belkhadem, répond à la droite française, Assumez votre passé colonial », *Liberté,* 25 avril 2006.

- MESBAH Salim, « Visite d'Alain Juppé : entre Alger et Paris, ça coince sur la Lybie », In. *El-Watan,* 11 juin 2011, n°115, Alger, p.2.

- « Mitterrand-Hassan II : Les secrets d'un week-end « privé », *Le nouvel Observateur,* Du 7au 14 septembre 1984, n°1035, p.37.

- M. WALLACH LORI, Directrice de Public Citizen's Global Trade Watch, Washington, DC, « Le traité transatlantique, un typhon qui menace les Européens », [En ligne], *Le Monde diplomatique,* novembre 2013, N°716, 60ème année, p.4-5.

- Nadjia Bouzeghrane, « Il est temps d'investir pour les générations futures », Entretien avec François Hollande, président du conseil général de la Corrèze et débuté à l'Assemblée nationale française, le premier secrétaire du parti socialiste, François Hollande », *El-Watan*, 06 décembre 2010, n°6116, p.4.

- PERVILLÈ Guy, « Les Accords d'Evian et les relations franco-algérienne (1988) », In., RIOUX Jean-Pierre, *La guerre d'Algérie et les Français*, actes du colloque de l'Institut d'histoire du temps présent intitulé « La France en guerre d'Algérie » qui s'est tenu à Paris du 15 au 17 décembre 1988, Paris, Fayard, 1990, p. 484-493.

- RIVET Daniel, « La France et l'Algérie, Le présent du passé colonial », In., *Maghreb-Machrek*, n°197, automne 2008, Paris, Choiseul, p.19-30.

- RUZIÈ David, « La coopération franco-algérienne », *Annuaire français du droit international*, vol.9, 1963, p.906-933.

- SMATI Samar, « Douste-Blazy ironise sur l'hospitalisation du président Bouteflika », *Liberté*, 24 avril 2006.

- SEHMI Mustapha, « L'Union d'Etats Maroco-lybienne », In. *Annuaire français de droit international*, vol.30, n°30, p.111-177.

- STORA Benjamin, « 2003, une « année d'Algérie » en France », In. *Chronique de l'année de 2003*, France, Trélissac, Chronique, janvier 2004, p.57.

- STORA Benjamin, La guerre des mémoires, *Maghreb-Machrek*, revue trimestrielle, n°197, Automne 2008, Paris, Choiseul, p.13-18.

- VIDAL Dominique, « L'Alliance atlantique à la recherche de nouvelles missions, Ce que voulait de Gaulle en 1966 », DOSSIER OTAN *Le Monde diplomatique*, avril 2008, N°649, 55ème année, p.16-19

- YAHIA H Zoubir, « Errements dans les relations France-Algérie, Un point de vue algérien », *Maghreb-Machrek*, automne 2008, n°197.

En langue arabe :

- زياري جعل المشروع رهينة ظروف، كوشنير يحسم مصير » ، ./الخبر،عدد 5932.ص3 .
  « مقترح تجريم الإستعمار »

- بن حميد « وزير خارجيتها دعا إلى عدم اجترار الماضي والتوجه إلى المستقبل"،فرنسا لن تتعهد للجزائريين بالاعتراف بجرائم الاستعمار» ،
  17 جوان 2011،عدد.6388،ص.5.

  Trad.fr. « Son Ministre de l'extérieur a appelé à cesser de ressasser le passé et à se pencher vers l'avenir, La France ne promet guère de reconnaitre les crimes de la colonisation », In. *El-khabar*, 17 juin 2011, n° 6388, p.5.

- لحياني عثمان«جمعية 8 ماي تحمل السلطات مسؤولية الإخفاق في تجريم الاستعمار،القورصو: الجزائر الرسمية تدير ظهرها للتاريخ»«الخبر،07 ماي 2011،عدد.6347،ص.

- ح.س.، « الجزائريون يريدون إعترافاصريحا بما أرتكب في حقهم »، الخبر،30 ديسمبر2012،عدد.6880،ص.4

- «الحكومة ستعدل قانون الإستثمار قريبا » الجزائر،29ماي2013، الخبر عدد.7088، ص.7.
  بن عبد الرحمان سليم ،

Internet

- CHARPENTIER Jean, pratique française du droit international, In., Annuaire français du droit international, vol.28, n°27, Paris, CNRS, 1982, pp.1021-1022.Disponible aussi en ligne, CHARPENTIER Jean. Pratique française du droit international - 1982. In: *Annuaire français de droit international*, volume 28, 1982. pp. 1017-1116, [En ligne] disponible sur : Url :

  /web/revues/home/prescript/article/afdi_0066-3085_1982_num_28_1_2529, Consulté le 07 juin 2011.

- DAGUZAN Jean-François, « Les relations franco-algériennes ou la poursuite des amicales incompréhensions », [En ligne] disponible sur URL :

  http://www.diplomatie.gouv.fr/fr/IMG/pdf/FD001381.pdf consulté juin 2011.

- DOMBA Jean-Marc Palm, "Le Gouvernement provisoire de la République algérienne (GPRA) L'oublié de L'Histoire ?", In. L'Evenement, bimensuel Burkinabé, 5 septembre 2012, [En ligne] disponible sur : URL : http://www.evenement-bf.net/spip.php?article316

- Les derniers sommets de la Francophonie, [Enligne], disponible sur : URL :http://www.ladocumentationfrancaise.fr/dossiers/d000 124-la-francophonie/les-derniers-sommets-de-la-francophonie , consulté le 10 octobre 2010.

- « Maroc - Mohammed VI, premier chef d'Etat reçu à l'Elysée par François Hollande », [Enligne] [mise en ligne 26 mai 2012] consulté le 28 mai 2013, disponible sur : Url :http://www.lemonde.fr/cgi-bin/ACHATS/acheter.cgi?offre=ARCHIVES&type_item=ART_ARCH_30J&objet_id=1193386&xtmc=le_24_mai_maroc_mohammed_vi_premier_chef_d_etat_recu_a_l_elysee_par_francois_hollande&xtcr=4

- « Politique européenne de voisinage »,[En ligne] Site web de Service européen pour l'action extérieure, disponible sur : http://eeas.europa.eu/enp/index_fr.htm, consulté le 01 janvier 2014.

- « ماذا قال بومدين للحسن الثاني ؟ », (Que ce qu'il a dit Boumediene au HassaneII), [En ligne] disponible sur URL : https://www.youtube.com/watch?v=k2f0E9eIutA consulté 18 décembre 2012.

- BERBICHE Omar, « Déplacement inattendu de Bouteflika en France », *El-watan*, le 22 avril 2006, [En ligne] disponible sur : URL :
  http://www.elwatan.com/archives/article.php?id=40958 consulté juin 2007.

- Diasporasahroui, « Arrivée au Maroc du Président français François Hollande »,[En ligne] disponible sur : URL : https://www.youtube.com/watch?v=eGc5YCyLwrE

- « Sellal appelle à un "front interne fort" pour prémunir le pays des atteintes à son unité », [En ligne] [mis en ligne le 25/09/2012 | 11:38], consulté le 25/09/2012, disponible sur : Url : http://www.elwatan.com/actualite/sellal-appelle-a-un-front-interne-fort-pour-premunir-le-pays-des-atteintes-a-son-unite-25-09-2012-186517_109.php

- THIBAULT Harold, «Pourquoi les groupes chinois s'intéressent à la France », [En ligne] *Le Monde*, [mis en ligne le25.03.2014 à 09h54] consulté 26 mars 2014, disponible sur : URL :

- http://www.lemonde.fr/economie/article/2014/03/25/pourq uoi-les-groupes-chinois-s-interessent-a-la-france_4388924_3234.html

Thèses :

- Hatto Roland, *Les relations franco-américaines à l'épreuve de la guerre en ex-Yougoslavie (1991-1995)*, préface Hubert Védrine, avant-propos de Bertrand Badie, Paris, Dalloz, 2006, p.20-21.

Colloques, rencontres :

- *« Débat Le projet d'Union méditerranéenne »*, Brochure des rencontres Sciences Po Bordeaux et Journal Sud-Ouest, Amphi Montesquieu à Sciences Po Bordeaux, le 25 octobre 2007, de 17h30 à 19h30, p.13.

3. Histoire, politique algérienne et française:

Livres :

- AMRANI Mehana, *Le 8 mai 1945 en Algérie, Le discours français sur les massacres du Sétif, Kherrata et Guelma*, Paris, l'Harmattan, 2010.

- B. QUANDT William, *Between Ballots et Bullets, Algeria's transition from Authoritarianism*, The Brookings Institution, Washinton, D.C. USA, trad.fr, BENSEMMANE M'hamed, BENABDELAZIZE Mustapha, BENZENACHE Abdessahal, *Société et pouvoir en Algérie, la décennie des ruptures*, Alger, Casbah, 1999.

- BRAHIMI Abdelahamid, *Aux origines de la tragédie algérienne, Témoignage dur Hizb frança* (1958-2000), Geneve & London, Hoggar & The center For Maghreb Studies, 2000.

- COURTINAT Roland, *La piraterie barbaresque en Méditerranée*, Nice, France, Jaques Gandini, 2003.

- DALLOZ Jaques, *La France et le monde*, Paris, 2nd éd., 2002, Armand Colin.

- Document, Sant Egidio, 13 janvier 1995, Plate-forme pour une solution politique et pacifique de la crise algérienne, *Confluences,* n°14, printemps 1995, p.125-127.

- DARD Jacques, « Le déroulement opérationnel des essais nucléaires au Sahara, leur logistique, les essais militaires », In., CARISTANT Yves, DARD Jacques, DE LABROUCHE Jean, et al., *Les essais nucléaires français*,1996, Bruxelles, Bruylant, 1996, p.55-65.

- ELSENHANS Hartmut, *La guerre d'Algérie 1954-1962, La transition d'une France à une autre, Le passage de la IVè à la Vè Republique*, préface Gilbert Meynier, Paris, Publisud, 1999.

- ESCLAGNION-MORIN Valérie, *Les rapatriés d'Afrique du Nord de 1956 à nos jours*, Paris, l'Harmattan, coll., Histoire et perspectives méditerranéennes, 2007.

- EVANS Martin et PHILIPS Johan, *ALGERIA, Anger of the dispossessed*, New Haven and London, Yale University Press, 2007.

- GALLISSOT René, *La république française et les indigènes, Algérie colonisée, Algérie algérienne (1870-1962)*, Paris, Ouvrières, 2006.

- HADAD Samy, *L'Algérie, Autopsie d'une crise*, Paris, l'Harmattan, Coll. Histoire et perspectives méditerranéennes, 1998.

- HÉLIE Jérome, *Les Accords d'Evians, Histoire de la paix ratée en Algérie*, France, Olivier Orban, 1992.

- JAUVERT Vincent, *L'Amérique contre de Gaulle : histoire secrète (1961-1969)*, Paris, Éd. du Seuil, coll., L'Histoire immédiate, 2000.

- MALTI Hocine, *L'histoire secrète du pétrole algérien*, Paris, la Découverte, 2010.

- PÉAN Pierre, *Main basse sur Alger, enquête sur un pillage, juillet 1830*, Paris, Plon, 2004

- PERVILLÉ Guy et al, *La guerre d'Algérie, Histoire et Mémoires*, Bordeaux, Centre Régional de documentation pédagogique d'Aquitaine, 2008.

- PERVILLÉ Guy, *Pour une histoire de la guerre d'Algérie*, 1830-1930, Paris, Picard, 2002.

- ROUADJIA Ahmed, *Grandeur et décadence de l'Etat algérien*, Paris, Karthala, 1994.

- STORA Benjamin, *La gangrène et l'oubli, la mémoire de la guerre d'Algérie*, Paris, la Découverte, 1991.

- STORA Benjamin, *Imaginaires de guerre, Algérie-Viêt-Nam, en France et aux Etats-Unis*, Paris, la Découverte, 1997.

- —STORA Benjamin, *La Guerre invisible*, Algérie, années 90, Paris, Presse de Science Po, 2001.

- STORA Benjamin, *Histoire de l'Algérie coloniale (1830-1954)*, Paris, la Découverte, Repères, 2004.

- STORA Benjamin, *Le nationalisme algérien, avant 1954*, Paris, CNRS, 2010.

En langue arabe :

- رابح لونيسي،*الجزائر في دوامة الصراع بين العسكريين والسياسيين*،الجزائر،2000،،باب الواد

- (L'Algérie dans une spirale de conflits entre les militaires et les politiques)

- سعد الله ابوالقاسم،*الحركة الوطنية* (Le mouvement national, 1900-1930) *1900-1930*،بيروت،الجزء الثاني،دار الغرب الإسلامي،الطبعة الرابعة،،1992

- محمد العربي خليفة، *الجزائر و العالم،الجزائر،*منشورات (L'Algérie et le monde) ثالة،2001

Articles et chapitres d'ouvrages :

- ADDI Lahouari, "Army, State and Nation in Algeria", In KOONING Kees and KRUIJT Dirk, *Political Armies. The Military and Nation Building in the Age of Democracy*, chapter 8, Zed books, New-York, February 2001, p.159-178.

- AZIRI Mohand, "Conférence-débat au Centre culturel français, Benjamin Stora parle du «choix» du général de Gaulle... pour l'Algérie", In. *Elwatan*, 09 juin 2010, n°5965, p.12.

- BENRABEH Mohammed, La langue perdue, In. BENRABAH Mohammed, FARÈS Nabile, MEDDEB Abdelwahab, et al., *Les violences en Algérie*, Paris, Odile Jacob,1998, p.61-87.

- « Français, Empire colonial. », *Microsoft® Encarta®* 2006 [CD] Microsoft corporation 2005.

- BOURGES Hervé, « L'Algérie sans masque », *Figaro*, le 21 février 2003, n°18208, p.12.

- GÈZE François, « L'héritage colonial au cœur de la politique étrangère française », In., BLANCHARD Pascal, BANCEL Nicolas et LEMAIRE Sandrine, *La fracture coloniale, la société française au prisme de l'héritage colonial*, Paris, la Découverte, poche, 2006, p.160-167.

- HAMOUMOU Mohand avec la collaboration de Moumen d'Abderahmen, L'Histoire des Harkis et français musulmans : La fin d'un tabou ?, In., In. HARBI Mohammed, Stora Benjamin, et al., *La guerre d'Algérie, 1954-2004, La fin de l'amnésie*, Paris, Robert Laffront, 2004,p.315-344.

- K. Houda, « « L'Homme idéal », In., BENCHICOU Mohamed, *Notre ami Bouteflika, De l'Etat rêvé à l'Etat scélérat*, Montréal, Canada, 2010, p. 17-43.

- KAUFFER Rémi, « OAS : La guerre franco-française d'Algérie », In. HARBI Mohammed, Stora Benjamin, et al., *La guerre d'Algérie, 1954-2004, La fin de l'amnésie*, Paris, Robert Laffront, 2004, p.451-476.

- MEYNIER Gilbert, « Le PPA-MTLD et le FLN-ALN, étude comparé », In. HARBI Mohammed, Stora Benjamin, et al., *La guerre d'Algérie, 1954-2004, La fin de l'amnésie*, Paris, Robert Laffront, 2004,p.417.449.

- STORA Benjamin, « Guerre d'Algérie et manuels algériens de la langue arabe », *Outre-terre*, n°12, 03/ 2005, p.175-181.

- STORA Benjamin, « Quand une mémoire (de guerre) peut en cacher une autre (coloniale) », In. *La fracture colonial, La société française au prisme de l'héritage colonial*, dir BLANCHARD Pascal, BANCEL Nicolas, LEMAIRE Sandrine, la Découverte, Paris, 2005, p.59-67.

- THENAUT Sylvie, entretien avec Walid Mebarek, « Après le 19 mars on a eu une des période les plus violente », In. *El-Watan*, 19 mars 2012, numéro spécial à l'occasion de la commémoration du 19 mars 1962, p.13.

- THIAW-PO-UNE Ludivine, « Colonialisme », In. *Encyclopédie de la Culture politique contemporaine*, t.3. *Théories*, dir., RENAUT Alain, Paris, Hermann, 2008, p.520-524.

- حميدعبدالقادر"موريس فايس يقدم كتابه بالصالون الدولي للكتاب،فتح مفاوضات أرشيف إ يفيان لاول مرة"،*الخبر*،عدد.6845،ص23

Internet

- « Algeria profile », mis en ligne le 12/2004, disponible sur le site de secrétaire d'Etat américain (U.S. Departement of State), [En ligne] disponible sur : URL :

    http://www.state.gov/outofdate/bgn/algeria/47394.htm
    consulté le 01 septembre 2009.

- DARGENT Raphaël, « Le 7 mars 1966, de Gaulle sort de l'OTAN », *Espoir*, n°146, mars 2006, [En ligne] disponible sur URL : http://www.charles-de-gaulle.org/pages/revue-espoir/articles-comptes-rendus-et-chroniques/le-7-mars-1966-de-gaulle-sort-de-l-otan-par-raphael-dargent.php, consulté juin 2008.

- DESTANNE DE BERNIS Gérard, « Les industries industrialisantes et les options algériennes », In: *Tiers-Monde*. 1971, tome 12 n°47. Le tiers monde en l'an 2000. pp. 545-563., p.545-546, [En ligne] disponible : URL : http://www.persee.fr/web/revues/home/prescript/article/tiers_0040-7356_1971_num_12_47_1802

- « Histoire des essais nucléaires français : du désert de la soif à l'île du grand secret, L'établissement de communication et de production audiovisuelle de la défense (ECPAD), mis en ligne juillet 1998, Ministère de défense de la France »[En ligne] disponible sur : URL :http://www.ecpad.fr/histoire-des-essais-nucleaires-francais-du-desert-de-la-soif-a-lile-du-grand-secret-34 consulté 20 juin 2008.

- ROUADJIA Ahmed, « L'Algérie, Un an après l'Election de Liamine Zeroual », *Confluences*, n°20, hiver 1996-1997, p.87-100 [En ligne], disponible sur : URL :
    http://www.revues-plurielles.org/_uploads/pdf/9_20_11.pdf

- VESPERINI Jean-Pierre, « Les débuts de la Cinquième République ou le triomphe de l'expansion dans la stabilité », *Espoir*, N°118, 1999, [En ligne] disponible sur :URL :http://www.charles-de-gaulle.org/pages/l-homme/dossiers-thematiques/1958-1970-la-ve-republique/la-modernisation-de-l-economie/analyses/le-triomphe-de-lrsquoexpansion-dans-la-stabilite.php consulté 20 juin 2008.

- ZENATI Jamel « L'Algérie à l'épreuve de ses langues et de ses identités : histoire d'un échec répété », *Mots. Les langages du politique,* 74 | 2004, p. 137-145 [En ligne], mis en ligne le 28 avril 2008, disponible sur : URL : http://mots.revues.org/4993 ; DOI : 10.4000/mots.4993 consulté le 11 octobre 2010.

Thèses :

- AÏT SAADI Lydia, *La nation algérienne à travers les manuels scolaires d'histoire algériens*, 1962-2008, Thèse de doctorat en langue, littérature et société, dir., Benjamin Stora, Institut national de langues et des civilisations orientales de Paris, soutenue en janvier 2010, 515p.

Table des illustrations

Figure 1. La Méthode de vérification 43

Figure 2. Evolution des accords de coopération
de 1962 à 1980 119

Figure 3. Carte géographique montrant la position
du Sahara occidental et ses frontières 140

Figure 4. Visites des représentants officiels de l'Etat français
et de l'Etat algérien du 19 juin 1999 au 13 mars 2012 225

Figure 5. Visites des représentants officiels de l'Etat français
et de l'Etat algérien du 19 juin 1999 au 13 mars 2012 258

Figure 6. Evolution des accords de coopération depuis 1962 ... 259

Figure 7. Evolution des échanges de la France
avec le partenaire algérien 260

Figure 8. Part de marche (en%) des principaux fournisseurs
de l'Algérie. 261

Figure 9. L'Union Européenne et ses voisins 286

Figure10. Echanges bilatéraux de visites des représentants
de la politique étrangère 294

Index

A

Accords d'Evian · 10, 43, 59, 60, 62, 65, 67, 68, 69, 70, 71, 72, 73, 75, 76, 77, 78, 79, 80, 85, 86, 87, 88, 92, 93, 94, 95, 96, 101, 103, 104, 106, 107, 108, 114, 121, 123, 179, 180, 221, 225, 227, 232, 297, 327, 343, 358, 360, 368, 373, 377, 391

acteurs · 9, 10, 15, 16, 17, 18, 22, 23, 24, 25, 27, 28, 29, 30, 32, 34, 38, 39, 40, 41, 42, 44, 45, 46, 51, 53, 66, 68, 69, 71, 84, 86, 123, 125, 168, 169, 170, 171, 172, 173, 174, 205, 243, 244, 250, 255, 262, 269, 275, 303, 310, 325, 333, 335, 343, 349, 350, 357, 358

Algérie algérienne . 53, 55, 66, 68, 81, 83, 132, 136, 158, 369, 371, 377

Algérie française · 20, 48, 53, 55, 57, 58, 59, 60, 62, 68, 78, 80, 81, 83, 118, 120, 124, 132, 133, 135, 136, 155, 157, 181, 193, 199, 205, 211, 328, 330

amitié · 21, 39, 129, 145, 149, 189, 195, 201, 207, 212, 214, 215, 216, 218, 220, 221, 222, 224, 225, 226, 227, 229, 231, 235, 237, 238, 242, 243, 244, 245, 246, 247, 249, 250, 251, 252, 254, 256, 257, 261, 262, 263, 264, 266, 268, 269, 272, 274, 276, 277, 279, 281, 282, 298, 303, 304, 305, 307, 313, 314, 315, 316, 318, 323, 362, 363, 370, 393, 394

approche · 10, 14, 16, 22, 23, 24, 26, 27, 28, 43, 130, 132, 144, 155, 170, 172, 177, 192, 203, 213, 226, 228, 229, 231, 232, 233, 235, 236, 237, 238, 239, 242, 248, 255, 267, 281, 303, 325, 326, 337, 338, 393

C

colonisation · 19, 20, 22, 46, 47, 48, 49, 52, 53, 54, 55, 56, 61, 63, 66, 68, 70, 76, 77, 78, 80, 81, 82, 83, 84, 86, 87, 89, 94, 96, 100, 102, 103, 105, 111, 113, 121, 123, 124, 127, 143, 146, 172, 175, 179, 183, 197, 201, 202, 203, 204, 205, 208, 209, 210, 211, 214, 224, 228, 229, 230, 231, 234, 235, 236, 237, 240, 241, 242, 243, 244, 245, 246, 247,

248, 252, 253, 256, 262, 263, 268, 269, 272, 275, 278, 279, 285, 289, 291, 292, 293, 294, 297, 298, 299, 300, 301, 303, 304, 306, 307, 310, 311, 314, 316, 319, 320, 322, 323, 326, 327, 329, 330, 334, 366, 374

conflit · 13, 14, 15, 28, 33, 39, 40, 41, 50, 51, 53, 57, 58, 59, 60, 72, 76, 78, 98, 100, 106, 107, 112, 120, 121, 122, 123, 125, 127, 129, 132, 136, 137, 138, 139, 140, 149, 150, 152, 153, 154, 155, 169, 171, 172, 173, 175, 176, 177, 182, 188, 199, 200, 214, 228, 256, 257, 260, 262, 264, 266, 267, 268, 271, 275, 283, 284, 285, 287, 291, 292, 294, 295, 299, 300, 302, 317, 319, 320, 321, 323, 324, 327, 329, 335, 339, 340, 341, 363, 368, 371, 378, 391

constructivisme · 22, 24, 26, 374

constructiviste · 16, 18, 22, 24, 25, 26, 27, 34, 35, 38, 44, 134, 167, 170, 255, 262, 319, 326, 330, 338

coopération · 3, 5, 9, 10, 13, 14, 16, 18, 19, 22, 29, 38, 40, 41, 42, 43, 44, 46, 47, 48, 49, 50, 51, 53, 60, 62, 63, 65, 67, 68, 69, 70, 71,72, 74, 75, 76, 77, 79, 82, 83, 84, 85, 86, 87, 88, 90, 91, 92, 94, 95, 96, 97, 98, 99, 100, 101, 102, 103, 104, 105, 106, 107, 109, 110, 112, 113, 115, 117, 118, 119, 120, 121, 122, 123, 124, 127, 129, 130, 131, 132, 133, 137, 138, 146, 149, 150,

151, 154, 155, 156, 157, 161, 162, 158, 159, 161, 162, 164, 165, 166, 167, 168, 169, 170, 171, 172, 173, 174, 175, 176, 177, 179, 180, 181, 182, 183, 185, 187, 188, 189, 191, 191, 192, 194, 195, 196, 197, 198, 201, 202, 203, 204, 205, 207, 208, 209, 210, 214, 215, 216, 217, 220, 221, 222, 224, 225, 227, 229, 231, 232, 235, 236, 237, 238, 243, 244, 246, 247, 249, 250, 252, 253, 254, 255, 256, 257, 258, 259, 261, 262, 264, 267, 268, 269, 270, 271, 273, 277, 278, 279, 280, 281, 282, 283, 284, 285, 292, 293, 299, 300, 301, 302, 303, 304, 307, 308, 309, 314, 315, 316, 317, 318, 319, 320, 321, 322, 323, 324, 326, 327, 328, 330, 341, 345, 349, 363, 365, 367, 369, 370, 373, 383, 391, 392, 394

D

décolonisation · 63, 68, 72, 109, 112, 129, 142, 144, 151, 201, 209, 243, 256, 267, 272

déni · 9, 10, 19, 31, 33, 37, 38, 41, 42, 46, 48, 53, 59, 71, 79, 80, 85, 121, 125, 127, 133, 134, 136, 137, 138, 141, 152, 154, 168, 173, 174, 175, 179, 181, 231, 242, 254, 255, 261, 275, 287, 296, 302, 309, 319, 320, 323, 326, 329, 330, 392, 393, 394 déni de reconnaissance · 10, 19, 37, 41, 42, 46, 53, 71, 80, 85, 121, 125, 127, 133, 136, 137, 141, 152, 154, 168, 173, 175, 179, 181, 231, 242, 254, 255, 261, 287, 302, 319, 320, 323, 326, 329, 392, 393, 394

E

égalité · 46, 47, 56, 57, 97, 105, 106, 108, 120, 123, 129, 150, 155, 158, 163, 168, 173 175, 200, 208, 210, 212, 311, 314, 327, 329
ennemi · 21, 23, 46, 47, 82, 173, 174, 192, 208, 220, 223

G

Gouvernement Provisoire Algérien · 60, 63, 95, 138
guerre d'Algérie · 20, 21, 22, 53, 55, 56, 57, 58, 65, 66, 67, 68, 73, 82, 113, 138, 183, 187, 188, 192, 198, 199, 200, 201, 203, 205, 211, 212, 213, 222, 227, 233, 235, 239, 240, 244, 245, 250, 280, 326, 369, 373, 377, 378, 379, 380
guerre d'indépendance · 13, 81, 82, 89, 112, 123, 161, 179, 188, 200, 218, 327, 367, 386

I

identité · 18, 21, 22, 24, 26, 28, 29, 30, 31, 32, 33, 34, 37, 38, 41, 46, 47, 59, 70, 80, 81, 83, 85, 91, 92, 123, 125, 134, 153, 162, 164, 173, 174, 175, 179, 180, 182, 189, 193, 206, 216, 221, 244, 247, 255, 274, 281, 287, 302, 307, 310, 312, 316, 319, 320, 323, 325, 326, 327, 328, 329, 340, 381
identité de l'Etat · 18, 24, 28, 31, 83, 316
image · 13, 17, 18, 20, 21, 27, 30, 31, 33, 34, 36, 38, 41, 42, 45, 46, 48, 63, 69, 78, 81, 82, 84, 88, 89, 90, 92, 95, 96, 97, 98, 111, 115, 121, 123, 124, 134, 162, 166, 172, 173, 174, 175, 179, 180, 181, 182, 183, 187, 188, 192, 194, 197, 198, 202, 203, 205, 209, 211, 216, 218, 220, 222, 223, 228, 243, 250, 251, 269, 287, 298, 299, 300, 302, 320, 323, 324, 327, 328, 329, 330, 337, 340
images du passé · 13, 36
intérêts · 9, 15, 16, 17, 23, 25, 27, 28, 32, 38, 39, 40, 41, 42, 46, 54, 59, 60, 62, 67, 68, 72, 74, 75, 78, 79, 82, 85, 86, 87, 90, 91, 92, 95, 99, 103, 105, 106, 107, 108, 109, 111, 112, 116, 117, 118, 120, 121, 122, 123, 125, 127, 131, 132, 135, 137, 146, 150, 152, 154, 158, 166, 169,

170, 173, 174, 176, 179, 182, 189, 190, 191, 198, 204, 226, 244, 263, 267, 268, 276, 280, 281, 295, 298, 304, 307, 309, 314, 316, 319, 320, 325, 327, 328, 329

interlocuteur du Tiers Monde · 110, 123, 124, 179, 181, 327

M

mémoire · 10, 13, 14, 18, 19, 20, 21, 22,
29, 30, 31, 32, 35, 36, 38, 42, 48, 53, 55, 58, 60, 61, 66, 67, 68, 70, 82, 83, 84, 103, 128, 135, 137, 140, 147, 158, 166, 179, 188, 191, 193, 199, 200, 201, 202, 203, 211, 212, 213, 214, 221, 228, 231, 232, 233, 234, 235, 239, 240, 241, 242, 243, 245, 246, 247, 249, 250, 251, 254, 257, 271, 272, 273, 274, 275, 277, 278, 279, 280, 281, 292, 296, 298, 299, 300, 304, 307, 309, 310, 311, 323, 330, 331, 333, 334, 338, 339, 340, 342, 352, 357, 358, 361, 368, 369, 371, 373, 378, 380

mémoire coloniale · 19, 21, 22

N

nation algérienne · 20, 57, 62, 67, 69, 83, 158, 199, 381

nationalisation · 47, 61, 69, 86, 87, 88, 97, 98, 100, 102, 103, 105, 108, 109, 111, 112, 113, 114, 116, 117, 120, 121, 122, 124, 125, 127, 129, 133, 149, 152, 167, 168, 171, 175n 180, 181, 327, 328, 329, 364

négociation · 15, 16, 21, 40, 58, 60, 61, 62, 63, 64, 70, 74, 77, 78, 86, 94, 95, 102, 110, 112, 114, 117, 121, 132, 133, 149, 171, 176, 193, 194, 199, 225, 227, 231, 238, 249, 250, 257, 262, 263, 268, 282, 299, 318, 334, 345, 370

néo-marxistes · 41

Nouvel Ordre Economique · 122, 129, 130, 143, 172, 175

P

perception · 16, 17, 18, 21, 23, 30, 38, 40, 41, 42, 44, 46, 70, 71, 72, 73, 75, 76, 79, 80, 85, 86, 97, 118, 127, 133, 134, 139, 141, 149, 168, 173, 174, 175, 181, 182, 196, 199, 204, 220, 256, 262, 263, 269, 281, 296, 325, 335, 340, 391, 392

politique étrangère · 13, 14, 23, 25, 26, 28, 32, 44, 56, 68, 89, 92, 110, 114, 115, 117, 118, 128, 129, 131, 149, 151, 154, 155, 156, 162, 167, 172, 179, 190, 195, 196, 197, 198, 202, 203, 205, 206, 213, 214, 216, 217, 219, 220, 221, 222, 226, 228,

277, 280, 293, 294, 296, 297, 333, 334, 336, 337, 346, 347, 348, 349, 350, 351, 368, 369, 370, 371, 379, 383

politique internationale · 14, 23, 24, 25, 28, 74, 82, 129, 163, 210, 219, 228, 334, 335, 340, 391, 392, 394

processus de coopération · 13, 18, 46, 51, 71, 85, 127, 154, 173, 185, 203, 249, 254, 262, 271

processus-tracing · 42

R

rapprochement · 19, 48, 101, 122, 125, 139, 153, 157, 160, 162, 163, 172, 177, 182, 187, 199, 201, 202, 204, 206, 207, 214, 217, 218, 219, 220, 222, 223, 224, 227, 228, 231, 235, 236, 245, 250, 251, 253, 264, 280, 300, 302, 313, 314, 316, 323, 329, 330, 392, 393, 394

rationalité · 15, 16, 17, 18, 25, 325, 341

réconciliation · 3, 5, 9, 13, 14, 15, 16, 18, 19, 21, 22, 29, 38, 39, 40, 41, 42, 43, 46, 47, 48, 51, 64, 65, 67, 68, 69, 70, 71, 85, 127, 128, 130, 131, 133, 134, 137, 141, 146, 154, 156, 157, 161, 168, 169, 170, 171, 172, 173, 175, 176, 179, 181, 182, 185, 193, 194, 199, 201, 205, 206, 207, 208, 209, 212, 213, 220, 222, 226, 227, 229, 231, 243, 244, 249, 250, 251, 252, 254, 256, 257, 262, 269, 271, 276, 277, 302, 308, 309, 311, 314, 318, 319, 321, 322, 323, 324, 326, 329, 330, 331, 338, 339, 341, 391, 392, 393, 394

reconnaissance · 3, 5, 9, 10, 18, 19, 21, 22, 26, 27, 29, 33, 34, 35, 36, 37, 38, 41, 42, 46, 47, 48, 53, 57, 59, 60, 61, 69, 71, 76, 78, 80, 85, 120, 121, 123, 124, 125, 127, 133, 134, 135, 136, 137, 138, 141, 152, 154, 156, 160, 161, 162, 166, 168, 172, 173, 174, 175, 179, 181, 182, 185, 187, 192, 193, 197, 198, 199, 200, 201, 202, 203, 205, 206, 207, 208, 209, 210, 211, 212, 213, 214, 219, 222, 228, 231, 232, 233, 236, 237, 238, 239, 242, 243, 244, 249, 250, 251, 253, 254, 255, 256, 257, 261, 269, 271, 272, 273, 274, 277, 280, 287, 296, 297, 298, 299, 300, 302, 303, 304, 305, 306, 307, 308, 309, 310, 311, 313, 319, 320, 321, 322, 323, 324, 326, 328, 329, 330, 338, 339, 341, 350, 362, 371, 386, 392, 393, 394

régime algérien · 47, 82, 83, 89, 189, 190, 191, 192, 193, 204, 223, 235, 246, 291, 300, 302, 306, 308, 309, 312

relations internationales · 13, 14, 15, 16, 23, 24, 25, 26, 55, 142, 148,

154, 161, 190, 206, 214, 233, 334, 335, 336, 337, 369, 371

S

Sahara, Sahara occidental · 62, 73, 75, 78, 84, 91, 93, 107, 108, 109, 117, 127, 133, 137, 138, 140, 141, 142, 143, 144, 145, 146, 147, 150, 151, 153, 154, 155, 157, 160, 164, 167, 168, 169, 175, 176, 177, 181, 223, 262, 263, 266, 267, 268, 283, 284, 287, 290, 291, 291, 294, 295, 300, 313, 316, 317, 318, 319, 320, 323, 361, 367, 368, 377, 383, 394
système international · 25, 27, 28, 38, 256, 326

T

théorie du choix rationnel · 16, 17
Tiers-Monde · 46, 89, 98, 100, 113, 121, 122, 123, 175, 179, 327, 380
torts, torts infligés · 10, 18, 19, 21, 31, 37, 38, 46, 47, 48, 49, 69, 71, 80, 116, 120, 124, 129, 134, 162, 174, 175, 181, 183, 185, 187, 188, 192, 193, 200, 201, 204, 206, 208, 210, 213, 219, 222, 228, 231, 233, 236, 238, 243, 244, 247, 255, 256, 257, 269, 271, 272, 274, 275, 277, 280, 299, 300, 302, 303, 309, 311, 312,
319, 322, 324, 326, 328, 329, 330, 331, 392, 393
traité d'amitié · 21, 221, 222, 225, 226, 227, 229, 231, 238, 242, 245, 246, 249, 250, 251, 252, 254, 257, 261, 262, 263, 264, 268, 269, 276, 281, 282, 305, 313, 318, 323, 370, 393, 394
travail de mémoire · 36, 233, 245, 274, 277, 278, 279, 280, 281, 309, 310, 394

U

Union Pour la Méditerranée · 283, 284, 292, 293, 320, 323

V

visite · 43, 44, 47, 122, 127, 128, 131, 135, 136, 141, 152, 157, 163, 168, 170, 175, 181, 197, 202, 206, 207, 212, 215, 217, 218, 219, 220, 221, 224, 225, 226, 227, 233, 235, 236, 247, 253, 258, 274, 275, 276, 277, 278, 281, 282, 289, 291, 292, 23, 294, 296, 298, 300, 301, 302, 303, 304, 305, 307, 309, 312, 313, 317, 318, 321, 324, 350, 352, 372, 383, 392, 393

TABLE DES MATIÈRES

Préface 9

Introduction 13

Première partie

Les origines identitaires du conflit franco-algérien et processus de coopération et de réconciliation, de 1962 à 1988. 51

Chapitre1. Les origines identitaires du conflit 53
    1. Evolution historique et jalons d'une relation 53
        1.1. De l'occupation, juillet 1830 à la guerre d'Algérie, 01 novembre 1954 53
        1.2. La conclusion des Accords d'Evian et proclamation de l'indépendance 60
    2. Les Accords d'Evian, échec de la réconciliation et proclamation de la coopération 65
        2.1. Réconciliation entravée 65
        2.2. Coopération proclamée 68
    3. Conclusion 69

Chapitre2. Perception des Accords d'Evian et processus de coopération 71
    1. Perception des intentions et des menaces 71
        1.1. Perception de la partie française 72
        1.2. Perception de la partie algérienne 76
    2. L'affirmation identitaire de l'Algérie 81
    3. Evolution de processus de coopération 85
        3.1. Ajustement des intérêts et coopération exemplaire 86
            3.1.1. Coopération militaire et arrangement symbolique 92

    3.1.2. La coopération et l'image des deux pays 96
  3.2. Méfiance et coopération difficile..100
    3.2.1. Les crises révèlent un conflit politique larvé 100
    3.2.2. Nationalisation des hydrocarbures et recherche de coopération égal à égal 105
    3.2.3. Crise de confiance et altération de la coopération..........113
    3.2.4. Convergence diplomatique et atténuation de la crise 121
4. Conclusion 123

Chapitre3. Tentative de réconciliation 127
1. Première visite d'un président français en Algérie 127
  1.1. Le dépassement du passé..128
  1.2. Le rôle de l'intensification des échanges et des liens tissés 130
2. Perception de menace et échec de réconciliation 134
  2.1. Minoration du passé algérien 135
  2.2. Problème de sécurité et son lien avec le déni de reconnaissance..138
3. Seconde tentative de réconciliation, François Mitterrand-Chadli Benjedid(1981-1988) 156
  3.1. Visite de François Mitterrand en Algérie..........................157
  3.2. Première visite d'un président algérien en France.............163
  3.3. Echec d'une réconciliation..168
4. Conciliation ou réconciliation..169
  4.1. Conciliation des intérêts et les affinités psychologiques 170
  4.2. Arrangements identitaires 173

Conclusion de la première partie 179

Deuxième partie

La revendication de la reconnaissance des torts infligés et processus de coopération et de réconciliation,
De 1988 à nos jours 185

**Chapitre1 : La reconnaissance des torts infligés
et le rapprochement** 187
1. Guerre civile et relation avec la France................................187
   1.1. L'attitude de la France face à la guerre............................188
   1.2. La genèse de la question de la reconnaissance
   des torts infligés 192
   1.3. La sortie de crise et la réconciliation 193
   1.4. Le retour d'Abdelaziz Bouteflika et l'attitude française.....194
2. La reconnaissance de la guerre d'Algérie et le rapprochement....199
   2.1. Du terme opérations de maintien de l'ordre
   au terme de « guerre » 199
   2.2. Le début d'un rapprochement à partir de juin 1999...........201
   2.3. La visite du président algérien jette le socle
   du rapprochement 206
      2.3.1. Bouteflika salue la France pour une reconnaissance
      et en demande une autre 207
      2.3.2. Attitude française 212
      2.3.3. L'ouverture de l'Algérie 215
3. Du rapprochement à l'amitié 218
   3.1. Visite du président français en Algérie............................218
   3.1.2. La position de la France envers le monde arabe................219
   3.1.3. Déclaration d'Alger et dialogue politique renforcé 220
   3.2. La réduction de l'image de l'altérité et le lancement du traité
   d'amitié 222
      3.2.1. Réduction de l'image de l'altérité 222
      3.2.2. Lancement du traité d'amitié 226
4. Conclusion :...228

Chapitre2. Le déni de reconnaissance reporte la réconciliation 231
1. Négociation du traité d'amitié heurtée au passé 231
   1.1. Bouteflika un pragmatique ou profrançais 234
   1.2. L'approche française arrive à son apogée 236

    1.3.   Le président français voulait-il ménager la chèvre et le chou..238
2.   Le pragmatisme de Bouteflika se heurte à la honte sociale 242
    2.1.   Le déplacement de Bouteflika à Paris déclenche une guerre de mémoires..247
3.   Evolution du processus de réconciliation et de coopération 249
    3.1.   Processus de réconciliation 249
        3.1.1.   Ajournement du traité d'amitié 249
        3.1.2.   L'implication de l'Assemblée algérienne pour sortir de l'impasse 252
    3.2.   Processus de coopération 254
        3.2.1.   Le choix du président algérien pour la coopération........255
        3.2.2.   Hypothèse rivale, la question du Sahara occidental 262
4.   Conclusion :..268

Chapitre3. Evolution du processus de coopération et de réconciliation de Sarkozy À Hollande 271

1.   L'arrivé de Nicolas Sarkozy, continuité ou changement 271
    1.1.   Sa position vis-à-vis du passé..271
    1.2.   Incident diplomatique avant son départ à Alger 275
    1.3.   Le président français entre le travail de mémoire et l'économie..278
        1.3.1.   Travail de mémoire, l'intérêt national et contexte international 279
        1.3.2.   Une vision tournée vers l'économie 281
    2.   Le déni de reconnaissance bouleverse l'entente réalisée.........287
        2.1.1.   L'identité de rôle et le déni de reconnaissance 287
        2.1.2.   Les implications de la crise sur la question du Sahara occidental...294
    2.2.   La mémoire une raison de blocage ou un prétexte 296
    3.   Le printemps arabe et le rapprochement 300
4.   François Hollande, une réconciliation en marche 302

    4.1.   Le jeu politique et la question de la reconnaissance instrumentale 304

    4.2.   Reconnaissance du passé et travail de mémoire 309

    4.3.   Relation d'égal à égal et partenariat stratégique 311

        4.3.1.   Relation d'égal à égal 311

        4.3.2.   Renforcement des liens et coproduction 313

        4.3.3.   Arrangements sur des questions régionales 316

    5.   Conclusion 320

Conclusion de la deuxième partie 323

Conclusion générale *325*

Bibliographie *333*

Table des illustrations *383*

Index *385*

L'HARMATTAN ITALIA
Via Degli Artisti 15; 10124 Torino
harmattan.italia@gmail.com

L'HARMATTAN HONGRIE
Könyvesbolt ; Kossuth L. u. 14-16
1053 Budapest

L'HARMATTAN KINSHASA
185, avenue Nyangwe
Commune de Lingwala
Kinshasa, R.D. Congo
(00243) 998697603 ou (00243) 999229662

L'HARMATTAN CONGO
67, av. E. P. Lumumba
Bât. – Congo Pharmacie (Bib. Nat.)
BP2874 Brazzaville
harmattan.congo@yahoo.fr

L'HARMATTAN GUINÉE
Almamya Rue KA 028, en face
du restaurant Le Cèdre
OKB agency BP 3470 Conakry
(00224) 657 20 85 08 / 664 28 91 96
harmattanguinee@yahoo.fr

L'HARMATTAN MALI
Rue 73, Porte 536, Niamakoro,
Cité Unicef, Bamako
Tél. 00 (223) 20205724 / +(223) 76378082
poudiougopaul@yahoo.fr
pp.harmattan@gmail.com

L'HARMATTAN CAMEROUN
BP 11486
Face à la SNI, immeuble Don Bosco
Yaoundé
(00237) 99 76 61 66
harmattancam@yahoo.fr

L'HARMATTAN CÔTE D'IVOIRE
Résidence Karl / cité des arts
Abidjan-Cocody 03 BP 1588 Abidjan 03
(00225) 05 77 87 31
etien_nda@yahoo.fr

L'HARMATTAN BURKINA
Penou Achille Some
Ouagadougou
(+226) 70 26 88 27

L'HARMATTAN SÉNÉGAL
10 VDN en face Mermoz, après le pont de Fann
BP 45034 Dakar Fann
33 825 98 58 / 33 860 9858
senharmattan@gmail.com / senlibraire@gmail.com
www.harmattansenegal.com

L'HARMATTAN BÉNIN
ISOR-BENIN
01 BP 359 COTONOU-RP
Quartier Gbèdjromèdé,
Rue Agbélenco, Lot 1247 I
Tél : 00 229 21 32 53 79
christian_dablaka123@yahoo.fr

657879 - Juin 2016
Achevé d'imprimer par